环境资源犯罪检察理论与实务研究

陈国庆 主编

中国检察出版社

图书在版编目（CIP）数据

环境资源犯罪检察理论与实务研究 / 陈国庆主编
. -- 北京：中国检察出版社，2024.5
ISBN 978-7-5102-3065-3

Ⅰ．①环… Ⅱ．①陈… Ⅲ．①破坏环境资源保护罪—研究—中国 Ⅳ．①D924.364

中国国家版本馆 CIP 数据核字（2024）第 070890 号

环境资源犯罪检察理论与实务研究
陈国庆　主编

责任编辑： 王　欢
技术编辑： 王英英
封面设计： 徐嘉武

出版发行： 中国检察出版社
社　　址： 北京市石景山区香山南路 109 号（100144）
网　　址： 中国检察出版社（www. zgjccbs. com）
编辑电话：（010）86423780
发行电话：（010）86423726　86423727　86423728
（010）86423730　86423732
经　　销： 新华书店
印　　刷： 北京联兴盛业印刷股份有限公司
开　　本： 710 mm × 960 mm　16 开
印　　张： 29
字　　数： 440 千字
版　　次： 2024 年 5 月第一版　　2024 年 5 月第一次印刷
书　　号： ISBN 978 – 7 – 5102 – 3065 – 3
定　　价： 90.00 元

《环境资源犯罪检察理论与实务研究》
编 委 会

主　　编：陈国庆

副 主 编：罗庆东　庄永廉　孔　璋

编　　委：劳　娃　姜　昕　何德辉　方海明　杨　旭

参编人员：（按姓氏笔画排序）

王　挺　叶林秀　余　岚　宋丽燕　肖立威

罗　强　翟　斌

在环境资源犯罪检察理论与实务研究专题研讨会上的致辞（代序）

（2023 年 8 月 17 日）

陈国庆 *

党的十八大以来，以习近平同志为核心的党中央将生态文明建设作为关系中华民族永续发展的根本大计，开展了一系列开创性工作，决心之大、力度之大、成效之大，前所未有，生态文明建设从理论到实践都发生了历史性、转折性、全局性变化。党的十九大将“美丽中国”作为建成社会主义现代化强国的奋斗目标之一，并作出具体部署，明确到 2035 年基本实现美丽中国建设目标。

习近平总书记在浙江工作期间，于 2005 年 8 月 15 日考察湖州市安吉县时，首次提出“绿水青山就是金山银山”这一科学论断。今年 6 月 28 日，十四届全国人大常委会第三次会议决定将 8 月 15 日设立为全国生态日。7 月 17 日，全国生态环境保护大会在北京召开，习近平总书记出席会议并发表重要讲话，再次强调要全面推进美丽中国建设，加快推进人与自然和谐共生的现代化。前天（8 月 15 日），习近平总书记在首个全国生态日作出重要指

* 陈国庆，最高人民检察院党组成员、副检察长。

示，要求全社会行动起来，做“绿水青山就是金山银山”理念的积极传播者和模范践行者。

检察机关作为党绝对领导下的法律监督机关和司法机关，在生态环境和资源保护大格局中肩负重要责任。2021 年 6 月，党中央印发《中共中央关于加强新时代检察机关法律监督工作的意见》，明确要求检察机关坚持以人民为中心的发展思想，顺应新时代人民对美好生活的新需求，依法从严惩治污染环境等犯罪，切实保障民生福祉。近年来，全国检察机关坚持以习近平新时代中国特色社会主义思想为指导，全面贯彻习近平生态文明思想和习近平法治思想，在服务大局强办案、深化共识强协作、聚焦源头强治理、夯实基础强能力等方面持续发力，取得了明显成效。

今天，我们在“两山”理论的发源地——安吉相聚，共同研讨环境资源犯罪检察理论与实务问题，既是深入践行习近平生态文明思想和习近平法治思想，认真贯彻落实党中央关于生态文明建设的部署要求，推动检察理论和实践相融互促的重要举措，也是具体落实党中央关于大兴调查研究的部署和最高检的工作安排，为生态检察工作和生态文明建设提供智库支持的积极探索！

习近平总书记深刻指出，当前我国生态环境保护结构性、根源性、趋势性压力尚未根本缓解，生态文明建设仍处于压力叠加、负重前行的关键期。检察机关办理环境资源犯罪案件也遇到了很多新情况、新问题、新挑战，如何在新形势下完善环境资源犯罪案件办理机制，提高办案质效，更好服务生态文明建设大局，需要及时总结分析，也需要学界和实务界共同加强研究、提供理论指引。围绕研讨会主题，下面我谈三点意见，与大家交流。

一是深入学习贯彻习近平生态文明思想和习近平法治思想，从更高政治站位认识做好新时代生态检察工作的重大意义。今年6月5日，最高检发布了《生态环境和资源保护检察白皮书（2018—2022）》，展示了五年来检察机关服务保障生态文明建设的丰硕成果，全国检察机关共审查起诉破坏环境资源保护犯罪案件20万件35万人，无论是从办案数据看，还是从社会各界的反映情况看，新时代生态检察工作都取得了显著成效。这些成绩的取得，离不开以习近平同志为核心的党中央坚强领导，离不开习近平生态文明思想和习近平法治思想的正确指引。生态环境保护是“国之大者”，各级检察机关必须以更高站位、更宽视野、更大力度来谋划和推进生态检察工作，为谱写新时代生态文明建设新篇章贡献检察机关的智慧和力量。

二是坚持以人民为中心的发展思想，高质效办好每一个涉生态环境案件。在生态检察工作实践中，要紧盯人民群众反映强烈的大气污染、水污染和土壤污染等突出问题，紧盯以合法形式掩盖破坏野生动植物资源和矿产资源非法目的等诸多乱象，坚决用最严格制度最严密法治保护生态环境；要坚持恢复性司法理念，既惩治违法又修复生态，把主动承担修复责任作为依法从宽处理的重要情节，加强生态环境损害赔偿与环境公益诉讼的衔接，充分发挥检察一体化优势，争取最佳办案效果；要以诉源治理促进生态环境治理，充分发挥检察建议参与社会综合治理的功能，加强破坏环境资源保护犯罪案件涉案企业合规制度的适用，努力以案促治、以案止案。

三是加强理论研究，为推动生态检察工作高质量发展提供智力支持。经过长期坚持努力，检察理论研究工作取得了长足发展，但生态检察方面的研究还比较薄弱，亟待加强。我们举办这次征文活动和研讨会的目的之一，就是要营造这方面研究的浓厚氛围。要始终坚持理论与实践融合互促，关注环境资源犯罪出现的新情况新问题，重点加强对环境资源领域重点罪名法律适用、行政执法与刑事司法工作衔接机制、生态环境修复、涉案企业合规、认罪认罚从宽制度适用等问题的研究，推动破解环境资源犯罪案件办理难题。我们也真诚希望高等院校、研究机构的专家学者更多关注、积极参与生态检察理论研究，助力中国特色生态检察制度不断发展完善。

目 录

环境资源犯罪基础理论研究

破坏生态环境犯罪法律适用研究

破坏资源保护犯罪法律适用研究

环境资源犯罪相关机制研究

环境资源犯罪生态修复研究

环境资源犯罪基础理论研究

习近平法治思想的生态文明法治理论视野下环境犯罪治理的现代化进程

陈立毅　季晨佳*

党的十八大以来，以习近平同志为核心的党中央创立了习近平法治思想。其中，在生态文明法治建设方面，习近平总书记强调："保护生态环境必须依靠制度、依靠法治。"① 通过科学研究与制度实践，习近平法治思想在生态环境保护领域形成了以习近平法治思想的生态文明法治理论（以下简称习近平生态文明法治理论）为主要内容的理论成果。作为生态环境保护领域的最后保障法，刑法在近来的立法与司法过程中凸显了指导作用，并在理念和制度的更新嬗变中不断向环境犯罪治理的现代化迈进。

一、习近平生态文明法治理论下的刑事治理理念现代化

习近平生态文明法治理论是习近平法治思想在生态环境保护领域的理论延伸与实践应用。体系成熟的习近平生态文明法治理论包含了以下几方面的基本理念：一是基于生态法治伦理观的生态优先原则；二是基于生态

*陈立毅，广西壮族自治区人民检察院三级高级检察官；季晨佳，中国政法大学2022级博士研究生。

① 习近平：《在十八届中央政治局第六次集体学习时的讲话》（2013年5月24日），载中共中央文献研究室编：《习近平关于社会主义生态文明建设论述摘编》，中央文献出版社2017年版，第99页。

法治安全观的风险预防原则；三是基于生态法治整体观的综合治理原则。[①]

（一）“人与自然生命共同体”思想与和谐共生价值观的确立

“人与自然生命共同体”思想是习近平生态文明法治理论的核心命题，科学把握和领悟这一思想是理解习近平生态文明法治理论的必由之路。[②]习近平总书记在2021年首次全面系统地阐释了“人与自然生命共同体”思想：坚持人与自然和谐共生；坚持绿色发展；坚持系统治理；坚持以人为本；坚持多边主义；坚持共同但又区别的责任原则。[③] 在以上六项原则中，“以人为本”突出体现了习近平生态文明法治理论的出发点和落脚点。以人民利益为切入点，可以归纳和提炼刑事领域人与自然和谐共生价值观的中心要义。

一是从个体视角转变为公共视角，从具体的经济衡量到超越的理性思考，现代化的人类观逐步形成。自人类能够制造、使用和携带工具以来，自然就成为“我”的一部分。人们通过工具获取资源，利用条件改造环境，如臂使指般支配自然。正因如此，人们习惯于将自然环境视为行为对象而非价值主体，主要表现为三个方面。首先是滥用资源、破坏环境的行为长久以来缺乏道德层面的可谴责性。道德缺位的后果是环境损害行为的公开和普遍化。其次是只重视经济利益而忽视或无视生态环境恶化后的重大风险。“公地悲剧”在社会发展中频现，最终导致了区际层面的不公境况。最后是只重视当前的利弊衡量，而缺乏代际的理性规划。围绕短期利益开展的活动导致代际层面不合理的成本分担。为突破局限，认识生态环境的独立价值，矫正个体经济理性的思考方式，超越具体利益进行长远思考就成为必要。

二是从犯罪惩罚到犯罪治理，将打击环境犯罪融入社会治理的系统工程之中。犯罪惩罚与犯罪治理间具有质的差别。前者的本质是事后的规范

① 于文轩：《习近平生态文明法治理论指引下的生态法治原则》，载《中国政法大学学报》2021年第4期。

② 吕忠梅：《习近平法治思想的生态文明法治理论之核心命题：人与自然生命共同体》，载《中国高校社会科学》2022年第4期。

③ 习近平：《共同构建地球生命共同体——在〈生物多样性公约〉第十五次缔约方大会领导人峰会上的主旨讲话》，载《人民日报》2021年10月13日，第1版。

适用，规范适用未必能够实现规范目的；后者的本质是全过程的问题回应，回应问题需要有效的立法、执法、司法以及其他治理手段的相互配合。人与自然的相处是人的行为与自然环境的交互，因此生态环境的治理实际上是不同环境要素下人类行为的综合治理。出于可行与便捷的考虑，环境犯罪治理通常根据对象和手段的不同分别进行了立法，但应当认识到人的行为与自然环境的统一性，任何规范都应当以维护“生命共同体”为根本追求。

（二）环境风险的再认识与风险预防原则的确立

“风险是现代社会发展过程中的正常现象，它既是现代性分化所造成的发展方向多元化问题，也是现代性发展的多种可能性问题。”① 一方面，现代工业产业引发了层出不穷的环境污染、资源枯竭问题，环境治理的复杂性和专业性不断攀升；另一方面，制度执行力不足和文化约束力不足也成为生态环境风险的重要表现。建构论的风险观揭示出了生态环境风险从隐性走向显性的现实。有学者指出，当代社会的风险客观上并未真正增多和加剧，实际上不过是被社会认识和察觉到的风险增多和加剧了。② 被感知风险的增多和加剧挑战着政府传统的生态治理方式。

在环境风险的治理压力下，一种事前的风险预防原则在生态法治领域得以推行。“即使科学上没有确实的证据证明生态环境损害必然发生，也应采取必要预防措施的根本准则，包括立法、执法、司法、守法四个环节的具体表现。”③ 这种事前控制的治理理念与总体国家安全观下的刑事法治相结合，表现为犯罪立法的扩大化、处罚的前置化、系统性治理的整体性与公共性。习近平总书记反复强调，“只有实行最严格的制度、最严密的法

① 劳东燕:《功能主义的刑法解释》，中国人民大学出版社 2020 年版，第 1 页。

② ［英］斯科特·拉什:《风险社会与风险文化》，王武龙编译，载《马克思主义与现实》2002 年第 4 期。

③ 于文轩:《习近平生态文明法治理论指引下的生态法治原则》，载《中国政法大学学报》2021 年第 4 期。

治，才能为生态文明建设提供可靠保障”。[①]

（三）“整体观”的方法论与系统治理策略的确立

马克思主义世界观和自然观是习近平生态文明法治理论的重要思想渊源之一，而“马克思主义理论认为社会是通过要素的运动、结构的重组所构成的有机系统。因此，分析现实社会以及各种社会现象，就要求我们运用系统分析方法和结构分析方法”。[②] 系统方法论在生态环境治理领域表现为一种综合治理原则。综合治理原则要求，对于个别要素的管理应当立足生态系统进行制度设计，应当系统认识生态环境、经济发展和社会生活间的辩证统一关系，确保生态效果、经济效果、社会效果三者间的协调发展。有学者指出，综合治理原则在很大程度上体现为综合生态系统管理理念（IEM，即 Integrated Ecological Management）在环境治理领域的贯彻，这种理念下的生态治理是一种社会选择，其将生态系统结构与功能作为保护目的，在考察治理措施的各方面影响下进行生态功能单行范围和环境容量限度内的管理。[③]

环境犯罪的综合治理包括国内和国际两个层面。在国内层面，综合治理原则要求以问题纾解为目标，在法治治理中协调环境保护、经济发展与法治建设。在此过程中，包括刑法在内的部门法应当在宪法指引下实现与其他部门法的衔接协调，在价值取向和制度建构上达成共识。法律规范也应当与环境伦理、科学技术相协调，实现彼此间的良性循环。在国际层面，应当以实现生态环境保护领域的国际共识和合作为目标。习近平总书记指出，要“共谋全球生态文明建设，深度参与全球环境治理，形成世界环境保护和可持续发展的解决方案，引导应对气候变化国际合作”。[④] 在全球气

---

① 习近平：《在十八届中央政治局第六次集体学习时的讲话》（2013 年 5 月 24 日），载中共中央文献研究室编：《习近平关于全面深化改革论述摘编》，中央文献出版社 2014 年版，第 104 页。

② 周鑫：《系统论视域下的生态文明建设——兼论马克思系统分析方法的指导意义》，载《甘肃理论学刊》2010 年第 3 期。

③ 江泽慧主编：《综合生态系统管理》，中国林业出版社 2006 年版，第 25—27 页。

④ 习近平：《坚决打好污染防治攻坚战，推动生态文明建设迈上新台阶》，载《人民日报》2018 年 5 月 20 日，第 1 版。

候变暖、核污染治理、生物多样性保护等领域，应当以积极姿态推动协同合作。

二、习近平生态文明法治理论的刑事制度实践

在习近平生态文明法治理论的指引下，环境犯罪治理在法益内容、犯罪性质、规制范围等方面开展了全方位的刑事制度实践，为治理体系与治理能力的现代化积累了丰富的中国经验。

（一）和谐共生观念下生态学人类中心主义法益观的确立

“在刑事立法上，过去几十年里，法益保护主义一直被作为基本指导原理。”[①] 而“司法是实现立法内容的活动，其目的与立法目的相一致”。[②] 不同的环境法益视角将对环境犯罪立法与司法产生根本性影响，环境犯罪保护法益是环境犯罪认定上的根本性问题。[③]

当前刑法理论关于环境犯罪保护法益的学说主要有三种：人类中心主义法益观、生态中心主义法益观与生态学的人类中心主义法益观。人类中心主义法益观认为，环境犯罪以人的生命权、健康权、财产权为对象，生态系统并非刑法的独立保护对象，环境犯罪的可谴责性源于对人类长远整体利益的不当影响。[④] 人类中心主义法益观是我国前期环境犯罪治理的指导思想。1979 年刑法中，只有部分林木、动物、水产品等具有一般经济价值的环境要素作为保护对象被规定于经济刑法规范之中。[⑤] 1997 年刑法则在第六章设立“破坏环境资源保护罪”一节，共计 9 个条文、15 个罪名。这些罪名填补了部分处罚漏洞，更全面地引入了人类中心主义法益观，但

① 张明楷：《法益保护与比例原则》，载《中国社会科学》2017 年第 7 期。

② 张明楷：《刑法学》（上），法律出版社 2021 年版，第 25 页。

③ 刘艳红：《民法典绿色原则对刑法环境犯罪认定的影响》，载《中国刑事法杂志》2020 年第 6 期。

④ 赵希慧等：《环境犯罪研究》，知识产权出版社 2013 年版，第 57 页。

⑤ 其分别对应于1979年刑法中的盗伐林木罪（第128条）、非法狩猎罪（第129条）及非法捕捞水产品罪（第 130 条）。

依然缺乏对生态环境的独立关怀。随着社会经济发展和环境问题恶化，生态环境的独立价值被广泛承认。其结果是刑法理论中的生态中心主义法益观。生态中心主义法益观认为，自然物具有内在价值，自然物与人类具有平等权利，应当在伦理和法律层面上建立以自然为中心的价值体系与判断标准。[①] 但是，纯粹的生态中心主义法益观受到了许多批判。纯粹的生态中心主义法益观过分注重环境伦理，轻视人类的自由价值，与“法治为民”的价值观不相符合，因此并未成为主流观点。当前，一种“折中主义”的生态学的人类中心主义法益观成为有力学说。[②] 这种观点认为，环境并非任何时候都成为独立保护法益，只有在现存人以及未来人的利益与环境条件的保全相关时才成立。[③] 生态学的人类中心主义法益观承认了生态法益的独立价值，但这种承认以具体法益为依据。

生态学的人类中心主义法益观深度契合习近平生态文明思想中的“人与自然生命共同体”思想。一方面，承认生态法益具有独立保护价值，这体现了人与自然和谐相处中“自然”的平等地位和重要作用，更体现了人对自然负责的积极态度。“人为性”“时空延展性”“兼具实在性与建构性”等是环境风险的重要特征。[④] 承认生态法益的相对独立性，管理环境风险中的人为因素，建构预防治理机制，是人与自然和谐共处的制度保障。另一方面，生态学的人类中心主义法益观没有落入纯粹生态中心主义法益观唯环境论的窠臼。坚持以人民为中心是习近平法治思想的核心要义。纯粹的人类中心主义法益观虽然以人类的具体利益为出发点，但忽视了区际与代际公平；纯粹的生态中心主义法益观则过分轻视公民利益，这种彻底的环境伦理观严重挑战了现代人本主义的思想，容易得出牺牲公民利益以保护自然环境的一般结论，这种结果显然不能为社会所接受，也不符合习近平

---

① 赵晓红:《从人类中心论到生态中心论》，载《中共中央党校学报》2005 年第 4 期。

② 另一种传统的“折中主义”认为应当以辩证精神与区别对待思想兼顾环境保护与社会经济发展，但这种观点流于抽象并无实质性的指导作用，同样并非主流。高铭暄、郭玮:《德国环境犯罪刑事政策的考察与启示》，载《国外社会科学》2020 年第 1 期。

③ 张明楷:《污染环境罪的争议问题》，载《法学评论》2018 年第 2 期。

④ 周佑勇、朱峥:《风险治理现代化中的公民知情权保障》，载《比较法研究》2020 年第 3 期。

法治思想的精神。因此，拓宽人类观和方法论，将生态法益的相对独立作为保障人类环境利益的路径，这既是生态学的人类中心主义法益观的观点，也是习近平法治思想的应有之义。

（二）风险预防原则下环境犯罪治理的扩大化与前置化

“风险预防原则”（Precautionary）与“风险社会”（Risk Society）是风险社会理论的核心概念。风险社会理论认为，后工业时代的科学不确定性使得现代社会不可避免的在事实与价值层面存在普遍风险。① 为了应对科学主义在风险控制上的不足，一种事前预防控制的“风险刑法”应运而生。② 在2023年5月30日生态环境部出台的司法解释性质文件中，明确表明在环境犯罪中既要“抓末端、治已病”，更要“抓前端、治未病”，直接体现了执法司法领域的风险预防思想。

风险预防原则更为突出的表现在环境犯罪立法领域。其一，环境立法体系趋于完善，预防主义的前置法体系为环境犯罪的定罪量刑提供了违法性根据。自改革开放以来的四十多年间，中国在生态环境领域制定了30余部法律，100余部行政法规和1000余件地方性法规。这些法律法规既包括综合性法律，也包括污染防治类法律以及生态保护类法律。这些法律法规大多以事前预防为重点。

其二，环境犯罪立法本身不断扩大化。随着对生态法益认识的加深，环境犯罪的规制范围不断扩张，体现为旧罪修订与新罪增设。2011年《刑法修正案（八）》将重大污染事故罪调整为污染环境罪，从而使污染环境犯罪案件从2007年至2012年的20件左右迅速攀升至2015年的1691件；③ 2020年《刑法修正案（十一）》新增了非法猎捕、收购、运输、出售陆生野生动物罪，破坏自然保护地罪，非法引进、释放、丢弃外来入侵物种罪，修改

① 陈海嵩:《风险预防原则理论与实践反思——兼论风险预防原则的核心问题》，载《北方法学》2010年第3期。

② ［德］埃里克·希尔根多夫:《德国刑法学：从传统到现代》，江溯、黄笑岩等译，北京大学出版社2015年版，第246—251页。

③ 喻海松、马剑:《从32件到1691件——〈关于办理环境污染刑事案件适用法律若干问题的解释〉实施情况分析》，载《中国环境报》2016年4月6日，第5版。

了危害珍贵、濒危野生动物罪以及危害国家重点保护植物罪等罪名，实现了从源头上防范和控制重大公共卫生安全风险。①

其三，环境犯罪处罚前置化倾向明显。受生态学的人类中心主义法益观影响，环境犯罪立法从原有的结果无价值立场大幅转向行为无价值。以污染环境罪为典型，2011 年本罪修订时删除了原有的结果要件，代之以“严重污染环境”的情节要素，免除了因果关系的证明，罪名也从“重大环境污染事故罪”修改为“污染环境罪”。2020 年再次修订时，又将原有的升格刑条件“后果特别严重”修改为“情节严重”，再次降低了对结果要件的证明要求。在新增的“特别严重的情节”中，第 1、2 项同样规定“情节特别严重”为构成要件要素，免除了司法人员证明因果关系的负担。

概言之，风险预防原则下的刑事立法越来越扩大化和处罚前置化，以行为无价值取代了结果无价值的违法判断标准。

（三）系统治理方法下环境犯罪治理的整体性与公共性

有学者指出，为实现生态文明建设的统筹兼顾、整体施策，应当采取追根溯源、分类施策、整体治疗的系统性方法，遵循规律、科学规划、多元共治的协同性方法，以及补短板、强弱项、设置底线的控制性方法。②以上方法不同形式地体现于环境犯罪治理的微观层面。例如，《刑法修正案（十一）》的环境犯罪新增罪名就具有显著的问题溯源与漏洞填补导向。站在更为宏观的视角，环境犯罪的系统性治理带来了两个突出特征，一是环境犯罪治理的整体性，二是环境犯罪治理的公共性。

环境犯罪治理的整体性主要是指环境犯罪的行政犯性质，刑事违法性与行政违法性间不再具有质的差异。“法定犯又称行政犯，是指为了国家行政取缔目的而特别设立的犯罪。”③ 以刑法新增第 341 条第 3 款、第 342 条之一、第 344 条之一的规定为例，以上罪名规定违反相关保护管理法规或

① 刘艳红：《中国刑法的发展方向：安全刑法抑或自由刑法》，载《政法论坛》2023 年第 2 期。

② 吕忠梅：《习近平法治思想的生态文明法治理论》，载《中国法学》2021 年第 1 期。

③ 刘艳红：《论法定犯的不成文构成要件要素》，载《中外法学》2019 年第 5 期。

违反国家规定，这一构成要件要素直接表明了3个罪名的行政犯性质。而即使是没有类似成文规定的第344条中，同样存在“国家重点保护的珍贵、濒危野生动物”等指向国家法律法规的构成要件要素。环境犯罪的行政犯属性使得构成要件存在大量空白规范，需要通过其他法律法规的规定来予以确认，环境刑法规范因而深度融入到环境立法体系之中。这种问题与治理导向的整体性特征是系统性治理方法的直接反映。

环境犯罪治理的公共性主要是指环境犯罪立法中，超越个人法益的集体生态法益，乃至于超越了法益概念的纯粹法秩序成为了规范保护的目的所在。“根据法益与法定犯的理论发展，结合法定犯的规范构造，分析法定犯的违法特性，法定犯在是否侵害了法益的问题上，其实存在着明显的‘法益性的欠缺’。”[①] 以非法猎捕、收购、运输、出售陆生野生动物罪为例，本罪的成立要求“情节严重”，而不要求造成危害他人财产、生命健康乃至于公共安全风险的具体侵害结果，即其处罚根据在于行为人严重违反了野生动物保护管理法规。一般情况下，行为人的食用行为只会威胁自身法益，根据被害人自愿原则原本并不具有法益侵害性。在不要求结果要件的情况下，本罪实质上成为了行政违法的情节加重犯。

三、习近平法治思想下环境犯罪治理的反思与展望

坚持以人民为中心是习近平法治思想的鲜明特色，而法治为民与法益保护之间具有天然的内在联系。“要把体现人民利益、反映人民愿望、维护人民权益、增进人民福祉落实到全面依法治国各领域全过程。”[②] 在环境犯罪治理领域，结合以人民为中心的治理理念，对既有的治理模式提出以下几个方面的反思与展望。

---

① 刘艳红:《“法益性的欠缺”与法定犯的出罪——以行政要素的双重限缩解释为路径》，载《比较法研究》2019年第1期。

② 习近平:《以科学理论指导全面依法治国各项工作》(2020年11月16日)，载习近平:《论坚持全面依法治国》，中央文献出版社2020年版，第2页。

（一）环境犯罪治理应当谨慎开展风险预防

环境犯罪治理应当围绕生态环境危机开展审慎的风险预防治理，以严密的刑事法网、严格的犯罪查处与严厉的刑事处罚回应人民群众对美好生活环境的需要。近年来的刑事法治主要凸显了此一方面的内容，即通过人类中心主义法益观向生态学的人类中心主义法益观的转向，以及立法的扩大化、处罚的前置化、系统性治理的整体性与公共性，来实现行为无价值对结果无价值的取代，完成从自由法治国到社会法治国的现代化治理角色转变。这种风险预防和系统治理观念下的立法司法模式大幅提升了环境犯罪治理的可行性和有效性，但也带来了一些问题。例如，由于环境犯罪基本为行政犯，而行政犯的处罚依赖于前置法的规定。但为了实现保护的有效性，同时由于行政法律法规的时效性和易变性，行政前置法通常会根据社会发展情况不断更替。这种前置法的更替对于法律工作者而言造成了不小的学习负担，对于普通民众来说，不断更新、掌握和记忆“珍贵、濒危野生动物”等构成要件的具体范围更是流于理想之中。与之相关的问题是，行政犯的主观责任与违法性问题一直因司法实践中的虚置而受到理论界的质疑。因此，应当依据比例原则等法理与社会现实将风险预防限缩在必要限度之内。

（二）环境犯罪治理不应完全背离法益保护主义

环境犯罪治理应当在严格治理生态环境危机的同时遵循法益保护主义的基本原则，兼顾人权保障和经济发展。随着行为无价值立法的增多，环境刑法越来越偏离法益保护主义，而走向了伦理秩序维护的道路。然而，极端的行为无价值是十分危险的，即使在行为无价值成为主流学说的德国刑法学界，纯粹的行为无价值也遭到了批判。经过对纯粹结果无价值和行为无价值一元论的批判，德国刑法学最终走向了行为无价值二元论。[①] 二元论认为违法性的本质是行为无价值，但只有在同时具备结果无价值时才

---

① 陈璇:《德国刑法学中结果无价值与行为无价值的流变、现状与趋势》，载《中外法学》2011 年第 2 期。

具有处罚可能性，即处罚以行为无价值的方式侵害法益的行为，二者缺一不可。一元的行为无价值的危险之处在于，行为无价值维护和依据的伦理秩序规范未必清晰客观，同时以刑法推行特定伦理观念不具有正当性。环境刑法过分倾向行为无价值的结果必然是刑事立法无限制地依附行政管理需要增设新罪，前置处罚。因此，无论是立法还是司法，都需要坚持生态学的人类中心主义法益观，对于与人类利益完全无关的环境法益，或者存在以法益衡量为基础的违法阻却事由等情形时，应当认定不具有可罚性或不构成犯罪。

（三）环境犯罪治理应当保障多部门法合理衔接

环境犯罪治理应当在执法司法过程中继续完善多部门法间的合理衔接。通过成文或不成文的构成要件要素，环境犯罪立法以空白规范的形式指向了前置法，从而体现了刑法作为最后保障法的地位。但是当前不同部门法的规范衔接依然存在因规定模糊而导致的处罚范围不定的问题。以《刑法修正案（十一）》新增的非法猎捕、收购、运输、出售陆生野生动物罪为例，其前置法为2022年修订的野生动物保护法及相关法律法规。在处罚范围的确定上，本罪可能存在以下衔接问题：一是野生动物保护法第10条规定，国家制定国家重点保护野生动物名录，地方则可以制定地方重点野生动物名录，国务院野生动物保护主管部门还可以公布“三有”陆生野生动物名录。构成要件中的“陆生野生动物”在语义上完全可以涵盖以上三种名录。问题在于，以何种名录范围确定行为的违法性，名录以外的动物是否完全不具有保护价值。二是野生动物保护法第25条第5款规定，人工繁育子代是指“人工控制条件下繁殖出生的子代个体且其亲本也在人工控制条件下出生”。问题在于，当亲本属于人工繁育，而子代野化后自然生长的，是否属于本罪构成要件中的“自然生长繁育”。根据文义解释，人工繁育子代不属于“自然生长繁育”，但自然放归的个体显然具有重要的生态恢复价值，完全排除违法性并不合理。三是本罪以“陆生野生动物”作为行为对象，而野生动物保护法通常将陆生野生动物及其制品作为行为对象，野生动物制品能否认定为本罪的“陆生野生动物”存疑。诸如此类的构成要件解释问题还存在一些，如超出狩猎证捕猎时是否构成犯罪，犯罪数额的计算如何进行等。概言之，环境犯罪治理是一项与多部门法紧密相关的系统工程，刑法规范的解释和适用不仅需要规范间的明确衔接，更需要对不同解释和适用效果进行综合考量。

四、结语

习近平生态文明法治理论集中体现了以习近平同志为核心的党中央以人为本、兼容并蓄、实事求是、立足长远的治国方略。在习近平生态文明法治理论的指导下，中国的环境犯罪治理不断走向治理能力和治理体系的现代化。在此过程中，应当始终坚持以人民为中心，审慎开展环境犯罪立法，坚持法益保护主义和罪刑法定原则，在保存刑法理论成果精髓的基础上迈出走向未来的坚实步伐。

以大数据赋能环境资源犯罪检察工作的构想

田向红　王笑男　赵婉茜*

2021 年，党中央印发的《中共中央关于加强新时代检察机关法律监督工作的意见》明确提出，检察机关要坚持以人民为中心的发展思想，顺应新时代人民对美好生活的新需求，依法从严惩治污染环境犯罪，切实保障民生福祉。同时，在现代互联网、计算机科技高速发展的背景下，大数据已经成为影响社会各个领域和行业的关键因素，怎样充分、科学、合理地利用大数据赋能环境资源犯罪检察工作，是新时代环境保护格局下检察机关依法能动履职的“关键一招”。

一、环境资源犯罪的现状及特点

环境资源犯罪总体涵括两大类，分别为破坏自然资源犯罪和环境污染犯罪，具体罪名散见于刑法分则第六章第六节“破坏环境资源保护罪”集中规定的罪名和办理环境资源犯罪案件可能适用的其他罪名。根据 2023 年 6 月最高人民检察院发布的《生态环境和资源保护检察白皮书（2018—2022）》，2018 年至 2022 年，全国检察机关共受理提请批准逮捕破坏环境资源保护犯罪案件 6.5 万余件 10.9 万余人，批准逮捕 4 万余件 6.5 万余人；受

* 田向红，北京市人民检察院第四分院检察长；王笑男，北京市人民检察院第四分院第五检察部三级高级检察官；赵婉茜，北京市人民检察院第四分院第一检察部检察官助理。

理审查起诉破坏环境资源保护犯罪案件 20.9 万余件 35.3 万余人，提起公诉 13.8 万余件 22.9 万余人。

通过查阅并分析中国司法大数据研究院基于“中国裁判文书网”数据库生成的相关数据、中国裁判文书网中一审刑事案件裁判文书及最高人民法院发布的相关文件，环境资源犯罪具有以下特点：一是从数量上看，环境资源犯罪案件整体数量不多，传统办案模式存在案件线索来源少、成案率低的问题。二是从地域分布上看，环境资源犯罪具有明显的地域属性，与当地资源储备、密集程度高度契合，案件频发省份集中在广西、湖南、河南、吉林等资源密集型地域，① 甘肃、青海、宁夏等经济稍落后地区案件数量较少，间接反映出经济发展状况、生态保护观念与线索挖掘积极性大致呈正相关关系。三是从犯罪行为上看，环境资源犯罪具有隐藏性、专业性特点，办理环境资源犯罪案件亟须更新办案理念，加强科技创新应用能力。四是从犯罪行为发生环节来看，犯罪多发生在原始、初级时间点，对环境资源破坏属“粗犷”型、直接性的行为，具有直接危害性，原始性环境资源犯罪多发也间接导致一旦发生则对环境破坏极大。相对应地，犯罪行为并未进行过多再加工，次生节点案件相对发生较少。② 比如，滥伐林木罪多年来一直居于环境资源犯罪具体罪名的首位，但滥伐林木行为发生后的次生犯罪（如非法收购、运输盗伐、滥伐的林木罪）却较为少见。

二、办理环境资源犯罪案件存在的问题

（一）行刑衔接机制不畅，案件线索来源少

目前，检察机关办理环境资源类案件线索大多依靠环境行政机关的移送，还有一部分来源于群众的举报反映，或是环保督察、巡视巡察发现。囿于环境区域辐射广，涉及陆海空层次多，需要执法监督的案件数量大，对办案人员专业性要求高，同时涉及法律法规交叉复杂等问题，工作难度

---

① 焦艳鹏：《我国污染环境犯罪刑法惩治全景透视》，载《环境保护》2019 年第 6 期。

② 赵辉：《大数据时代背景下环境资源犯罪检察防控问题探究》，载严励、岳平主编：《犯罪学论坛》（第五卷），中国法制出版社 2019 年版，第 888—894 页。

大，不可避免地导致办案成本较高，加之相关职能部门间配合、衔接度不够，案件线索发现和移送情况不甚乐观。只有经行政机关移送，环境资源案件才能进入司法机关视野。这就需要行政机关有精准有效的发现线索措施及顺畅的移送案件机制。环境资源犯罪是典型的侵犯公共法益的犯罪，侵害的往往是不特定的大多数人，很难明确到具体个人，知情人也会因基于“多一事不如少一事”的心理怠于反映，很大程度上限缩了环境资源犯罪案件进入司法程序的数量。客观上，很多侵害环境资源法益的行为仅停留在行政处罚层面，严重制约了生态保护司法职能的发挥。

（二）收集证据与因果关系认定难

办理环境资源犯罪案件需要执法及司法人员掌握、处理繁杂的法律法规和专业知识。该类犯罪行为客观层面的复杂性、多样性和多变性也决定了此类犯罪的因果关系认定难度更大，且受损范围大小、直接损失和间接损失的评估等难以量化测算。一方面，很多环境资源犯罪案件对生态环境造成的危害有很强的滞后性，短期内无法识别，需要长期积累，直到反向质变才能达到侵犯法益显现的程度，然而此时刑事证据可能早已灭失，不复存在；另一方面，生态环境是集成多元的，具有整体性和相互性，实施某种犯罪行为与某种危害结果的发生在多数情况下不具有一一对应性，而是具有“蝴蝶效应”综合作用力的结果，这对检察机关在因果关系认定上也带来了很大的困难，对环境资源犯罪的因果关系证明本身就很困难，还需尽量剔除非由犯罪行为直接导致的结果就更加困难。

（三）案结事未了问题亟待解决

一些案件在法院审判环节后即宣告结束，对案后环境的修复治理重视不够，存在“罪犯在内服刑，环境在外无人管”的案结事未了现象。此外，生态环境大多具有不可逆性，一旦遭到破坏很难加以修复和补救，破坏的成本低、时间短，但是修复的成本高且时间长。在一些环境资源类案件中，行为人通过行贿手段进行破坏环境的犯罪行为，或者在事后利用权钱交易逃避责任，但司法实践中，相关行受贿线索侦查、移交数量不多，也存在

"案结"但"另案"未了的情况。

三、检察机关应用大数据办理环境资源犯罪案件的构想

将大数据引入生态环境保护领域，积极探索数字检察赋能环境资源犯罪案件办理，已经成为共识。检察机关运用大数据办理环境资源犯罪案件重点要加强以下几个方面的工作。

（一）积极构建生态环境数据池，建立全流程全要素的配套机制

数据是数字检察的重要基石，数据抓取的数量、质量、容量直接影响数据分析的准确性、针对性和科学性。将大数据应用到环境资源保护领域首要的是建立数据丰富、分类精准、采集正确、动态抓取的生态环境数据池，集采集、清洗、轮替于一身，并在此基础上建立覆盖司法环节全流程、全要素的大数据配套机制，将大数据优势应用到环境资源保护的各个方面。

1. 加快推动建立行刑衔接数据共享平台，拓宽线索来源。环境资源犯罪案件线索主要依靠行政机关的移送，需要行政机关与司法机关通力协作，紧密配合。针对线索来源少的问题，应推动建立与生态环境、国家土地管理、水利、林业和草原等相关部门之间的行刑衔接数据共享平台，充分发挥行政执法与刑事司法的优势互补，做好部门联通、地区联动的执法办案工作，重点解决案件信息不对称、移送周期长、立案监督工作开展较为滞后等突出问题。特别是在环境资源密集地区，可探索建立与该地域相适应的资源数据库，沿海城市涉鱼类环境资源案件较多，东北林区盗伐林木现象严重，利用大数据、人工智能等信息化手段有侧重地建立因地制宜的数据库，"对症下药"，通过生态环境的异常影像变化和异常数据抓取更有针对性地预防、监管和识别发现违法犯罪线索，提升破坏生态环境风险隐患发现能力，促进环境资源类案件成案、立案、移案。

2. 创新检察技术应用，着力解决取证难问题。充分发挥人工智能技术在生态犯罪领域的作用，创新检察技术应用，让科技成为解决检察官"目之不及、足不能至"的新方法，不断深化现代化办案手段在生态环境领域案件中的应用。

3. 建立环境资源数字检察案例库，加强类案监督。法律面前人人平等的原则要求，至少要做到“类似案件类似判决”，尽量达到同案同判，不因身份、地位等法外因素而差别对待。建立数字检察案例库的目的是借助人工智能筛选和辨识技术以提升案例的运用效率，直到该技术能达到和法律从业者一样执行法律推理、法律解释、法律辨析和法律预判等综合智能任务，提高类案、同案检索的准确性，赋能司法案例的应用与搜索，打通案例供给侧屏障。[①] 以滥伐林木罪为例，通过录入大量相关案例，可以利用人工智能和大数据分析厘清盗伐树木的数量（株）及立木蓄积（立方米）与量刑间的对应关系，归纳总结出量刑梯次，并通过数据建模综合考虑自首、认罪认罚态度、环境恢复难度等其他量刑因素，努力解决“同案不同判”问题。

4. 将大数据应用于环境治理，做实“后半篇文章”。生态环境治理与大数据的集合研究已经频繁出现在政府的相关政策文件中，数字化治理对环境治理绩效产生了倍增效应。结合大数据等科技的创新发展趋势，推动生态环境法律法规体系的完善，形成生态环境大数据治理新格局，是同步实现惩治犯罪和环境修复的必经之路。案后环境修复应坚持数据化科技化的思维，推进数据资源全面整合共享，加强生态环境修复科学决策。比如，通过大数据的系统收集、整理和分析，可以得出受损害区域多年来的水土变化、植被覆盖率、生物多样性状况等多种环境因素，将这些因素再投入智能运算系统，制订生态恢复规划图、时间表、操作指南，从而获得有效可行务实的生态修复方案。在修复验收环节，运用大数据思维，选取有代表性的关键数据，进行修复前修复后比对，使修复效果“一目了然”，同时也可以及时调整修复方案，真正达到“恢复性司法实践 + 社会化综合治理”全贯通，案结且环境修复事也了。

（二）进一步发挥“益心为公”平台作用，利用数据手段提高公众监督参与度

近年来，最高检推出“益心为公”志愿者检察云平台，志愿者可以通

---

① 刘晖、皇甫长城:《数字时代检察案例库的建设路径研究》，载《犯罪研究》2022 年第 4 期。

过此平台对发生在身边的环境资源、生态破坏等公益损害问题进行反映，达到借助“外脑”智慧更好保护国家利益和社会公共利益的目的。截至2022年底，平台共录入2.7万余名志愿者信息，完成注册志愿者1.9万余名，提报案件线索3000余件，向办案系统正式推送有效案件线索1700余件，发起案件咨询240余件。[①] 可见，利用数据手段提高公众监督参与度是被印证的、可复制使用的拓宽案件来源渠道、形成环境保护合力的有效手段。但是，该平台仍存在操作流程复杂、与部分移动端系统不兼容、泄露个人信息风险等技术层面的问题。下一步，应聚焦公众监督的广泛性和便捷性，探索建立公益志愿者、观察员线上线索举报与评估等机制，动员和鼓励社会公众参与。配合有关部门完善生态环境和资源保护领域举报奖励制度，对举报查实的予以一定金额奖励并对举报人身份保密，激发社会公众共同参与打击破坏环境资源犯罪的动力，营造全民群防群管的社会氛围。

（三）配齐配强大数据人才，形成数据加检察合力

强化“科技是第一生产力、人才是第一资源、创新是第一动力”的指向性，健全环境资源大数据应用检察人才培养规划，加快培养生态检察领军人才，充分发挥领军人才和专业团队的示范带动作用，全面提升检察履职能力水平。探索成立环境资源整治大数据检察专班，建立起一支专业、专门、专责的检察队伍，以适应当前生态保护的严峻形势和高站位要求，并与法院系统的环境审判庭相对应。此外，还可以与科研院校共建数字检察科研基地，以联合组建研究团队、共同申报重点课题、开展学术理论研讨、创新知识产权保护等办法，加强学习实践、技术攻坚、培训指导、双向教学、人才培养及学历学位教育等领域务实合作，努力把研究基地打造为科技应用与检察业务深度融合、数字检察科研与实践一体的高地。

---

① 最高人民检察院《生态环境和资源保护检察白皮书（2018—2022）》。

环境犯罪主观故意认定的经验法则
——以行政许可认识错误的处理为视阈 *

龙天鸣 **

一、引言

2019年《关于办理环境污染刑事案件有关问题座谈会纪要》规定了主观故意的认定规则，同时也允许被告人以“确系不知情”作为抗辩理由。[①]环境犯罪涉及繁杂的行政许可问题，而行政许可认识错误就是“确系不知情”的应有之义。处理相关问题的逻辑及其对主观故意的影响，便是本文集中探讨的内容。

---

* 本文系国家社会科学基金一般项目“刑事案件事实认定中的经验法则研究”（项目批准号：19BFX091）的阶段性成果；本文受教育部“国家建设高水平大学公派研究生项目”（编号：202106360174）支持。

** 龙天鸣，北京外国语大学法学院博士后研究人员。

① 《关于办理环境污染刑事案件有关问题座谈会纪要》规定，实践中，具有下列情形之一，犯罪嫌疑人、被告人不能作出合理解释的，可以认定其故意实施环境污染犯罪，但有证据证明确系不知情的除外：（1）企业没有依法通过环境影响评价，或者未依法取得排污许可证，排放污染物，或者已经通过环境影响评价并且防治污染设施验收合格后，擅自更改工艺流程、原辅材料，导致产生新的污染物质的；（2）不使用验收合格的防治污染设施或者不按规范要求使用的；（3）防治污染设施发生故障，发现后不及时排除，继续生产放任污染物排放的；（4）生态环境部门责令限制生产、停产整治或者予以行政处罚后，继续生产放任污染物排放的；（5）将危险废物委托第三方处置，没有尽到查验经营许可的义务，或者委托处置费用明显低于市场价格或者处置成本的；（6）通过暗管、渗井、渗坑、裂隙、溶洞、灌注等逃避监管的方式排放污染物的；（7）通过篡改、伪造监测数据的方式排放污染物的；（8）其他足以认定的情形。

二、德国与美国环境刑法对相关问题的处理

（一）德国环境刑法：方案与疑问

1. 德国环境犯罪的方案。德国刑法早期认为，对“非刑罚法规”产生错误阻却故意，对“刑罚法规”产生错误则不影响故意，即属于违法性认识错误（禁止错误）。然而这种形式的区分已经为当代刑法理论所取缔。① 正如在环境犯罪中，对行政规范（许可证）发生错误的，显然不能一概阻却主观故意。德国学者基于环境刑法的行政从属性，认为环境刑法行政从属不可避免，“目前对于环境刑法行政从属性制度安排而言，这种做法不存在可行的替代措施。公共的环境法由于是环境保护复杂功能的主要载体，它也是法秩序统一性原理的要求，而环境刑法原则上与环境行政法看齐，并且限定于补充、保护、加强的功能”。② 因此，以分割法域的方法解决认识错误的分类并不现实，故而德国环境刑法采取了另一套解决方案。

德国学者认为，在环境犯罪中，缺乏特定行政许可或违背特定行政法规定的义务，则排除构成要件；如果构成要件以“未经许可（Unbefugt）”的行为为前提，则“未经许可”属于违法性要素。③ 在其看来，若行政从属性越强，相关行政规范越决定构成要件内容；若行为侵害性越是由刑法独立确定，行政从属性则越弱，由此“许可”只能成为例外的正当化事由，而“未经许可”则只是确证了违法性的存在。④

简言之，若行政从属性强，则“违反行政法义务”作为构成要件要素，以行政义务违反的形式将污染结果拟制出来。这样的规定有两种可能

---

① 张明楷:《刑法学》，法律出版社 2016 年版，第 325—326 页;［日］大谷实:《刑法总论》(第二版)，黎宏译，中国人民大学出版社 2009 年版，第 319 页。

② Vgl. Frank Saliger, Umweltstrafrecht, Verlag Franz Vahlen M ü nchen, 2012, S.30−31; 58.

③ Vgl. Klaus Tiedemann, Die Neuordnung des Umweltstrafrechts. De Gruyter, 1980, S.15; 25. 转引自许玉秀:《主观与客观之间》，法律出版社 2008 年版，第 371 页。

④ Vgl. Klaus Tiedemann& Urs Kindhäuser, Umweltstrafrecht−Bewährung oder Reform？ NStZ, 1988, S.337.

的含义：其一，借助主管机关的制止命令证明行为的客观危险性；其二，借助不服从该命令来凸显行为人对法益及法规的敌视意思。[①] 由是，“违反行政法义务”在构成要件中所发挥的事实描述功能，意在为侵害结果厘定可罚性标准。但是，环境损害的不法性并非完全借由“违反行政法义务”来界定。如果社会危害性完全可由刑法“禁止性实体”独立界定，则许可只是法益侵害的例外允许或正当化事由。[②] 以德国水污染犯罪为例，有观点指出，德国刑法第 324 条水污染构成要件并没和行政法律义务的指导概念明确连接在一起，这种合比例受保护法益的特别价值要比其他法益侵害更重要，所以其中许可的原则性分类应作为正当性依据。[③]“水政当局是否愿意发给其排放许可证，取决于当局的自由裁量而不是由法律预先规定。这样一种决定首先取决于当局容忍有关的水域承受多大程度的污染。”[④]

进而，这种方案对认识错误的处理是，以行政从属性程度界定行为人产生认识错误的许可到底是一种影响故意的行政义务类特定许可，还是并非影响故意而受“不知法不免责”所支配的例外许可（未经许可）。因此，在处理行政许可认识错误的问题上，德国环境刑法是以行政从属性作为潜在价值来区分许可的种类，进而赋予许可错误以不同的责任效果。

2.“未经许可”是否作为守恒的违法性认识要素。德国环境刑法试图区分违反行政义务（特定许可）与违反例外许可（未经许可），既是为了与阶层论适配，也是为了与故意与违法性认识相区分的罪责说适配。在该框架下解决行政许可问题，有观点亦效法主张行政许可可分为控制性许可与特别许可两种，分别具有阻却构成要件与阻却违法的双重功效。[⑤] 由是前者作为故意内容，后者作为违法性认识内容。然而，这种分拣并不能一成不变地固定下来。这一点，在环境犯罪中能够集中体现出来。例如，建构

---

① 许玉秀：《主观与客观之间》，法律出版社 2008 年版，第 351 页。

② Vgl. Michael Kloepfer& Martin Heger, Umweltstrafrecht, C.H.Beck, 2014, S.37.

③ Vgl. Frank Saliger, Umweltstrafrecht, Verlag Franz Vahlen München, 2012, S.39–40.

④ ［德］E. 撒姆松：《德国环境刑法的基本原理和问题》，李建明译，载《外国法评译》1994 年第 4 期。

⑤ 车浩：《阶层犯罪论的构造》，法律出版社 2017 年版，第 249 页。

“未经许可”（或所谓特别许可）作为违法性认识要素即说明问题。

其一，“未经许可”适用范围不明。上述方案的问题是，虽然一般认为，“未经许可”主要存在于水污染与废弃物处理领域中，但是行政从属性的强弱并无明确标准，这导致对“未经许可”适用范围的理解并无一致结论，甚至以上述方案区分许可类型本就具有不确定性。随之而来的危险倾向是，对“未经许可”的不合理界定，将导致未必具有可谴责性的认识错误者反而一概成立违法性认识错误，进而被不合理地主观归责。或许正是基于这种危险倾向，德国环境刑法开始逐渐有观点认为，经许可的排污行为不具有构成要件符合性。[①] 换言之，原本具有例外性的“未经许可”消除了例外性，反而转化为构成要件认识要素，因而属于环境犯罪主观故意的内容。可以想见，既然行政从属性程度模棱两可，那么对许可的区分也必然模棱两可，与其这样，不如将许可一并作为构成要件要素。

其二，即便“未经许可”属于禁止错误内容，但故意非法取得许可的，“未经许可”将转化为故意成立的素材。德国学者指出，在水污染罪中，“未经许可”的特征并不属于构成要件，而是作为侵害特征，成为一种（多余的）违法性的提示，而一般的正当化事由在这里也几乎不发挥作用；通过恫吓、贿赂或者勾结取得或者通过不正确或不完整的说明来骗取批准，相当于没有许可与生效，因此也是不具有正当性的。[②] 但是，故意实施不正当行为，难道不是故意犯罪的典型特征吗？正如有观点指出，“A 通过（故意）隐瞒不符合与公司有关的例外构成要件的方式取得了超高的排放许可。因为他是通过不正当的陈述骗取了许可，也通过权利滥用的行为因果且可归属地引发了不法行政行为的发布，第 330d 条第 1 款第 5 项对他发生了功

① 张正宇:《德国水环境刑法之考察及其对中国的启示》，载《国外社会科学》2020 年第 1 期。值得说明，笔者之所以将 unbefugt 译为“未经许可”，一是试图与相关论者保持一致，二是试图与 Genehmigung、Erlaubnis 等“许可”概念靠近，因为德国学者在违法性的探讨中也使用相关词语。不过，Genehmigung、Erlaubnis 有时又作为构成要件要素出现，因此需要结合不同语境来辨别。

② Vgl. Urs Kindhäuser，Strafrecht Allgemeiner Teil，Nomos，2017，S.448-449.

能效果，排放许可因此不发挥正当性作用”[①]。在此，如果排放许可是正当性层面的内容，为什么“未经许可”又冠以“故意”之名而证成了故意犯罪的认定逻辑？显然，作为正当化事由的许可此时转化为故意内容，而故意骗取许可就决定了环境犯罪的故意性质。

综上可见，德国环境刑法试图将“未经许可”固化在违法性层面的做法难以贯彻始终。而且，德国环境刑法为行政许可认识错误问题的处理设置了一个并不精确的前提方案，即行政许可的区分与归类。

（二）美国环境刑法：方案与价值

美国的刑法体系并没有明确规定环境犯罪，而主要是将环境刑事立法表征在环境行政法条文中。[②]鉴于此，美国环境刑法中行政许可认识错误与主观故意的关系问题更为典型。因此有关环境犯罪的犯意认定问题，与其说是大陆法系的研究任务，毋宁说是一个世界性的研究主题。

1. 美国环境刑法的方案。诚然，“不知法不免责”一直是英美法国家刑事司法活动中信守的基本准则。然而，这一立于“神坛”的准则却在现实的法律活动中面临严重的窘境。[③]正如美国学者形象地指出，“尽管‘法律错误’学说受到推崇，但在实践中，它似乎被打穿了，到处是漏洞、限制、例外和限定。法院经常在司法判决或意见的开头对其进行口头宣传，但在面对许多（而且不是不可预见的）紧急情况时，却得出结论说它不能适用”[④]。在环境犯罪语境下理解，英美法系并不认为，某一行政要素（例如许可）会一成不变地作为或不作为“不知法不免责”所支配的内容，因此行为人有关行政许可的认识错误是否影响犯意，不可一概而论；更值得关

① Vgl. Frank Saliger, Umweltstrafrecht, Verlag Franz Vahlen München, 2012，S.45.

② 王秀梅:《英美法系国家环境刑法与环境犯罪研究》，载《政法论坛》2000 年第 2 期。

③ Sanford Kadish, et al., Criminal Law and its Processes, Wolters Kluwer Law & Business, 2012, p.303.

④ Ahson T. Azmat：What mistake of law just might be：Legal moralism, liberal positivism, and the mistake of law doctrine, New Criminal Law Review：An International and Interdisciplinary Journal , Vol.18, No.3, p.379.

注的是，行为人对行政许可的认识程度是否满足人们对犯意可谴责性的期待。易言之，美国环境刑法从不致力于对行政许可的分类，而是认为如果可以率先证明有意违反行政许可，则犯意成立；否则，是否仍有必要进一步查明有意违反行政许可，则取决于其他判断资料是否已经建立起犯意所需的可谴责性。

下文几个美国环境刑法案例在认定犯罪主观心态上的实践逻辑，或为我国刑事司法实践提供有益的借鉴。

（1）明知违法，即明知犯罪。在 Protex 案中，Protex 经营滚筒回收设施。证据表明，针对员工的安全规定，特别不足以保护其免受有毒化学品危害。政府专家证实，如果没有适当的安全预防措施，雇员中毒的风险就会增加，由此可引发精神器官综合征。Protex 认为，其并没有达到法律所禁止的危险状态。其认为《资源保护与修复法案》（RCRA）第 6928（f）（1）（c）条中，[①] 国会提到的是“大体上确定”会导致死亡或严重的人身伤害，就是对结果的明知。而地区法院将“迫在眉睫的危险”定义为“可以合理地预见会导致死亡或严重人身伤害的情形存在或复合情形，除非情形得到纠正”。Protex 认为，“合理预见”并非“大体上确定”，即法院借助语义的不确定性缩小了犯意所需的认识程度。

但是法院认为，被告人无法阐明其为何能理解 RCRA 禁止将员工置于“大体上确定”会导致死亡或严重人身伤害的状况，但为何不能理解，不应该将雇员置于“合理预见”造成死亡或严重身体伤害的状况。RCRA 中“明知危害”条款的要点是，如果当事人违反 RCRA 的其他规定，将他人置于极大危害的危险之中，并且知道这种危险，则该方将承担刑事责任。地区法院在其指示中向陪审团传达了同样的想法。法院驳回了上诉人的论据，

① 《资源保护与修复法案》相关条款，即指 RCRA，42 U.S.C. 第 6901 条及以下相关条款。下文亦同。RCRA 建立了一个从摇篮到坟墓的项目来监管危险废物的管理与处置。由美国联邦环境保护局（EPA）领导并由州立环境局（包括明尼苏达州污染控制局）实施的 RCRA 监管项目，对被监管的各方施加了重大的监管义务。RCRA 与各州的缔约者为不履行的情形设置了民事、刑事、行政的处罚。RCRA 的宗旨是为了防止未来未经允许的处置，并且确保危险废物的安全处理。详见 Resource Conservation and Recovery Act, Joseph G. Maternowski, Minnesota Environmental Institute– April 21, 2011. See https：//www.docin.com/p-1880879949.html。

即其不能意识到其行为被 RCRA 的“明知危害”条款禁止。[①]

法院之所以否认被告人对 RCRA“大体上确定”标准理解错误的抗辩，正是因为其已经自认有意违反 RCRA 所许可的工业流程，而只是对危险程度产生了错误认知。可见，此时法官并不愿意去探讨，违反该行政许可是否具有认识的必要性，而是认为既然已经轻而易举地发现其有意违反，为何不作为犯意成立的依据？这符合证明的便宜性需求。

（2）以危害性推定明知“违反许可”。在 Buckley 案中，被告人 Buckley 在拆除固定污染源的过程中，有意向环境中排放石棉且达到值得报告的数量，但其未通知适当的联邦机构，被认为违反《清洁空气法》与《综合环境反馈、补偿与责任法案》相关条款，进而被宣告有罪。被告人主张自己并未认识到排放行为需要取得当局许可。对此法官认为，就“认知”要素而言，其一，从《清洁空气法》的依据看，法规仅要求了解排放本身，而不要求认知法规或排放所造成的危害；由于石棉和其他有害物质的性质，与之接触的个人已经实质地充分注意到，他们可能会因与排放有关的行为而带来刑事责任。涉及危险或有害……产品或令人讨厌的废料，管制的可能性是如此之大，以至于任何人意识到自己拥有或处理这些物质，必须推定知道该规定。根据法律，政府可以通过证明被告人对明显的事实视而不见，或者在知道需要调查的事实时不进行调查，从而证明被告人的对违反法律的认识。

其二，从《综合环境反馈、补偿与责任法案》的依据看，危险物质（例如石棉）的性质告诫了控制这些物质的人，刑事法规可能会规制该物质的处理和释放。政府必须证明的是被告人知道被拆除的管道或其他设施部件上的石棉材料的一般性质；政府不必证明被告人知道石棉材料的法律地位，也不必证明他知道在违反法律。

该案中，法院一方面认为被告人对“违反许可”的认知不需要被证明，似乎回到“不知法不免责”的老路；但法院另一方面又认为，如果被告人对“排放物品中存在危险的石棉”具有认知，就足以推定其知道“违反许

① U.S. Court of Appeals v. Protex Industries Inc., 874 F.2d 740（10th. Cir. 1989）.

可”。可见，“不知法不免责”的逻辑被推定知法的逻辑所架空。而之所以不必非要去证明明知“违反许可”，是因为石棉所承载的危害性足以达到犯意的可谴责程度。在这种前提下，行政许可便成为认识之外的内容。

（3）危害性不足时必须证明明知“违反许可”。与上述Buckley案不同的是，Weitzenhoff案并没有毫无争议地因循先例，而是被认为明知“违反许可”具有证明必要性。这是因为该案的危害性不足以支撑犯意的可谴责性。

在Weitzenhoff案中，涉案工厂主营污水处理，并持有国家污染排放消除系统（NPDES）颁发的许可证。然而，该工厂出现了过量废物活性污泥，但被告人并没有像以前那样将多余的污泥运走，而是直接排入海洋，因为被告人认为根据其对NPDES许可的理解，许可规定了“分流”（有意转移废物）可用于必要的维护以保障有效运营。但实际上他们发生了理解错误，误认为该行为得到了许可证的批准。

对此，法官Kleinfeld主张必须证明明知“违反许可”。其指出，“我们错误判决可能造成的损害并不一定仅限于《清洁水法》的案件。犯罪心理状态传统要求的稀释以及将刑法适用于无辜的行为，降低了我们刑法体系的道德权威”；“他们是无辜的，因为使他们的行为成为重罪的是他们所不知道的一些事情。如果他们知道自己正在向水中排放，且已获得排放许可证，认为自己符合许可证，但不知不觉地违反了许可证条件，便与暴力罪犯一起入狱。可是法规并没有这样说”①。“陪审团试图通过将犯罪归类为

① “任何……疏忽地违反了《清洁水法》的各个部分……或任何许可条件或限制……（构成轻罪）。[根据U.S.C.33第1319（C）（1）（A）条]；过失地将其已知或合理地应该知道的任何污染物或有害物质引入下水道系统或公共处理工程，可能会造成人身伤害或财产损失，或……导致此类处理工程在任何许可状态下违反任何污水限制或条件……（犯有轻罪）。[根据U.S.C.33第1319（C）（1）（B）条]；明知违反（《清洁水法》的各个部分）……或任何许可条件或限制……（犯有重罪）。[根据U.S.C.33第1319（C）（2）（A）条]；明知将其已知或合理地应知道的任何污染物或有害物质引入下水道系统或公有的处理工程，可能会造成人身伤害或财产损失，或……导致此类处理工程违反任何废水限制或许可证中的条件……（重罪）。[根据U.S.C.33第1319（C）（2）（B）条]；明知违反了《清洁水法》的各个部分……或任何许可条件或限制……并且当时知道他因此使另一人面临死亡或严重人身伤害的危险……（重罪，最高可判处15年徒刑）。[根据U.S.C.33第1319（C）（3）（A）条]。”毕竟，被告人是知道法律原则上是禁止排污的，因此被告人也符合明知违反许可条件，或造成损失，因此存在重罪的评价空间，这便是该案有罪论的解释依托。换言之，这便是德国刑法意义上的容许错误，并不影响故意。——笔者按

‘公共福利犯罪’来加强其解释，好像在没有明确法定命令的情况下更积极地定罪是合理的……但法定犯或公共福利犯罪类别规定宽恕规则尤其重要，特别是对于重罪而言，因为有良知的人在从事行为时可能不会意识到其不法行为……《清洁水法》中的罪行‘显然是旨在保护广大公众免受水污染的严重后果’，但是增加的刑事风险至少有可能增加成本并减少诸如排污之类的合法和必要的公共服务的可用性。无论司法行动是否符合某些可取的政策，我们都不应剥夺正义。而对于那些事实上知道他们在违反许可证限制的人，这种严重犯罪的严厉刑罚必须为他们保留。”①

与 Buckley 案相同的是，本案也存在故意排污，但即便是认识到对水体的污染，本案也并未以此推定违法认知，因为被告人仅仅是在误读许可的情况下不自知地犯错，而与有意违法者在道义上的可谴责性完全不同。换言之，当主观恶性较为明确时，明知“违反许可”失去证明必要性；而当主观恶性并不明确时，明知“违反许可”的证明必要性就凸显出来，否则难以证明犯意。因此，“未经许可”的认知重要性本就是一个具体情况具体分析的问题，远不能固化为一成不变的认识类型。

2. 价值：实体问题证据化、价值化。美国环境刑法既不会从概念与体系上切割行政许可，也不会纠结行政许可是否一概是或不是认识内容，而是灵活设定行政许可的认识必要性，使其随着案件语境不同而发生变化。这种灵活的实体安排受证明必要性所驱使，而证明必要性又受可谴责性的牵引，这也是普通法系不落实体窠臼而重价值、重实践的典型写照。

上述案例展现了 RCRA 有关环境犯罪明知认定的两条主线，这展现出实体问题只是证明问题的衍生。在 RCRA 中，一方面根据第 3008 节（d）（1）之理念，（没有许可的）“认知”因素可以依照情况地被证明或者通过显示有意没能确定接收设施的许可状态来予以证明。最重要的是，联邦环保局不需证明被告人知道问题中的物质作为“废物”的分类以及作为“危险的”分类；另一方面根据第 3008 节（d）（2）之理念，大多数的规则是，被告人不需知道废物的法律地位，只要知道其是潜在的危险，在这个路径上一些

① U.S. Court of Appeals v. Weitzenhoff, 35 F.3d 1275（9th. Cir. 1993）.

法院主张被告人不需要“知道”设施对于处置、储存与处理危险废物并没有许可。故而可以说，法院已经通过RCRA刑事定罪所要求的非常有限程度的“认知”提高了美国联邦环保局倾向的规则实施可能性，因此，几乎所有针对RCRA监管计划的违反都可以成功地被作为刑事犯罪起诉而不论它的环境意义。①

简言之，RCRA第3008节（d）（1）侧重“违反许可”认知的证明规则，而RCRA第3008节（d）（2）侧重“违反许可”认知的非必要性。实际上，RCRA第3008节（d）（2）的理念是RCRA第3008节（d）（1）的衍生。正如Buckley案中认为“违反许可”不是主观心态对应的要素，其实只是推定被告人存在认知所形成的实体方案。而Protex案与Weitzenhoff案则是明确运用RCRA第3008节（d）（1）之理念，前者通过对中毒危险的认识，证明被告人能够认识到自己的行为被RCRA的“明知危害”条款禁止；后者通过被告人对“违反许可”的认知需要被证明而无法被证明，因而存在疏忽。两者并没有先入为主地探讨某一行政要素到底是不是实体上主观心态所必须对应的内容，而是先考察可证明的已知内容是否已经满足正义对可谴责性的期待。由此可见，根据RCRA第3008节（d）之理念，判例实践将实体上“违反许可”认知必要性之争，转化为证据上“违反许可”认知的证明必要性之辩，从而也为合并违法认知与犯罪心态的实体安排提供了证据意义的方法保障。

三、我国环境犯罪主观故意认定的经验法则：故意说前提下灵活运用违法性认识的证明与推定

（一）美国环境刑法可供借鉴之路径

与德国刑法区分故意认识要素与违法性认识要素却又不能完全区分的做法不同的是，美国环境刑法并不热衷于区分行政许可的概念与体系，而

---

① Resource Conservation and Recovery Act, Basics, Joseph G. Maternowski, Minnesota Environmental Institute-April 21, 2011, p.13, 14. See https：//www.docin.com/p-1880879949.html.

是立足于个案情况，研判对“违反许可”的认识与不认识是否应当发挥对主观归责的认定作用。这一点，对中国刑法并未明确将故意与违法性认识分离的做法格外受用，也为中国刑法违法性认识故意说的贯彻提供了切实的方法论。

虽然从本质上看，在对某一行政要素的认识必要与否或证明必要与否的问题上，美国环境刑法与德国环境刑法一样，都没有给出一成不变的答案——美国刑法以危害程度决定“违反许可”认识的证明必要性，而德国刑法以行政从属性程度决定许可及其认知的分类[①]——但是这种问题是任何法系都不能一劳永逸地解决的。否则，德国环境刑法也不会在“未经许可”的阶层定位问题上如此纠结。同理，我国学者也早就指出，在一般情况下，违法性认识不是故意内容中的必要要件；但在某些情况下，缺乏违法性认识，就不可能具有社会危害性认识，就不具有故意。[②] 因此，环境犯罪主观故意的成立是否要求必须认识到违反某种“行政许可”，在没有具体语境的情况下本就是一个不可一概而论的问题。既然这是各法系普遍的局限，那么笔者认为，美国刑法要比德国刑法更具有借鉴意义。其一，从犯罪论体系上看，我国刑法并没有区分构成要件阶层与违法性阶层的实践基础，由此再区分两种认识类型属于叠床架屋，因此必须坚持一元的认识论，这一点与美国环境刑法对犯罪心态的认定思路如出一辙。其二，从犯罪心态认定方法的实践性上看，中国刑法与美国刑法会取得更深入的共鸣。德国环境刑法首先还是要从概念上判断某一行政违反更像是“违反行政法义务”还是“未经许可”，若得出不合理的主观归责结论，则转而向相反的概念加以解释；如果原本类似于“未经许可”的内容确实无法描述成“违反行政法义务”，则会引发体系性反思，即怀疑“未经许可”应当全部归入构成要件阶层；可是若“未经许可”一概属于需要证明的构成要件认识要素，则担心不当缩小了可谴责范围。因此，德国环境刑法关于“未经许可”

---

① 行政从属性程度的本质也是危害程度。结合前述可以想见，危害程度不高的，构成要件之原则不法由行政法界定；危害程度高的，构成要件之原则不法由刑法独立界定，行政法只发挥例外的不法阻却作用。

② 谢望原、柳忠卫：《犯罪成立视野中的违法性认识》，载《法学评论》2003 年第 3 期。

认识必要性的判断起始于一番概念与体系的纠结，而中国刑法与美国刑法将更直接更务实地判断，对“违反许可”认识的证明在具体案件中是否能直接发挥作用或是否必要。

（二）我国环境犯罪主观故意认定的经验法则

本文主张借鉴美国 RCRA 第 3008 节（d）之理念，提炼出涉行政许可认识错误问题的处理方案。首先，参考 RCRA 第 3008 节（d）（1），如果“违反许可”的认识或有意没能认识的事实被证明，则环境犯罪的主观故意能够成立。其次，参考 RCRA 第 3008 节（d）（2），以行为的危害程度确定“违反许可”认识的证明必要性。诚然，以违规认识证明犯罪故意的逻辑具有严密性，但是以污染危害性质推定违规认识的逻辑存在跳跃，因为工业领域的环境损害作为一种非限定性的社会危害性，本身就对应了法律意义上正当与非正当两种情形，而正当与不正当之间的区别由行政许可的规定与理解所决定，哪怕轻微的程序疏漏都会影响不法性质的认定。所以，逻辑泛化的社会危害性认识并不与违法性认识在外延上等同，而只是在内涵上具有一致性。[①] 进而，单纯认识到环境损害不能必然得出认识到“违反许可”的结论，而是形成可抗辩的推定。所以，应当慎用以环境损害推定违规认知的逻辑，即便适用也应当承认抗辩的可能，以对冲推定的风险。

综上，在涉行政许可认识错误问题上，应当基于我国刑法违法性认识故意说，首先积极排查违规认知的存在，同时结合危害程度判断违规认识的证明必要性，并在否定证明必要性时，允许被告人以行政许可认识错误为由提出对推定的抗辩。

---

① 龙天鸣：《代购药品行为性质的法理阐释》，载《人民检察》2021 年第 24 期。

污染环境罪“理论—事实”的法秩序统一性考察
——基于对刑法独立性与补充性关系的再思考

马伟虎 *

一、问题的提出

党的十八大以来，生态文明建设已被列入中国特色社会主义事业发展蓝图的中心任务，而生态文明建设侧重于对当代日趋严重生态环境问题与人类生产生活方式冲突的反思。习近平总书记更是提出“我们既要绿水青山，也要金山银山。宁要绿水青山，不要金山银山，而且绿水青山就是金山银山”的“两山”理论，[①] 充分体现了习近平生态文明思想的理论内涵和发展要义。法治是最大的社会公约数，是社会最基本价值导向的体现。在全面促进生态文明建设的大背景下，环境刑法治理模式也被放到生态建设新路径中最突出的地位。基于污染环境罪立法价值、犯罪构成和体系上的刑法独立性与行政从属性，主要存在强独立性下的污染环境罪和强补充性下的污染环境罪两种主流规范模式假设，诚然，目前后者势头正盛。

刑法是规定犯罪、刑事责任和刑罚的法律。从本质上来讲其概念构成、价值理念、内容范围和惩罚机制等，都有其独立的品格而不从属于刑法之外其他任何法律。污染环境罪虽然在立法构造上具有很强的环境行政法属

* 马伟虎，甘肃政法大学法学院讲师。

① 习近平总书记在哈萨克斯坦纳扎尔巴耶夫大学演讲时首次正式提出，2013 年 9 月 7 日。

性，但犯罪的本质在于被刑法类型化的具有严重社会危害性（不法）与有责性（有责）的行为。[①] 所以判断构成污染环境罪更多的是需要独立思考刑法的法律属性，不论是污染环境罪法益价值的判断，还是对“严重污染环境”行为（结果）等不法性的考量，都必须建立在对刑法第338条本身的独特性的评价，这也是严格的罪刑法定原则的基本要求。至于有责性的评价，尤其是对于主观罪过争议的厘清，更强调与环境行政法中过错判断的基准相剥离。[②] 行政法面向将来，其主旨是抵御和预防危险，维护秩序；刑法则具有实质判断的性质，是对过去行为的回溯，其理念在于使规范得到普遍遵守，以保护各种法益。[③]

刑法另外的法律属性：惩罚方式严厉性及谦抑性则要求刑法必须具有补充性，要求在某些场合刑法必须从属于其他法律法规，只有当其他法律的治理效果明显不足时才能发动刑法制裁，而这在行政犯中一目了然。污染环境罪具有很强的行政补充性（从属性），“严重污染环境”行为首先是“违反行政法规”，由于其违法程度超出了行政法的调控范围，达到了刑法处罚的标准，而将其归属于犯罪行为，从这个角度可以说污染环境罪是环境法与刑法的综合体，对污染环境罪的研究也势必离不开环境法的大视野。从目前环境犯罪的理论研究和司法实践裁判的趋势来看，这种刑法作为其他部门法的补充性（从属性）的立场开始盛行，当然这也是行政犯的固有属性。

二、刑法补充性扩张：污染环境罪体系上的行政从属性

法秩序统一性原理着重强调刑法的补充性，旨在使宪法、刑法、行政法、

---

① 张明楷:《刑法学》(第六版)，法律出版社2021年版，第115页。

② 对于责任要素的内容，行为无价值论认为故意与过失属于违法要素，结果无价值论则认为故意与过失属于责任要素。本文且采取结果无价值论的观点，将污染环境罪的心理态度故意与过失放在责任要素中加以考量，但“责任与行为同时存在”，对于本罪到底是故意还是过失以及其内容范围，都应以行为进行时为判断基准。

③ 陈兴良:《刑民交叉案件的刑法适用》，载《法律科学（西北政法大学学报）》2019年第2期。

民法等多个法域之间构成的整体法秩序间不存在矛盾，法域之间应保持整体上的一致性，包括“理论—事实”之间的一致。这就意味着违法与犯罪在违法性上就没有实质的区别，只是法律效果不同而已。[①] 刑法中关于犯罪的概念应从属于其他部门法中违法性的判断，如果一个行为在其他部门法中是被允许的，那么他绝对不构成刑法中的犯罪行为。[②] 而法秩序统一性原理在污染环境罪的立法体系中尤为凸显，极力的表现为污染环境罪的行政从属性。

（一）污染环境罪法益价值的行政法补充性

刑法的根本任务在于法益保护。法规范背后的价值不在于保护规范自身的利益，而是通过法规范保护它所包含的利益与价值。[③] 法益侵害的同质性则在不同的部门法之间架起了一座沟通的桥梁，一般认为，行政犯与同类型的行政违法行为的区别主要表现为行为危害性的量的差别，在违反行政法规这一本质上并没有根本差别。[④] 那么行政犯中的刑事违法与行政违法在保护利益上也就没有质的区别，只存在量的不同，这在污染环境罪的法益变迁中也有所显现。

随着环境法体系的不断壮大和完善，环境行政法的治理也更加有深度，从对环境利益的保护的价值来说，目前环境法上已经基本确立了以环境本身特有利益为核心的环境法权说。[⑤] 在法秩序统一性原理的要求下，作为补充性规范的刑法，必须在法益价值上与环境行政法保持质的一致。由此学者们也开始认为污染环境罪的法益为纯粹的生态学法益。他们认为，环境犯罪所保护的法益就是生态本身，包括环境本身利益（水、大气、土壤）

---

① 王昭武：《法秩序统一性视野下违法判断的相对性》，载《中外法学》2015 年第 1 期。

② 罗翔：《论人脸识别刑法规制的限度与适用——以侵犯公民个人信息罪指导案例为切入》，载《比较法研究》2023 年第 2 期。

③ 克劳斯·罗克辛、陈璇：《对批判立法之法益概念的检视》，载《法学评论》2015 年第 1 期。

④ 张绍谦：《试论行政犯中行政法规与刑事法规的关系——从著作权犯罪的“复制发行”说起》，载《政治与法律》2011 年第 8 期。

⑤ 史玉成：《环境法学核心范畴之重构：环境法的法权结构论》，载《中国法学》2016 年第 5 期。

和其他环境利益（动物、植物）。

事实上，自《刑法修正案（八）》实施以来，司法实践中并没有对本罪的法益价值一刀切进行判决，通过5441份判决书可见一斑。[①] 如表1所示，我们从判决书的说理部分选取了涉及有关法益价值的典型性案例，以上补充性法益价值屡被提起，只是在行文用语上略有差别而已，更值得一提的是，这对“污染环境”行为的定性起到实质性的引导作用，非法排放、倾倒或者处置行为指向的客体不仅囊括国家对环境的管理秩序、人类生存环境，也包含人的生命、健康和财产安全，这背后的深层次价值在于生态环境与人的生命健康息息相关，继而生态学的人类中心主义的环境观正是此罪所要体现的核心价值。

表1　判决书中有关法益的用语

文书说理用语样表	
1	为维护社会秩序，保障国家防治环境污染的管理制度……
2	为严明国法，惩罚犯罪，保护环境资源……
3	为保护环境，维护公众的生命健康安全……
4	为保护我国的公共安全，打击刑事犯罪……
×	……

资料来源：中国裁判文书网（http：//www.cnki.net/）

以上，刑法补充性极度扩张后已发展形成我国主流的安全刑法观，安全刑法不断以集体法益或者超个人法益为名，从根本上动摇法益论的根基

① 本文样本全部来源于中国裁判文书网，文书检索时间范围为2013年1月1日至2020年12月31日，因为受到文书下载最多20页的限制，本研究采取仅可能细化分类的方法，按照污染环境罪—刑事案由—年份—地区—判决书／裁定书—时间顺序／倒叙分类细化下载，在大的类属上尽可能控制在400类以内，通过时间排序的方法进行全数据下载。需要说明的是，在所确定的有效下载文书中，存在重复案件文书和非本罪文书两部分的样本数，在具体的统计过程中对重复的案件和非本罪案件进行了排除，并且大部分的裁定书都是一些程序性裁定，无实质研究价值也予以排除，所以最后本文研究的样本数确定为5441份。

并日益走向规范论。[①] 然而权利与自由才是刑法的根基，刑法最终的目的应该建立在对于人的解放与发展的基础上。我们不得不肯定自然环境本身所具有的独一无二的价值，虽然环境法业已形成独立的“环境法权”价值，但这种绝对的环境利益本身无法单独成为刑法所保护的利益，这也需要对刑法的补充性作出限制。

（二）污染环境罪罪状表述构成的补充性

“所有的犯罪行为都是违法行为，而违法行为不一定是犯罪行为。”这句谚语揭示了刑法作为后置法，对其他前置法的违法行为起到补充作用，只有当一个违法行为无法用其他部门法预防时，才能发动刑法来制裁。污染环境罪从其体系位置和罪状构成都充分说明了这一点。从体系上看，污染环境罪属于刑法第六章“妨害社会管理秩序罪”的第六节“破坏环境资源保护罪”。由此，构成污染环境罪必须在体系上与环境行政法所对应，直接的从属关系在于对犯罪法益的影响，包含对国家环境管理秩序的破坏，这也给污染环境罪本身争议不断的法益范围带来了新的挑战，这已在上一部分说明，此处不再展开。

众所周知，污染环境罪在立法模式上采取空白罪状的形式，构成污染环境罪首先需要“违反国家规定”，这就需要参照环境保护法、大气污染防治法、水污染防治法等一系列法律规定；其次，只有当“排放、倾倒或处置”的违法行为达到刑法超过的构成要件要素“严重污染环境”的程度才能具有刑事上的违法性，才能构成犯罪。当然对于“严重污染环境”的行为类型，最高人民法院、最高人民检察院《关于办理环境污染刑事案件适用法律若干问题的解释》进行了一一列举，这也更强调一般违法与刑事违法之间的差别。以上刑法对于犯罪行为的定义必须要概括出行为的本质和构成要素，构成要素作为规范的犯罪构成边界，分为积极的构成要素和消极的构成要素，行为本质的功能在于将刑法价值上不值得处罚的行为排除

① 刘艳红：《中国刑法的发展方向：安全刑法抑或自由刑法》，载《政法论坛》2023年第2期。

在犯罪行为之外。① 所以，从规范价值上来说，法秩序统一性原理要求刑事违法必须以一般违法为前提，这在违法性相对论中是值得肯定的，但这在目前国内主流的缓和的违法性一元论中略显不足。②

从司法实践看（如表2），本罪的犯罪行为绝大多数表现为“排放‘特定物质’（包括排放‘特定有毒有害物质’偷排‘有毒物质’）超过法定标准的三倍和排放、倾倒或者处置‘危险废物’三吨以上”两种“行为犯”，而造成财产损失（包括直接造成财产损毁、减少的实际价值，为防止污染扩大、消除污染而采取必要合理措施所产生的费用、处置突发环境事件的应急监测费用，以及生态环境修复费用）和人员伤亡实质损害的结果犯却捉襟见肘。污染环境罪的侵害客体应为社会环境法益，包含发生具体财产损失和人员伤亡，同时侵害到个人法益。而违法排放、倾倒或者处置行为中的“违法”要素也应该在环境法益和个人法益中做出综合的评价，但在涉及公私财产损失和人的生命、身体健康等个人法益时也只能够是结果犯。

表2　具体行为类型案件数量③

行为类型	行为犯			结果犯	
具体行为	特定物质	危险废物	混合重叠	财产损失	人员伤亡
每年总数（Y1—Y6）	10，688，662，1013，1375，836	24，203，133，334，594，772	3，13，11，22，31，25	3，59，39，65，154，231	1（Y1），2（Y5）
总计	4584	2060	105	551	3
占比	60.26%	27.13%	1.38%	11.17%	0.04%

资料来源：中国裁判文书网（http：//www.cnki.net/）

根据刑法第338条的规定，污染环境罪是对非法排放、倾倒或者处置危险物质的行为达到“严重污染环境”后果的非难，这一后果必须是对该

① 张明楷:《刑法学》(第六版)，法律出版社2021年版，第141页。

② 王昭武:《法秩序统一性视野下违法判断的相对性》，载《中外法学》2015年第1期。

③ Y1—Y6表示从2013年至2018年的每一年，Y1为2013年，以此类推，以下出现该种表示与此处同。

罪保护法益（人类中心主义的环境观）的侵害或者有侵害的危险。“严重污染环境”是指对环境本身造成了严重的污染，如果没有出现对人的生命、身体健康、公共财产等侵害的实害结果，其行为却依然成立污染环境罪时，相对于生态学的环境法益而言，就是实害犯，但相对于人类中心主义的法益而言，只能是危险犯。换言之，由于污染环境罪只需要严重污染环境就足以成立犯罪，而对人的生命、身体健康等人类中心主义的法益造成的危险，是以环境污染为前提的，所以，当行为仅产生严重污染环境的实害结果时，它便既是实害犯也是危险犯。①

刑法将“排放、倾倒或者处置”行为列为基本的犯罪构成行为，前提在于该种行为必须“违反国家规定”，包括其他法律以及行政法规等，事实上这种空白罪状的优点就在于，一者保护刑法条文的稳定性；二者体现出环境刑法对行政法的补充性（从属性），需要斟酌的是，是否可以将“合法”排放、倾倒或者处置行为排除在污染环境犯罪行为之外。当然这对于刑法的补充性功能过于严苛，因为存在获得行政许可的行为，因为在环境行政法上属于合法行为，自然也应当获得在刑法上的阻却违法评价，成为阻却污染环境罪成立的条件。然而，“如果行政法上的评价与刑事法上的评价不一致，但刑事法又必须以行政法为前提，这就陷入逻辑上的两难”。②现实中，基于“疏忽失灵”的行政许可行为也是无法确证的阻却刑事违法的事由。

（三）污染环境罪犯罪认定上的行政补充性

对于刑法的补充性，我们无法回避的问题是对于刑法中一些概念的分析往往离不开其他部门法的涵摄，就刑法中犯罪的概念、构成要件和认定方式而言都可以说是对其他部门法的补充，体现刑法的补充性。污染环境罪中关于“排放、倾倒或处置”污染物的行为和“严重污染环境”的结果界定都离不开环境行政法的规定，只有当“排放、倾倒或处置”行为和

---

① 张明楷：《污染环境罪的争议问题》，载《法学评论》2018 年第 2 期。

② 张苏：《环境刑法空白构成要件适用中的难题及其解决》，载《法律适用》2013 年第 5 期。

“严重污染环境”结果超过行政法的处罚范围，进入刑法的约束领域才由刑法作为后置法发挥第二次约束功能，这已经在前面两部分有详细论述，这里就不再展开。另外，对于污染环境罪司法认定中的行政法因素还需简单说明。

污染环境罪因其在体系上存在法益价值和犯罪构成的不稳定，导致在具体的认定过程中还需要充分依赖于环境行政法的规定。污染环境罪在具体犯罪要素认定过程中需要借助一般违法行为的处理方式，主要可以从前置要件“违反国家规定”、因果关系的证明及后置污染损害的认定上参照认定。就目前环境犯罪诉讼过程中专门机构和人员配置不足的现状来看，刑法对行政法的依附性被无限放大，也使刑法的补充性被整体放大。

一般的，涉及污染环境的犯罪都有一致的因果关系链：确定排污主体产生污染物（污染物类型）—将污染物排放到环境中—污染物在环境中发生反应、扩散—污染物到达特定的客体，并产生毒害作用—严重侵害“管理秩序、公私财产、生命健康”，整个进程中最为关键的环节是确定排放的物质与危害物质的同一性，以及需要对“污染”行为与所侵害的法益进行实质上的关联性判断，在此基础上对危害结果进行修正，并将修正后的因果关系（侵害结果）作为定罪量刑的考量。以下借用几个例子和数据以展示司法实践中对因果关系等认定过程中的问题。

例一:（2015）栾刑初字第90号。被告人赵某某从铬盐厂购买了带设备的一个车间，没有办理任何手续，雇用十几个工人用铝泥、硫酸、氧化铬等物品生产铬柔剂。经石家庄市栾城区环境保护检测站对送检的赵某某加工点渗坑内水样检测，结论为：总铬3.98mg/L,（标准值为1.60mg/L），河北省环境保护厅对该检测数据予以认可。

人民法院认为，本案中污染物质无法排除是冲洗锅炉还是日常生活排出的废水，该工厂究竟是否产生废水现有证据无法证实。如排除不了渗坑周围土壤已被污染的事实，那么水样的监测结果不能直接证实赵某某工厂产生的废水是否超标的事实。根据“疑罪从无”宣判无罪。

例二:（2014）鄂下陆刑初字第00161号。被告单位莲花公司、鑫旺公司、星火公司及金宝公司、银源某、力拓公司均在阳新县大王镇、太子镇范围内非法从事冰铜、冰镍冶炼。

经昆明环境污染损害司法鉴定中心鉴定评估结论为：被告单位在生产过程中产生了砷污染物；各企业产生的含砷污染物通过大气迁移传输，造成了企业周边局部区域的水环境、土壤环境和生活环境砷超标、农产品砷超标、人体慢性接触指标尿砷、发砷超标，留下了砷在环境中迁移传输的“足迹”和对人体造成伤害的“印迹”。本案中人体主要通过呼吸吸入、食物摄入途径摄入砷，具体表现为表征慢性接触指标的尿砷和发砷超标，砷对人体健康造成了损害。

表3　损害鉴定案件数量

损害鉴定类型	财产损失			人身伤亡	
具体类型	获利	修复费用	综合损失	重伤＋死亡	死亡
总数（件）	526	267	267	1	2
总计（占比）	1094（20.10%）	3（0.06%）			

资料来源：中国裁判文书网（http：//www.cnki.net/）

由上述案例和数据可知，我国环境行政执法水平有了一定提高，但还存在大量严重环境污染与资源破坏行为。主要因为治理中存在技术水平整体落后；城市乡村执法配套不均衡；法律、法规、规章、制度间存在不一致之处等问题。尤其是地方保护主义和少数执法人员玩忽职守、滥用职权和贿赂腐败行为影响了环境行政执法效果。如果环境行政执法不力，则会使未获得行政许可行为和大量环境违法行为无法查处，无法实现有效处罚与预防环境违法行为的效果。[①] 如果单纯强调污染环境罪的行政法补充性，就会在一定程度上使刑法依附于环境行政法，在上述情况下极易造成大量污染环境案件不被刑事追诉，容易出现“以罚代刑”的情况，损害刑法的预防功能，所以更应该强调刑法的独立性，以实现刑法维护社会秩序的基本价值。

① 曾粤兴、张勇：《论我国环境刑法与环境行政法之间的协调与衔接》，载《河南财经政法大学学报》2013年第6期。

三、独立性之下相对补充性之提倡：污染环境罪体系性再建

刑法的独立性是刑法较之其他部门法的本体属性，在本体属性之下刑法才能兼具补充性，而刑法的法律属性也正是体现出以上两性的结合。这体现在两个方面：一是刑法调控范围的广泛性。相较于其他部门法，刑法调整一切受到犯罪侵害的社会关系，当然其范围也存在于社会生活的方方面面，这体现出刑法的独立性。相反，虽然刑法调整的范围极其广泛，但行为必须达到“严重的社会危害性”程度，也就是说刑法调整的内容是对其他部门法内容的补充，当一般的违法行为达到“严重”违法程度时才具有了刑事违法性。二是刑法强制手段的严厉性。刑法的强制手段主要是刑罚，是国家最严厉的惩罚手段，并由国家暴力保证实现。比起其他部门法，这种强制手段的严厉性凸显刑法的独立性，也只能由刑法规定，而且在绝大多数情况下不允许行为人与被害人之间协商“私了”刑事案件。① 相反，刑法强制手段的严厉性要求刑法保持谦抑性。谦抑性作为刑法法律属性的应然性特征，要求刑法在介入的处罚范围与处罚程度的设定上保持审慎的态度。② 以上，对于刑法体系属性的论述，其实质是体现刑法独立性下的相对补充性，两者相辅相成，具有共生性。

（一）厘清污染环境罪法益争议，设立环境犯罪专章

法益侵害是犯罪的本质，动用刑罚的前提在于存在法益侵害的行为，且其他法律对该法益侵害无法制止。这就要求刑罚既注重刑法本身对权利自由的维护，也要关注安全秩序的价值，但核心在于权利自由的利益。如前所述，建立在刑法补充性基础上的纯粹的生态学法益观，要求将环境本身的价值作为本罪法益的唯一核心，这与刑法维护权利自由的基本价值不符，也存在对集体抽象法益过犹不及的强调。面对权利自由与安全秩序的冲突，在环境犯罪理念正处于发展阶段的背景下，应树立生态

① 王作富、黄京平：《刑法》(第七版)，中国人民大学出版社2021年版，第5页。
② 王志远：《应急释法刑事治理模式的审思与超越》，载《北方法学》2023年第2期。

学的人类中心主义法益观，[①] 在强调人的基本权利的同时兼顾环境行政管理秩序。

按照目前我国刑法的设置，污染环境罪和其他环境犯罪都被放在妨害社会管理秩序罪一章，无法凸显刑法环境利益的独特性。随着社会认识的进步，刑法理论的成熟及实践经验的丰富，加上刑事司法对环境法益价值的强调，设立独立的环境犯罪专章、细化罪名已经是刻不容缓。

（二）犯罪构成是质的独立，犯罪发动是量的补充

首先应注重刑法对定量因素的规定，尤其是司法解释的定量规定。对当前大量存在的环境立法及司法解释对犯罪行为的规定与行政法规中的违法行为的规定表述完全一致的状况，应当进行调整，区分刑法与行政法的不同评价标准，避免环境犯罪与环境违法的混淆，从而避免在实践中因人为利用部分环境犯罪与环境违法区分标准的模糊而出现的以行政处罚代替刑事惩罚的现象，维护刑事司法的权威。[②] 不可否认，行政犯天然的具有行政依附性，刑法立法采用的关于罪状的表述方式也具有规范的法律属性，但必须清楚犯罪与违法的二元违法性间的区别，换句话说我们可以遵循法秩序统一性的解释原理，但必须强调犯罪根本的评价还是在于对构成要件进行犯罪独立的实质解释。虽然污染环境罪在立法模式上采取了极简的空白罪状模式，但刑法的独立性要求对于本罪危害行为、损害结果及因果关系等犯罪构成的评价必须基于刑法本身的解释性原理，区分刑事犯罪与其他违法质的差异。另外，基于行政犯特殊的立法构造，仍需借助行政法的评价方式，但要注意这也只是量之间的变化。比如“违反国家规定”“严重污染环境”等，不应将行政违法性量的补充过分放大，而是应该强调环境犯罪在犯罪构成上独立的质评价模式。

反观目前我国污染环境罪的刑罚种类只有拘役、有期徒刑和罚金三种，通过统计以往案件数据发现（见表4），刑罚上主要存在自由刑量刑偏轻、

---

① 张明楷：《刑法学》（第六版），法律出版社2021年版，第1479—1481页。

② 陈梅：《在从属性与独立性之间：论环境刑法的定位》，载《上海政法学院学报（法治论丛）》2018年第1期。

缓刑适用普遍和刑罚种类单一的问题，无法发挥刑罚的威慑力。[①] 为了预防和惩罚污染环境犯罪，保护人类赖以生存的生态环境，就应该严格自由刑和缓刑的适用条件，增设其他刑罚种类。

表4 历年适用缓刑的案件数量及缓刑附加条件适用情况

<table>
<tr><td rowspan="2">内容</td><td colspan="3">具体项目</td></tr>
<tr><td>缓刑（Y缓）</td><td>限制资格（X）</td><td>主动恢复和参加劳动（Z）</td></tr>
<tr><td>案件数量（件）</td><td>（Y1）0，（Y2）206，（Y3）202，（Y4）465，（Y5）664，（Y6）401，（Y缓）1938</td><td>169</td><td>88</td></tr>
<tr><td>所占比例</td><td>35.62%（Y缓/Y总）</td><td>8.72%(X/Y缓)</td><td>4.54%（Z/Y缓）</td></tr>
</table>

资料来源：中国裁判文书网（http：//www.cnki.net/）

污染环境罪有其特殊性，尤其是行为上的经济相关性，致使单一的适用刑罚处罚方式往往无法达到一般预防的效果，所以，在污染环境罪的处罚方式中加入非刑罚处罚方式是实现刑法特殊预防目的的重要手段。污染环境罪中可以宣告的非刑罚处罚方式可以包括三类。（1）要求罪犯公开进行悔过和赔礼道歉，对于犯罪情节轻微而且初次犯罪的行为人和单位可以对其罪行进行公开，并可要求其在公开的媒体上进行道歉及检讨自己的罪行，保证今后不再有侵害环境的行为。[②]（2）要求其主动修复环境，对损失进行赔偿。（3）对于那些屡教不改，曾因污染环境受过行政处罚或者刑事处罚的单位和个人，情节严重的，可以建议行政部门予以行政处分，勒令停业处分或者禁业处分等。

综上，对于污染环境犯罪，不仅要遵循违法性质的刑罚处罚，还应该引入环境行政法中量的非刑罚处罚方式：恢复性司法的理念。[③] 只有发挥

---

① 马伟虎：《污染环境罪犯罪构成和刑罚制度研究》，兰州大学2020年硕士学位论文。

② 付立忠：《环境刑法学》，中国方正出版社2001年版，第249页。

③ Mark Hamilton. Environmental Crime and Restorative Justice.

两者的弥补促进功能，才能更好地起到预防犯罪、保护生态环境的作用。但是绝不能越俎代庖，用非刑罚处罚方式代替刑罚处罚，要严格贯彻罪刑法定原则。

（三）严格贯彻罪刑法定原则，适当调控法益保护关系

刑法的目的与任务是保护法益，而刑法也只能在罪刑法定原则框架内发挥法益保护的机能。当某个行为达到严重危害社会的程度，如果刑法对此没有作出犯罪规定，那么依据罪刑法定原则，也只能对其作出罪处理。从这一点上说，法益保护要受罪刑法定原则的约束，这也肯定了刑法作为犯罪评价具有独立品格，而法益保护原则是在这种独立品格之下的“补充性的法益保护原则”，或者说是一种“谦抑性的法益保护原则”。[①] 在污染环境罪立法上，虽然应当充分尊重其他部门法的法源地位，但并不意味着污染环境罪必须完全被其他部门法禁锢。假设当社会出现了亟待解决的环境问题，而环境行政法此时处于缺位状态时，刑法也应当及时予以回应和规制，避免环境行政法与环境刑法的捆绑性失灵。[②] 这是值得思考的，参考日本刑法中将污染环境犯罪分为：“污染净水罪”“污染水道罪”“大气污染罪”“噪声污染罪”“固体废物污染罪”等详细罪名的做法。[③] 我国刑法也可先行制定相应的细化罪名，反过来促使行政法也进行相应立法上的修改。

罪刑法定原则的核心要义是法律主义，对于刑法的理解必须依靠于刑法本身的概念，包括其内涵和外延的全部，但也对刑法的解释方法做出了严格的限制。刑法内涵的解释过程中，应当对行政许可的违法阻却性，以及对刑法中的“违反国家规定”的行政违法性要素予以相对独立的实质性解释。“对于我国刑法规定的污染环境罪条款中‘违反国家规定’的表述不

---

① 张明楷:《刑法学》(第六版)，法律出版社 2021 年版，第 86—87 页。

② 陈梅:《在从属性与独立性之间：论环境刑法的定位》，载《上海政法学院学报(法治论丛)》2018 年第 1 期。

③ 赵秉志:《环境犯罪及其立法完善研究》，北京师范大学出版社 2011 年版，第 70—71 页。

应理解为犯罪的成立应当以行政违法性为要素，而应当认为是一种参照性的指导表述，即该环境犯罪的认定应当参照相关环境行政法规。”[①]

贝卡利亚提出：“刑罚的目的既不是要摧残折磨一个感知者，也不是要消除业已犯下的罪行，它的目的仅仅是在于阻止罪犯再重新侵害公民，并规诫其他人不要重蹈覆辙。”[②] 在全面促进生态文明建设的大背景下，环境犯罪治理独立发挥着不可替代的人与生态环境关系的调控作用，因为刑法强制方法是最严厉的刑罚，而“刑罚又如一把双刃剑”，要求刑法必须保持谦抑性，如果刑罚处罚无法预防犯罪，那就没有发动刑罚的必要性。

四、结语

不得不承认，工业化是社会前进的必经之路，而我们所能做的就是在促进人与社会发展的同时兼顾环境，减少那些不必要的污染和浪费。从刑法的独立性与补充性的关系来说，两者共存于刑法的精神内外，独立性彰显内在本质，而补充性联系外部变量。这就必须强调对污染环境罪的研究要借助“理论—事实”的双视角进行观察，一方面，刑法具有其独立的品格，与其他部门法有着本质的区别，是独立的部门法之一。另一方面，对于危害社会的行为，只有在其他部门法无法发挥作用以制止侵害时，才能发动刑法，这时应当肯定刑法具有补充性。

---

① 侯艳芳：《环境刑法行政化的基本问题探析》，载《武汉理工大学学报（社会科学版）》2008 年第 5 期。

② ［意］切萨雷·贝卡利亚：《论犯罪与刑罚》，黄风译，商务印书馆 2019 年版，第 43—45 页。

环境污染不法行为的刑行界分
——基于形式与实质的双重审查

欧阳会昌　郑国宝*

一、问题的提出

我国刑法中存在大量法定犯，其作为特殊一类犯罪，由于需要在行政法与刑法之间过渡，因此在司法实践中暴露出诸多问题，引发学界广泛关注。行政法、刑法同为运用国家公权力调控的手段，刑法的目的在于维护社会秩序底线和基本秩序要求，通过严厉的刑罚处罚严重危害社会的行为；而行政法的目的主要在于处罚不服从与破坏行政管理秩序的行为，从而构建良好的社会秩序。自我国进入法定犯的时代，[①] 在司法实践中二者如何进行明确界分，避免模糊化以罚代刑或者以刑代罚，逐渐成为当今社会非常重要也是迫在眉睫的问题。

污染环境罪作为法定犯中具有代表性的一类、更是作为一种新样态的犯罪，天然要面对多重困境与障碍，其在行为方式、危害结果的表现以及涉及范围等各方面均具有特殊性，这些要求更偏向预防性立法以适应当下的时代发展。[②] 我国污染环境治理在应急制度上仍存在不足，风险预防意识的缺失要求我们转换思维方式，从末端治理与从源头控制结合，摒弃先

---

*欧阳会昌，湖南省常宁市人民检察院党组书记、检察长；郑国宝，湖南省常宁市人民检察院四级检察官助理。

① 储槐植、何群:《刑法谦抑性实践理性辨析》，载《苏州大学学报》2016 年第 3 期。

② 刘司墨:《污染环境罪行政从属性辨析——兼谈本罪的“违反国家规定”》，载《中国环境管理干部学院学报》2018 年第 2 期。

污染后治理的陈旧思维。[①] 近年来，为预防污染环境犯罪而呈现的治理早期化趋势以及环境刑法法益论的变化，使得立于本罪中的矛盾冲突更加明显，一方面，刑法若过度参与社会治理可能导致罪责刑不相适应，刑法作为补充法不到万不得已不得启动；另一方面，刑法盲目让位于行政法又会导致刑法失去自身独立性，不利于保护环境、制裁犯罪。[②] 而解决本罪行刑衔接滞塞的突破口就在于解决本罪中两类不法的区分。行政不法能否必然上升为刑事不法，这也是司法实践中暴露出最为核心的问题，为了能够在实践中更好地对本罪的犯罪边界进行划定，能够更好地区分刑法与行政法在本罪中的处罚范围，对刑事不法与行政不法在本罪中的准确界分是非常有必要且具有实践意义的课题。

由于法定犯在形式上通常表现为空白罪状的表述，在实践中由于对本罪是否具有行政从属性存在争议，对前置行政法规过分依赖，甚至出现一个行为在行政法上完全合法，但在刑法上构成犯罪，刑法独立性超越补充性的情况出现。这导致形式层面对第一圈层——行政法规层级的行政不法范围的确定出现困难，而在实质层面区分刑事不法与行政不法的标准更为不明晰，同样在实质层面界分二者是更为重要的任务，进入行政法规层级的行政不法不能够当然上升为刑事不法，在实践中存在机械化行政法定性与刑法定量的标准进行二者转化的现象，主动无视了对刑事违法性的实质审查环节，这也是对本罪的保护法益以及二者的根本区别没有进行明确的界定所导致的。在当前的司法实践中可以看出，对行政不法和刑事不法进行实质判断时仍习惯于采取定量的标准化方式，而如何确定一个较为有实践价值的实质判断标准在司法实践中有非常重要的意义，同样也是产生乱象的最核心问题。因此，为了系统开展对污染环境罪这一典型法定犯刑事不法与行政不法的研究，必须要在鞭辟入里的同时全局推进，首先以本罪的空白罪状作为切入点，坚持刑法独立性，明晰行政法规层级的行政不法大圈层范围，其次在圈层范围中运用法益工具具体得出实质界分的标准，形

① 赵红艳:《环境犯罪定罪分析与思考》，人民出版社 2013 年版，第 215 页。

② 褚雨、李梁:《污染环境罪行刑衔接问题研究》，载《中共郑州市委党校学报》2020 年第 6 期。

式与实质判断相统一才能真正解决这一问题。

二、形式审查：污染环境罪空白要素的法理甄别

污染环境罪中的空白罪状表现为其中“违反国家规定”的表述，表明需要借助相应的前置法律法规来明确本罪的犯罪特征。[①] 这也是探讨本罪刑事不法与行政不法界分问题的第一个层面，即对二者界分的形式要件的讨论。行政不法能否必然上升为刑事不法，首先在形式上必须先符合行政法规层级的行政不法范围，再谈范围内的刑事不法与行政不法实质区分问题，若一个行为在行政法上完全合法，则必不可能在刑法上构成犯罪。应当看到违反空白罪状仅是进入内部小圈层半径之中最终上升为刑事不法的一块“敲门砖”，也即本罪必定是先违反国家规定，后又引起需要科处刑罚的严重后果才符合客观构成要件。

（一）“国家规定”范围

形式判断要求从相应前置补充规范的效力位阶以及其中的刑事责任条款两个方面进行检验。在本罪中“违反国家规定”的范围已由刑法第96条进行总括前提性严格限定，根据第96条的规定以及最高法对于这一问题的统一规范可知，制定主体范围必须严格限制在全国人大、全国人大常委会以及国务院，这是不能逾越的底线，也是最终划定本罪中“国家规定”范围的量尺，这条规定要求我们不能单纯从规范文件的名称决定其标准是否符合，而必须保证以制定主体为切入点进行准确划定，将罪刑法定原则作为底线，不能限缩或者扩大范围，在民众预测可能性范围内审查条文。由于在司法实践中对哪一些法律可以参考而哪一些不能划定在范围当中常常存在疑惑，因此本文首先就这一标准审查之后，将符合要求应当纳入本罪补充规范范围内的相关法律法规梳理如下：

---

① 周光权：《刑法各论》（第2版），中国人民大学出版社2011年版，第2页。

表 1　根据形式责任条款样态不同分类补充条款

具体授权法律	具体授权法规	笼统授权法律	笼统授权法规
《海洋环境保护法》第 90 条第 3 款	《医疗废物管理条例》第 47 条、第 48 条、第 51 条	《固体废物污染环境防治法》第 123 条	
《放射性污染防治法》第 52 条、第 53 条、第 54 条、第 55 条、第 56 条	《防治海洋工程建设项目污染损害海洋环境管理条例》第 52 条、第 55 条第 2 款	《环境保护法》第 69 条	
《传染病防治法》第 69 条、第 73 条、第 74 条	《淮河流域水污染防治暂行条例》第 39 条	《大气污染防治法》第 127 条	
	《自然保护区条例》第 40 条	《土壤污染防治法》第 98 条	
	《基本农田保护条例》第 33 条	《水污染防治法》第 101 条	
	《危险废物经营许可证管理办法》第 24 条、第 25 条	《长江保护法》第 94 条	
	《放射性废物安全管理条例》第 36 条、第 37 条、第 38 条、第 43 条	《湿地保护法》第 62 条	
		《森林法》第 82 条	
		《水土保持法》第 58 条	
		《海岛保护法》第 55 条	

通过表 1 可以看到，上述符合审查要求的 20 个补充规范中包含具体授权与笼统授权的刑事责任条款各有 10 个，但是其中 7 个行政法规均为具体明确授权，而 13 个法律中 10 个都属于笼统兜底授权的形式，笼统授权式的规定毋庸置疑能够达到形式判定标准，但是由于在司法实践中缺乏明确具体的指引，这就对司法人员提出了更高的要求，需要对这类兜底样态的条款适用加以严格判断，不能使违反该法律法规的行政不法行为无边界地落入犯罪范围。

（二）空白罪状争议焦点

上文对“国家规定”范围进行正面的划定，但在司法实践中经常会对一些规定是否属于该范围之中产生争议，存在不同的声音，因此还需要从反面对某类规定能否进入范围之中进行说明。

第一个争议焦点在于有观点指出通过相应授权取得制定排污标准权限的情况，虽然这类规定不符合刑法第96条，但由于国务院充当了实质批准角色，因此也能将之划入范围。[①] 但本文认为不能简单将授权与实质制定同等看待，赋权不会改变本质——地方权力机关或政府仍为制定主体，该类规定看似与国务院有关，但在审查时必须关注发布主体，若以部委名义则即使经国务院授权审批也不能划入范围之中。刑法第96条明确划定了制定机关范围，其中不能当然认为包含批准主体，如果此时因为有相关授权就当然认为应当扩大划定范围将造成司法适用中的混乱，可能会导致类推解释，在行政法中经国务院批准的规章仍未因此导致效力位阶变化为行政法规。而对于各类各级环保标准能否进入本罪“国家规定”范围之中是需要进行讨论的问题，但必须牢牢把握分类讨论的前提是符合刑法第96条的规定，情形一：如果这类环保标准的制定主体符合规定，则自然应当划定入范围当中，例如《标准化法实施条例》制定主体为国务院，其中可以看到第18条第4款[②] 的规定属于强制性标准，则应当自然纳入适格范畴中。情形二：由于环保标准大多由专门部门制定而呈现更加专业化的特点，因此这类标准的判断也需要严格遵循刑法第96条的规定，如果不是由法定主体制作的绝对不属于范围之中，但若符合第96条限定主体制定的法律法规吸收了这类标准，则应当纳入范围，例如水污染防治法第10条[③] 内容就吸取

① 刘司墨：《污染环境罪行政从属性辨析——兼谈本罪的“违反国家规定”》，载《中国环境管理干部学院学报》2018年第2期。

② 《标准化法实施条例》第18条：“国家标准、行业标准分为强制性标准和推荐性标准。下列标准属于强制性标准：……（四）环境保护的污染物排放标准和环境质量标准；……省、自治区、直辖市人民政府标准化行政主管部门制定的工业产品的安全、卫生要求的地方标准，在本行政区域内是强制性标准。”

③ 水污染防治法第10条：“排放水污染物，不得超过国家或者地方规定的水污染物排放标准和重点水污染物排放总量控制指标。”

了地方水污染物排放标准，因此应当被纳入法定范围。

第二个争议点在于有观点提出本罪空白罪状表述是本罪行政从属性的论据，这一认识的错误点在于将污染环境犯罪所具有的行政前置评价完全等同于对行政程序的依赖，认为若在环境保护行政法规范中不能够找到关于本罪入罪的规定，则不能认为构成犯罪，然而根据刑法第96条的规定，这里的“国家规定”并不限于行政法规范，因此若出现不违反上述情况，但违反民法典等其他符合条件的法律法规的规定，满足相关司法解释入罪条件的情况，也符合空白罪状规定，以此为据产生断章取义的观点不可取，司法程序不可过度依赖行政程序，易引起法律体系上的冲突。[①]

三、实质审查：污染环境罪双层保护法益的实质区分

（一）污染环境罪法益的确定——双层保护法益

法益作为问题讨论的起点，不论持何种观点，均认为法益的讨论和明晰对犯罪论而言都是非常重要的。[②] 当前有关污染环境罪的法益学说主要有纯粹人类中心法益观[③]、秩序法益观[④]、环境中心主义法益观[⑤] 和生态学的人类中心法益观[⑥] 四种学说。四种观念各有利弊，环境法益本身作为一种相对独立于传统人类法益的新兴法益，应当肯定具有值得刑法保护的价值，其作为一种利益集合体也具有自身独特之处。在处理法定犯的问题时，

---

① 柴云乐：《污染环境罪行政从属性的三重批判——兼论刑法对污染环境行为的提前规制》，载《政治与法律》2018年第7期。

② 韩轶：《法益保护与罪刑均衡——法益保护之优先性与罪刑关系的合理性》，中央民族大学出版社2015年版，第26页。

③ 金瑞林：《环境法学》（第2版），北京大学出版社1998年版，第37页。

④ 赵秉志：《略论刑法的机能》，载《北京联合大学学报（人文社会科学版）》2006年第2期。

⑤ 冯军：《环境污染犯罪治理的理念及其影响》，载《河北大学学报（哲学社会科学版）》2012年第2期。

⑥ 钱小平：《环境法益与环境犯罪司法解释之应然立场》，载《社会科学》2014年第8期。

将法益界定为具体的纯粹个人法益或抽象的纯粹集体法益，都会面临片面适用的问题。生态环境作为一个整体具有系统一体性，作为生态系统中重要组成部分，如果遭受侵害会造成难以复原不可逆转的严重后果，对人类人身与财产法益也会造成难以预估的侵害，因此对本罪的保护不应当仅仅局限于个人法益之中，而是放长远目光于环境法益这一更为抽象法益的保护，从单一化向多元化保护转变，对本罪行为侵害的多重法益综合全面保护。结合目前我国的具体社会发展环境而言，采取环境中心主义法益观显得太过激进不切实际，不符合当下具体的时代背景；而通过具体案例也可以看出纯粹人类中心法益观与秩序法益观已经被我们摒弃，因为过于落后，不适合当下环境保护快速发展的新阶段，因此最为适宜的是选择折中的立场，采纳生态学的人类中心法益观。诚如学者所言："保护环境最终仍以保护人类利益作为目的"[①]，在单层两种法益观均有其片面性和局限性的情况下，虽然此种折中立场也有其不周延之处，适用风险很大，但在进行有效限制的情况下能够发挥出较大的作用进行指导。选择此种立场意味着认为污染环境罪保护双层法益，也即第一，保护人民生命权在内的各类个人法益；第二，保护动植物等在内的各类集体法益，保护集体法益的目标在于保护人类法益。[②]

（二）污染环境罪法益的审查——合比例的实质审查

在上文确立双层法益观前提下，为了能够使得两层法益之间的关系更加可察，同时限制一些距离过远的抽象危险行为入罪以防止过分扩张刑法的规制范围，对其处罚范围加以限制也是非常重要的。这种规制主要取决于阻挡层法益所作为的手段与背后层法益所构成目的之间的比例关系，有多位学者提出将行政法中的比例原则引入作为补充规制工具是可行的思路，国家在手段配置上的比例原则应当运用于广泛手段的选择上，调整目的和手段的关系。在上文中提到在单层法益观中只能择其一会产生片面性，而

---

① 周光权:《刑法各论》（第3版），中国人民大学出版社2016年版，第421页。

② 端木玉芳:《法秩序统一原理下环境污染罪构成要件再阐释——以〈民法典〉第九条为底层伦理》，载《中国矿业大学学报（社会科学版）》2022年第5期。

在双层法益观中可以考虑到两层法益手段与目的的联系，引入比例原则将二者进行有机结合取长补短，兼顾法益的两项机能发挥作用。

1. 有效性审查。有效性原则作为比例原则中第一位子原则、第一道审查关卡，又被称为合比例原则以及适当性原则。这一原则主要解决的问题是值得保护的法益为何。如上文所述，在重构的双层法益观视角下看阻挡层法益与背后层法益，意味着只要行为违反的秩序能够直接还原为个人法益，并处罚有助于保护背后层法益就可以认为具有适格性，第一道审查门槛就是在手段有利于目的达成时，则手段具有正当性；若二者不符合，则认为无法通过有效性原则的考察，不符合比例原则。而其中又分为能否进行还原与能否有助于保护两个判断标准。

而关于有效性的验证，即审查是否有利于保护在立法层面不能简单得出结论，需要通过实践得以推知，数次修订呈现出本罪成立放宽化趋势，将入罪情形进一步细分为侧重保护环境法益与侧重保护人类法益两部分，更明确保护环境法益从而使得案件数量持续增长，[①] 这种保护法益的转变激活了污染环境罪的司法实践，对不同情形中对外层环境法益的明确保护，能够有助于保护背后的人类法益的审查就变得尤为重要；另外，还要看立法有无对侵害阻挡层法益的行为进行限制，仅处罚与背后保护的人类法益具有高度关联性以及发生概率较高的行为类型。

2. 最小损害审查。比例原则中的最小损害作为第二顺位的子原则，又被称为必要性原则，主要是指要确定什么是值得刑法保护的。经过第一道有效性审查之后的法益一般而言值得刑法与行政法共同保护，但仅具备内外法益的外观仍不够，需要对通过有效性初步审查的行政不法行为进行第二层检视，此时若行政法足够保护则不能发动刑罚，而溢出保护范围的则需要通过刑罚进行保护，要求启动刑罚进行保护是权衡之下手段中损害最小的一种，[②] 具体由同等性和损害最小两个标准组成，既要对手段损害大小

---

① 根据《中国环境资源审判（2019）》数据，2019 年全国法院环境资源刑事案件收案与结案数较之 2018 年分别上升了 50.9%、43.3%。

② 蓝学友：《规制抽象危险犯的新路径——双层法益与比例原则的融合》，载《法学研究》2019 年第 6 期。

进行比较，同时也要确保手段同等性。而认定手段同等其实是非常难以精确达成的，有学者就此提出一个标准：若存在能够证明多次违反前置规范的证据，则可以推定为相关前置规范所提供的措施已无法有效对法益进行保护了。[①] 从刑罚发动必要性的判断来分析，前置违反标准设置与否应当是重要的衡量指标，但是不能将司法解释规定的升格标准直接等同于认定行政处罚自身救济能力缺失，仍应当将虽然值得刑法保护但不是必要以刑法进行保护的类型进行剔除，无法通过最小损害审查的关卡。

3. 狭义比例审查。比例原则中的最后一项狭义比例原则，又称均衡性原则，指的是保护行为本身的正当性，双层法益之间的距离是否恰当。由于动用最后的刑罚剥夺了民众部分自由权利，因此必须在法益保护和自由保障二者之间平衡。若存在值得刑法保护的法益被侵犯，并且难以通过其他损害更小的手段进行救济，则应当认为该行为已经有了上升为刑事不法的可能性，不可否认的是这种保护的前置可能会过度侵害民众自由，因此在前两项子原则的基础上需要进一步进行审查，对于均衡原则的审查标准是处罚行为所保护的法益不能够小于遭受减损的特定自由。

历经有效性和最小损害审查后，仍需进一步通过狭义比例原则对保护法益与特定自由之间的平衡关系进行审查。在本罪中通过环境法益提前预防对人类法益可能存在的危险，因此两层间隔距离不应过于遥远，否则可能对自由不当减损，在实践中应当个性化结合不同案情综合判断均衡性，“法律不能强人所难”。在本罪中要求行为人需要对排放行为故意或者过失，司法实践中经常存在由于外部因素影响导致行为人意志无法决定的超排行为，[②] 并将这种意外事件认定为犯罪，[③] 如果动用刑罚规制这样的行为，则违背了狭义比例原则，不能认为是符合比例原则的审查构成刑事违法性。

---

① 陈金林：《法定犯与行政犯的源流、体系地位与行刑界分》，载《中国刑事法杂志》2018 年第 5 期。

② 胡云腾主编：《最高人民法院最高人民检察院环境污染刑事司法解释理解与适用》，人民法院出版社 2014 年版，第 40—41 页。

③ 喻海松：《环境资源犯罪实务精释》，法律出版社 2017 年版，第 70 页。

美国环境犯罪的刑事司法政策及其启示

李怡文　赵增田　汤意平*

社会经济发展建设与生态环境污染整治之间的矛盾，是全人类面临的共同困扰。地球只有一个，保护生态环境，实现经济、社会可持续发展已成为当今国际社会的共识。然而仅仅通过行政与民事手段干预环境污染问题，已无法真正有效威慑污染者，如何运用刑事政策来规制环境污染成为世界各国普遍重视的重大课题。通过不断探索调整优化环境保护相关的刑事法律制度，环境犯罪问题逐步得以缓解。纵观各国环境犯罪的刑事政策，美国的刑事政策对我国环境犯罪理论研究具有重大参考意义。本文拟通过梳理美国污染环境犯罪理念的演变过程、分析其刑事司法政策特点，包括污染环境犯罪预防政策等，以期完善我国污染环境犯罪刑事法律。

一、美国环境犯罪的刑事政策特点

（一）环境犯罪的刑罚较为严厉

为有效遏制危害生态环境的不良行为，美国对于环境犯罪的法定刑秉持着浓重的重刑理念，这一理念与我国现行理念高度吻合。实际上，严刑重罚的环境犯罪刑事政策理念是随着时间的推进演化而来的。在20世纪40年代，美国采取经济优先的发展理念，虽然短时间实现了经济社会的高

* 李怡文，上海铁路运输检察院检察官；赵增田，上海铁路运输检察院检察官；汤意平，上海铁路运输检察院检察官助理。

速发展，但是生态环境遭受了严重破坏，此间爆发多起恶性污染环境事件，在媒体的广泛报道下，国民环保意识逐步开始觉醒并高涨，社会公众愈发重视环境污染带来的危害，组建并通过各种环保公益组织对政府施加压力。为此，在20世纪70年代前后，美国国会相继通过了《清洁空气法》《有毒物质控制法》《资源保护与恢复法》等多项环境法案。美国的几项污染控制法规（例如《清洁水法》）包含刑事执法条款和处罚，自然资源管理法规（如《濒危物种法》）也包含刑事条款。上述法律构建起美国环境法律体系的基本架构。①

虽然有了诸多规制污染环境犯罪的刑事条款，但是由于设定的犯罪仅仅是轻罪，刑罚较为轻缓，难以达到威慑环境犯罪的效果。于是，20世纪80年代前后，美国国会以修正案的方式将污染环境犯罪的法定刑由轻罪调整为重罪。调整后直至今日，美国污染环境犯罪的刑罚力度位居世界前列，自由刑、罚金刑都十分严苛。② 例如，修改后的美国《清洁水法》规定，罚金刑最高刑为每天25万美元，自由刑最高刑为15年徒刑。若二次及以上犯同类罪，自由刑和罚金刑的最高刑将会翻二倍，即罚金刑的最高刑为每天50万美元，自由刑最高刑为30年徒刑。③ 此外，为了纠正法官对污染环境犯罪的轻刑思想，美国国会于1984年通过了《量刑改革法案》，量刑委员会根据该法案设立，并依据该法案制定了《量刑指南》（以下简称《指南》）。该《指南》规定了环境犯罪的基本犯罪等级，而后法院在考虑各种因素后对犯罪等级进行裁量。④ 例如，被告人明知危险，仍不当处理危险或有毒物质、农药或其他污染物质，其基本犯罪等级是24，依据《指南》的罚金表格进行对应，犯罪等级为23—25之间的，罚金的最高额可达10万美元。⑤ 此外，依据《指南》的自由刑的量刑范围，若其之前还存在多

---

① 栗相恩:《环境犯罪的严厉执法：美国经验及其启示》，载《周口师范学院学报》2015年第1期。

② 张福德:《美国环境犯罪的刑事政策及其借鉴》，载《社会科学家》2008年第1期。

③ See 33 U.S. Code§1319（c）（3）（A）.

④ Sentencing Commission，Federal Guidelines Manual（ Nov.1, 2011），§2Q1.1, 2Q1.2, 2Q1.3, 2Q1.4，2Q1.5，2Q1.6, 2Q2.

⑤ Sentencing Commission，Federal Guidelines Manual（ Nov.1, 2011），§5E1.2.

次犯罪前科，其自由刑最高可达监禁 125 个月。[①]

美国已判决的环境犯罪案件中，被处以“天价”罚金，或者超长监禁的情形不在少数。著名的石棉案[②]的被告人被判处美国史上最严厉的环境刑事责任，Alexander Salvagno 被判处二十五年监禁，没收违法所得 200 多万美元；Raul Salvagno 被判处十九年零六个月监禁，没收违法所得 170 万美元。同时没收该企业违法所得 200 万美元，并判令其向受害人支付高达 2287 万美元的赔偿金。[③]

美国这一发展过程，与我国经济社会发展、法制健全的过程有一定的相似性，从刑法相应罪名的变更，到 2013 年、2016 年相应司法解释的出台，再到日益严格的行政法规的制定、修订和各类从严惩治司法典型案例的发布，无不彰显出我国从严惩治环境犯罪的理念。我国与美国惩处污染环境犯罪的演变历程与严惩理念的高度相似，成为笔者将二者予以深度分析的基础。

（二）适用严格刑事责任

严格责任的应用是美国污染环境刑事犯罪法规中的一大鲜明特点。具体而言，严格责任是指检察官在指控被告人的某些危害行为时，不需证明其主观要素，且被告人不能以自身无主观过错作为抗辩免责理由。该责任体系的适用，遵循的主要原则分别是公共福利犯罪原则以及有责任的公司高级管理人员原则。反观我国刑法，对于污染环境犯罪并未单独设立特定的责任体系，与其他刑事犯罪都适用相同的证明标准，即由检察官对行为人的主观过错予以举证，严重影响了对此类犯罪的震慑作用。污染环境犯罪普遍的特点之一是通常获利方为企业而非个人，企业为了节约处置费用违规排放污染环境。但是，虽然客观上能证实该类犯罪的获利方为企业，

---

① Sentencing Commission，Federal Guidelines Manual（Nov.1, 2011），§5A.

② 在 2004 年，AAR 承包商公司（AAR Contractor, Inc）的所有者 Raul Salvagno 和其儿子 Alexander Salvagno，因为在长达十年的时间里非法处置石棉，并通过规避空气和项目监控伪造测试实验室分析结果，被指控违反《清洁空气法》和《有毒物质控制法》。

③ UNITED STATES of America v.Alexander SALVAGNO, Raul Salvagno, and AAR Contractor, Inc., 267 F.Supp.2d 249（2003）.

但囿于现行刑事责任证明体系，往往因无法获取企业主观证据而仅能认定企业负责环保的中层管理人员或者操作工人等构成犯罪。污染环境犯罪的单位犯罪认定率低、单位犯罪追究难已成为司法实践中的困境与难点。笔者希望通过借鉴已有的他国环境犯罪证明体系破解我国的打击困境。

1. 公共福利犯罪原则。根据美国最高法院的定义，公共福利法规是将刑事行为定义为“理性的人应该知道受到严格的公共监管并可能严重威胁社区健康或安全”的行为。[①] 公共福利犯罪原则具体是指认定侵犯公共福利的部分特殊犯罪行为不需要证明犯罪人的主观心态，即适用严格刑事责任。这一原则产生的背景与时代发展息息相关。具体而言，由于工商业的兴起，危及公共健康及社会安全与福利的违法犯罪行为也随之递增。对于此类犯罪，倘若要证明行为人的主观罪过才能予以定罪，十分不易。鉴于此种情形，刑法中的严格责任制度得以确立。[②] 将公共福利犯罪原则应用于类似于环境法规的情况的开创性案例是 United States v. International Minerals & Chemical Corp 一案。在本案中，公司被指控在州际贸易中运输危险材料，并且故意没按照交通部的规定正确标识这些材料的属性。公司被指控违反涉及腐蚀性液体安全运输的规定。在解释“故意违反任何此类法规”的含义时，最高法院认为，当危险产品或“令人作呕的”废物受到管制时，如果被监管的可能性是如此之高，以至于任何参与该活动的人都被认为知道监管要求，此时就不要求政府证明被告人有意造成其行为所禁止的结果，也不允许被告人拿其对法律的无知作为抗辩理由。公共福利犯罪原则在环境刑法的适用，最典型的案例莫过于 United States v. Weitzenhoff 一案[③]。初审法院认为“明知”仅要求行为者明知排放了有问题的污染物即可，并不是要求其明知违反了制定法或许可中的条款。上诉法院通过考察国会的立

① Liparota v. United States, 471 U.S. 419, 433 (1985).

② 张福德：《美国环境刑法公共福利犯罪原则探究》，载《社会科学家》2009 年第 4 期。

③ 本案的被告人 Weitzenhoff 和 Marian，作为污水处理厂的经理，指示其公司员工在夜间将废弃的活性污泥直接排入大海。在审判中，被告人承认其排放污泥的行为，但是其辩称地区法院对于《清洁水法》条文中“明知”一词进行了错误的解释。被告人认为“明知”应当解释为对法律的明知或对行为违法性的明知。换言之，被告人想以此证明，其在行为时并没有犯罪的心态。

法意图，也认为“明知”不需要考虑行为人是否认识到许可的具体规定，甚至许可的存在。此外，上诉法院维持原判的另一项重要依据，便是《清洁水法》属于公共福利类法律，其制定目的便是出于保障公众生命健康安全的考量。因此，与我国检察官必须提供客观和主观证据不同的是，美国的检察官不需对被告人的主观明知予以证明，只需要对被告人行为的客观违法性予以证明即可。①

2. 有责任的公司高级管理人员原则。有责任的公司高级管理人员原则，指的是公司的高级管理人员要为公司或代理人的环境犯罪负个人刑事责任。从举证责任分配角度看，检察官无须证明被告人的主观明知，只需证明被告人对防止环境污染后果的发生有相关职责、义务。有责任的公司高级管理人员原则的确立减轻了检察官的证明责任，并且向公司高级管理人员分配了阻止污染环境行为、防止环境犯罪后果发生的高度注意义务，迫使高级管理人员严格贯彻环境法的相关要求②，并有较为著名的 United States v. Brittain 案③。

一般情形之下，在违反许可证的条件或者限制一类的污染环境犯罪案件中，检察官需要证明被告人主观上明知许可证的条件及限制。而在造成了实害后果的污染环境犯罪案件中，检察官需要证明被告人主观上明知自己的行为具有造成人员伤亡或者严重危害人体健康等实害后果的具体危险性。但是基于公共福利犯罪原则的考量，为更好保护公众利益、自然生态环境，检察官在主观方面某些要素的证明责任被免除了。美国的严格责任并非指所有主观要素均无须证明，而是免除了某几个主观过错要素的证明责任。④ 针对这一要点，法官 Thomas 在 Staples v.United States 案中曾指出：严格责任术语的使用从技术上看是名不副实的，因为尽管法院消除了部分犯意的证明要求，但他们确实要求检察官证明被告人认识到正在处理“危

---

① See United States v. Weitzenhoff, 35 F.3d 1275, 1284（9th Cir. 1993）.

② Kevin A. Gaynor, Thomas R. Bartman, Criminal Enforcement of Environmental Laws, Colorado Journal of International Environmental Law and Policy, p.39-55（1999）.

③ See United States v. Brittain, 931 F.2d 1413, 21 ELR 21092（10th Cir. 1991）.

④ 贾学胜：《论美国环境犯罪的罪责要件》，载《安徽大学学报（哲学社会科学版）》2014 年第 3 期。

险的或者有害的物质”。[①]

3. 重视刑法的事先介入。传统的美国环境监管结构有一个基础，那就是公司作为理性污染者的设定。作为经济行为者的理性污染者寻求最大化自己的经济利益，并了解与不同行动方案相关的回报。为了利润最大化，理性的污染者将尽可能多的成本转移到社会上，其中一种方法是将其废物排放到环境中。这种企业观意味着，环境监管者必须通过罚款和处罚来阻止污染，并且必须通过使用规定性和禁止性规则来阻止俘虏和颠覆监管秩序。[②] 刑法的事先介入，是指通过在刑法中将某行为规定为犯罪的一般预防方式，或者对犯罪分子适用刑罚的特殊预防方式，即让刑法提前介入犯罪行为，扩大刑法的适用范围，将具有造成严重危害后果的危险行为遏制在源头，阻断危害后果的实现。实际上，尽管关于环境犯罪的法条分散于各个法典，但犯罪的基本要素包括以下两点：其一，要有违法行为；其二，要存在违法意图。由此可知，造成实害结果并非构成环境犯罪的必备要件。[③]

其实，在美国环境犯罪中，让刑法在危害后果发生前便介入，是由环境保护的特性所决定的。一方面，一旦在环境领域实际的重大损害显露出来，其结果往往是难以估量的，甚至可能是灾难性的。另一方面，实际上，犯罪构成要件不要求政府证明环境危害，只关注实施违反法规要求的行为对行政机构权威的损害。单纯违反环境法的行为、违反环保强制性标准、规定及环保机关行政命令的行为，同样属于危害环境的行为。之所以存在环境法、环保强制性标准与规定，这是为污染物排放者设定了合理的排放

---

① See Staples v. United States, 114 S.Ct.1793, 1798 n.3（1994）. 被告人 Brittain 是对污水排放有管理职责的公司高级管理人员，被告单位违反许可限制规定向通航水域排污，被工作人员发现后，通知了被告人 Brittain，被告人 Brittain 随后进行了两次视察，但未向环保署报告。该案在经过二审后，上诉法院适用有责任的公司高级管理人员原则认定主管 Brittain 应当承担刑事责任。

② David B. Spence.The Shadow of the Rational Polluter: Rethinking the Role of Rational Actor Models in Environmental Law.California Law Review July, 2001.

③ 33 U.S. Code§1319（C）. 例如，依据《美国水污染防治法》的规定，过失或明知违反本法的规定；违反由行政部门或州颁发的许可证中的限制性条件或限制；违反被批准的预先治理项目中的强制性规定；故意违反前述规定，并且知道其行为会使其他人的生命或身体健康处于危险的境地，可构成犯罪。

上限，同时也是依据自然环境的现状，对污染物承载能力的一种基于科学研究的预测。所以如果行为人违反了这些规定，即便当下并没有造成可见的严重后果，也可能会有潜伏、演变的恶化后果，最终逐步造成环境污染的质变结果。[①]

二、美国环境犯罪的预防政策

环境犯罪的重点是预防，允许政府在伤害风险很大但尚未实现伤害时进行干预。尽管在普通法中合规不是通常可用的一种抗辩，但美国环境保护署和司法部都认识到环境审计和信息披露在促进合规和改善环境方面的巨大潜力，一直在致力于如何更好地鼓励企业自愿遵守和使用它们。在过去的二十年中，环境审计的使用已成为许多行业的常规，成为一个相当大的咨询行业。

1995 年 12 月，环境保护署执行了一项政策，以自我审计为减轻处罚的基础，后于 2000 年修订了这项政策，以使其用语更加清晰，扩大其适用范围，并使其更符合实际做法。美国环境保护署采取一种实施审计政策的方法，鼓励新设施业主报告以前的 738 项违规行为，并使其设施达到合规水平，而可以被免于起诉。2018 年，环保署宣布再次强调鼓励自愿遵守，并表示正在采取措施鼓励继续和扩大使用自我披露计划。2021 年，在重新强调自我披露的同时，环保署发布了一份文件取代之前的指导，旨在指导受监管社区遵守审计计划。

美国司法部的政策提供了一种灵活的执行方法。在决定是否起诉违反联邦环境法规的行为时，司法部可考虑几个因素，包括：违反者的内部预防和纪律政策；他们合作的自愿性、程度和及时性；以及随后的合规努力。这些因素旨在“鼓励自我审计、自我监督和自愿披露违反环境规定的行为”。具体而言，该政策针对企业的审计信息披露设定了以下三个参考因素：

① 栗相恩:《环境犯罪的严厉执法：美国经验及其启示》，载《周口师范学院学报》2015 年第 1 期。张福德:《美国环境犯罪的刑事政策及其借鉴》，载《社会科学家》2008 年第 1 期。

其一，企业是否“自愿、及时、完整”地披露了审计信息，同时重点关注披露的信息是否对政府的调查过程具有实质性帮助；其二，企业是否提供了充分的审计信息，包括但不限于所有内外部调查的完整结果及相关资料；其三，企业自身是否已经建立并实施了包括自我审计在内的完整的环保规制和应急措施。此外，企业以往的违法记录、是否对违反环保要求的人员进行内部惩戒等也是司法部在起诉时予以考虑的重要因素。[①]

三、美国环境犯罪刑事司法政策对中国的启示

（一）提高刑罚量刑幅度

美国环境犯罪能取得效果的一部分原因来自于其天价罚金，或者超长监禁。虽然自最高人民法院、最高人民检察院先后于2013年6月、2016年12月、2023年8月发布《关于办理环境污染刑事案件适用法律若干问题的解释》（以下简称《解释》）以来，根据对外发布数据，各级生态环境部门和侦查机关对污染环境行为人的追究力度逐年提高，可以感受到自然环境正在越来越好。但是，目前我国的环境刑事责任制度仍不足以有力打击环境犯罪。比如我国刑法第338条规定的污染环境罪，只有极少数的特定情形才涉及第三档量刑，处7年以上有期徒刑，并处罚金。这就意味着污染环境罪不仅最高刑期为15年有期徒刑，而且处以重刑的情形较少。

在司法实践中，涉嫌污染环境罪的行为人多被判处缓刑，且有期徒刑的年限以及罚金的数额均偏低。例如，在王某某污染环境罪一案中，被告人在无任何危险废物经营资质且未办理相关许可证件的情况下，为牟取非法利益，非法收集、贮存、处置废机油556.185吨，并将废机油渣倾倒在未做防渗处理的土坑内，对倾倒处土壤造成污染，严重污染环境，情节严重，

① U.S. Department of Justice, Factors in Decisions on Criminal Prosecutions for Environmental Violations in The Context of Significant Voluntary Compliance or Disclosure Efforts by the Violator, https://www.justice.gov/enrd/selected-publications/factors-decisions-criminal-prosecutions, accessed 25/06/2023.

最终被判处有期徒刑 3 年 4 个月，并处罚金人民币 18000 元。[①] 很显然，法官在对环境犯罪案件量刑的过程中，刑罚期限和罚金数额具有轻缓化倾向。

我国现行的刑事政策既提出要对环境犯罪严格适用不起诉、缓刑、免予刑事处罚，同时为推动生态环境修复，在量刑、缓刑适用上又赋予了司法者较大自由裁量权。实际上，罚金刑的加大适用对治理环境犯罪这种逐利性犯罪的震慑效果必然是强而有力的。我国可以探索加大适用罚金刑。

（二）对部分环境犯罪适用严格责任

在美国环境犯罪案件中，严格责任的适用化解了环境犯罪人主观要件证明难的问题，不仅提高了环境犯罪的控诉率，而且强化了环境犯罪的打击力度。倘若照搬美国的“严格刑事责任”的理论，势必会对我国主客观相统一的基本原则造成冲击，但是可以对其价值理念进行借鉴。

“两高三部”通过会议纪要明确主观过错的认定应当依据多方面的情形进行综合认定，并列举了可以推定行为人具有环境污染犯罪故意的情形。用推定的方式一定程度降低了举证责任，但是在司法实践中，追诉环境犯罪仍存在两大难点，一方面，环境污染具有流动性、隐蔽性、持续性等特点，如何佐证污染环境行为和环境破坏结果的因果关系成为一大难点。即使对环境损害有一个功能性定义，在某些情况下，也很难或者暂时不可能科学地论证评估是否存在实际的损害结果或者量化损害结果的严重程度。另一方面，行为人对污染后果的心理态度难以认定。倘若我们以威慑环境犯罪人为出发点，我们可以在刑法中确立部分环境犯罪适用严格责任，并且对该范围进行严格限定。具体而言，可以将其限制在法定刑不满 3 年有期徒刑的轻罪之中。此外，在证明责任分配上，可以考虑举证责任倒置，即可以要求被告方承担否定犯意的证明责任。

（三）构建刑法提前介入规则

通过分析破坏环境资源保护的一系列罪名，其入罪标准绝大部分需要

---

① 山东省齐河县人民法院刑事判决书，（2023）鲁 1425 刑初 48 号。

“情节严重”或者“造成严重后果”。由此可知，不同于美国环境犯罪设置的违法即构罪，对未造成实际损害结果的行为人也进行惩罚，我国刑法对环境犯罪人的惩处以其行为是否造成严重后果或情节是否严重为依据。也有学者认为，在非法处置危险废物的情形下，应当以违法造成环境污染为要件，不具有超标排放污染物、非法倾倒污染物或者其他违法造成环境污染的情形的，可以认定为情节显著轻微、危害不大，不认为是犯罪。[①] 笔者对此并不认同。因为环境损害不同于其他破坏，其具有长期性。即污染行为引起自然环境的破坏需要经过一个较长的周期。在这个过程中，损害经过一定积累，从起初的轻微损害逐步转变，最后导致严重的环境破坏，并且引起重大的财产损失和不可逆的人身损害。因此，如果刑法在环境破坏的初期就介入或干预，或许更具重大意义。

（四）规范企业的自我审计和披露责任

根据现有的技术可以论证的环境犯罪带来的损害已经具有严重的不可逆性，污染物的清除大多耗时较长，生态环境修复需要耗费数年或数十年，修复费用更是高昂。以常见的水体污染为例，如污染物排放于自然河道，受限于水体自然流动等因素，犯罪造成的污染结果目前根本无法修复。故而，相较于制定完备的法律规定，在环境类犯罪中充分发挥刑法的预防作用才是根本。规范企业的环境审计自治责任也就显得尤为重要。当然，在借鉴美国的相关政策时应当考虑我国与美国的差异，取其精华。在司法机关层面，可以依据公司自我披露的程度对民事赔偿部分进行减免，但是对于美国式的“公司自我披露”制中的有关于环境犯罪减免刑事制裁的部分，笔者认为不宜采用。[②] 此外，对于企业上报各类涉及环境类文本，如企业申请排污许可证时递交的各类文本，生态环境部门应当在法定期限内加强实质性审查工作，并形成递进式的预防和惩治兼有的机制，对于误报、错报应准许企业在一定时限内予以纠正更新，对于故意错报、隐瞒不报的应

---

① 喻海松主编：《环境资源犯罪实务精释》，法律出版社 2017 年版，第 57 页。

② 刘晓倩：《美国环境犯罪控制范式研究》，载《辽宁行政学院学报》2014 年第 11 期。

启动对企业的严惩，并就构成犯罪的及时予以移送，从而构建起企业自治、环保监督、司法打击的联动机制。

四、结语

目前，针对刑事犯罪，我国司法机关可以探索通过加重罚金刑的方式来惩罚危害生态环境的行为。同时，可以考虑扩大环境犯罪的刑事打击范围，把破坏环境的早期行为以及可能造成环境污染后果的危险行为均纳入刑事打击，让刑法的规制功能提前发挥其价值作用。此外，我国还可以借鉴美国环境犯罪的预防政策，进一步发展企业的自我审计调查，依据公司自我披露的程度对民事赔偿部分进行减免。在美国环境犯罪的严格责任层面，虽然不宜全盘接收，但是可以参考其价值理念，即引入环境犯罪严格责任的同时，将严格责任的范围限制在法定刑不满 3 年有期徒刑的轻罪之中。同时，考虑举证责任倒置的方式，即通过要求被告方承担否定犯意的证明责任，以此降低控诉机关的举证难度。环境保护是建设美丽中国的基础，我国污染环境犯罪刑事司法体系完善过程中，可以结合中国实践汲取美国环境犯罪刑事政策的有效经验，充分发挥刑事手段对保护生态环境、打击污染环境犯罪的保障作用。

环境资源犯罪治理川渝协作履职问题研究

林红宇　张茂林　罗　林　金沿屹*

自党的十八大以来，生态文明建设全面推进，党的十八届四中全会和党的十九大将环境资源保护纳入法治轨道，逐步构建起具有中国特色、契合中国实际的环境资源法律保护制度，党的二十大报告更将“人与自然和谐共生的现代化”上升为中国式现代化的内涵之一。新时代下，川渝检察机关应立足两地环境资源保护实际，依托纵向指导、横向协作，推动资源优化，促使川渝环境资源犯罪治理形成有机合力。

一、检察协作治理背景考证

依据宪法以及环境保护法，环保语境下的受保护主体表现为生活环境、自然资源、生态系统三者的统一。① 因此，刑法中环境保护的法益集中体现在刑法第六章第六节第338条至第345条16个罪名，本文讨论的环境资源犯罪也限定于此。

---

*林红宇，四川省人民检察院第一检察部主任；张茂林，四川省泸州市江阳区人民检察院党组书记、检察长；罗林，四川省泸州市人民检察院第一检察部副主任；金沿屹，四川省泸州市江阳区人民检察院第一检察部检察官助理。

①《中华人民共和国宪法》第26条第1款规定：“国家保护和改善生活环境和生态环境，防治污染和其他公害。”《中华人民共和国环境保护法》第2条对环境定义为：“影响人类生存和发展的各种天然的和经过人工改造的自然因素的总体，包括大气、水、海洋、土地、矿藏、森林、草原、湿地、野生生物、自然遗迹、人文遗迹、自然保护区、风景名胜区、城市和乡村等”。

（一）川渝环境资源犯罪案件态势综括

本文检索自 2017—2021 年中国检察网公开的川渝地区破坏环境资源保护罪起诉书与不起诉决定书。① 整体上看，起诉与不起诉案件合计 4861 件，其中四川 2466 件，占比 50.73%，重庆 2395 件，占比 49.27%，总体上两地案件量基本相当（见图 1）。

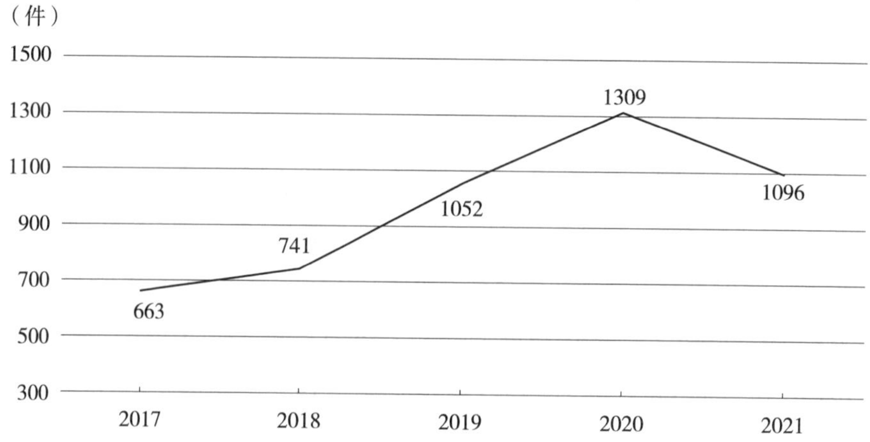

图 1　2017—2021 年川渝地区破坏环境资源保护罪案件量

从案件增长率来看，川渝两地 2017—2020 年，环境资源类案件持续上升，2018—2020 年增长率较快，并在 2020 年形成波峰，2021 年整体案件量有所下降但是仍然保持高位运行，环境资源保护形势严峻。

从案由上看（见图 2），非法捕捞水产品罪占整个环境资源类犯罪过半数，达到 55%。其次为非法狩猎罪、非法占用农用地罪、污染环境罪和盗伐林木罪。排名前五的案由合计占整体环境资源犯罪案件的 91%。危害珍贵、濒危野生动物罪与非法猎捕、收购、运输、出售陆生野生动物罪以及危害国家重点保护植物罪为《刑法修正案（十一）》新增、变更的罪名，适

① 为符合相关保密要求并尽可能保证数据客观真实，本文研究数据来源为中国检察网公开的检察文书。检察机关同意公安机关撤回起诉的案件由于未公开，故不在统计行列。值得注意的是，实践中环境资源犯罪案件有相当一部分是做撤回起诉处理，因此整体受案量要大于本文统计数据。

用时间较短，因此在环境资源犯罪案件统计中占比较小，仅为3%。由统计可以看出，川渝两地环境资源法益侵害集中在动、植物及耕地上，这与两地生态环境资源客观条件相一致。

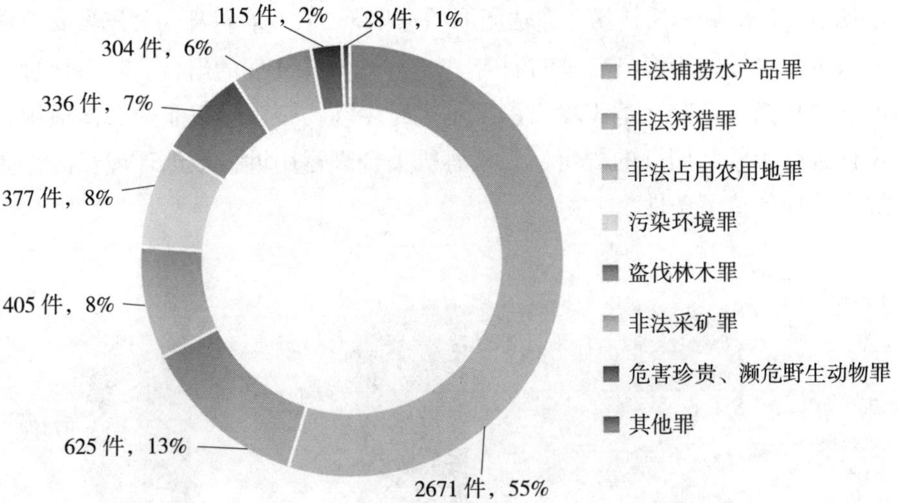

图2　2017—2021年川渝地区破坏环境资源保护案件案由分类

从审结处理情况来看（见图3），川渝两地环境资源刑事案件起诉与不起诉之比相对平衡，其中起诉案件占全部案件的57%，略高于不起诉案件14个百分点，表明两地轻微环境资源犯罪案件较多。

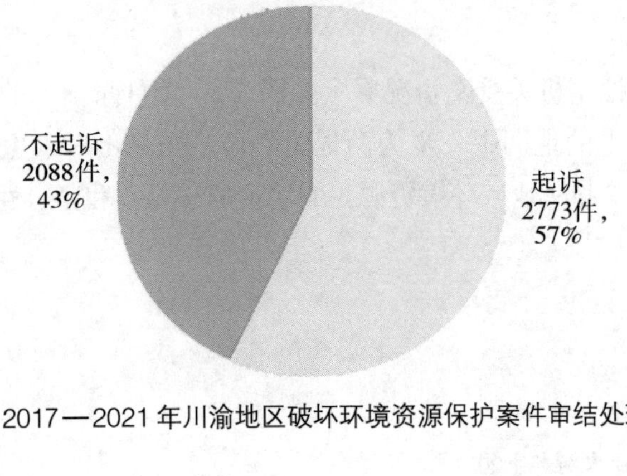

图3　2017—2021年川渝地区破坏环境资源保护案件审结处理情况

进一步分析起诉率与不起诉率发现，两地以 2020 年为转折点，2019 年至 2021 年川渝两地环境资源犯罪起诉率分别为 75.1%、43.54%、19.89%，呈逐年下降趋势且下降率较快，不起诉率分别为 24.9%、56.46%、80.11%，呈逐年上升且上升势头明显（见图 4）。可以看出，随着“两高两部”《依法惩治长江流域非法捕捞等违法犯罪的意见》、农业农村部《关于发布长江流域重点水域禁用渔具名录的通告》[①] 等规范性文件的出台，将占比过半的非法捕捞水产品、危害珍贵濒危水生野生动物资源等犯罪的法律适用和定性进行了较为明确的规定，为检察机关合理运用诉权推进环境资源犯罪综合治理创造了条件。

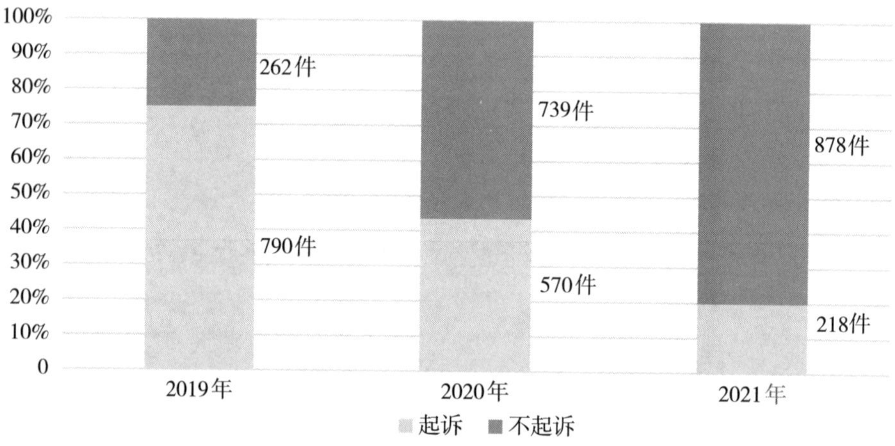

图 4　2019—2021 年川渝地区破坏环境资源保护案件起诉与不起诉占比情况

通过两地检察机关受案情况看（见图 5），案件量前四的地区均为长江流域地区，前十的地区中一半为两地毗邻区，凸显出对水生生物资源、江河流域生态环境和跨地域环境资源犯罪治理的必要性和紧迫性。

① 参见农业农村部〔2021〕4 号通告。

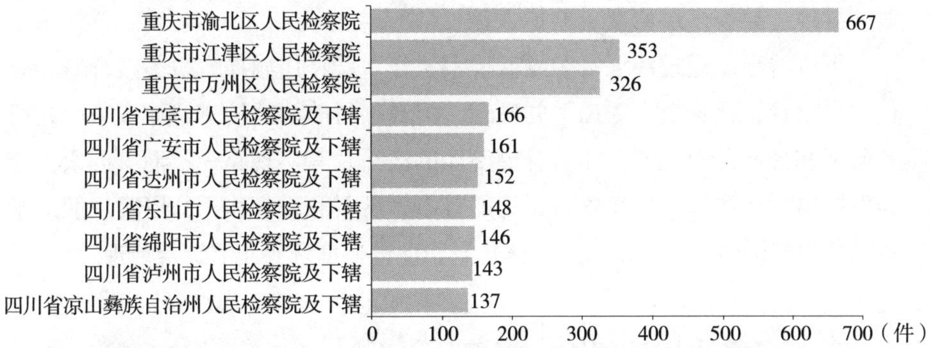

图 5　2017—2021 年川渝地区检察机关受理破坏环境资源保护案件情况

（二）川渝环境资源保护检察协作现状概述

两地检察机关以服务保障“生态优先、绿色发展，共筑两地尤其是长江上游生态屏障”[①] 为切入点，在环境资源保护检察协作领域做出了一些有益的探索和实践。目前，四川与重庆两地省级检察院共同签订《关于加强检察协作服务保障成渝地区双城经济圈建设的意见》和《联系协作工作办法》，将环境资源保护作为两地检察机关共治共抓的重要部分，为开展环境资源刑事案件线索移送、生态环境公益诉讼拓展及受损生态修复共治等方面提供了指导性意见。两地毗邻区检察机关也开展了系列环境资源保护检察协作先行先试。如重庆市检察院五分院与四川省泸州市检察院会签《关于在长江跨界流域生态环境资源保护中加强公益诉讼检察工作跨区域协作的意见》，将川渝两地毗邻区小流域环境资源保护向长江流域跨界环境资源保护进行扩充；四川合江县检察院与重庆江津区检察院会签《塘河流域生态环境保护检察工作协作机制》，将毗邻区水体环境资源保护工作由单一条线向全面协作发展，初步打下了两地开展案件线索移送、联合巡查巡护、跨地域生态环境修复等工作基础。同时，四川省与重庆市检察机关依托法律监督、刑事诉讼、公益诉讼等检察职能，先后共建了“川渝协作司法保护增殖放流示范点”“川渝检察公益诉讼生态修复示范区”等示范中心，探

① 详见《重庆四川两省市贯彻落实〈成渝地区双城经济圈建设规划纲要〉联合实施方案》。

索“异地、异类多层修复、立体保护”。[①]

可以看出，通过环境资源领域检察协作实践，川渝检察机关践行着新时代“绿水青山就是金山银山”的理念。但是，目前两地检察协作多集中在行政监督和公益诉讼领域。作为有机整体的法治及其实现路径，刑事诉讼也应当发挥出对严重损害环境资源行为的打击、惩戒和教育作用，以实现两地检察机关内部协同、外部协作，一体化履职促进环境资源犯罪综合治理。

二、检察协作治理困境审视

基于两地环境资源刑事案件中非法捕捞水产品罪占比过半的实际，本文以该罪名为样本，随机抽样近年四川、重庆各150件一审宣判案件[②]，进行研究（见表1）。

表1 川渝两地非法捕捞水产品150件案件刑罚情况对比 （单位：件）

类别 地区	有期徒刑	拘役	缓刑	罚金刑	认罪认罚	附加生态环境修复
四川	2	12	11	136	119	19
重庆	15	117	100	13	114	4

（一）两地缺乏统一的环境资源犯罪量刑指导

四川省150件案件中，判处有期徒刑占比1.33%、拘役占比8%、自由刑中缓刑适用比例为78.57%、适用财产刑比例为90.67%。重庆市150件案件中，判处有期徒刑占比10%、拘役占比78%、自由刑中缓刑适用比例为68.97%、适用财产刑比例为8.67%。对比可知：重庆地区自由刑适用比例高于财产刑，四川地区财产刑适用比例高于自由刑。[③]

① 《川观新闻》2021年5月27日报道：川渝协作成立濑溪河司法保护增殖放流示范点。

② 数据来源为裁判文书网已经公开的一审判决书。

③ 统计样本为同一时间筛选条件下随机抽取的案件样本，变量控制不尽周延，但也能在一定程度上反映客观情况。

目前，可以共同依循的规范性文件主要有："两高"关于办理破坏野生动物资源、环境污染、非法采矿、破坏性采矿等的司法解释，[①] 以及最高法在审理破坏森林资源、草原资源刑事案件出台的司法解释。[②] 可以看出上述司法解释仅对环境资源领域部分罪名作出了规定，常见犯罪量刑指导意见也并未将环境资源犯罪纳入其中。地方层面，重庆市和四川省各自对非法采矿、污染环境、非法伐木等部分环境资源罪名作出了相对细化的规定，但多集中在法院的审判规范中，[③] 两地《关于常见犯罪的量刑指导意见的实施细则》由于缺乏上位法基础，也没有将环境资源犯罪纳入。

（二）治罪与治理结合程度不高

1. 治罪端：量刑建议精准化有待提升。从刑事速裁程序试点到认罪认罚从宽制度正式确立，量刑建议的确定化和精准化对促进案件繁简分流、推进犯罪治理的制度目标实现至关重要。在两地各随机选取的150件已判决案件中，审查起诉阶段与审判阶段均适用认罪认罚从宽制度的比例都有待提高，主要原因在于量刑建议精细化程度不够。一是量刑情节认定具有复杂性和专业性。环境损害司法鉴定周期长、耗费多，简单的案件没有必要对环境损害程度进行准确评估，[④] 导致部分简案缺乏有效量化环境损害程度的证明依据，一般按照原则性规定 + 主观判断 + 区域既往判例的方式进行把握。二是量刑规范整合程度不高。目前两地环境资源犯罪相关法律适用指导意见出台单位并未统一，法检系统尚未有统一的意见。

---

① 参见最高人民法院、最高人民检察院《关于办理破坏野生动物资源刑事案件适用法律若干问题的解释》《关于办理环境污染刑事案件适用法律若干问题的解释》《关于办理非法采矿、破坏性采矿刑事案件适用法律若干问题的解释》，最高人民法院、最高人民检察院、公安部、农业农村部《依法惩治长江流域非法捕捞等违法犯罪的意见》。

② 参见最高人民法院《关于审理破坏森林资源刑事案件适用法律若干问题的解释》《关于审理破坏草原资源刑事案件应用法律若干问题的解释》。

③ 重庆的规范性文件包括：《关于确定重庆市非法采矿、破坏性采矿刑事案件数额标准的意见》《关于污染环境犯罪的量刑指导意见实施细则》《关于盗伐林木罪、滥伐林木罪的定罪量刑幅度标准》。四川省的规范性文件包括：《关于我省盗伐、滥伐林木罪数量执行标准的通知》《关于我省非法采矿、破坏性采矿罪数额执行标准的通知》。

④ 实践中常常出现环境损害评估费用超过环境损害本身价值的情形。

2. 治理端：生态恢复性司法理念落实不够。环境资源犯罪治理应当力争实现对犯罪人的惩戒、对受害人的补偿以及对受损资源环境进行恢复三者的有机统一。从两地司法实际来看，环境资源犯罪案件大多为追求经济利益在生产、生活过程中伴生了不利的环境影响，因此科处的刑罚较一般犯罪相对轻微。以非法捕捞水产品犯罪样本为例：两地缓刑适用比例均在70% 左右，自由刑以拘役为主，有期徒刑比例不到 20%。因此犯罪治理应当重点加入对环境受害人的补偿和受损环境恢复。但是从抽样情况来看，两地判处附加生态修复责任的案件数量均相对较少。究其原因，我国传统刑事责任承担方式没有生态恢复相关内容。生态恢复性司法制度已经讨论多年，2015 年以来最高人民法院先后在关于民事诉讼、环境公益诉讼、环境侵权责任纠纷等司法解释中明确体现了审判领域生态恢复司法机制。① 但是刑事领域体现较少，规定较为原则，如最高检在高检发〔2016〕12 号文件中原则性规定了行为人采取主动恢复措施的，可以认定其具有较好的认罪悔罪态度，从而依法从宽处理。② 因此在现有条件下，一方面，除部分重大环境资源犯罪案件由检察机关提起刑事附带民事环境公益诉讼以外，生态恢复性义务几乎不会以既判力形式确定下来。另一方面，将大量的轻微案件全都提起刑事附带民事环境公益诉讼，与案多人少的司法现实不符，也不符合司法经济的考量。但生态修复是一个长期的过程，生态修复义务如果不加以司法确认，强制力将难以得到保证，生态修复便可能流于形式。

（三）协作配合体系有待健全

环境资源犯罪治理作为体系化工程，非某一地区、某一检察院所能单独完成。面对跨行政区划的犯罪行为，目前两地检察机关之间的协作配合机制还不够体系化。事前案件线索移送方面：发现跨区域环境资源犯罪活动线索是向共同的上级检察机关移送后再移交对应的检察机关还是直接移交相关检察机关并不明确。事中环境损害鉴定方面：两地环境损害鉴定评

① 详见最高人民法院法释〔2015〕1 号、5 号、12 号文件，法发〔2016〕12 号文件。

② 参见最高人民检察院《关于全面履行检察职能为推进健康中国建设提供有力司法保障的意见》。

估资源分布不均匀。截至2022年底，川渝具备环境损害司法鉴定资质的鉴定机构共计13家，鉴定人356名。其中四川6家，鉴定人126名；重庆7家，鉴定人230名，多数集中在成都、重庆两市主城区，川渝其他地区鉴定资源稀缺、细分门类不全，鉴定资源未形成有效整合。[①] 在事后环境修复监督方面：面对行为人需要跨地域异地履行生态修复责任的情况下，可能出现监督主体不明确，监督程序及手段不完善，导致监管出现盲区。

三、检察协作治理路径探析

（一）统一司法尺度推进轻罪治理

1.统一细化常见罪名量刑指导。川渝地域相邻、文化相通、经济发展水平相近、环境资源呈现高度的一致性，司法尺度的统一不仅是公平正义的要求，也是共抓生态环境保护工作的要求。川渝省级检察机关可联合人民法院，在充分调研的基础上，针对两地多发、易发的环境资源犯罪，联合出台细化的量刑指导意见，以统一两地的司法裁判尺度，形成刑法规制合力。一是加大财产刑的适用，对于非法捕捞水产品、盗伐林木、危害濒危野生动物等常见罪名，明确罚金标准。按照危害程度、主观恶性，结合非法获利、行为次数等对罚金实行阶梯幅度。适当提高罚金金额，明确财产刑优先自由刑适用的原则，统一单处罚金的适用条件和判断标准，更好实现刑法的教育、惩戒功能。二是明确自由刑适用标准和缓刑适用条件。两地规制轻微环境资源犯罪行为，应当对自由刑特别是有期徒刑的适用持审慎态度，除个别影响较大、情节较重的案件外，可放宽缓刑适用条件，结合行为人生态恢复义务承担、认罪认罚等情况确定缓刑考验期，通过明确刑罚尺度，维护川渝地区法律适用的统一性。

2.联合促进案件诉前分流。两地检察机关可以对环境资源犯罪治理联合出台机制。一是加强审查逮捕环节羁押必要性审查指导。明确逮捕强制措

---

① 参见川渝两地2023年2月7日联合发布《川渝环境损害司法鉴定蓝皮书暨十大典型案例》。

施的适用标准，对于跨区域作案、多次作案、造成特别严重后果等特殊情形，列举式罗列适用逮捕措施，对此以外的轻微案件应当严格限制逮捕强制措施的适用。二是强化微罪不起诉的治理功效。对微罪不起诉的适用范围、情形进行细化规定，辅以报送备案审查制度，强化检察人员不起诉权运用的风险防控，释放基层办案人员作不起诉处理积极性，同时为生态恢复性措施前置拓展到审查起诉环节创造有利条件。充分发挥不起诉分流作用，对于轻微环境资源犯罪进行诉前分流，形成轻微犯罪不起诉、较轻微犯罪提出单处罚金或者缓刑的量刑建议、重大案件提出自由刑量刑建议和刑事附带民事环境公益诉讼的立体式惩治手段，进一步提高司法效率，节约司法资源，促进环境资源犯罪综合治理。

（二）生态恢复理念融入检察协作

环境资源犯罪法益侵害具有复杂性，既破坏了正常的自然环境，也限制了人类社会的可持续发展。因此犯罪治理除了实施惩戒，更要将生态恢复作为重要考量，引导行为人积极承担受损环境的修复义务，最大程度实现对公众环境资源利益的保护。

1. 在程序前端，联合发挥审查起诉阶段提前处置作用。环境资源受到损害后，越早进行修复越有可能减少犯罪行为带来的损失。因此，修复行为在审查起诉阶段落实，将有助于提高修复义务履行确定性。两地检察机关可探索在审查起诉阶段把恢复性司法与认罪认罚从宽制度相融合。控辩协商时，可参照故意伤害案件，将行为人采取环境修复手段减少负面影响弥补环境利益损失，作为认定其认罪悔罪的重要方面，依法提出从宽处罚量刑建议。检察机关代表环境公共利益受害人与环境犯罪行为人进行沟通对话，综合运用微罪不起诉、单处罚金、适用缓刑等量刑处理意见与辩方协商，进一步督促犯罪行为人积极承担环境修复责任，在审查起诉阶段实际履行或者承诺履行以换取从宽处罚结果。这样不仅能争取环境修复时效利益，而且相较于在审判阶段被动地接受判决，更能消弭行为人内心的抵触对抗，促使其真诚地认罪悔罪。在具体修复方式上，川渝检察机关可以在审查起诉阶段对实际履行修复、第三人代为修复、支付修复费用等进行司法确认并异地互认。如联合试点探索在认罪认罚具结书中对修复方式进行载明，或通过与行为人签订修复承诺书、与环境利益受损方订立修复协议等，赋予修复行为以确定力。对拒不履行生态恢复义务的，可以作为否定认罪认罚有效性的表现方式，不再适用从宽处罚意见。对订立修复协议拒不履行的，可向人民法院申请司法确认后强制执行，有效避免行为人换取轻罚后拒不落实生态恢复义务。

2. 在程序后端，联合发挥生态恢复检察监督作用。《中共中央关于加强新时代检察机关法律监督工作的意见》明确检察机关要加强生态环境资源的保护和法律监督工作。作为法律监督机关，检察机关监督生态环境修复责任落实是应有之义。一是对跨地域重大环境资源案件，判决确定的修复义务是否得到有效履行、生态环境恢复效果是否达到预期目标进行监督。两地检察机关可统筹刑事检察、刑事执行检察、公益诉讼检察等有关部门，对修复义务执行不到位的，联合提出检察建议。针对异地审判、异地执行修复义务的，可以探索案件信息通报，委托异地检察机关进行监督，解决生态修复责任跨地域监督盲区。二是对生态环境恢复相关资金使用进行监督。川渝检察机关可以探索设立生态恢复专项账户，探索将环境资源案件惩罚性赔偿、行为人缴纳的生态修复金等纳入专门账户进行管理，统一用于对两地受损生态环境的修复，并由两地检察机关对其收支使用情况进行监督，打破地区经济壁垒，形成生态环境区域一体化代偿闭环。三是联合对生态环境恢复项目验收进行监督。检察机关可联合组织行政执法相关单位和人员，对跨地域生态修复义务履行情况进行监督和回访，对修复项目履行完毕的，组织第三方鉴定机构及时进行验收，并作出认定意见，对于验收不合格的通过联合制发检察意见书等方式，监督修复义务履行到位。

（三）健全配套机制整合治理资源

1. 搭建信息协作平台。两地检察机关可以牵头在部分市州“两法衔接平台”基础上，对平台进行扩充。一是提高层级建立跨省级平台。先期可以在环境资源犯罪问题突出、保护手段亟待提高的毗邻区进行试点搭建。通过平台实现两地行政执法机关与侦查、司法机关之间的信息互通、案件查询、线索移送、侦办协作、重大事项议事协调等功能。二是扩充维度提升信息交换的通达度。平台可设立环境资源子模块，将平台资源同检察机关统一业务系统、公安机关大数据系统和行政执法办案系统进行对接，实现信息互联互通，增加跨地域的案件移送、共同报请指定管辖等协作功能。检察机关可以查询相关案件信息，进一步拓宽监督维度的同时，改变现有平台拘泥于地域和部门的限制。

2. 建立资源共享机制。一是整合人力资源。环境资源领域涉及环保和法律专业知识，两地检察机关可以优势互补。川渝检察机关可依托省级信息协作平台，建立环境资源领域技术专家库，为两地案件办理提供案件咨询服务和人才培训。同时针对环境损害评估与生态恢复措施选定等问题，依托成渝地区丰富的高校资源，探索有专门知识的人参与办案，两地检察机关通过专家库资源共享，提高办案质效。二是整合物质资源。川渝毗邻区可探索合作建设“快检实验室 + 指挥中心 + 云平台”三位一体环境资源快速检测体系项目。通过行政主管部门和检察机关共建，快速检测车和云平台等设备共享，构建统一指挥网络，实现环境鉴定专业人员、检察办案人员、检察技术人员共同处置新模式，着力破解实践中相关案件发现难、勘验难、鉴定难等问题，实现资源整合“1+1 ＞ 2”的目的。

通过川渝两地省级检察机关牵头，地方检察机关落实，以“纵向指导 + 横向协作”的模式构建“专业化法律监督 + 恢复性司法实践 + 社会化综合治理”检察一体化履职新业态，为提升环境资源犯罪综合治理质效，构建生态屏障，服务保障成渝地区双城经济圈建设贡献检察力量。

破坏环境资源犯罪案件适用认罪认罚从宽制度的审视与完善*

武向朋**

一、问题的提出

2018年10月以来，认罪认罚从宽制度通过试点地区覆盖到全国各地实施。目前，认罪认罚从宽案件研究成果较多，笔者在知网以“认罪认罚从宽”为关键词检索，2018年度至2022年度相关的期刊分别为142篇、166篇、223篇、236篇、163篇。又以“环境犯罪认罪认罚从宽”为主题检索，找到6篇文章。我国改革开放以来经济领域取得卓越成就，但粗放型发展方式不断积累的负面效应也引起社会各界的共同关注。其中，涉及生态环境保护的话题获得极高的关注程度和讨论热度。① 在建设生态文明的大背景下，对于破坏环境资源犯罪的惩治也是重要的一环。当前生态环境领域刑事案件的整体发展态势依然严峻，因此，将认罪认罚从宽制度适用于破坏环境资源犯罪治理过程中将成为必然。② 在司法实践中，可以看

* 基金项目：2018年度国社科后期资助项目《刑事一体化理念下环境犯罪治理研究》（18FFX025）；河南省2020年度骨干教师计划《立体刑法学视野下环境犯罪研究》；信阳师范大学博士科研启动基金项目《非传统安全背景下生态犯罪研究》。

** 武向朋，信阳师范大学法学与社会学学院副教授。

① 谭红云、李巽平：《环境分权与环境污染治理：基于多维度财政分权视角》，载《西南民族大学学报（人文社会科学版）》2021年第3期。

② 蔡鑫韵、曾粤兴：《认罪认罚从宽制度的破坏环境资源犯罪适用研究》，载《昆明理工大学学报（社会科学版）》2018年第1期。

到司法机关也越来越重视破坏环境资源犯罪案件适用认罪认罚从宽制度的情况。当前破坏环境资源犯罪案件适用认罪认罚从宽制度呈现出怎样的样态，未来发展趋势如何，有哪些值得思考与关注的问题，我们应如何更好实现破坏环境资源犯罪与认罪认罚从宽制度自洽，本文将对上述问题一一探讨。

二、破坏环境资源犯罪案件适用认罪认罚从宽制度的样态

（一）破坏环境资源犯罪案件适用认罪认罚从宽制度统计分析

认罪认罚从宽制度自 2018 年 10 月开始在全国普及开来，为了解全国范围内破坏环境资源犯罪适用认罪认罚从宽制度惩治犯罪的情况，笔者在法律数据库选取 2018—2022 年度的破坏环境资源犯罪案件适用认罪认罚从宽制度的相关数据进行提取与分析，以“刑事”“认罪认罚”“破坏环境资源保护”为关键词检索到近五年共有 38354 起案件文书。

1. 时间分布。从时间维度看，2018 年度至 2022 年度破坏环境资源犯罪案件适用认罪认罚从宽制度的数量分别是 1152 件、8707 件、19895 件、7241 件、1359 件，呈现几何级倍增。另外，从表 1 中各个年度的案件数量占比来看，2020 年度达到最高（72%）。

表 1　2018—2022 年度破坏环境资源犯罪案件适用认罪认罚从宽制度情况

年份	案件总件数（件）	认罪认罚案件数（件）	所占比例（%）
2018	24802	1152	5
2019	29038	8707	30
2020	27537	19895	72
2021	11396	7241	64
2022	2799	1359	49

2. 地域分布。破坏环境资源犯罪案件适用认罪认罚从宽制度最多的前 10 个省（市、区）分别是广西、河南、湖南、云南、重庆、广东、四川、江西、江苏、湖北（见表 2）。其中包括试点城市（共计 18 个城市）的有 6 个省份（重庆、江苏、河南、湖北、湖南、广东），其他四个省份均没有设

置试点城市，这说明非试点地区积极主动适用，观念转变很快，也说明认罪认罚从宽制度推广相对畅通。

表 2　2018—2022 年度破坏环境资源犯罪案件适用认罪认罚从宽制度地域分布统计

省（市、区）	广西	河南	湖南	云南	重庆	广东	四川	江西	江苏	湖北
数量（件）	2867	2785	2533	2439	2225	2135	2000	1996	1933	1802
比例（%）	7.48	7.26	6.61	6.36	5.8	3.29	5.22	5.2	5.04	4.7

3. 刑罚配置情况。

（1）刑期统计分析。适用认罪认罚从宽制度的破坏环境资源犯罪案件判处管制 671 人，拘役 11350 人，其中 3 年（不含本数）以下有期徒刑 20235 人，适用 3 年以上 10 年以下（均含本数）有期徒刑 4117 人，10 年以上有期徒刑 87 人。由此可见，3 年以下有期徒刑所占比例最大。由于认罪认罚从宽强调量刑的精准化，笔者对 3 年以下有期徒刑又做了细化统计。由表 3 可知，判处 6 个月至 1 年有期徒刑的有 16290 人，判处 1 年至 2 年有期徒刑的有 3904 人，判处 2 年至 3 年有期徒刑的有 41 人。

表 3　2018—2022 年度破坏环境资源犯罪案件适用认罪认罚从宽制度有期徒刑区间适用统计

刑期区间	数量（件）	刑期区间	数量（件）
6 个月	4512	36—47 个月	3082
7 个月	1645	48—59 个月	443
8 个月	2514	60—71 个月	259
9 个月	1119	72—83 个月	105
10 个月	2094	84—95 个月	81
11 个月	386	96—107 个月	51
1 年	4020	108—119 个月	19
13—17 个月	1359	10 年	77
18 个月	1777	11 年	45
19—23 个月	768	12 年	29
24—35 个月	41	13 年	13

（2）缓刑的适用情况。从判处缓刑时间的长短来看（见表4），判处缓刑1年至2年的案件最多，其次判处缓刑6个月的较多，再次是判处缓刑3个月、4个月所占比例也较多。案件相对较少的是缓刑1个月、2个月、7个月、11个月，2年至3年。

表4　2018—2022年度破坏环境资源犯罪案件适用认罪认罚从宽制度缓刑适用统计

缓刑时间	数量 / 人	缓刑时间	数量 / 人
1个月	1	9个月	72
2个月	184	10个月	498
3个月	1286	11个月	1
4个月	1515	1年至2年	9391
5个月	862	2年至3年	84
6个月	2762	3年至4年	2101
7个月	132	4年至5年	1009
8个月	712	5年	325

（3）罚金适用情况。罚金共计26875份，占到总案件数（38354件）的70%，适用比例大。笔者仅选取整数罚金金额进行统计（见表5），可以看到，判处1万元以下的罚金数量是最多的，2万元至5万元相对较多，5万元至9万元相对较少，10万元以上的罚金比例最小。

表5　2018—2022年度破坏环境资源犯罪案件适用认罪认罚从宽制度罚金金额统计

罚金金额（元）	数量（件）	罚金金额（元）	数量（件）
一千	340	六千	161
两千	359	七千	66
三千	625	八千	200
四千	224	九千	16
五千	759	一万	772

续表

罚金金额（元）	数量（件）	罚金金额（元）	数量（件）
两万	157	八万	43
三万	266	九万	6
四万	111	十万	123
五万	197	二十万	46
六万	60	五十万	13
七万	23	一百万	6

（二）惩治破坏环境资源犯罪案件是否适用认罪认罚从宽制度的对比分析

笔者通过与未适用认罪认罚从宽制度的案件进行对比分析，以此找寻适用认罪认罚从宽制度后惩治破坏环境资源犯罪案件的变化，从而直观地反映认罪认罚从宽制度在破坏环境资源犯罪案件中的适用效果。由于数据太多不便于统计，这里笔者选取2019年度作为参考对象，因为2019年度是认罪认罚从宽制度实施的第一年。2019年度破坏环境资源犯罪案件未适用认罪认罚从宽制度的案件共有20331件。

1. 适用程序的比较。从表6可以看到，适用认罪认罚从宽制度的破坏环境资源犯罪案件中（以下简称Ⅰ类案件），速裁程序、简易程序和普通程序的适用比例分别为13.1%、70.7%、16%，未适用认罪认罚从宽制度的破坏环境资源犯罪案件中（以下简称Ⅱ类案件），速裁程序、简易程序和普通程序的适用比例分别为2.4%、77.1%、20.4%。可以看出两类案件中简易程序的比重都是最多的，占到七成多。Ⅰ类案件（13.1%）远远大于Ⅱ类案件（2.4%），一定程度上节省了司法资源。

2. 刑种比较。从判处的刑种来看，两类案件中三种程序对应的管制、拘役、有期徒刑和罚金的比例略有差异，区别不大。从罚金刑来看，Ⅰ类案件三个程序分别低于Ⅱ类案件8个、7个、6个百分点。从管制和3年至10年有期徒刑来看，Ⅰ类案件三个程序均低于Ⅱ类案件1个百分点左右。从拘役

和3年以下有期徒刑来看，三个程序有高有低，抵消后基本持平。（见表6）

表6　2019年度两类案件的适用程序以及刑种统计

程序＼刑种		管制数量（占比）	拘役数量（占比）	3年以下有期徒刑数量（占比）	3年至10年有期徒刑数量（占比）	10年以上有期徒刑数量（占比）	罚金数量（占比）
速裁程序	Ⅰ类	17（2.24%）	292（38.42%）	254（33.42%）	—	—	495（65.13%）
	Ⅱ类	7（3.43%）	88（43.14%）	61（29.90%）	—	—	149（73.04%）
简易程序	Ⅰ类	82（2.01%）	1267（31.08%）	2231（54.7%）	50（1.23%）	—	3252（79.7%）
	Ⅱ类	91（1.41%）	1659（25.6%）	3796（58.7%）	73（1.13%）	—	5563（86.0%）
普通程序	Ⅰ类	12（1.30%）	231（24.97%）	658（71.14%）	58（6.27%）	—	783（84.65%）
	Ⅱ类	17（0.99%）	338（19.73%）	1224（71.4%）	131（7.65%）	5（0.29%）	1558（90.9%）

3. 审理期限比较。速裁程序平均审理时间Ⅰ类比Ⅱ类缩短了一半的时间，简易程序平均审理时间Ⅰ类比Ⅱ类缩短了三天的时间，普通程序平均审理时间Ⅰ类比Ⅱ类缩短了一个月的时间。总体平均审理期限Ⅰ类和Ⅱ类分别为35天、59天（见表7）。总体来说，审判效率有所提高。

表7　2019年度两类案件的审理期限统计

	速裁程序平均审理期限	简易程序平均审理期限	普通程序平均审理期限	总体平均审理期限
Ⅰ类	7天	21天	74天	35天
Ⅱ类	14天	24天	104天	59天

4. 非羁押强制措施情况比较。从表8非羁押强制措施情况来看，Ⅰ类和Ⅱ类监视居住所占比例相当，Ⅰ类取保候审6282起，Ⅱ类取保候审12738

起，分别占到总案件的80%、63%，这说明非羁押强制措施情况在破坏环境资源犯罪案件中适用比较高，适用认罪认罚从宽制度的破坏环境资源犯罪案件更高。

表8 2019年度两类案件的非羁押强制措施统计

	取保候审（占比）	监视居住（占比）
Ⅰ类	6282（80%）	341（4.3%）
Ⅱ类	12738（63%）	832（4.1%）

5. 量刑情节对比。通过表9对比可以看出，退赃、退赔、自首、坦白、生态修复等情节所占比例Ⅰ类高于Ⅱ类，尤其是自首高出22个百分点，坦白高出11个百分点。然而，谅解、和解、悔罪、赔偿等情节Ⅰ类低于Ⅱ类，Ⅰ类和Ⅱ类的预缴罚金情节所占比例基本持平。Ⅰ类案件中自首和悔罪分别达到30.41%、24.64%，然而量刑情节如被害人谅解、退赃、退赔、和解、预缴罚金、赔偿、当庭认罪、累犯、生态修复均不到5%。

表9 2019年度两类案件的量刑情节统计

种类 \ 量刑情节		谅解	退赃	退赔	自首	坦白	和解	预缴罚金	悔罪	生态修复	赔偿
Ⅰ类	数量（件）	2	304	72	3581	1495	19	210	2902	530	510
	占比（%）	1.94	2.58	0.61	30.4	12.6	0.16	1.78	24.6	4.50	4.33
Ⅱ类	数量（件）	541	151	104	1420	242	133	329	6701	677	1113
	占比（%）	3.0	0.8	0.5	8.0	1.3	0.7	1.8	37.9	3.83	6.3

三、破坏环境资源犯罪案件适用认罪认罚从宽制度的总体特征

通过对认罪认罚从宽制度实施4年多破坏环境资源犯罪案件的刑事司

法样态统计数据的概要分析，并与未适用认罪认罚从宽制度的环境案件数据做对比统计，归纳总结破坏环境资源犯罪案件适用认罪认罚从宽制度所呈现出的总体特征，并审视存在的问题。

（一）案件数量逐年升高，总体适用率仍有待提高

从时间维度看，在全国铺开后，试点与非试点地区破坏环境资源犯罪案件适用认罪认罚从宽制度的数量差别不大，适用比较通畅。但整体看，破坏环境资源犯罪适用认罪认罚从宽制度数量达不到全国水平。例如，2023年2月最高人民检察院数据显示该制度适用率稳定保持在85%以上，2022年1月至11月达到90%以上。[①] 而2022年度破坏环境资源犯罪案件适用认罪认罚从宽制度占破坏环境资源犯罪案件的比率仍不够高。

（二）简易程序适用率高，速裁程序适用率低

简易程序在未适用认罪认罚从宽制度的破坏环境资源犯罪案件和适用认罪认罚从宽制度的破坏环境资源犯罪案件中所占比例都比较大，分别是77.1%和70.7%。在未适用认罪认罚从宽制度的破坏环境资源犯罪案件中，速裁程序仅占总案件的2.4%，适用认罪认罚从宽制度的破坏环境资源犯罪案件适用速裁程序比例有了一定提升，达到13.1%。但是跟同期认罪认罚从宽案件中速裁程序的使用对比来看，占比还是比较低的。2020年10月，最高检《关于人民检察院适用认罪认罚从宽制度情况的报告》（以下简称《认罪认罚从宽制度报告》）中提到检察机关适用该制度办理的案件，起诉到法院后适用速裁程序审理的占27.6%。总体来说，存在简易程序适用率高，速裁程序适用率低的特点。

（三）非羁押措施适用率高，不起诉适用率低

监视居住在是否适用认罪认罚从宽制度的破坏环境资源犯罪案件中所占

① 史兆琨：《最高检：进一步深化认罪认罚从宽制度适用》，载正义网，https：//www.spp.gov.cn/spp/zdgz/202302/t20230209_600560.shtml。

比例变化不大，然而适用认罪认罚从宽制度后，取保候审上升了 17 个百分点，达到八成比例，非羁押率还是比较高的。《认罪认罚从宽制度报告》中也提到“认罪认罚从宽案件不捕率高于整体刑事案件 18.3 个百分点”。刑事诉讼中犯罪嫌疑人在办案机关、辩护人、值班律师的引导和释法说理下自愿认罪认罚的，其社会危险性和羁押必要性的评价都会降低。① 因此说，认罪认罚从宽制度在程序适用上对逮捕率的下降有相当程度的影响。

根据搜集到的 2018—2012 年度破坏环境资源罪不起诉决定书 21534 篇，适用认罪认罚从宽制度的不起诉决定书 14853 篇，不起诉率占到所有案件总数（53207）的 27.9%，比例相对较低。认罪认罚从宽不起诉案件的适用更能体现宽严相济的刑事政策，节省了诉讼资源，更有利于犯罪嫌疑人回归社会、服务社会。

（四）审判效率提高，上诉率低

适用认罪认罚从宽制度的破坏环境资源犯罪案件中，一个月内审结的案件达到近七成。适用认罪认罚从宽制度的案件与未适用认罪认罚从宽制度的案件相比，速裁程序缩短了一半的时间，简易程序平均审理期限缩短得不太明显，普通程序平均审理期限提高了 28%，总的平均审理期限缩短了 24 天，总体上实现了繁简分流、简案快办。适用认罪认罚从宽制度后，破坏环境资源犯罪案件的上诉率相对比较低，一审后被告人上诉率为 3.84%。犯罪嫌疑人自愿认罪认罚，有助于增强接受教育矫治的自觉性，更好回归社会，最大限度减少社会对立面。

（五）量刑建议采纳率高，量刑精准化程度有待提高

《认罪认罚从宽制度报告》提出 2019 年 1 月至 2020 年 8 月，量刑建议采纳率为 87.7%。其中，提出确定刑量刑建议率为 76%。2022 年 1 月至 11 月，最高检统计显示确定刑量刑建议提出率为 96.5%，采纳率为 98.4%。与此相

① 董坤、李佳倩：《捕后不诉率上升情况的数据分析》，载《检察日报》2020 年 11 月 24 日，第 3 版。

对，破坏环境资源犯罪案件量刑建议采纳率也比较高，但是量刑还不够精准化。

（六）有期徒刑适用率高，罚金金额适用率低

破坏环境资源保护罪的刑罚包括有期徒刑、拘役、管制和罚金，有期徒刑适用占到几乎刑罚适用总数的一半（52.7%），其中判处6个月至1年的有期徒刑占到42.4%。从刑罚适用强度来看，破坏环境资源保护罪在司法实践中是相对宽缓的，这跟破坏环境资源保护罪的因果关系难以认定有关，所以在司法实践中呈现轻刑化样态。

破坏环境资源保护罪的罚金金额相对较低，大多在5万元以下，不超过1万元的罚金占比最多。对于个人犯罪来说，有些被告人由于收入低，迫于生计实施破坏环境资源保护罪，法官裁定的罚金数额符合他们的收入水平。但是对于单位犯罪判处罚金的也不高，例如判处20万元、50万元、100万元罚金的分别仅有46起、13起、6起。[①]

（七）缓刑适用率高，生态修复率低

《认罪认罚从宽制度报告》中提到“法院宣告缓刑案件占36.2%，高出整体刑事案件6.9个百分点”。适用认罪认罚从宽制度的破坏环境资源犯罪案件缓刑适用率达到六成，比例是非常高的。然而，生态修复案件4240起，仅占到4.5%，比例非常低。其中增殖放流1184起，补植复绿771起，消除污染148起，货币补偿7起。两者对比，被告人因破坏环境认罪认罚后，被污染的环境、被破坏的生态应该得到修复。有鉴于此，一些地方检察机关在办理破坏环境资源案件中，探索建立“认罪认罚从宽+生态修复”机制。

① 杨迪：《污染环境罪司法样态透视——基于刑事判决的实证分析》，载《国家检察官学院学报》2020年第4期。

四、破坏环境资源犯罪案件适用认罪认罚从宽制度的完善路径

综观当前我国破坏环境资源犯罪案件适用认罪认罚从宽制度的刑事司法样态可知，既取得了一些突破性进展，同时也存在一些问题，要不断探索完善路径。

（一）厘清环境资源保护犯罪刑事政策与认罪认罚从宽制度的关系

从严打击破坏环境资源犯罪的刑事政策影响适用认罪认罚从宽制度。[①]但破坏环境资源犯罪有其自身的特殊性，因果关系难以认定导致取证较难，破坏环境资源犯罪的危害结果发现较晚也会导致生态不好修复，犯罪嫌疑人为保全非法利益，有的拒不认罪，有的只认罪认罚不认赔，还有的偷偷转移隐匿财产。因此，破坏环境资源犯罪案件适用认罪认罚从宽制度可以有效且及时恢复环境损失，这意味着，认罪认罚从宽制度作为证据的价值更为凸显，有利于检察机关花费较少的时间以及较少的精力侦破那些隐蔽性较强的犯罪，避免更大危害结果发生的可能。[②]从另一方面来说，虽然刑事诉讼法对于认罪认罚从宽制度适用并没有罪名限制，但客观上，认罪认罚从宽制度发挥功能作用的“主战场”在轻罪案件上。[③]从上文数据看到，破坏环境资源犯罪判处的大多是3年以下有期徒刑，且1年以下有期徒刑占比最大。由此，要以认罪认罚从宽制度来推动破坏环境资源犯罪治理能力提升，树立宽严相济的环境资源保护犯罪刑事政策。

（二）重塑程序分流机制，做到程序从简

1. 刑事案件分类型适用相应的诉讼程序。不认罪案件，一律适用普通

---

① 余彦：《污染环境罪适用认罪认罚从宽制度研究》，载《环境法评论》2020年第1期。

② 蔡鑫韵、曾粤兴：《认罪认罚从宽制度的破坏环境资源犯罪适用研究》，载《昆明理工大学学报（社会科学版）》2018年第1期。

③ 叶青、韩东成：《轻罪刑事政策下认罪认罚从宽制度的司法适用程序若干问题研究》，载《中国刑事法杂志》2020年第5期。

程序；可能判处3年有期徒刑以下刑罚的认罪不认罚案件，适用简易程序；可能判处有期徒刑超过3年的认罪不认罚案件适用简易程序（合议庭审判）；认罪认罚从宽的微罪案件适用速裁程序；认罪认罚从宽的轻罪案件以及重罪案件可以适用简易程序或者普通程序。

2. 依法保护民营企业合法权益。破坏环境资源犯罪存在单位犯罪，在涉及民营企业案件办理过程中，检察院应充分发挥检察职能作用营造依法保护企业合法权益的法治环境，准确把握宽严相济刑事政策要求，做到依法该严则严、当宽则宽。坚持罪刑法定、罪责刑相适应和法律面前人人平等原则，依照法律规定和法定程序准确适用起诉和不起诉。

（三）探究精准量刑机制

“两高三部”《关于适用认罪认罚从宽制度的指导意见》明确提出，办理认罪认罚从宽案件，人民检察院一般应当提出确定刑量刑建议；对新类型、不常见犯罪案件，量刑情节复杂的重罪案件等，也可以提出幅度刑量刑建议。破坏环境资源犯罪显然不属于新类型、不常见犯罪案件，加之量刑建议应以精确为原则、幅度为例外，破坏环境资源犯罪案件适用认罪认罚从宽制度势必要探究精准量刑机制。因此，可以考虑制定破坏环境资源犯罪的量刑标准。制定破坏环境资源犯罪量刑建议时应考虑罪行的轻重、人身危险性、办案价值量以及修复社会关系的能动性层次，设计阶梯式与激励性的从宽制度。

（四）调整刑罚结构，注重恢复性司法的运用

1. 提高单位犯罪罚金刑的适用。破坏环境资源罪属于贪利性犯罪，根据成本收益理论，对法人犯罪进行处罚时可以探索提高罚金数额，使其破坏环境资源违法成本远高于违法收益。

2. 扩大禁止令的适用。2019年2月，最高人民法院、最高人民检察院、公安部、司法部、生态环境部联合发布《关于办理环境污染刑事案件有关问题座谈会纪要》，规定人民法院审理环境污染犯罪案件，对判处缓刑的被告人，一般应当同时宣告禁止令，禁止其在缓刑考验期内从事与排污或者处置

危险废物有关的经营活动。就破坏环境资源犯罪案件适用认罪认罚从宽制度来说，可以探索增加禁止令数量，防止被告人在缓刑期内再次污染环境、破坏生态。

3. 注重恢复性司法的适用。积极探索恢复性司法理念与认罪认罚从宽制度的相互衔接，自愿签署生态补偿协议的可以作为犯罪嫌疑人、被告人认罪、悔罪的酌定量刑情节。积极引导犯罪嫌疑人主动就修复生态环境认赔，推进"认罪认罚从宽 + 生态修复"模式。此外，进一步扩大生态修复的适用范围，将修复生态环境作为缓刑和假释的适用条件。将修复生态环境作为假释或缓刑的量刑条件，既有利于刑罚目的实现，也促进了生态环境的改善。总之，强化生态修复在认罪认罚从宽制度中占有一席之地，有利于及时解决生态环境问题。

现代国家生态治理是习近平生态文明思想的重要内容，也是习近平生态文明思想实现的主要方式。[①] 认罪认罚从宽制度作为一项新生制度，在破坏环境资源犯罪案件中还有需要进一步细化的地方，以此来推动破坏环境资源犯罪治理能力提升。

---

① 郭永园:《习近平生态文明思想中的现代国家生态治理观》，载《湖湘论坛》2019 年第 4 期。

新时代生态环境检察监督强化路径探索

岳　阳　吴官苹　王大可*

一、引言

生态环境检察监督是指以检察机关为主导，充分发挥其监督职能，以生态文明理念为指导，运用多维监督手段，通过建立有效的预防、发现与惩处机制，实现预防、惩治、保护、教育有机统一，进而建立起人与自然之间和谐发展的关系。[①] 2021年6月，中共中央专门印发《中共中央关于加强新时代检察机关法律监督工作的意见》，对新时代法律监督工作作出制度安排，专门提出“积极稳妥推进公益诉讼检察”“加大生态环境和资源保护”。2022年10月，党的二十大报告专门强调“像保护眼睛一样保护自然和生态环境”，“加强检察机关法律监督工作，完善公益诉讼制度”，中央从顶层设计的维度突出了加强生态环境检察监督的迫切需要与深远意义。新时代背景下，研究如何进一步强化检察机关法律监督，更好履行生态环境保护职责，充分释放检察权蕴含的蓬勃生机与优势活力，具有重大理论价值和研究意义。

---

* 岳阳，北京市通州区人民检察院第四检察部负责人、一级检察官；吴官苹，北京市通州区人民检察院第一检察部一级检察官；王大可，北京市通州区人民检察院第四检察部四级检察官助理。

① 自正法:《生态环境检察监督的转型面向：法理基础与规范逻辑》，载《政治与法律》2021年第9期。

二、检察机关生态环境保护职责定位

（一）政治定位

中国环境法治的发展与演化，与中国共产党在政治上坚定不移的推进密切相关。党的十九大报告提出的加快生态文明体制改革、建设美丽中国、坚持人与自然和谐共生的理念，党的二十大报告再次强调大自然是人类赖以生存发展的基本条件。习近平生态文明思想以及《中共中央关于全面深化改革若干重大问题的决定》《中共中央关于全面推进依法治国若干重大问题的决定》等，共同构成了我国环境法治发展的基本依据，也是开展生态环境检察监督的根本遵循。

（二）功能定位

2017 年 9 月，习近平总书记在致第二十二届国际检察官联合会年会暨会员代表大会的贺信中着重指出检察机关的新时代定位，“检察官作为公共利益的代表，肩负着重要责任”。这一重要论断，深刻揭示了新时代中国检察机关的功能定位，明确了检察官作为国家和公共利益代表的特定作用，亦对检察机关保护“生态环境公益”提出了新思维、新标准。随着 2017 年民事诉讼法和行政诉讼法的修改，公益诉讼充实了法律监督的职能内涵，生态环境保护职责逐步成为检察机关履职的重要组成部分。我国通过开展检察系统的内设机构、运行机制、监督程序的整体变革和理论研究，不断深入贯彻生态环境保护理念，充分发挥检察权在维护社会公共利益的能动作用。[①]

（三）体系定位

党的十九大报告中强调要健全“党和国家的监督体系”，提出“把党内监督同国家机关监督、民主监督、司法监督、群众监督、舆论监督贯通

---

① 陈真亮：《论生态环境检察的专门化、体系化与法治化》，载《浙江工业大学学报（社会科学版）》2019 年第 2 期。

起来，增强监督合力”。[①] 党的十九届四中全会通过的《中共中央关于坚持和完善中国特色社会主义制度 推进国家治理体系和治理能力现代化若干重大问题的决定》进一步对党和国家监督体系予以明确，提出“以党内监督为主导，推动各类监督有机贯通、相互协调”。党和国家监督体系如图 1 所示：

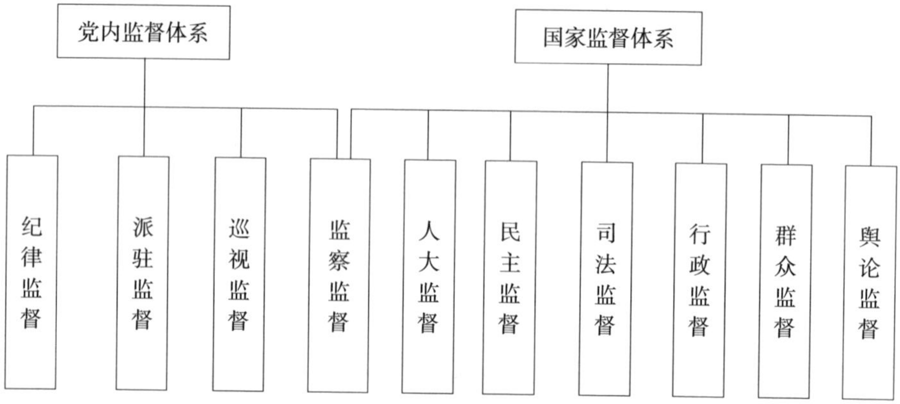

图 1　党和国家监督体系

检察监督在司法监督之中，与其他监督共同组成了党和国家监督体系。具体到生态环境保护领域而言，司法监督的引入补充了以往以行政监督、群众监督为主的监督模式，有效解决行政机关自查自纠易滋生的瞒报、包庇等现实问题。同时，检察机关通过法律专业力量注入，支持政府及相关行政职能部门开展生态环境损害赔偿工作，亦有助于政府职能部门解决诉讼成本过高的问题。

三、生态环境检察监督之理论探析

（一）风险预防原则

现状保持、危险防御与风险预防是国家环境保护义务的内涵。[②] 在当

① 2017 年 10 月 18 日，习近平在中国共产党第十九次全国代表大会上的报告——《决胜全面建成小康社会 夺取新时代中国特色社会主义伟大胜利》。

② 陈海嵩:《国家环境保护义务的溯源与展开》，载《法学研究》2014 年第 3 期。

今风险社会中，造成生态环境损害更多地包含了不确定的风险。对风险的预防也要遵循比例原则，检察机关在监督履职过程中并不是完全规制，而应适当调整监督范围，在事前就强调其监督职责。在环境规制领域，行政权应是发挥功效最直接、最经济的手段。最高人民检察院将诉前程序作为实现维护公益目的最佳司法状态，同样表明了司法权在专业问题上对行政权的谦抑。[①] 然而，环境规制处于动态社会之中，检察机关通过坚持风险预防原则，拓展风险预防原则适用范围和适用阶段，有利于检察机关更好地发挥其监督职能。

（二）国家环保义务论和公共信托理论

环境司法专门化系以公法上的环境保护国家义务和自然资源国家所有权为理论基础，是对绿色司法理念的全面贯彻。[②] 在司法一体化之大背景下，检察机关通过对行政权与司法权的监督，依靠检察监督发挥其监督能动作用，最终实现生态环境公益维护之目的。从法社会学和社会效应出发，环境公益诉讼的检察监督是对行政权的有效规制，从法解释学和司法实践角度来看，检察监督是程序性环境权的有效行使。

公共信托理论萌芽于罗马法中“共通物”和“公物”的规定，它是一种典型的普通法理论。在环境领域的公共信托主要指的是政府机构受到公民的委托，对于河流、湖泊、山川、湿地等资源进行管理，约定了专门的用途及其他约束性条款，未经公民同意，政府机关不得随意处置各类环境资源。该理论为检察机关参与环境公益诉讼奠定法律基础。检察机关为我国的法律监督机关，立法将公益诉权赋予检察机关亦是基于其本身所具有的法律监督职能的考虑。质言之，检察机关作为公益诉讼的提起主体和诉讼主体，实际上是本身固有法律监督职能的具体体现，也是对法律赋予其监督权的行使方式。

---

① 王灿发、张祖增、王政：《风险预防原则在环境司法适用中的审思与突破》，载《长白学刊》2023 年第 3 期。

② 陈真亮：《论生态环境检察的专门化、体系化与法治化》，载《浙江工业大学学报（社会科学版）》2019 年第 2 期。

（三）恢复性司法

环境司法不同于传统司法，并不止步于纠纷的解决，更注重的是修复破坏的生态环境。[①] 检察机关要发挥监督职能，执行阶段需要成立环境修复基金，建立监管验收机制，加强对环境恢复工作的监督和管理，以确保生态修复目标的实现和环境质量的改善。在此执行阶段，检察机关作为监督主体应强调恢复性司法，融入生态修复理念行使监督职责；监督修复机制的有效建立，监管赔偿资金的合理使用，加强受损生态修复工作；鼓励采取多种方式修复受损生态环境，引入异地、替代、劳务代偿等方式，将修复责任作为量刑考量，建立“恢复性司法实践＋社会化综合治理”审判结果执行机制，促进生态修复落地。

（四）环境权理论

虽然我国没有在法律层面明确环境权的概念，但一般认为，环境权是指国家、法人和非法人组织、自然人拥有使用和享有自然环境资源的权利。在环境法律体系当中引入环境权理论，意味着当环境权这一实体权利遭受侵害时，可以通过要求生态环境损害赔偿予以救济。这一理论体现在程序法方面，就是生态环境检察公益诉讼制度的建立，它为维护环境公共利益提供了一条诉讼渠道。而生态环境检察公益诉讼作为具有中国特色的公益诉讼制度，是对于环境权理论的又一次重大发展。

四、生态环境检察监督之现实困境

（一）生态环境检察监督在“四大检察”中发展不均衡

生态环境公益诉讼是检察机关保护环境公共利益的主要途径，但“四大检察”发展不均衡的问题始终影响着公益诉讼作用的发挥。一方面，刑事监督与生态环境公益诉讼衔接不畅。刑事追诉与生态环境公益诉讼所涉

① 江华、杜宴林：《生态环境保护中检察机关法律监督职能探究》，载《社会科学家》2020年第5期。

领域存在诸多涉法重叠，相关刑事案件在公益诉讼领域是否存在违法情形需要进行全面审查。[①] 另一方面，行刑衔接工作尚在推进，[②] 根据最高人民法院发布的《关于审理生态环境损害赔偿案件的若干规定（试行）》，生态环境损害赔偿诉讼与民事公益诉讼的诉讼顺位已经明确，但与检察行政公益诉讼的衔接规则、提出顺位依然不清，需进一步理顺程序关系，破除信息壁垒，加强协同联动。

（二）生态环境检察监督制度保障不全面

我国现行有关生态环境公益诉讼的规范层级较低、内容散乱，且采用嵌入式立法模式，既难以提供有效的法律供给，也不符合公益诉讼独立性的特点。[③] 生态环境领域宽广，各个领域均有独立法律法规，而涉及检察监督的法律规定极少。国家法律条款仅仅解决了制度合法性以及公益诉讼主体适格性的问题，具体的操作规范几乎全部依赖司法解释。[④] 一些地方人大、政府制定了地方性规范，但仍存在法律效力等级低、内容不够科学、各地规定不一致等问题。

在办案手段上，生态环境检察监督刚性不足。检察监督权本质上是一种提请追诉的权力，不是蕴含实体处分的权力，不具有管理功能，更不能强制被监督者按照自己的意志执行。[⑤] 在实务中，大部分案件终结于诉前程序，行政机关是否落实整改、公共利益受侵害状态是否得以纠正需由检察办案人员予以判断，行政机关履职过程中亦有许多难点痛点，检察机关秉持法律监督的谦抑性，往往以磋商结案，案件影响力不突出。

---

① 苗生明：《新时代检察权的定位、特征与发展趋向》，载《中国法学》2019年第6期。

② 2021年9月，最高人民检察院印发《关于推进行政执法与刑事司法衔接工作的规定》，旨在有力推动行政执法与刑事司法衔接工作。

③ 孙佑海、张净雪：《检察公益诉讼专门立法的理论基础和法律框架》，载《国家检察官学院学报》2023年第3期。

④ 湛中乐：《公益诉讼立法破局关涉的六个基础性议题》，载《人民检察》2022年第7期。

⑤ 张智辉：《法律监督三辨析》，载《中国法学》2003年第5期。

（三）生态环境检察监督运作体系不成熟

生态环境检察公益诉讼分散立法除了导致制度本身难以实现全面规范化建设之外，还带来另一个问题，行政公益诉讼和民事公益诉讼、检察公益诉讼和社会组织公益诉讼等不同的公益诉讼之间在内容上兼具相同处和差异性，但制度规则的分散使得它们彼此之间缺乏有效衔接，难以搭建系统集成、衔接协调、互联互通的制度体系。① 在司法实践中发现，各地生态环境检察公益诉讼工作格局中，行政公益诉讼与民事公益诉讼的适用规则不清，何种方式优先或是否行民并行，并无统一适用规则。公益诉讼之根本目的系修复受损的国家利益和公共利益，需要选择最佳诉讼方式，并在个案办理中提出合理诉讼请求。在民事公益诉讼体系中，亟须优化检察机关与行政机关、社会组织等各类适格主体起诉顺位，完善生态环境损害赔偿制度与公益诉讼制度的衔接机制。明确检察机关提起民事公益诉讼与提起行政公益诉讼的制度定位和适用情形。②

（四）检察队伍监督能力亟待提升

随着生态环境检察监督工作的深入，检察人员应掌握的知识库不断更新，对检察人员筛查线索、现场调查、沟通协调、庭审应对、诉源治理等方面的业务能力提出新要求，工作的复杂性、业务的专业性与检察队伍建设之间的矛盾突出，导致监督效果难以得到保证。③ 同时，被监督单位工作能力及水平不断提高，监督方式的匹配度不高问题日益凸显。

---

① 湛中乐：《公益诉讼立法破局关涉的六个基础性议题》，载《人民检察》2022 年第 7 期。

② 《专访全国政协委员、最高检副检察长张雪樵：推动公益诉讼立法，完善公益诉讼制度》，载最高人民检察院门户网，https：//www.spp.gov.cn//zdgz/202303/t20230308_606884.shtml，2023 年 3 月 9 日访问。

③ 李光菊：《基层检察院做好新时代公益诉讼检察工作的举措》，载《中国检察官》2023 年第 3 期。

五、新时代生态环境检察监督之完善路径

随着新时代人民群众对生态环境与资源保护愈发重视，对检察机关如何履行检察保护职责、实现“用最严格制度、最严密法治保护生态环境”提出了更高要求。新时期，强化检察机关生态环境监督保护不是一朝一夕之事，实现的关键在于贯彻《中共中央关于加强新时代检察机关法律监督工作的意见》具体要求，立足当前检察机关发展现实情况，探索出长期有效的完善路径。

（一）健全“两个体系”凝聚监督合力

我国的政治体制决定着检察机关的法律监督是党和国家法律监督体系的重要组成部分，不具有超越其他监督的权威和地位，相反检察机关法律监督的手段、方式具有一定局限性。[①] 强化检察监督之策，一方面要健全自身监督体系，确立一体化格局；另一方面，必须融入党和国家监督体系的整体格局中，通过与其他监督方式的衔接配合，形成具有中国特色的法律监督合力，解决监督刚性不足的现实问题，实现合力监督模式。[②]

1. 健全检察监督体系。一是要确立监督一体化格局。以浑源矿企案为例，重大生态环境公益诉讼案件往往涉及不同层级多个行政机关，检察机关要统筹发挥一体化办案机制优势，下级检察机关要加强请示报告，上级检察机关要加强督办指导，采取统分结合的监督办法，由不同层级检察机关对应监督同级行政机关，督促不同行政机关各司其职，促使受损公益得到全面修复。二是要完善监督线索体系建设。公益诉讼检察部门应注重与检察服务中心密切配合，强化公益诉讼线索接收流转，坚持“四大检察”协同发展，通过主动对接“12345”“12309”平台深挖生态环境、资源保护监督线索，积极规范开展监督工作，确保各项工作衔接畅通。

2. 融入国家监督体系。一是要与人大、民主监督强化协作，就部分重点问题主动邀请人大代表、政协委员参与调查，推动司法监督与人大监督、

① 陈瑞华:《论检察机关的法律职能》，载《政法论坛》2018 年第 1 期。

② 李国宝:《增强检察监督“刚性”之路径——以修订后〈人民检察院组织法〉为视角》，载《中国检察官》2018 年第 10 期。

民主监督共同发力，实现叠加成效。二是要与监察监督强化协作，推动刑事司法与监察调查的办案程序、证据标准衔接，加强线索移送，强化办案协作。三是要加强与群众、舆论监督强化协作，坚持生态环境公益诉讼“在镜头下办案，在阳光下司法”，通过定期公布检察监督履职进展、重大案件办理流程及法律文书，积极开展检察听证等多措并举，接受社会公众监督，切实做到以公开促公正。

（二）加强生态环境检察监督制度保障

为充分发挥检察监督在我国生态环境保护体系中的重要作用，必须多方面加强制度化建设、完善常态化机制。[①] 其中，既包括对生态环境案件的诉讼监督，又要适时地对行政机关执行情况开展监督。

1. 推动公益诉讼专门立法。党的十八届四中全会之后，我国检察公益诉讼规范体系建设取得了长足发展，实现了“党内规范性文件宏观指引”“法律规范确立框架”“地方性法规和司法解释扩展完善”的“三步走”，为推动我国迈出检察公益诉讼专门立法的“第四步”创造了良好条件。[②] 2023年全国两会开幕以来，多个代表团提交了关于制定检察公益诉讼法的议案。根据公益诉讼制度实际运行和检察机关履职情况，亟须对检察公益诉讼的基本原则、诉前程序、诉讼地位、调查取证权、检察建议效力、起诉条件、诉讼请求、诉讼竞合、诉讼时效等问题进一步研究确定，并以立法形式加以规定，提高法律效力层级，增强普适性。

2. 优化生态环境保护领域的行刑衔接机制。检察机关主导的生态环境公益诉讼与行政机关主导的损害赔偿诉讼虽在制度设计上存在差异，但却有着相同的制度目标，即保护生态环境、维护国家利益和社会公共利益。对此，应确立以损害赔偿诉讼优先、生态环境公益诉讼作为补充与监督的衔接模式。[③] 磋商作为行政机关提起损害赔偿诉讼的前置程序，检察机关

---

① 自正法:《生态环境检察监督的转型面向：法理基础与规范逻辑》，载《政治与法律》2021年第9期。

② 崔玮:《深入推进检察公益诉讼专门立法》，载《检察日报》2022年9月5日。

③ 程谦国、周明泰:《生态环境检察公益诉讼与生态环境损害赔偿诉讼衔接研究》，载《襄阳职业技术学院学报》2022年第5期。

在办案中发现属于生态环境损害赔偿诉讼范围的案件，应通过线索方式流转至行政部门决定是否进行磋商。行政机关开启磋商程序的，可以邀请检察机关参与磋商，商请在调查取证、法律咨询、诉讼支持、修复监督等方面提供协助。如果法律授权的行政机关和社会组织未及时主张诉权，检察机关作为后顺位起诉主体方可提起公益诉讼，对生态环境受到损害的情形予以保护。

（三）依托大数据赋能创新监督方式

在智能化浪潮下，检察监督正由案件监督向数据监督转变，由人力监督向算法监督转变。检察机关必须依托全国检察业务应用系统及大数据监督模型，深挖检察数据富矿，与时俱进，主动创新。

1. 围绕监督主线构建大数据模型。加强信息化、智能化建设，提升运用大数据办案的能力水平。生态环境检察监督应以公益诉讼线索为核心，选取稳定、可靠的数据来源作支撑，保证数字建模后续工作长期、真实、有效推进。同时，应始终聚焦一线办案检察官、检察辅助人员的工作难点，重视实践应用价值，进一步紧扣监督重点，充分与检察履职结合，助推构建数据赋能监督、数据驱动监督的新时代法律监督新格局。

2. 推动环境数据共享，拓宽监督领域。新时代生态环境检察监督应落脚于服务社会发展大局，单纯办案数据作为信息源难以“破圈”，鉴于此，检察机关应努力推动“两法衔接”、政法协同以及与其他部门政务信息共享等方式获得的数据资源，延伸检察监督“触角”。例如，湖北省检察院推动行政执法和刑事司法数据共享，收录湖北省 2896 个行政执法单位、129 个公安机关的行政处罚数据，同时还与人社厅等 7 个部门的业务系统对接。截至 2021 年底，共收录行政执法处罚信息 102 万条，通过分析研判，发现涉刑事犯罪案件线索 6000 余条，建议行政执法机关移送涉嫌刑事犯罪案件 4763 件。[①]

---

① 金鸿浩：《持续推进检察大数据深度应用》，载《检察日报》2022 年 5 月 16 日。

（四）优化检力配置，提升监督质效

内生动力不足是当前生态环境检察监督薄弱的重要原因之一，提升的关键在于优化检力资源配置，即从监督人员能力、监督团队模式、监督办案方式三个方面同步发力，以此实现监督质效提升。

1. 提升监督人员能力。如果要成为环境检察公益诉讼的专家，不仅需要办案规范化的指导，更需持续的知识更新。① 鉴于此，一方面，公益诉讼岗位人员的选择应当优先考虑长期检察办案一线人员，在踏入公益诉讼岗位后，要通过长期、系统性培训，确保监督水平能力过硬；另一方面，要紧密依靠党委及政法委力量，畅通地方检察机关与公安机关、人民法院及相关行政部门的人才交流制度，促使监督人员能够真正走到被监督岗位进行锻炼，从根本上实现从“门外汉”到“内行人”的转变。

2. 组建专业化团队。检察机关作为生态环境保护的主导者兼监督者，有必要建立环境公益专业监督办案团队。以检察官联合办案组或检察官办案组为单位，对应同类、关联监督事项进行匹配，同时建立“AB岗”制度，确保各办案单位能够长期从事环境检察公益诉讼工作，以便在工作中能够不断固化总结经验，形成符合地域特点、切合办案实际的监督模式。依托检察官联席会、专家咨询库、特邀检察官助理，加强对重点难点问题的研究攻关。

3. 纳入案件办理考核。生态环境案件多来源于线索，工作较日常办案更需要检察人员发挥能动性。因此，有必要从案件化办理和绩效指标考核两个方面进行制度构建。一方面，监督线索原则上作为案件录入办理，线索办理全程系统留痕，检察人员履职是否尽责、监督事项是否调查清楚、监督结论是否准确、一目了然，对于检察人员规范履职形成督促；案件办理规范高效，相关工作内容、文书均有留存，便于日后归纳总结、综合研判问题。另一方面，监督事项纳入绩效指标考核，科学评估和设置奖励与惩罚标准，与员额检察官准入、检察人员晋职晋级、日常和年底工资绩效挂钩，强化责任意识、激发工作主动性。

---

① 刘艺：《论国家治理体系下的检察公益诉讼》，载《中国法学》2020年第2期。

生态修复背景下破坏环境资源犯罪附条件不起诉制度构建

吴　舟　林中圣*

一、问题的提出

生态兴则文明兴。近年来，蓝天白云、青山绿水已成为广大人民群众幸福感、获得感的重要来源。党的十八大提出了生态文明建设的要求，先后出台了一系列生态文明建设重大决策部署。党的十九大将“美丽中国”作为建成社会主义现代化强国的奋斗目标之一。党的二十大报告更是以“推动绿色发展，促进人与自然和谐共生”为题，为当前和今后一段时间我国生态文明建设擘画了宏伟蓝图、指明了前进方向，更为检察机关充分发挥融合履职职能作用提出更高要求。在此背景下，检察机关受理审查起诉破坏环境资源犯罪案件呈逐年上升趋势。2018年至2022年，共受理审查起诉破坏环境资源犯罪案件209957件353223人，比前五年件数和人数分别上升112.75%和92.66%。其中，2018年至2022年受理审查起诉人数分别为57991人、68546人、70201人、78240人、78245人，2022年较2018年上升34.93%。[①] 与此同时，司法机关办理破坏环境资源犯罪案件的理念，也从“打击犯罪”向“生态修复”“诉源治理”逐步转变，司法实践中对于此类案件大量适用缓刑、伴随着多种生态修复补偿机制，诸如“补植复绿”“增

*吴舟，福建省莆田市荔城区人民检察院检察委员会委员、第五检察部主任，一级检察官；林中圣，福建省莆田市荔城区人民检察院第一检察部五级检察官助理。

① 数据来源：最高人民检察院《生态环境和资源保护检察白皮书（2018—2022）》。

殖放流”以及判决中大量适用的“恢复原貌”均说明了这一问题。越来越多的生态修复手段和与日俱增的案件量意味着司法机关将耗费更多的精力，但有限的司法办案资源同案件量所产生案多人少的矛盾也要引起重视。

二、传统破坏环境资源犯罪司法审查模式及不足

目前实践中对于破坏环境资源行为存在四种处理模式:（1）民事公益诉讼模式;（2）刑事诉讼模式;（3）刑事和解模式;（4）刑事附带民事公益诉讼模式。四种处理模式有着不同的意思自治体现（调解协商、司法裁判）、责任承担形式（民事责任、刑事责任）和司法理念（惩戒犯罪、恢复生态）。通过不同的处理模式间的比对剖析，能全面反映出破坏环境资源犯罪审查模式中存在的利和弊（见表1）。

表1　四种破坏环境资源犯罪审查模式分析

	民事公益诉讼模式	刑事诉讼模式	刑事和解模式	刑事附带民事公益诉讼模式
追责主体	检察机关或有关组织	检察机关	检察机关、审判机关	检察机关
追责手段	向法院提起公益诉讼，要求破坏环境行为人承担环境修复或赔偿责任	对破坏环境行为人提起公诉，要求承担刑事责任	由犯罪嫌疑人、被告人对被破坏地环境进行修复（补植复绿、污染治理等），追责主体根据履行程度不同对其从轻、减轻处理	对刑事犯罪提起公诉的同时，提起刑事附带民事公益诉讼，要求承担修复或赔偿责任
价值追求	恢复生态	惩治犯罪	恢复生态+惩治犯罪	恢复生态+惩治犯罪
特点	促进被破坏的环境资源修复，受案范围更广	具有强大的威慑力，惩治破坏环境资源犯罪行为	引导修复换取刑事程序上的宽大处理，促进生态修复	威慑力强，促进生态修复治理，提升诉讼效率
劣势	调查取证难，威慑力不足，鉴定困难，判决履行和执行难	手段单一，不利于修复	审查起诉期限较短，难以立竿见影，和解协议缺乏履行保障和监督验收机制	缓刑适用率高，比起附条件不起诉处理方式耗费更多司法资源，生态损害及修复评估鉴定周期长、费用高

（一）民事公益诉讼模式

民法典第1234条规定，违反国家规定造成生态环境损害，生态环境能够修复的，国家规定的机关或者法律规定的组织有权请求侵权人在合理期限内承担修复责任。侵权人在期限内未修复的，国家规定的机关或者法律规定的组织可以自行或者委托他人进行修复，所需费用由侵权人承担。例如浙江省湖州南太湖新区人民法院于2020年4月24日判决的（2020）浙0591民初80号生态破坏责任公益诉讼纠纷一案，公益诉讼起诉人湖州市人民检察院认为被告人共同捕获、收购黄缘闭壳龟，造成生态损害费用20000元，破坏当地生物链条完整性、生物多样性，要求被告承担生态损害赔偿费用20000元并在市级以上媒体公开赔礼道歉，最终法院支持了检察机关的诉讼请求。

民事公益诉讼模式中，不论是检察机关还是社会有关组织都不具有查封、扣押的强制权，[①] 并且在环境侵权等专业性极强的领域，检察机关缺乏现场勘验、证据保全的经验，后续的损害结果、修复费用等还需委托有关领域的专家或机构鉴定。检察机关提起的民事公益诉讼获得胜诉判决后，执行效果却不容乐观。[②] 判决生效后的生态修复赔偿金处理在实践中也缺乏统一做法，执行到位后难以实际转化为生态修复使用，在判决后难以持续监督生态环境的修复成效。

民事公益诉讼处理运行模式见图1。

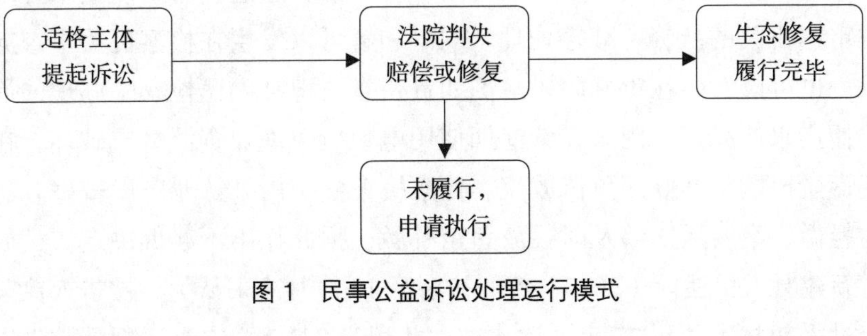

图1　民事公益诉讼处理运行模式

① 孔祥稳、王玎、余积明：《检察机关提起行政公益诉讼试点工作调研报告》，载《行政法学研究》2017年第5期。

② 梁静：《检察机关提起民事公益诉讼探析》，载《河南师范大学学报（哲学社会科学版）》2004年第3期。

（二）刑事诉讼模式

传统的刑事诉讼模式有时注重惩罚而忽视修复，在判决过后出现“罪犯服刑、荒山依旧”的局面。例如广东省佛山市郫城区人民法院于2015年4月3日作出（2015）佛城法刑初字第290号判决书，认为被告人雷某在自己经营的工厂排放有害物质，其行为构成污染环境罪，判处被告人雷某有期徒刑6个月，并处罚金人民币5000元。面对破坏环境资源犯罪，如果一味追求重刑打击，在判决过后会出现加害人服刑、社会关系破坏、环境未改善的问题。[①] 大部分破坏环境资源的行为伴随着生产经营、牟利等经济目的，而生产是人类经济社会运行的基础之一，所以，应注重保护生产经营的积极性。

刑事诉讼处理运行模式见图2。

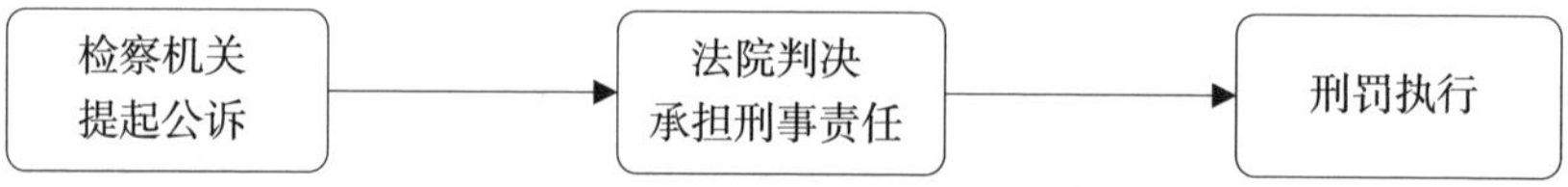

图2　刑事诉讼处理运行模式

（三）刑事和解模式

刑事和解模式中，通过司法机关与犯罪嫌疑人、被告人达成生态修复协议的方式，让其自觉修复被破坏的环境资源，通过生态修复结果好坏以换取审判机关的从轻、减轻处理。刑事和解可以发生在检察机关审查起诉阶段，也可以发生在审判阶段。例如贵州省三穗县人民检察院办理的周某非法捕捞水产品案，周某在禁渔期使用电鱼机对渔业资源造成破坏，在审查起诉阶段购买300斤鱼苗放流。检察机关鉴于周某认罪态度较好、犯罪行为轻微、案发后能够及时投放鱼苗补救，据此作出不起诉决定。又如江西省新建县人民法院（2015）新刑初字第15号判决书认为，被告人徐某未经审批采伐林木面积77亩，砍伐林木蓄积为331.2立方米，判处被告人徐

① 黄超英:《突破与掣肘:“生态修复补偿机制”的实务与理论检视——以各地探索实践为研究对象》，载《检察调研与指导》2016年第4辑。

某有期徒刑3年，缓刑4年，并处罚金人民币3万元，同时责令被告人徐某在判决生效后3个月内补植松树、杉树43560株。

由于刑事责任的严厉性促使犯罪嫌疑人、被告人积极主动参与生态修复，提高修复主动性和修复结果可靠性。在审查起诉阶段达成刑事和解协议之后，由于缺乏配套监督措施和强制力，难以对不履行生态修复内容的行为进行规制。受制于生态修复周期的限制，生态修复工作基本上无法在检察环节办案期限内完成，检察机关只能依据未完成的生态修复成果提出量刑建议，影响被告人的修复积极性，也不利于对案件作综合评判。

刑事和解处理运行模式见图3。

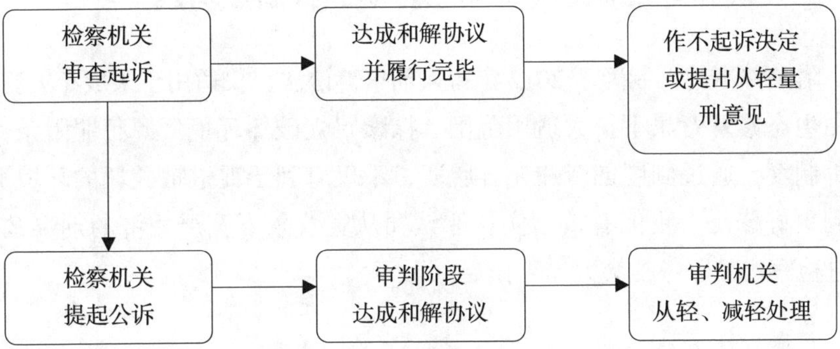

图3　刑事和解处理运行模式

（四）刑事附带民事公益诉讼模式

刑事附带民事公益诉讼是近年来检察机关应对破坏环境资源犯罪的主要手段之一，也呈现逐年增长趋势。刑事和民事公益诉讼部分由同一审判庭合并处理能够有效提高诉讼效率，保证同案同判。然而该模式同不起诉的处理模式相比，意味着更多的司法投入，而且在实践中提起刑事附带民事公益诉讼的破坏环境资源犯罪，法院在刑事部分对被告人大部分适用缓刑。缓刑的适用更能说明被告人的行为不具有社会危险性，但对于案发前积极开展生态修复工作和庭审阶段实施修复行为的犯罪嫌疑人和被告人在处理上并无明显差异。若增设附条件不起诉处理模式则能填补二者之间的空白，检察机关可以根据不同案件性质、修复现状采取不同的处理手段。

刑事附带民事公益诉讼处理运行模式见图4。

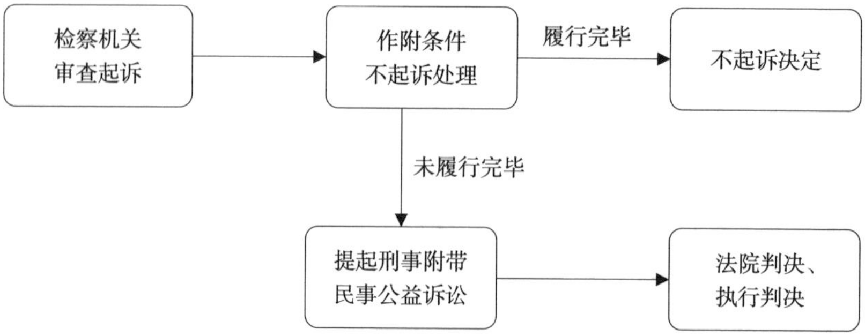

图 4　刑事附带民事公益诉讼处理运行模式

三、破坏环境资源犯罪附条件不起诉制度构建

附条件不起诉制度于 2012 年写入刑事诉讼法，仅适用于未成年人犯罪，若在生态修复背景下扩大适用范围，探索建立破坏环境资源犯罪附条件不起诉制度，通过制度创新和充分履职，不仅有利于促进被破坏的环境资源得到更好修复，更能有效落实认罪认罚从宽背景下宽严相济的刑事政策，推进检察机关服务社会大局工作。

（一）设立价值

1. 有利于促进受损生态恢复治理。适用附条件不起诉制度的前提是要构成刑事犯罪，犯罪嫌疑人即将面临严厉的刑事责任，于犯罪嫌疑人而言具有极强的威慑力。为了摆脱刑事指控以及可能面临的严厉刑罚，犯罪嫌疑人有着极强的意愿用生态修复结果来换取检察机关不起诉处理。因而无需太多的审判资源、执行资源就能够达到生态修复的目的和结果。加罗法洛认为，赔偿损失最能作为犯罪人悔罪的指标。① 确立明确的生态修复赔偿与刑事责任之间的关系，不仅能够更好修复受损生态环境，而且能够达到教育的目的。

2. 节约司法资源，实现繁简分流。刑事司法作为控制犯罪的手段之一，

① 刘红星:《刑事和解之中国化道路》，中国政法大学 2011 年硕士学位论文。

需要大量投入司法成本，面对破坏环境资源犯罪日渐增多的司法现状，合理配置司法资源是刑事司法保持良性运作所必须面对的迫切问题，[①] 通过构建附条件不起诉制度能够有效节约司法资源，用最小的司法成本达到惩罚犯罪以及修复受损生态的结果。同时检察机关根据案件不同性质作出不同的处理结果，实现案件繁简分流，使得审判机关能够将有限的精力集中在审理疑难复杂案件上，为落实“以审判为中心”的刑事诉讼制度创造有利条件和环境。

3. 认罪认罚从宽背景下落实宽严相济刑事政策。认罪认罚从宽制度不仅可以从刑事实体量刑上得到从宽处理，还包括在刑事诉讼程序上的从宽处理，体现了刑事实体的谦抑性与刑事程序的经济性，对破坏环境资源犯罪案件轻刑化、特殊化处理以取得更加明显的修复效果、社会效果、司法成效。

4. 检察机关参与社会治理能力的体现。检察机关服务和保障经济发展成为检察机关重点工作之一。破坏环境资源犯罪行为大多出于经济目的，伴随生产、经营、牟利行为之中，生产经营中遇到问题，检察机关从经济秩序出发，采取合理手段妥善处置并引导按照合理合规合法的方向正常生产经营。适用附条件不起诉制度将涉案影响降低，并引导积极整改、内部整顿，避免刑事涉案带来的生产经营风险和可能出现的经营危机，有效提高治理能力和治理水平现代化。

5. 符合利益兼得原理和起诉便宜主义。适用附条件不起诉制度于各参与方而言都能够满足彼此的要求和利益，破坏环境资源犯罪在司法实践中越来越多适用缓刑，越来越多地将生态修复纳入判决内容体现了刑事诉讼制度价值的多元化追求。民法典将环境损害赔偿责任纳入侵权责任，从民法视野下审视破坏环境资源行为，国家、集体作为被侵权人，其利益追求是最大程度上的赔偿损失、恢复原状等，适用附条件不起诉制度满足了此种价值导向。检察机关在多种利益均衡之下，基于修复生态和惩戒犯罪的目的，酌情适用附条件不起诉，是起诉便宜主义的体现。

---

① 王树义、赵小姣：《环境刑事案件中适用恢复性司法的探索与反思——基于184份刑事判决文书样本的分析》，载《安徽大学学报（哲学社会科学版）》2018年第3期。

（二）设立原则

1. 严格证据标准，坚持证明要求。适用附条件不起诉系未经法院判决则对犯罪嫌疑人作有罪的处理方式，因此在适用附条件不起诉之前要严格证据证明条件，严格把握证据证明标准，“以事实为根据，以法律为准绳”，对于可能不构成犯罪或者犯罪嫌疑人不认罪的情况不能适用附条件不起诉，而是要依法直接作出不起诉决定或者提起公诉。只有全案达到事实清楚、证据确实充分，并且犯罪嫌疑人自愿认罪悔罪同意适用的，才能启动附条件不起诉程序。

2. 坚持起诉法定主义，兼顾起诉便宜主义。起诉便宜主义赋予检察机关一定的起诉裁量权，根据法律规定及授权、基于刑事惩罚目的和权衡各种利益，对其所审查起诉的刑事案件，选择作出控诉以继续或停止刑事程序。然而此处的起诉裁量权并非起诉自由裁量权，并非代表检察机关可以对于案件是否起诉有恣意性，或者任意决定是否起诉，而是要依照法律规定严格把握适用范围和适用条件。

（三）适用对象和范围

1. 适用对象。未成年人刑事犯罪适用附条件不起诉的对象为犯罪时未满18周岁的未成年人，破坏环境资源犯罪适用附条件不起诉的对象则是破坏环境资源犯罪的犯罪嫌疑人，同时应将单位纳入适用对象。实践中单位破坏环境资源行为大量存在，有其自身的特点：（1）环境犯罪的过失性，公司环境犯罪绝大部分是过失型犯罪，与故意犯罪相比主观恶意性较低。（2）涉嫌犯罪的影响性较大，公司涉嫌犯罪后的处理，例如对企业法人适用强制措施、责令公司停产停业等均会对公司的生产经营造成影响，间接影响到企业员工、企业投资者的权益。法治是最好的营商环境，检察机关应服务民营企业，助力非公经济发展，在涉案企业涉罪进入审查起诉环节之后，适用附条件不起诉制度，可以帮助企业恢复正常的生产经营，并通过构建附条件不起诉协议的方法引导企业走上合法合规的生产经营道路，打造“亲清护企”模式。（3）破坏环境资源犯罪多是生产经营活动产生，生产经营活动是人类生存与发展的前提与基础，污染行为是公司生产经营活动中难以完全避免的。[①] 因此除了自然人之外，有必要将单位纳入适用对象。

2. 适用范围。对于可以适用附条件不起诉制度的罪名范围，应该从实质损害结果出发，对于实际上破坏了环境资源的行为或实际产生损害结果作为适用依据。例如失火罪虽然不属于刑法第六章第六节破坏环境资源保护罪的范围，但实践中因失火罪产生环境损害结果的却不在少数。因此对于破坏环境资源适用附条件不起诉的范围应当以发生实际损害结果为依据，不仅仅局限于刑法第六章第六节的罪名。

（四）适用条件

适用附条件不起诉制度的破坏环境资源犯罪应是情节相对轻微、社会危害性较小的案件，体现罪责刑相适应的原则。从生态修复的要求来看，适用附条件不起诉制度要求被破坏的生态在修复过程中具有可操作性，严重破坏生态的行为不具有这一特点。从适用结果上来看，适用附条件不起诉应该秉持生态修复的目的，为了使生态修复的结果达到最佳，犯罪嫌疑人应该积极配合检察机关做好生态修复的工作，积极认罪悔罪，愿意承担生态修复和治理的责任。

1. 犯罪嫌疑人认罪悔罪并同意适用。未成年犯罪嫌疑人及其法定代理人对人民检察院决定附条件不起诉有异议的，人民检察院应当作出起诉的决定。[②] 理由是未经人民法院依法判决，对任何人都不得确定有罪。适用附条件不起诉实际上是在检察机关审查起诉环节对犯罪嫌疑人作出有罪处理，因此需要严格证据标准，犯罪嫌疑人认罪悔罪。此外，犯罪嫌疑人的悔罪态度还会影响到后续的修复成果和修复质量。因此适用附条件不起诉必须签署认罪认罚具结书，承认指控的犯罪事实，否则检察机关应依法提起公诉。

2. 不得适用犯罪情节严重的案件。我们应从排除角度对适用范围作界定，即犯罪情节严重、社会影响恶劣的破坏环境资源犯罪案件不得适用附条件不起诉。理由是适用附条件不起诉要坚持起诉法定主义，其次再兼顾

---

① 邓可祝：《威慑下的合作：公司环境犯罪附条件不起诉制度》，载《南京工业大学学报（社会科学版）》2018 年第 3 期。

② 刑事诉讼法第 282 条。

起诉便宜主义，对于犯罪情节严重、社会影响恶劣的犯罪案件必须坚持依法提起公诉，否则有违刑事诉讼司法理念和罪责刑相适应的司法原则，有违正义价值和正义理念。对于未成年人犯罪适用附条件不起诉的要求是“可能判处一年以下有期徒刑”，据此，破坏环境资源犯罪案件附条件不起诉亦可从刑期角度出发作对比参照。

3. 犯罪嫌疑人系初犯，不具有前科或劣迹。对于破坏环境资源的重复违法行为，曾经因破坏环境资源行为被行政处罚或刑事处罚之后仍旧再犯的，反映出违法行为人生态保护意识不强，不能对犯罪嫌疑人环境修复有过高的修复期待。

（五）程序设置

附条件不起诉制度程序设置合适与否，很大程度影响到后续的生态治理效果。破坏环境资源犯罪有其自身的特殊性，因此在程序设置上必须符合生态后续修复的特点。具体程序设置见图 5。

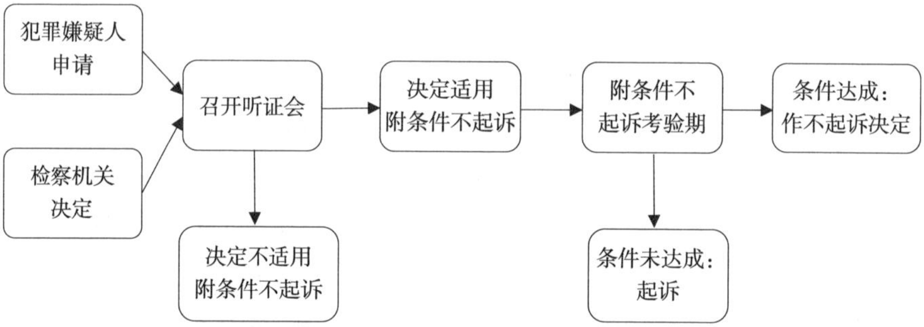

图 5　附条件不起诉程序设置

1. 由犯罪嫌疑人申请或检察机关决定。对于破坏环境资源犯罪适用附条件不起诉制度，应该秉持激励原则，能够促进被破坏的生态环境治理和修复，赋予犯罪嫌疑人申请权能够影响其参与环境修复的积极性。

2. 应听取意见或公开听证。破坏环境与生态修复具有极强的专业性，而这又是检察机关的薄弱环节，对于环境破坏严重与否、能否完成生态修复、生态修复所需时间及费用、方案制定、监督考察等都需要专业机构给出专业意见。因此在作出附条件不起诉之前，必须通过听取意见或以召开听证会的方式参考专业机构的意见。

3. 附条件不起诉考验期设定。现行法律对于未成年人犯罪附条件不起诉制度考验期设置为六个月至一年。破坏环境资源生态修复对比未成年人犯罪考察有所不同，生态修复是一个长时间的过程，考察期设置时间过短可能无法达到生态修复的效果，例如补植复绿中树木生长需要一定的过程，考验期不能设置太短，但过长的考验期设置又会增加被考察人的压力，不利于生态修复效果的实现。因此检察机关应根据所破坏生态的程度、破坏生态行为的社会危害性等综合设置考验期长短，建议在六个月至二年之间，并且根据具体情况适时作出调整。

4. 考察主体和考察方式。由于破坏环境资源行为具有极强的专业性，对于是否完成生态修复的评判，应该引进专业力量。检察机关应联合自然资源部门、生态环境部门、司法鉴定机构等组织联合考察，考察方式可以为分阶段考察，将生态修复协议分解成阶段性目标，由专业机构出具评定报告的方式对生态修复作评价，同时结合被考察人定期汇报的形式掌握生态修复进程。

5. 生态修复协议的内容。生态修复是实现破坏环境资源犯罪附条件不起诉制度最重要的内涵之一，所附条件的内容设置应能够实现恢复所破坏生态为宜。针对不同的破坏环境资源犯罪类型设置不同的生态修复协议内容。例如对于失火罪、盗伐林木罪导致林木毁坏的行为，可通过补植复绿的方式修复受损地树木面积、株数、立木蓄积量；对于非法捕捞水产品罪，可通过投放鱼苗并饲养的方式弥补受损的鱼类资源。

然而生态系统往往是由各种综合要素组成的具有内在有机联系的整体，生态链内任何要素失衡都会对其他要素造成不同的影响，修复一个综合的、复杂的生态系统需要专业的、强有力的技术手段，[①] 因此可采取“代履行”的生态修复方式，即由环境破坏者缴纳一笔生态修复金，由专业的第三方机构完成环境修复工作；也可通过“代履行”的方式缴纳一笔生态维护金，由第三方机构完成生态修复后期的抚育、管护等工作。例如对于滥伐林木

---

① 王树义、赵小姣：《环境刑事案件中适用恢复性司法的探索与反思——基于184份刑事判决文书样本的分析》，载《安徽大学学报（哲学社会科学版）》2018年第3期。

的行为，在所附生态修复协议中应该责令被考察人种植不低于所伐数量的同种类林木，考虑到新种植的林木的大小、树龄不能达到与被破坏林木所起的相当的效用，可以在种植数量上提高要求。生态修复协议的内容设置具有极高的专业要求，因此在设定生态修复协议时可由多部门参与共同设定。

四、结语

对破坏环境资源犯罪行为适用附条件不起诉制度是一项积极的尝试、大胆的创新，能够丰富我国司法实践中对于破坏环境资源的处理方式，是起诉便宜主义在我国刑事诉讼制度中的发展。构建破坏环境资源犯罪的附条件不起诉制度还能够合理配置司法资源，是实现刑事案件的繁简分流，提高检察机关发挥“四大检察”融合履职职能作用的体现。

适用附条件不起诉制度要注重制度设计，严格适用主体、适用范围、适用程序，针对不同类型的破坏环境资源犯罪区别不同的考察协议内容设定，对于附条件不起诉制度的监督考察机制还需进一步完善，同时要注重相关配套措施内容构建。

违法性认识在破坏资源保护犯罪案件中的司法认定探讨

曹　瑾*

违法性认识的概念源于德日犯罪论体系，在我国刑法理论中是一个舶来品，目前也没有明确的法律依据。近年来，以“鹦鹉案”“兰草案”“玉米案”“气枪案”为代表，违法性认识问题越来越多地进入公众视野。对于被告人以及辩护人所提出的“不知违法”的辩解是否可以采纳，一直在理论界和实务界有争议。这一现象在涉及珍贵、濒危野生动物、珍稀植物等资源保护类刑事案件中体现得尤为明显。

一、违法性认识的含义、体系定位及内容

自责任主义引进我国之后，刑法理论界一直比较重视对违法性认识的研究，但对其含义、内容、体系定位等基本问题仍有争议。本文从主流理论学说出发求同存异，兼顾司法实践中实务界的先进观点，释明违法性认识的含义、内容等基本概念，从而为违法性认识的司法判断打下基础。

（一）违法性认识的含义

1. 含义的求同存异。对于违法性认识的含义，学界众说纷纭。车浩教授认为，“所谓违法性认识，是指一个人实施了刑法禁止的行为，却没有

* 曹瑾，上海铁路运输检察院第三检察部检察官。

认识到自己行为的违法性”。[①] 张明楷教授认为，“违法性认识是指没有事实错误，但不知道其行为在法律上是不被允许的，或者错误地以为其行为被法律所允许的情形”。[②] 陈兴良教授认为，“违法性是一个定性的概念，当我们说某一行为具有违法性的时候，我们是在将违法的属性归之于该行为”。[③] 对比可知，尽管表述有些许差别，但上述解释的内涵基本一致，即违法性认识是指认识到自己的行为是违法的。[④]

违法性认识与犯罪故意、社会危害性认识等概念有一定内在关联，因此上述概念的辨析也是理论研究的重点领域。简言之，如果坚持责任主义，那么违法性认识是与故意、过失相并列的独立的责任要素；而社会危害性认识与违法性认识通常被简化为实质违法性认识和形式违法性认识之间的互为表里的关系。[⑤] 至于构成要件认识错误，其阻却故意成立，导致行为不符合构成要件该当性而出罪，案件根本不需要再讨论责任阶层的违法性认识问题。

2. 学说的演变发展。违法性认识的理论争议，主要有：

一是就认定犯罪是否需要考虑违法性认识或者认识可能性，先后出现了不要说、必要说、自然犯与法定犯区别说、认识可能说四种观点。“不知法者不免责”高度概括了违法性认识不要说的主张。但随着责任主义的兴起，违法性认识必要说随之产生。必要说认为，考察是否存在违法性认识是认定犯罪的必要环节，如果行为人的确没有违法性认识，那么将对其减轻或免除罪责。德日等大陆法系国家的主流观点为违法性认识必要说。[⑥] 此后，鉴于必要说已无法适应法定犯时代的司法需求，自然犯与法定犯区别说、违法性认识可能说登上学术舞台。从学说本身来看，违法性认识可能说摒弃了前三种学说的不足，为不要说和必要说在技术层面上设置了中间

---

① 车浩：《法定犯时代的违法性认识错误》，载《清华法学》2015 年第 4 期。

② 张明楷：《刑法学》（上），法律出版社 2021 年版，第 228 页。

③ 陈兴良：《违法性的中国语境》，载《清华法学》2015 年第 4 期。

④ 尹琳、林勇康：《违法性认识若干问题的探讨》，载《法治研究》2009 年第 9 期。

⑤ 闻志强：《明知、社会危害性认识与违法性认识》，载《北方法学》2019 年第 2 期。

⑥ 杨雪松：《违法性认识可能性之实务辨析》，载《中国检察官》2020 年第 15 期。

环节；从我国的刑事司法现状出发，也已逐渐被司法实务人员接受。[①]“行为人知道行为违法，仍然实施类似行为，当然值得非难；行为人如果稍加注意，就能够认识到违法性，但行为人却疏于认识，藐视法律的存在，就是具有违法性认识可能性，也值得加以非难。换言之，违法性认识和违法性认识可能性都是在为责任非难提供判断资料和依据。”[②]

二是关于违法性认识的体系定位，存在故意说与责任说之争。笔者看来，在规范责任论的前提下，违法性认识为责任要素之一，故意说与责任说之争的根源为我国传统四要件犯罪构成体系与德日三阶层犯罪构成体系之间的区别，“……只不过在根据不同刑法理论体系尤其是犯罪构成理论进行分析时，可能会使得违法性认识的理论定位产生一些差异而已，但这些分歧并非是根本性的、不可调和的，实际上存在共通性”。[③] 过去传统的四要件犯罪构成体系为我国刑法理论界的通说，但伴随着法考观点的广泛传播与司法实务人员的更替，很难说现今德日三阶层犯罪构成理论的影响力更小。

（二）违法性认识的内容

1. 以法定犯为时代背景，以行政犯为研究对象。以破坏资源保护犯罪为代表的行政犯在法定犯时代呈不断上升趋势，其典型的立法模式是在法条中以“违反……法规”作为犯罪成立的前提，因此仅依据刑法条文本身无法确定某种危害行为是否违法。在当前的法定犯时代背景下，行政犯违法性认识问题的重要性更加凸显。

2. 违反整体法规范即具备违法性认识。对于违法性认识的内容，刑法理论上大致有三种学说：实质违法性（社会危害性）说、刑事违法性说以及违反整体法规范说。[④] 在后两种学说的选择中，笔者站在违法性认识可

---

① 除了前述裁判文书中提及以外，最高人民检察院《关于办理涉互联网金融犯罪案件有关问题座谈会纪要》以及《刑事审判参考》第 1397 号案例：刘某某非法收购珍贵、濒危野生动物案也采违法性认识可能说。

② 周光权：《违法性认识不是故意的要素》，载《中国法学》2006 年第 1 期。

③ 闻志强：《明知、社会危害性认识与违法性认识》，载《北方法学》2019 年第 2 期。

④ 莫晓宇：《知与恶——犯罪故意中的违法性认识》，载《法学评论》2006 年第 4 期。

能说的角度上，其认识内容宜采违反整体法规范说，不能把违法性认识的内容限定在行为违反刑法的范围之内。“责任说论者普遍认为违法性认识对象是刑法规范，但实际上，只要能证明行为人认识到自己违反法秩序甚至道德规范，就能认定可能性之存在。”① 当然，这里的可能性指的应当是刑事违法性认识的可能性，而不再是行政法律法规等。

违反整体法规范说更适应法定犯时代的司法需求。在行政犯领域，行政违法与犯罪往往只是量的累积而没有质的差别，二者的界限需要专业知识才能判断。考虑到我国行政法律体系的现状，期待一般公民能够准确地把握这种危害性程度的差别，也不符合常识、常理、常情。② 因此，只要行为人认识到自己的行为违背了社会认同的法秩序，不管是明确认识到违反刑法，还是认为只是违反了行政法规，都应当得出有违法性认识的结论。而刑事违法性说容易导致“法盲”以无违法性认识为借口逃避处罚，有放纵犯罪之嫌疑。

二、违法性认识的认定方法

（一）违法性认识的判断步骤

“法律的生命不在于逻辑而在于经验。”霍姆斯的这一著名论断在今日听来仍振聋发聩。在违法性认识认定问题上，鉴于理论界尚未提供科学合理且普遍认可的方法及思路，我们不妨把眼光转向司法实践，通过真实判例窥探出端倪。

在刑法立场方面，应当坚持以“知法推定”为主、例外情况为辅，防止行为人任意以不知法为由推脱罪责，以督促执法主体主动进行宣传法律和执行法律的责任，唤起公众学法、知法、用法、守法的意识。需要说明的是，由于野生动物保护具有一定的专业性，不排除在特殊情况下行为人缺乏违法性认识的现实性和可能性，亦应本着公平合理的精神，允许行为

① 周树超：《违法性认识的实践认知与理论回应》，载《刑法解释》2022 年第 1 期。

② 陈忠林：《“常识、常理、常情”：一种法治观与法学教育观》，载《太平洋学报》2007 年第 6 期。

人证明其“不知法”，从主观可囿的角度减轻或免除其罪责。在被告人确实能够证明其不具有违法性认识的基础上，司法人员应当在综合考虑被告人的行为状况、生活圈、职业领域以及被侵害法益的特征等基础上，将正常人置于行为人的立场，并根据常识、常理、常情来判断该行为的违法性认识错误是否可以避免，通常考虑因素包括：被告人的行为被主管机关认可、之前的行为被认定为无罪等。[①]

梳理前述裁判意见，我们可以将违法性认识的司法认定步骤总结如下：

前提：知法推定

↓被告方提出无违法性认识或认识错误

第一步：启动违法性认识判定，方法：证据印证、事实推定

↓→有认识，不阻却责任，结束判定

被告方证明无认识或者存在认识错误

第二步：判断是否存在违法性认识可能性，方法：排除特定情形

↓→有可能或未尽力避免认识错误，不阻却责任，可减轻责任，结束判定

被告方证明无认识可能或者已尽到避免义务

结论：阻却责任，结束判定

（二）违法性认识的认定标准

通常违法性认识宜以推定方法加以证明。这里的推定，是指通过已知事实推导出未知事实的一种方法。推定方法通常适用于对行为人主观心理状态的证明，因而是司法实践中常用的一种证明方法。就违法性认识而言，当然也可以采用推定方法。[②]

1. 以推定具有违法性认识为前提。以危害珍贵、濒危野生动物罪为例，

① 《刑事审判参考》第 1397 号案例：刘某某非法收购珍贵、濒危野生动物案。
② 陈兴良：《违法性认识研究》，载《中国法学》2005 年第 4 期。

控方需要证明被告人猎捕、杀害的是珍贵、濒危野生动物，而且猎捕、杀害行为本身是故意的，就可以初步推定行为人具有违法性认识，具备犯罪故意，构成犯罪。[①] 行政犯中推定行为人具有违法性认识所依据的基础事实大致包括以下几类:（1）是否因为相同行为受到行政处罚、刑事处罚或被采取强制措施;（2）从事相关工作的内容、时间和专业性;（3）违法行为的持续时间;（4）前置法的生效时间以及效力等级;（5）有关职能部门对前置法的宣传程度;（6）行为的时间、地点、方式、交易价格等是否明显异常;（7）行为人曾经向行政主管部门申请过同类行政许可;（8）行为人在共同犯罪中的地位和作用;（9）抓捕过程中逃跑或毁灭证据。违法性认识的推定一般需要综合运用上述一种或几种基础事实进行判断，如在张某某非法采伐、毁坏国家重点保护植物案[②] 中，审判人员通过分析被告人采挖红豆杉的具体行为——一株系以400元的价格购入，另一株系由其在深夜时间采挖，同时综合其年龄、职业、具体行为等情况，认为足以说明其有违法性认识。

在推定从事专门职业的行为人是否具有违法性认识时，应当遵循普通领域“行为人为主，一般人为辅”，特殊领域按照“职业领域一般人”的标准。[③] 例如，汪某某非法采伐国家重点保护植物案[④] 中，法院查明，林业站、村委会针对涉案的国家重点保护植物树种已尽到宣传责任，与被告人年纪相仿的村民也清楚金钱松不可采伐和毁坏，汪某某作为林农对相关事实应当有高于常人的认识，应当知道金钱松属于国家重点保护植物，对非法采伐的违法性认识也应当具备。即便汪某某不具备相应违法性认识的辩解属实，也只能说明其放任了这种违法可能性的实现，因此仍要承担刑事责任。

2. 例外否定违法性认识可能性。在证明责任方面，控方完成违法性认识的推定之后，除非被告方认可控方违法性认识的推定，一旦其提供了推翻这种推定的事实、证据或者充分的理由，控方仍要继续承担违法性认识

---

① 石泉、雨辰:《经济犯罪违法性认识研究》，载《经济刑法》2007年第5期。

② （2019）渝02刑终75号张某某非法采伐、毁坏国家重点保护植物罪二审刑事判决书。

③ 舒登维:《违法性认识可能性司法判断研究》，载《甘肃政法大学学报》2022年第2期。

④ 安徽省宣城市中级人民法院（2015）宣中刑终字第00140号刑事裁定书。

的证明责任。也即，在法庭调查环节，违法性认识的证明责任可能由控辩双方交替承担。

从证据标准上来比较，控方证明被告人存在违法性认识需要达到刑事案件“排除合理怀疑”的标准，而被告方反驳不存在违法性认识时只要找到相关的间接证据并运用常识常理，使审判人员对被告人存在违法性认识的怀疑达到“优势证据”即可。[①] 如在涉珍贵、濒危野生动物案件中被告人只要能证明自己因常年生活在深山老林，没有任何渠道获悉野生动物保护的法律规定，同时当地人有以这种野生动物为食的风俗习惯，就足以动摇控方之前的推定。这种证据的取得比较容易，并不会造成被告人过重的证明负担。

在已经产生违法性认识错误时，就需要继续审查行为人是否尽自身努力去知晓法律，从而避免或消除违法疑虑。如有的判决书认为，在当前信息发达、科技搜索手段便捷的时代，行为人并未努力搜集相关法律信息，其违法性的认识错误可以避免，因此不阻却责任，行为人的行为具备有责性，其具有违法性认识可能性；当行为人对违法性产生疑问时，若其没有真正的思考该疑问，未向主管机关征求正式答复，而是轻信行为具有合法性，即便存在违法性错误，但是该错误是可以避免的，其具有违法性认识的可能性。[②]

关于符合何种情形可视为违法性认识错误不可避免或者说没有违法性认识可能，仅在最高人民检察院《关于办理互联网金融犯罪案件有关问题座谈会纪要》[③] 提到存在行政误导情形的可以不作为犯罪处理。

经过上述判断，当认为不存在违法性认识可能性时，行为人没有责任，应对其宣告无罪；当认为有违法性认识可能性或违法性认识可能性较低时，应对行为人从轻、减轻处罚[④]。

---

① 陈烨:《法定犯违法性认识必要说：我国现行刑事立法框架下如何坚守》，载《政治与法律》2017 年第 7 期。

② （2020）内 07 刑终 118 号李某、姜某非法采矿罪二审刑事裁定书。

③ 该纪要第 2 条第 10 款规定:“实践中还存在犯罪嫌疑人提出因信赖行政主管部门出具的相关意见而陷入错误认识的辩解。如果上述辩解确有证据表明，不应作为犯罪处理，但应当对行政主管部门出具的相关意见及其出具过程进行查证。”

④ 张明楷:《刑法学》（上），法律出版社 2021 年版，第 419—420 页。

三、破坏资源保护犯罪案件中违法性认识的司法认定现状

（一）案件情况及特征分析

1. 罪名分布情况。通过在中国裁判文书网以“刑事案件”“违法性认识”为关键词进行检索，罪名限制为刑法第 340 条至第 345 条破坏资源保护犯罪，得到 88 份裁判文书，其中危害珍贵、濒危野生动物及其制品[①]案件占比最高，为 35.2%，其次是非法占用农用地罪和非法采矿罪，占比分别为 19.3% 和 18.2%（见图 1）。

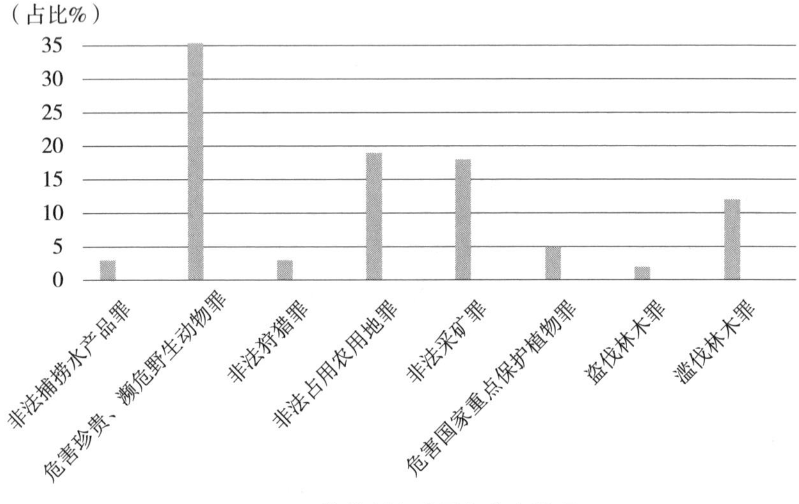

图 1　88 份裁判文书罪名分布情况

2. 影响违法性认识认定的因素。在 88 份裁判文书中对违法性认识展开论述的有 77 份，其中 75 份文书系由被告方提出违法性认识相关的辩护意见，仅有 2 份文书对违法性认识是否存在主动进行了审查。[②] 以上文书明

① 此处统计数据时使用最高人民法院、最高人民检察院《关于执行中华人民共和国确定罪名的补充规定（七）》修订后的罪名，即危害珍贵、濒危野生动物罪。

② 分别是（2019）苏 1302 刑初 751 号新沂市某镇某村村民委员会、王某某等滥伐林木罪一审刑事判决书和（2015）湖安刑初字第 154 号马某、汪某甲滥伐林木罪一审刑事判决书。

确提及的可能影响违法性认识的因素如表1所示。

表1 裁判文书中提及的影响违法性认识的因素统计[①]

影响因素	案件数量	采纳数量
文化程度低或是外籍人，法律意识淡薄，主观恶性小	28	2
对野生动植物或者制品的名称、保护属性或保护等级不明知	18	0
受到有关行政部门或工作人员的误导轻信行为合法	17	2
对行为及性质存在认识错误，无主观故意	14	1
因属少数民族风俗习惯等，导致同类行为在当地长期普遍存在	2	0

通过上述梳理不难发现，破坏资源保护犯罪案件中违法性认识的辩护理由的采纳率较低。此外，影响违法性认识的因素呈现以下特征：（1）以法律意识淡薄、主观恶性小为理由主张违法性认识程度较低的情况居多，说明辩方的主要诉求是获得从轻处罚而非脱罪；（2）涉及野生动植物资源犯罪案件中，辩方几乎都会提出因对野生动植物或者制品的名称、保护属性或保护等级不明知从而缺乏违法性认识的辩解，这在“兰草案”“鹦鹉案”“大学生掏鸟案”等案件中有所体现；（3）在非法占用农用地、非法采矿以及涉林犯罪中，有些被告人抗辩因受到行政误导而产生违法性认识错误。

3. 违法性认识对定罪量刑的影响。在前述75份由辩方提出违法性认识方面的辩护意见的裁判文书中，审判人员进行有针对性的说理回应的有47份，其中明确表示有无违法性认识均不影响定罪量刑的有3份，[②] 认可违法

① 需要说明的是，表1中出现的案件数之和与前文提及的裁判文书数量并非对等关系，主要原因是某些裁判文书中同时出现了多个影响违法性认识的认定因素，这部分情况在表1中是分别统计的，但在计算裁判文书数量时并不存在重复。

② 分别是（2019）琼刑申39号陈某某危害珍贵、濒危野生动物罪再审审查与审判监督刑事通知书，（2019）渝02刑终75号张某某非法采伐、毁坏国家重点保护植物罪二审刑事判决书和（2018）粤19刑终307号罗某某、蒙某某非法猎捕、杀害珍贵、濒危野生动物二审刑事裁定书。

性认识的辩护理由并且量刑上予以从轻的有7份，基于违法性认识问题认为案件“不宜以犯罪追诉”的有1份，[①] 其余36份文书均认为有违法性认识或者有违法性认识的可能，对辩护理由不予采纳。在认定行为人存在违法性认识的文书中，通过分析证据或者案情认定或推定行为人有违法性认识的有20份（见表2）。

表2　违法性认识对案件定罪量刑的影响统计

结果	不影响定罪量刑		不影响定罪但从轻处罚		影响定罪
理由	违法性认识不要说	有违法性认识或有违法性认识可能	有违法性认识或可能但从轻	理由阐述笼统但酌情从轻	行政误导
案件数（件）	3	36	4	3	1

（二）对司法现状的反思

通过对上述法律文书的统计分析可知，违法性认识在破坏资源保护犯罪案件审理中的运用主要存在以下问题：一是对违法性认识问题的理解不甚统一，更多的文书是运用证据论证或推定方式认定有违法性认识，从而得出不阻却犯罪成立的结论。二是对于行政误导这类抗辩事由理解不统一，即便是同样认为行政误导导致了违法性认识错误但尚未阻却违法性认识可能性的案件中，被告人也会面临不影响量刑和酌情从轻处罚两种结果。三是违法性认识与相似概念容易混淆。比如与犯罪故意的混淆和与社会危害性认识混同。

四、结语

破坏资源保护犯罪案件中的违法性认识问题极具代表性，反映出了当

① （2017）黔26刑终223号王某某、陈某非法采矿二审刑事判决书。

前我国刑法学界对违法性认识理论的研究存在的问题，司法实践中以违法性认识错误或者可能性较低的理由减轻责任甚至出罪的情况仍屈指可数。笔者呼吁应充分发挥司法人员的自由裁量权，综合考虑行为人的教育背景、从业经历、风俗习惯、行为目的、社会影响等因素认定违法性认识及责任的有无，[①] 让案件处理结果符合“常识、常情、常理”、符合人民群众对公平正义的预期，在处理好个人主义与资源环境公益的平衡、彰显刑法的人文关怀的同时，为违法性认识的理论研究提供更多更好的“实践方案”。

① 陈烨:《法定犯违法性认识必要说：我国现行刑事立法框架下如何坚守》，载《政治与法律》2017 年第 7 期。

环境犯罪企业合规制度的运行基础、现实检视与优化路径 *

明　天 **

一、引言

党的二十大报告强调，要“严密防控环境风险”。良好的生态环境是最普惠的民生福祉。防控各类环境风险是推动生态文明建设和美丽中国建设的题中之义。实践中，企业实施的环境犯罪行为具有规模化、组织化和模式化等特点，其对生态环境和资源的破坏性比个人犯罪更为严重，有时甚至是不可逆的。[①] 同时，因修复被污染的生态环境往往需要数年时间，相关犯罪行为对公共利益的损害将一直持续。因此，对企业环境犯罪应采取更严厉的制裁手段。我国刑法适用于企业环境犯罪的刑罚措施只有罚金，[②] 而作为责任主体的企业大部分并不具备环境修复能力，其缴纳的罚金和赔偿金均作为第三方代其履行修复责任的费用。由此可见，企业实施环境犯罪后承担的多为经济损失，当实施犯罪的潜在收益远高于预期罚金和赔偿金总和时，部分企业就会铤而走险。因此，如何使企业真正承担起保护生

* 本文系 2023 年度浙江省人民检察院专题调研重点课题“企业合规嵌入民事公益诉讼的理论基础及机制构建”（zjdy202320）的阶段性研究成果。

** 明天，浙江省人民检察院第六检察部检察官助理。

① 李传轩:《绿色治理视角下企业环境刑事合规制度的构建》，载《法学》2022 年第 3 期。

② 实践中，检察机关还会提起附带民事公益诉讼，要求企业缴纳生态环境惩罚性赔偿金。

态环境的社会责任，摒弃利益至上的经营理念，并将环境领域的刑事法律规制模式从传统的事后惩罚向事前风险预防转变，成为新时代企业环境犯罪治理的重要命题。

企业合规是一种为预防、控制和应对各类法律风险而针对违法犯罪行为进行事先预防、事中监控和事后补救的管理机制和风险防控机制。[①] 涉罪企业若能构建有效的合规管理体系并付诸经营，将极大降低违法犯罪再发生的概率，实现犯罪风险预防效果。但该过程会耗费大量人力财力。企业是追求自身经济利益最大化的社会主体，若对其缺乏相应的合规配套激励机制，鲜有企业愿意付出高昂的合规建设成本。对于已触犯刑法的企业，若能通过构建符合要求的合规管理体系并得到宽大处理，可极大激励其积极性。域外的暂缓起诉协议和不起诉协议制度正是检察机关激励大型企业自主构建合规管理体系的重要手段。2020 年以来，我国检察机关开始对上述制度进行本土化改造，经试点并逐步推广后，形成了极具中国特色的涉案企业合规制度，并在实践中取得突出成效。

在现代化风险社会中，检察机关对实施环境犯罪的企业探索依法适用涉案企业合规制度，可以实现激励企业自主构建覆盖生产经营全周期和全流程、符合环境保护相关要求的合规管理体系，降低刑罚对企业声誉及后续经营造成的不良影响，以及预防环境犯罪再发生的多重目的。这与刑法的积极一般预防和现代行政法的风险预防理念相契合，对环境治理、生态文明建设乃至涉案企业合规制度的本土化移植均具有重要意义。通过探究环境犯罪企业合规制度的运行基础，剖析司法实践中该制度的运行现状及存在问题，可为构建中国特色的环境犯罪企业合规制度提供优化思路。

二、环境犯罪企业合规制度的运行基础

观察运行 3 年多的涉案企业合规改革实践不难发现，环境类犯罪也已成为检察机关对涉罪企业适用合规不起诉制度的重点领域。最高人民检察

① 陈瑞华:《刑事诉讼的合规激励模式》，载《中国法学》2020 年第 6 期。

院（以下简称最高检）公布的企业合规典型案例中就有多个为涉环境类犯罪，多地检察机关也宣传报道了当地首个环境犯罪企业合规不起诉案例的具体情况。[①] 由此可见，环境犯罪企业合规制度在司法实践中已被广泛适用，该制度的运行基础如下。

（一）现实基础：对企业环境犯罪仅处罚金的制裁效果不彰

有学者统计，2020 年民营企业家被判有罪的 3001 个案件中，污染环境罪占比达 4.32%，居 37 个具体罪名中的第 9 位。[②] 由此可见，环境犯罪日益成为民营企业生产经营过程中需严格防控的刑事风险。此外，污染环境罪、滥伐林木罪和非法占用林地罪也一直是自然人犯罪中的常见罪名。[③] 面对高发的环境犯罪概率，《刑法修正案（八）》将“重大环境污染事故罪”改为“污染环境罪”，[④] 实质扩大了环境刑法的法益保护范围，即从“人身财产”拓展到“人身财产和生态”。随后，《刑法修正案（十一）》提高了“污染环境罪”的量刑幅度和刑罚力度，还另规定了两种“特别严重”的情形。

观察刑法修正案的调适过程可知，我国刑法对环境犯罪的打击范围和对生态环境的保护力度逐渐加大，也与推进生态文明建设的布局以及贯彻“两山”理论的要求相契合。但是，现行刑法对企业环境犯罪的法定刑只有罚金一种，虽然刑法第 338 条规定的罚金标准是无限额罚金，人民法院可根据案件情节自由裁量，但实践中该尺度较难把控。若法院判处的罚金数额

---

① 《江苏适用涉刑企业合规整改污染环境第一案宣判！被告人获刑九个月，缓刑一年》，载中国长安网，http：//www.nxzfw.gov.cn/zfxt/yasf/202305/t20230506_722509.html，2023 年 5 月 1 日访问；裴高颖、刘易、王雯：《常山以“刑事合规”助企业“涅槃重塑”》，载中国环境网，https：//www.cenews.com.cn/news.html？aid=1056361，2023 年 5 月 26 日访问。

② 张远煌：《企业家刑事风险分析报告（2020）》，载《河南警察学院学报》2021 年第 4 期。

③ 李梁：《环境污染犯罪的追诉现状及反思》，载《中国地质大学学报（社会科学版）》2018 年第 5 期。

④ 王璇：《我国环境污染犯罪浅析——基于成本收益模型》，载《河北公安警察职业学院学报》2019 年第 4 期。

不高，则难以彰显对企业的制裁及对社会的警示效果，部分企业可能会受利益驱动再次犯罪；若法院判处的罚金数额较高，加之企业主要负责人已被监禁而无法直接管理生产经营，企业将极有可能面临经营危机，甚至破产，高额罚金导致的“水波效应”也将充分显现。[①] 因此，对涉环境犯罪企业仅科予罚金，难言是一种实现刑法保护生态环境目的的有效方式，也不符合法律经济性的要求。[②] 有必要探索一条既能实现惩戒效果，又不会对企业后续经营产生重大影响的犯罪治理路径。

（二）理论基础：企业合规制度与环境犯罪治理的理念相投

进入风险社会后，在积极一般预防刑法观思想指引下，我国环境刑法由传统的事后救济向事前的风险预防转型。如，污染环境罪通过修改条文将防卫线前移，其打击对象从结果犯提前至抽象危险犯，即从“造成实际损害后果的行为”转变为“具有造成实际损害后果危险的行为”。[③] 这种改变极大降低了污染环境罪的入罪门槛，也提高了企业因一些尚未造成环境受损的不规范生产行为而触犯刑法的概率。环境刑法通过转变犯罪打击范围向社会宣示，企业应当注重对环境违法犯罪的风险预防，并将相关违法因素“打早打小”。让企业树立环境风险预防理念，并将其践行于原始生产、对外经营和员工管理等全周期行为中，可克服单纯依靠刑罚和行政处罚等惩戒手段治理企业环境违法犯罪的低效能问题，并极大降低高额罚金或责令停产停业等行政处罚措施对企业稳定经营造成的负面效应。[④]

当前，涉案企业合规制度的宗旨即为充分发挥刑法的威慑功能，倒逼企业自发构建标准的合规管理体系以预防潜在的刑事犯罪风险。对于在规

---

① 刑罚的“水波效应”主要指惩罚罪犯对其他人（与犯罪行为无涉，但与罪犯存在某种社会关系的第三人）所可能产生的不利影响，此处的“其他人”主要指企业的投资者、员工、客户等可能因企业受刑罚而遭受投资损失、下岗失业或交易受阻等影响的主体。

② 王振华：《建立企业环境犯罪专项合规的必要性与可行性分析》，载《石河子大学学报（哲学社会科学版）》2023 年第 3 期。

③ 侯艳芳：《环境法益刑事保护的提前化研究》，载《政治与法律》2019 年第 3 期。

④ 李会彬：《刑事合规制度与我国刑法的衔接问题研究》，载《北方法学》2022 年第 1 期。

定期限内有效实施合规计划并经评估合格的企业，由检察机关对企业及主要负责人作出不起诉或提出从轻量刑建议的决定，作为激励手段。[①] 与传统犯罪治理的重刑主义和公权力制裁控制模式相异，涉案企业合规制度旨在引导企业正视生产经营中的违法犯罪风险，推动其不断完善内控制度，通过规范管理员工行为实现风险预防。在此过程中，公权力机关不再以威权主义模式使企业因忌惮刑罚的危害后果而放弃实施犯罪，而是协同专业第三方组织以合作共治模式鼓励并协助企业完善内部管理制度，实现“政府—企业—第三方组织”合作预防刑事犯罪风险的格局。由此可见，涉案企业合规制度宗旨与现代社会环境犯罪治理的风险预防理念相投，通过刑事合规可以极大激发企业预防环境犯罪的内生动力，实现犯罪高效治理。

（三）实践基础：合规管理体系有助于企业的持续稳定经营

构建符合刑法和环境保护法要求的环境专项合规管理体系，不仅是以环境资源作为主要生产要素和经营范围的企业所必须重视的，亦是其他类型企业秉持可持续发展理念和承担社会责任的重要体现。对于一些高耗能企业或化工企业，如火电厂、造纸厂和制药公司等，其生产过程本就伴随着废气排放和废料生成，处置不当极易造成环境污染，自身又受到相关执法部门的严格监管。一旦不慎实施环境违法或犯罪行为，必将受到严厉制裁。因此，此类企业亟须树立绿色发展理念，通过科学设置合规部门或专员、摒弃粗放型发展运营模式、选择绿色低碳的生产方式和规范员工行为等，可一定程度将刑法威慑力由企业外部贯彻至内部，[②] 减少环境刑事风险，实现可持续的经营发展。

虽然逐利是企业的本质，也是企业家的本性，但片面追求高额利润和短期效益将使企业铤而走险，易遭受法律制裁。[③] 刑罚将对企业造成重大的

① 李传轩：《绿色治理视角下企业环境刑事合规制度的构建》，载《法学》2022 年第 3 期。

② 王振华：《建立企业环境犯罪专项合规的必要性与可行性分析》，载《石河子大学学报（哲学社会科学版）》2023 年第 3 期。

③ 明天：《行政监管嵌入企业合规管理的运作基础及模式构建》，载《武汉交通职业学院学报》2023 年第 1 期。

财产和声誉损失，企业家也可能因此被羁押乃至监禁。因此，为保持平稳可持续经营，企业必须强化自我管理和犯罪预防能力，最佳方式就是通过内部合规管理体系规避风险并实现企业责任和员工个人责任的有效切割。[①]此外，现代企业在享受经济社会高速发展成果和人口红利时，还须承担保护生态环境、劳工权益和消费者权益等多项社会责任，在生产经营过程中更加关注社会需求，并维护公平竞争的市场环境。[②]通过建立不同的专项合规计划并构建相应的合规管理体系，企业不仅可借助合规制度预防员工的不良行为，还可将合规文化传递给合作伙伴和社会公众，从而促成更多社会主体形成依法依规生产经营的习惯，对法治化营商环境的优化也具有促进作用，这也是企业维持稳定经营和承担社会责任的重要方式。

三、环境犯罪企业合规制度的现实检视

检察机关对涉环境犯罪企业适用合规不起诉，凸显出为大局服务、为人民司法、为法治担当的检察自觉，实现了推进环境犯罪诉源治理、保护民营企业持续健康绿色发展的预期目标。但不容忽视的是，在当前法律规范体系及司法环境下，环境犯罪企业合规制度运行时仍有一些现实问题。

（一）环境合规体系构建缺乏理念指引

环境保护相较税收安全、知识产权保护、员工权益保护等领域，在企业生产经营中有其特殊性。一是生态环境关乎社会公共利益，是最大的民生福祉，也是近年来顶层制度设计中愈发关注的领域。生态文明建设在“五位一体”总体布局中占据重要位置，“绿水青山就是金山银山”理论的现实内涵也更加丰富。企业在生产经营过程中必须严格贯彻落实绿色发展理念。二是部分环境犯罪行为并非企业主观故意实施，或受制于生产技术条件、工艺和管理要求等，或系相关行业的惯常做法，若轻易改变将极大可能影响企业正常运转。由此可见，环境专项合规的构建对部分企业系

① 陈瑞华:《企业合规基本理论》，法律出版社2022年版，第70—71页。
② 陈瑞华:《企业合规基本理论》，法律出版社2022年版，第67页。

“两难”问题，需要极为专业的合规整改计划搭配科学合理的监督评估标准，才能使制度发挥效用。典型案例中虽有很多经验做法，但大多体现为个案化倾向，部分举措缺乏体系化思维，部分机制也较难在其他地区复制推广。究其原因，当前的环境犯罪企业合规制度尚处于个案探索阶段，合规整改计划的拟定和监督评估具有一定随机性，主要由当地检察机关与其他社会主体的协作意识及涉案企业自身财力决定。这表明，在环境合规体系构建过程中，尚缺乏一个普适性的理念指引检察机关、行政机关、其他社会主体和涉罪企业等开展工作。

（二）刑行衔接亟待进一步深化

企业的合规整改通过后，检察机关一般会作出不起诉决定，企业将不用承担刑事责任，但其仍需因环境违法行为受到行政处罚惩戒。根据环境保护法、森林法、大气污染防治法等部门法和相关行政法规，常见的行政处罚措施有罚款、没收违法所得、责令改正、责令停产停业、吊销营业执照等。因涉案企业的违法行为已达入罪标准，其危害后果必然较严重，若严格依照相关法律和法规规定，对应的很可能是行为罚和资格罚，这些处罚措施对涉案企业造成的损失将远高于罚金和罚款。归根结底，当前的涉案企业合规效果仅限于刑事诉讼阶段，合规整改情况和评估报告的效力尚未延伸至诉后，暂时难以成为行政监管部门作出行政处罚的裁量性要件。虽然部分地区检察机关已开始探索合规效力互认机制，[①] 并将企业合规考察副本移送至行政机关，为其作出行政处罚决定提供参考依据。但行政机关是否需要对企业合规整改情况作实质性审查，暂并无明确规定。此外，涉案企业能否一以贯之实施环境合规管理体系，仍然有待跟踪评估。因刑事诉讼程序已告终结，检察机关无权继续监督，此时也需生态环境部门担负

---

① 如浙江省人民检察院联合22个行政机关发布的《关于建立涉案企业合规第三方监督评估工作机制的意见（试行）》，其第18条第3项规定，对涉案企业刑事程序终结后，需予以行政处罚的案件，人民检察院应当将合规考察报告副本移送相应行政机关，并视情以检察建议或其他适当方式，建议行政机关对涉案企业减轻或免除处罚，行政机关对企业合规情况和检察机关建议进行评估后，原则上应当对涉案企业减轻或者免除处罚。

监管职责。因此，为进一步释放环境犯罪企业合规制度的效能，激励涉案企业构建并运转相关合规体系，杜绝“纸面合规”，有必要进一步深化环境犯罪企业合规的刑行衔接。

四、环境犯罪企业合规制度的优化路径

(一) 将绿色共治理念嵌入环境合规体系构建全过程

以绿色发展和多元共治为核心的绿色共治理念，可为环境犯罪企业合规制度的价值确立、制度设计和机制协调提供明确指引。生态环境和自然资源是社会公共利益的重要组成部分，具有公共品属性。[①] 相关部门和行业在对其管理、保护、开发和利用时应当秉持绿色共治理念，即以绿色低碳循环为主要原则，以生态文明建设为基本抓手，以多元主体共治为实现路径。[②] 绿色共治理念相较传统治理理念，其在突出绿色发展的前提下，更强调各方主体之间的平等自愿和协调合作关系，[③] 提倡“社会合作型”治理措施，可减少企业和社会公众在面对政府及相关部门“命令控制型”治理措施时的“消极、被动和应对”心理及行为。[④] 将绿色共治理念嵌入涉案企业环境合规体系构建的全过程中，可为环境犯罪企业合规制度的构建和完善指引明确方向。

绿色共治理念对环境保护领域的企业自我治理、政府行政治理、检察机关司法治理等均具有重要指引作用。当涉环境犯罪的企业构建环境合规管理体系时，多元主体需从内部和外部两方面整体谋划，推进相关机制和手段融合贯通。于企业而言，其在内部构建环境合规管理体系，将对传统生产经营模式产生一定冲击，因此应当更加审慎科学。应综合评估传统生

---

① 史云贵、刘晓燕：《绿色治理：概念内涵、研究现状与未来展望》，载《兰州大学学报（社会科学版）》2019 年第 3 期。

② 这些主体包括政府、企业、社会组织及一般公众。

③ 李维安等：《绿色治理准则：实现人与自然的包容性发展》，载《南开管理评论》2017 年第 5 期。

④ 王元聪、陈辉：《从绿色发展到绿色治理：观念嬗变、转型理据与策略甄选》，载《四川大学学报（哲学社会科学版）》2019 年第 3 期。

产行为对环境的潜在风险，根据风险防控的动态识别结果，对风险清单和合规整改计划进行适时调整；应培树环境合规文化，使员工树立环境合规意识，通过组建合规部门并搭建举报平台和反馈机制，对潜在环境违法犯罪行为进行识别和预防。于检察机关和生态环境部门而言，应充分尊重企业的合规自决权，应避免过度介入企业内部经营，审慎使用监管措施。应尽量采用第三方监督评估机制，通过指派专业人员指导第三方组织开展工作，而非直接监管。此外，检察机关与行政监管部门应凝聚协同治理共识，构建信息通报、数据共享和专业辅助等协作机制。于相关行业协会和其他社会主体而言，应当充分发挥外部支持与监督功能。如审计部门、律师事务所、环评机构和专家学者等，可为企业制定和调整环境专项合规计划提供专业意见和风险提示，也可作为第三方组织承担监督和评估职能。

（二）借助“府检联动”深化“刑行一体”合规考察机制

近年来，检察机关和地方政府及其组成部门积极开展协作，通过召开府检联席会议全力推进法治政府建设，并为检察机关参与社会治理提供切入点。[①] 借助“府检联动”，检察机关可与生态环境部门探索构建“刑行一体”合规考察机制，破解前述的合规效力互认难和合规考察刑行衔接不畅等问题。

“刑行一体”合规考察机制由检察机关和对应行政监管部门共同构建，主要针对单位犯罪中的行政犯。以环境犯罪为例，当检察机关决定适用涉案企业合规制度时，可邀请生态环境部门和自然资源规划部门等参与监督评估，提前熟悉案情并对合规计划提出专业性意见。这些行政监管部门可根据其专业优势和执法经验指导企业作出整改。当检察机关经合规考察评估对企业作出不起诉或提出从宽量刑建议后，应将合规考察情况、整改报告等材料移送至生态环境部门，环保部门亦可对企业在涉案企业合规中的合规整改阶段性成果进行实时监督检查，此举亦是充分发挥行政监管职能的体现。在行政处罚裁量阶段，生态环境部门应承认检察机关和第三方组

① 安徽省肥西县人民检察院课题组、张朝东:《“府检联动”机制助推社会治理检察建议落地落实》，载《中国检察官》2022年第23期。

织出具的合规考察报告的效力，并以此为基础，对企业尚需提升的其他环境合规事项提出要求，并承诺将两者的整改效果作为从轻或减轻行政处罚的重要依据，以此激励企业继续完善内控制度。

对于案件办理过程中发现的普遍性监管漏洞，检察机关可向生态环境部门或相关行业协会等制发社会治理类检察建议，[①] 建议其对同类型企业开展检查，并督促问题企业参照原案标准构建环境合规体系，实现行业整体合规。检察机关还可基于办案经验同相关部门加强协作沟通，积极参与社会治理，以“我管”促“都管”，为环保部门发布生态环境和资源保护领域的合规指引和专项合规计划献策献力，从行政监管的前端堵塞违法漏洞，避免该类问题蔓延至末端引发犯罪，进而实现环境犯罪的风险预防和源头治理。

① 李奋飞:《涉案企业合规刑行衔接的初步研究》，载《政法论坛》2022年第1期。

破坏生态环境犯罪法律适用研究

污染环境案件适用追诉时效制度探析
——兼析周某某污染环境案

王学涛　王　杰*

一、问题的提出

2007年，犯罪嫌疑人周某某在某地一工厂附近将50多桶乙二醇废料（俗称“烧火料”）填埋于地下。2022年2月当地环保等部门接群众举报后进行核实、挖掘并将案件移送公安机关，2022年3月4日公安机关进行立案侦查。经鉴定，上述物质为危险废物，数量共计50余吨。通过生态环境损害量化，“周某某等人污染环境案”中实际发生费用58810元，固体废物处置费用为110884元，生态环境损害费用为4005.75元，事务性费用为167578.1元，以上费用合计341277.85元。

在本案办理过程中，对能否追究周某某的刑事责任，主要形成两种不同的意见：

第一种意见认为，本案已过追诉时效，即时效制度受到从旧兼从轻原则的限制，故不能追究周某某的刑事责任。理由如下：周某某埋藏或者处置有毒物质的犯罪行为，从结果的发生与犯罪的终了之间关系来看，并不属于继续犯或者持续犯，即伴随埋藏行为完成时随即发生污染环境的法益侵害结果，犯罪便同时终了和既遂，也由此开始计算追诉期限。本案中，周某某于2007年实施埋藏危险废物的犯罪行为，至2022年案发时已经超过

* 王学涛，江苏省宜兴市人民检察院党组成员、副检察长，一级检察官；王杰，江苏省宜兴市人民检察院第一检察部检察官助理。

15 年，超过该罪应当适用法定刑幅度下最高 5 年的追诉时效期限，故不能追究周某某的刑事责任。

第二种意见认为，本案没有超过追诉时效期限，应当追究周某某的刑事责任。理由如下：周某某埋藏或者处置有毒物质的犯罪行为，从犯罪形态来看属于继续犯或持续犯，[①] 因为其埋藏污染物造成的环境损害结果具有持续性，换言之，其污染环境的行为至案发时持续影响着环境和周边群众生活质量，侵犯了法益，应从发现污染物之日即 2022 年开始计算追诉时效期限，故应当追究周某某的刑事责任。

二、评析意见

对周某某能否追究污染环境罪的刑事责任，分歧在于周某某的犯罪行为是否超过刑法规定的追诉时效期限，背后的法理争议即污染环境犯罪的犯罪形态问题，这也是适用时效制度的逻辑起点。笔者同意上述第一种观点，认为周某某的行为已经超过追诉时效，不应该追究其刑事责任。检察机关出具相关意见后，公安机关同意不追究其刑事责任。具体分析如下：

（一）刑法从旧原则

行为人实施犯罪时相关法律和司法解释未将该种情形规定为入罪情形，因此不能以污染环境罪追究其刑事责任。

首先，行为时没有关于处置危废数量的入罪规定。根据我国刑法第 12 条的规定，应当以行为实施时，而不是审判时，作为新旧法选择适用的判断基础。即依照刑法溯及力确定的从旧兼从轻原则，周某某犯罪行为实施时间为 2007 年，此时应该适用 2006 年刑法第 338 条规定的重大环境污染

① 刑法第 89 条第 1 款规定："追诉期限从犯罪之日起计算；犯罪行为有连续或者继续状态的，从犯罪行为终了之日起计算。"

事故罪[①]追究其刑事责任。但当时相关司法解释[②]（以下简称《解释》）未将非法排放、倾倒、处置危险废物3吨以上的行为认定为入罪情节，仅能以上述司法解释规定的“公私财产遭受重大损失:（一）致使公私财产损失三十万元以上的”情形入罪。因此，周某某污染环境造成的公私财产损失具体数额是本案能否入罪的关键点。

其次，关于公私财产损失的范围。《解释》第4条明确规定:“本解释所称‘公私财产损失’，包括污染环境行为直接造成的财产损毁、减少的实际价值，为防止污染扩大以及消除污染而采取的必要的、合理的措施而发生的费用。”最高人民法院相关工作人员对于如何理解公私财产损失作出了进一步解读，其认为基于法理，上述公私财产损失范围应当包括污染环境行为造成的直接经济损失、紧急措施费用、消除污染费用以及恢复生态费用等四部分内容，但其同时指出，在司法实践中上述四部分内容不应该均计算在公私财产造成损失的范围内，具体而言，对于环境污染行为造成的财产减毁等直接经济损失、为防止污染扩大采取紧急措施而发生的相关费用以及为消除污染而发生的相关费用均应当计算在公私财产损失的范围内，但为恢复生态环境而采取措施发生的费用，因为生态环境恢复至初始状态需要很长时间，甚至永远不可逆，其损失也往往难以计算和评估，因此在司法实践中不宜将其计算在财产损失的范围之内，[③]以此来科学合理地评估犯罪嫌疑人污染环境行为造成的相关损失，进而判断其是否应该承担相应的刑事责任。

再次，最高人民法院研究室喻海松法官亦对公私财产损失的界定提出自己的理解，其认为“按照环境污染损害数额计算推荐方法的界定，调查

---

① 刑法（2006年修正）第338条：违反国家规定，向土地、水体、大气排放、倾倒或者处置有放射性的废物、含传染病病原体的废物、有毒物质或者其他危险废物，造成重大环境污染事故，致使公私财产遭受重大损失或者人身伤亡的严重后果的，处三年以下有期徒刑或者拘役，并处或者单处罚金；后果特别严重的，处三年以上七年以下有期徒刑，并处罚金。

② 最高人民法院《关于审理环境污染刑事案件具体应用法律若干问题的解释》（法释〔2006〕4号，现已失效）。

③ 祝二军:《〈最高人民法院关于审理环境污染刑事案件具体应用法律若干问题的解释〉的理解与适用》，载《人民司法》2006年第10期。

评估费用指‘对环境污染损害评估所支出的费用，按实际评估发生的费用计算，包括现场预调查、勘察监测、污染场地调查、风险评估、损害评估费用’。经研究认为，基于常理，不应将‘评估费用’纳入‘公私财产损失’的计算范围”。[①] 换言之，即其认为从民法和刑法的区分来看，最高人民法院、最高人民检察院《关于办理环境污染刑事案件适用法律若干问题的解释》（法释〔2016〕29号）规定的公私财产损失的具体内容和计算方法，属于刑事法律关系的范畴，因为会直接影响到犯罪嫌疑人是否构成犯罪，而非民事法律关系上赔偿数额的有无和高低，因此应当严格限缩行为人因为污染环境造成的公私财产损失范畴。

最后，从上述专家学者和实务法官的理解来看，对于污染环境造成的公私财产损失不应该包括调查评估费用，即相关损失不应当成为追究犯罪嫌疑人刑事责任的入罪依据。具体到本案而言，“周某某等人污染环境案”中：包括材料费用、设备租赁费用、吊车和车辆运输费用、劳务人员费用等实际发生费用58810元；固体废物处置费用为110884元；生态环境损害费用为4005.75元；包括危废鉴定费用、环损评估费用等相关事务性费用为167578.1元。以上费用合计341277.85元，除调查评估费用等事务性费用外合计173699.75元，达不到致使公私财产损失30万元以上的入罪标准，因此，不能以造成公私财产损失追究周某某2007年埋藏危废物质的刑事责任。

（二）刑法从旧兼从轻原则

根据刑法从新（若更轻）原则，如果认为2013年和2016年出台的司法解释[②] 可以溯及至2006年刑法适用期间[③]，且不考虑司法解释与法律条

① 喻海松：《环境资源犯罪实务精释》，法律出版社2017年版，第150页。

② 最高人民法院、最高人民检察院《关于办理环境污染刑事案件适用法律若干问题的解释》（法释〔2013〕15号，现已失效）。最高人民法院、最高人民检察院《关于办理环境污染刑事案件适用法律若干问题的解释》（法释〔2016〕29号，自2017年1月1日起施行）均规定非法排放、倾倒、处置危险废物三吨以上的构成污染环境罪。

③ 最高人民法院、最高人民检察院《关于适用刑事司法解释时间效力问题的规定》第2条规定：“对于司法解释实施前发生的行为，行为时没有相关司法解释，司法解释施行后尚未处理或者正在处理的案件，依照司法解释的规定办理。”即司法解释的溯及力可以溯及至犯罪行为发生时。

文之间的变动关系，以“处置危险废物三吨以上的”认为其已经构成犯罪，但因为2011年刑法[①]修订后的污染环境罪重于2006年刑法规定的重大环境污染事故罪，即新法重于旧法，故仍应当适用2006年的刑法，不应再进行追诉，具体理由如下。

依照最高人民法院相关人员对《解释》的理解，行为人实施排放、倾倒、处置废物的行为构成犯罪必须具备三个条件，其除了要求行为人实施了违反国家规定的行为和处置的是危险废物两个条件外，最重要的是行为人污染环境的行为造成了重大环境污染事故，且造成的财产损失或人身伤亡达到了司法解释规定的相应标准。同时，上述理解和适用指出，重大环境污染事故是突发性事故，对于持续性的污染行为导致的人身财产损失，可以通过民事程序的方式进行索赔，而不宜直接追究行为人的刑事责任。[②]具体到本案而言，本案周某某实施的污染环境行为，在十几年后因被人举报后案发，并非因为在当时或现在造成突发性的重大污染事故或者造成突发性的重大人员伤亡而案发，即并非属于重大的突发性事故，因此，不符合重大环境污染事故罪的构成要件。

这一观点，也得到了相关司法实务专家和立法参与者的印证。全国人大常委会法制工作委员会从事刑事立法工作的同志在修改破坏环境资源保护相关犯罪时指出，1997年刑法规定的重大环境污染事故罪在实际执行中遇到一些问题，不能适应日益严峻的环境保护形势的需要。依据重大环境污染事故罪的构成要件和立法原意，只有行为人污染环境的行为导致公私财产遭受重大损失或者引发人身伤亡的严重后果，才符合重大环境污染事故罪的构成要件。而在法律适用过程中，各地区通常都是发生了突发性的重大环境事故，才对行为人适用重大环境污染事故罪。对于不具有突发性、严重性、破坏性等特点的破坏生态环境事件，例如持续累积或者缓慢释放

① 刑法（2011年修正）第338条：违反国家规定，排放、倾倒或者处置有放射性的废物、含传染病病原体的废物、有毒物质或者其他有害物质，严重污染环境的，处三年以下有期徒刑或者拘役，并处或者单处罚金；后果特别严重的，处三年以上七年以下有期徒刑，并处罚金。

② 祝二军：《〈最高人民法院关于审理环境污染刑事案件具体应用法律若干问题的解释〉的理解与适用》，载《人民司法》2006年第10期。

形成的污染损害或者人身伤害，即使给周边群众的人身财产安全造成了重大损失也往往难以认定行为人构成重大环境污染事故罪。[①] 同时，法条的变迁导致犯罪门槛的降低，也在刑法相关条款的变迁说明中得到印证，刑法修正案的立法说明中明确指出，为经济的长远持续发展，维护人民群众生命财产利益，刑法修正案对重大环境污染事故罪的构成要件进行修改，进一步降低了入罪的门槛，以达到严惩污染环境行为的目的。新法明确严重污染环境这一构成要件，从而将之前行为人持续性违背法律法规，长期排放、倾倒、处置危废等有毒有害物质，但是没有造成突发性、严重性污染环境事故的行为规定为犯罪。[②] 因此，刑法第338条的修改，导致犯罪嫌疑人周某某出现适用旧法不能入罪，但是适用新法能够入罪的情形，如果对周某某进行追诉，既不利于犯罪嫌疑人人权保护，也违背刑法规定的从旧兼从轻的原则。

（三）符合追诉制度设立的初衷

从追诉时效制度设立的初衷来看，不追究犯罪嫌疑人周某某的刑事责任符合追诉时效制度设立的目的。首先，从权利和权力之间的关系来看，时效就是用来限制权力与权利的，时效制度的立法初衷就含有促使公权与私权的及时行使，而不是让权力和权利“沉睡”的目的。[③] 由此引申出，司法机关应当及时侦破案件，实现效率和效果的统一，也切实降低当事人的诉累。其次，从社会需要和社会关系的逻辑来看，“追诉时效制度的原有目的之一，在于谋求法律与事实的调和。换言之，如果在经过足够长的时间后，由于犯罪行为而趋于紊乱的社会秩序随着时间的流逝已经恢复正常，那么这时再引入刑罚的机械干预而对犯罪人适用刑罚，则可能引起新的不安全因素”。[④] 在此视角上，追诉时效制度在于更好地平衡刑法打击犯罪与

---

① 王爱立:《中华人民共和国刑法立法精解》，中国检察出版社2021年版，第952页。

② 全国人大常委会法制工作委员会刑法室编:《中华人民共和国刑法修正案（八）：条文说明、立法理由及相关规定》，北京大学出版社2011年版，第179页。

③ 曲新久:《追诉时效制度若干问题研究》，载《人民检察》2014年第17期。

④ 贾凌等:《论追诉时效超期适用制度》，载《现代法学》2000年第6期。

保障人权之间的关系。最后，从追诉时效制度适用范畴来讲，刑法规定的从旧兼从轻原则，其实质是要求在对被告人追究刑事责任时应采取有利于被告人的原则。有利于被告人的原则应当体现在决定被告人定罪量刑、刑事责任有无、罪行轻重等的各个方面，包括追诉时效、自首、累犯、假释等内容。[①] 因此，在追究周某某的刑事责任时，应当充分考量刑事责任的有无与法条之间的变迁关系、刑法从旧兼从轻原则的限制、追诉时效制度设立的初衷以及犯罪嫌疑人的人权保障，尤其在部分问题存在争议或者立法存在空白的时候，应当秉持刑法的谦抑性，不轻易入罪，即不应当以污染环境罪追究周某某的刑事责任。

三、案件启示

本案能否追究犯罪嫌疑人周某某污染环境罪的刑事责任背后折射出的法理和实践争议问题，即污染环境犯罪依据结果发生与犯罪终了之间的关系能否划分为即成犯、状态犯和继续犯的问题，不同类型的污染环境犯罪如何划分犯罪形态的问题，以及不同污染环境犯罪形态如何适用追诉时效制度等三大问题。而之所以存在上述问题，一方面源于理论界对于污染环境犯罪能否划分为即成犯、状态犯、继续犯以及如何适用追诉时效制度缺乏专门研究，尤其对于实践中存在这样一种特殊情况，例如污染型环境犯罪不是继续犯和连续犯而是即成犯，但犯罪行为实施后危害后果经过许多年才出现，此时应从何时计算追诉时效就成为难题。[②] 另一方面，源于立法和司法层面对污染环境犯罪适用诉讼时效制度上缺乏专门规定和适用实施细则，导致在司法实践中针对各种类型的污染环境犯罪如何适用刑法第87条、第88条和第89条同样存在困惑和认识分歧。对此，笔者提出如下三点建议：

---

① 摘录于最高人民法院主编的《刑事审判参考》总第25期，《沈某挪用资金案——追诉时效也应适用从旧兼从轻原则》，该案例对于追诉时效制度的适用范围作出解释。

② 蒋兰香：《时效制度适用于污染型环境犯罪中的漏洞与弥补》，载《法学论坛》2012年第5期。

一是统一犯罪形态认识。依据法学理论界的主流观点，根据犯罪结果的发生与犯罪的终了之间的关系，可以将犯罪分为即成犯、状态犯与继续犯（均从既遂角度而言），例如故意杀人罪、盗窃罪、非法拘禁罪等从属于不同的犯罪形态。[①] 具体到污染环境犯罪而言，对于一些污染环境实施完毕即被发现的行为，在适用追诉时效期限制度上没有异议，按照即成犯适用时效制度从犯罪行为完成之日起计算即可。对于一些例如通过持续性、不间断排污的方式污染环境的行为在适用追诉时效制度上亦争议不大，从最后一次行为实施完毕时起算时间适用时效制度即可。但是对于一些在划分犯罪形态存在争议的污染环境行为，例如埋藏等隐蔽式污染环境的行为、危害结果数年后才显现等污染环境的行为，究竟属于何种犯罪形态亟待通过进一步深化理论研究后统一认识分歧。

二是细化配套司法解释。如前文所述，污染环境犯罪不同于一般的刑事犯罪，其具有隐蔽性、长期性、滞后性等特点，导致在适用追诉时效制度时存在计算起点不明确等问题。针对上述问题，有学者认为追诉时效期限的实际长度是由追诉时效的起点与终点所共同决定的，只要合理阐释清楚这一问题，一些现实困境就能得到合理化解，并根据不同的污染环境行为提出了不同的起点及终点认定方法。[②] 笔者认为，上述认定方法具有一定的合理性，其旨在通过解释现行立法即最大限度维持现行法律的前提下对污染环境犯罪适用追诉时效制度进行解释说明，但是由于不同形态犯罪行为的起点和终点在不同理论学说下存在不同的认识，亦容易出现计算期限不一致的问题，因此为最大限度实现法律适用统一，应当通过出台专门司法解释的方式，在维持现行立法的前提下，对不同形态的污染环境犯罪行为的起算起点和终点进行专门细化明确。

三是直接延长污染环境犯罪追诉期限。针对上述问题，有专家则提出应当对污染环境犯罪规定专门的时效计算方法、直接延长污染环境犯罪追诉时效的期限、通过特殊程序如报经最高人民检察院批准的方式延长污染

---

① 张明楷：《刑法学》（第六版），法律出版社 2021 年版，第 220 页。

② 陈伟、冯思柳：《环境污染犯罪追诉时效起点的判定》，载《人民检察》2022 年第 9 期。

环境犯罪适用追诉时效等方法来解决现行时效制度在适用污染环境犯罪上的不足之处。笔者认为，基于我国惩治污染环境犯罪的相关背景和污染环境犯罪的自身特点，可以对现行立法进行修改，针对污染环境犯罪规定特殊的时效计算方法。例如对于一般的污染环境犯罪，可以同普通犯罪一样适用相同的追诉时效期限，而对于隐蔽式污染环境、长期污染环境、造成重大人身财产损失等污染环境的行为，应当将其适用的追诉时效期限延长至 20 年，以实现刑法打击犯罪和保障人权的平衡，与我国经济社会快速发展下环境压力不断增大的背景相适应，最终实现“用最严格制度最严密法治保护生态环境”的目的。

污染环境罪中“严重污染环境”司法适用的困境检视与进路构建

付晓东　黄沛婕 *

一、引言

随着工业化的发展，我国环境污染问题日趋严峻，环境污染犯罪治理压力飙升，业已成为我国社会治理中的顽疾。刑事司法是环境污染治理体系中的关键部分，为应对日趋严峻的环境污染犯罪，刑法曾多次进行修改，切实增强了我国环境污染犯罪的治理能力。其中，《刑法修正案（八）》将重大环境污染事故罪修改为污染环境罪，从实质上降低了污染环境罪的入罪门槛，持续打击严重污染环境的行为，是利用刑法有效治理环境污染犯罪的典型例证。

自 2014 年习近平总书记提出“总体国家安全观”后，生态安全作为总体国家安全观中的关键领域更受重视。① 为此，“两高”针对新时期环境污染犯罪的新情况、新问题，在 2013 年发布的《关于办理环境污染刑事案件适用法律若干问题的解释》基础上于 2016 年、2023 年接续发布《关于办理环境污染刑事案件适用法律若干问题的解释》（以下简称《2016 解释》《2023 解释》），对污染环境犯罪有关问题加以细化，为司法实践提供了指

---

* 付晓东，西南政法大学法学院 2021 级硕士研究生；黄沛婕，西南政法大学国际法学院 2021 级硕士研究生。

① 《中央国家安全委员会第一次会议召开习近平发表重要讲话》，载国务院网站，http：//www.gov.cn/xinwen/2014-04/15/content_2659641.htm。

引。但是，污染环境罪的司法适用具有技术性较强的特殊性，在污染物种类认定、污染结果评估等方面具有较高的要求，导致部分问题在理论与实践上仍有争论。其中对于刑法第338条污染环境罪中“严重污染环境的”的理解历经数年讨论仍然未形成一致意见与统一做法，削减了环境犯罪的刑事治理效果。

污染环境罪是破坏环境资源保护类犯罪实践应用最为广泛的罪名之一，“严重污染环境”是构成污染环境罪的核心标准。为此，在环境污染形势日趋严峻的现实背景下，本文通过考察污染环境罪中“严重污染环境”的司法实践现状，梳理争议问题并加以评析，以期统一“严重污染环境”的理解认识，并对规范污染环境罪司法适用有所裨益，进一步提高利用现代化刑事司法手段治理环境问题的能力，推动国家环境问题治理体系与治理能力现代化。

二、严重污染环境司法适用的现状考察

在复杂多变的环境污染犯罪形势下，考察当前我国污染环境罪的司法现状，明晰污染环境罪中“严重污染环境”的司法适用标准，是进行精准化刑事治理的必然前提。为进一步探究污染环境罪的发展态势，本文从“中国裁判文书网”以“刑事案件”“污染环境罪”“判决书”为条件，使用抽签法随机选取2018年至2022年每年各5份裁判文书，共得有效样本25份。样本时间跨度大、地域覆盖面广，具有较强的代表性，能够反映近年来我国污染环境罪的司法适用真实情况。详细数据见表1。

表1　基本情况统计

序号	案号	污染物	鉴定、检测机构	污染物数量	裁判理由
1	（2018）苏07刑终306号	废旧铅酸电池	未指明	90余吨	污染环境罪保护的是环境法益，行为造成环境污染是入罪要件
2	（2018）皖0304刑初294号	废水（含铬）	安徽众诚环境检测有限公司	未指明	六价铬浓度超过排放限值

续表

序号	案号	污染物	鉴定、检测机构	污染物数量	裁判理由
3	(2018)冀01刑终288号	废旧铅酸电池	沧州科技事务司法鉴定中心	3吨以上	在非法处置过程中，会产生大量的废水、废气、粉末均未经过处理直接予以排放，生产的铅锭露天堆放，均会对土壤、水源及大气造成污染
4	(2018)鲁1311刑初402号	废水(总铬)	临沂市环境监测站、临沂市环境保护局罗庄分局	约2吨	总铬超标9.33倍
5	(2018)浙0327刑初1333号	废水(总铜、总镍)	苍南县环境保护局执法人员现场抽样检测	未指明	总铜含量超过国家污染物排放标准3倍以上
6	(2019)粤0605刑初4889号	废旧铅酸电池	南海区狮山镇环保执法人员	3吨以上	排放、倾倒含重金属严重超过排放标准的污染物
7	(2019)鲁0214刑初809号	废水(总铜)	青岛市生态环境局城阳分局监测站	未指明	超过地方污染物排放标准10倍以上
8	(2019)冀0183刑初514号	废水(锌)	未指明	未指明	总锌含量超标
9	(2019)苏8601刑初124号	废水(总砷、总镉等)	江苏通标环保科技发展有限公司检测、徐州市鼓楼生态环境局认定	未指明	重金属不能被生物降解，含有重金属的废水排入水体或土壤，不仅会直接污染水体及土壤本身，造成环境质量的严重恶化，还会在生态系统中存留、积累和迁移，最终通过食物链在末端的人体中富集，危害人类的健康甚至是生命安全

续表

序号	案号	污染物	鉴定、检测机构	污染物数量	裁判理由
10	(2019)赣1128刑初607号	煤焦油渣	鄱阳县环境保护局	400余吨	非法收购煤焦油并提炼燃油，对空气、土壤均产生一定污染，严重污染环境，后果特别严重
11	(2020)苏0508刑初306号	废水（铜、汞）	未指明	未指明	汞、铜含量超标
12	(2020)豫04刑终556号	废水（重金属）	中信环保有限公司、平顶山森灿环保科技有限公司、河南宜信检测技术服务有限公司	未指明	严重污染环境
13	(2020)苏0508刑初299号	废水（总镍、总铬）	苏州市吴江区环境监测站	未指明	总镍、总铬含量超标
14	(2020)苏8601刑初114号	铅芯、粉尘、废渣	徐州市生态环境局经开分局、徐测环境检测有限公司	50吨左右	严重污染环境
15	(2020)鲁11刑终110号	旧机油滤芯	莒县环保局	13吨左右	通过被机油浸染40平方米面积可以认定有一定污染，但没有数据、检测报告证实，属于严重污染环境未遂
16	(2021)湘10刑终105号	电镀工业污泥	郴州市环境监测站	267.5吨	检验报告证实本次所倾倒的危险废物对该场地土壤环境质量造成了不同程度的污染，其渗滤液和雨水淋漓对周边土壤环境造成了污染

续表

序号	案号	污染物	鉴定、检测机构	污染物数量	裁判理由
17	（2021）晋 0221 刑初 41 号	电子垃圾混合物	山西众智环境损害司法鉴定中心	约 60 吨	经鉴定，对烧结点约 1300 平方米的土壤造成了污染损害
18	（2021）苏 8601 刑初 53 号	废机油滤芯	徐州市沛县生态环境局认定、江苏方正环保集团有限公司	4.9 吨	严重污染环境
19	（2021）渝 01 刑终 356 号	医疗废物	生态环境部华南科学研究所	1300 吨	严重污染环境
20	（2021）鲁 0281 刑初 267 号	污泥	山东省环境保护科学研究设计院有限公司	未指明	严重污染环境
21	（2022）湘 0624 刑初 421 号	废铁桶	未指明	4.74065 吨	非法收集、利用、处置危险废物，数量达 3 吨以上，系严重污染环境
22	（2022）京 0118 刑初 313 号	污水（氰化物）	未指明	未指明	严重污染环境
23	（2022）川 0422 刑初 161 号	固体废物	四川省天晟源环保股份有限公司	未指明	严重污染环境
24	（2022）辽 0112 刑初 483 号	废水（重金属）	沈阳泽尔检测服务有限公司、辽宁华一检测认证中心有限公司	未指明	严重污染环境
25	（2022）陕 0522 刑初 8 号	固体废物	渭南市固体废物管理中心、国土资源部西安矿产资源监督检测中心	21.3 吨	严重污染环境

（一）污染物种类基本固定且数量差距大

统计发现，污染环境罪中污染物的种类基本固定，以“有毒物质”“其他有害物质”为主，未发现“含传染病病原体的废物”和“有放射性的废物”。污染物多为废水、废旧铅酸电池以及其他固体废物，其中含重金属的废水比例最大，占比高达40%。在污染物数量上看（见图1），污染物数量总体差距大，最少的案件中污染物只有2吨左右，最多的高达1300吨，采用估算方法计算数量的案件较多，比例高达61.5%。[①]

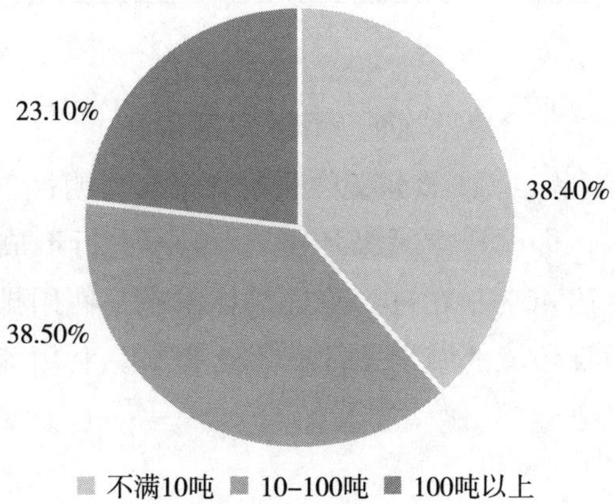

图1　污染物数量分布

（二）鉴定、检测机构类型多样

样本中，指明鉴定、检测机构的案件有20件，包含政府单位、科研院所、公司企业、司法鉴定机构等多种类型，样本中大量存在同时使用多家机构的情况。其中，政府单位占比为50%，科研院所占比为10%，司法鉴定机构占比为10%，公司企业占比为30%（见表2）。

① 指明污染物数量的只有13个样本，此处比值为该幅度内样本数与指明污染数量总体样本之比。

表 2　鉴定、检测机构类型统计

类型	数量（件）	比例（%）
政府单位	10	50
科研院所	2	10
公司企业	6	30
司法鉴定机构	2	10
总计	20	100

（三）较少论证实际形成严重污染环境的危害结果

统计显示（见图 2），部分案件裁判文书仅说明被告人已经造成严重环境污染的结果，即“严重污染环境”，但不进行形成实质污染环境结果的论证，占比达 40%；在进行论证的样本中，使用排放标准超标或者数量论证严重污染环境的结果案件占比达 36%，利用鉴定报告进行论证的占 8%。

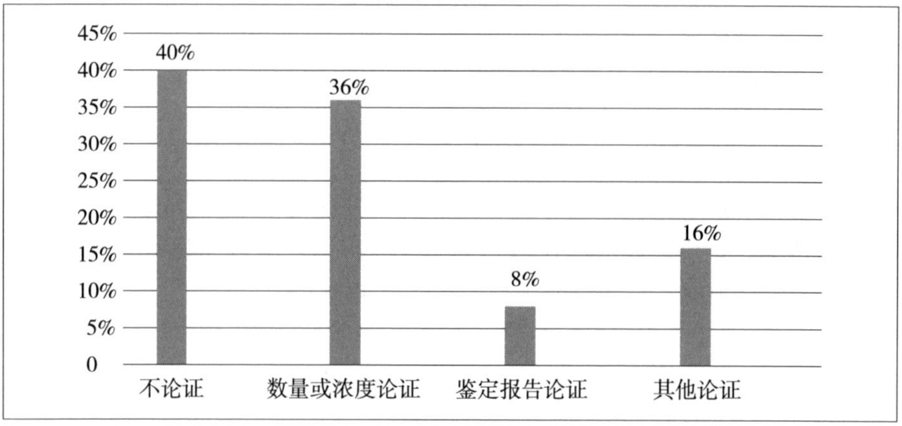

图 2　裁判理由论证情况

三、严重污染环境司法适用的困境检视

刑事司法是应对环境污染犯罪的基本手段，但是在司法实践中对于刑法第338条污染环境罪中“严重污染环境”的理解并不一致，阻碍污染环境罪的司法规范化适用，为此有必要厘清实践困境。

（一）严重污染环境的行为构造存在争议

《刑法修正案（八）》实现了重大污染事故罪向污染环境罪的转变，将刑法第338条罪状中的“致使公私财产遭受损失”调整为“严重污染环境”，降低了该罪的入罪门槛，是应对环境污染类犯罪的有力举措。重大污染事故罪要求发生重大污染事故而因属于结果犯、实害犯并无太大争议，然而将罪状修改后，行为构造则主要通过“严重污染环境”所体现，对本罪的行为类型是否发生改变产生争议并一直延续至今，即污染环境罪是结果犯、行为犯、危险犯还是实害犯之争。目前，主要观点包括以下四种：

第一种观点认为本罪仍是结果犯、实害犯，有学者指出通过考察修改后的条文并未采用“足以造成严重后果的”“引起……严重危险的”等常用的危险犯的表述方式，故污染环境罪的犯罪类型仍为结果犯，而非危险犯。依据污染环境罪的犯罪构成，只有出现“严重污染环境”的实害结果时，才能认定为“严重污染环境”。① 此观点的支持者还提出，虽然污染环境罪的司法解释进一步肯定了“严重污染环境”和“后果特别严重”中的污染环境的行为内容，但根据刑法第338条，污染环境罪在立法上是故意的实害结果犯，对于“严重污染环境”和“后果特别严重”的解释只能包含环境污染的结果内容，不能包含污染环境的行为内容。②

第二种观点认为本罪是危险犯，指出“严重污染环境”体现出危险犯特征，并且刑事治理的早期化趋势已然显现，本罪就是在降低入罪门槛的基础上使危险犯得以成立，改变以往我国刑法所坚持的以危害结果的实现

---

① 陈君：《对〈刑法修正案（八）〉关于污染环境罪规定的理解与探讨》，载《北京理工大学学报（哲学社会科学版）》2012年第6期。

② 姜文秀：《关于污染环境罪司法解释的修改》，载《法律适用》2021年第1期。

为归责依据的立场。①

第三种观点则认为本罪是多元犯罪类型的集合体，提出《2016 解释》对“严重污染环境”要件所作的杂糅式规定，使得污染环境罪事实上成为集危险犯和实害犯、行为犯和结果犯于一体的多元犯罪类型集合体。②《2023 解释》对本罪构成要件的具体规定虽有修正，但总体上看也属于多元化的集合性规定模式。

第四种观点认为本罪是情节犯，指出“环境法益”逐渐成为污染环境罪所保护的基本法益之一，从理论上看将其认为是行为犯或是结果犯难以应对日益增长的环境污染，从实践上看司法实践中多不以行为犯、结果犯、实害犯加以严格区分，认定为情节犯更为合适。③

（二）严重污染环境的认定方法不明确

行为人的行为是否严重污染了环境是构成污染环境罪与否的关键，但严重污染环境的认定标准并不明晰，导致司法实践中难以准确认定犯罪。为解决这一难题，《2023 解释》第 1 条将严重污染环境的情形归纳为 11 种，进一步细化了相关标准，起到了一定的积极作用。然而，其中对于严重污染环境的认定方法没有明确规定，致使在司法实践操作上仍然存在难题。

这种难题主要表现在两个方面：一是对含重金属的污染物一般是以浓度作为认定严重污染环境的标准，超过国家或者地方标准 3 倍、10 倍以上就可以认定为严重污染环境，但是对于检测地点没有具体规定。实践中，经常出现检测点 A 浓度超标，但检测点 B 浓度不超标的现象，以至于对其是否属于严重污染环境存在争论，造成司法困扰。④ 二是对于固体污染物一般是以重量为认定严重污染环境的标准，数量的准确认定关系着构成犯罪与否，意义重大。但由于对计算方法没有具体的规定，实践中，经常出

---

① 刘艳红：《环境犯罪刑事治理早期化之反对》，载《政治与法律》2015 年第 7 期。

② 郝艳兵：《污染环境罪的适用困境及其纾解》，载《河南警察学院学报》2021 年第 1 期。

③ 吕明利：《污染环境罪若干争议问题研究》，载《江西警察学院学报》2017 年第 2 期。

④ 重庆市第四中级人民法院刑事判决书，（2020）渝 04 刑终 10 号。

现控辩双方对于污染物的重量产生争议，而法院也难以查明的现象，给司法实践带来了困难。[①]

（三）严重污染环境的鉴定、检验主体有争议

由于鉴定机构数量不足、鉴定费用高、司法资源紧张等种种原因，司法实践中出现了应当鉴定而不鉴定、使用不具有司法鉴定资质的机构进行鉴定的现象，引起了较大争议。为此，《2016 解释》第 14 条规定“对案件所涉的环境污染专门性问题难以确定的，依据司法鉴定部门出具的鉴定意见，或者国务院环境保护主管部门、公安部门指定的机构出具的报告，结合其他证据作出认定”，《2023 解释》也沿用了上述规定。“两高三部”印发的《关于办理环境污染刑事案件有关问题座谈会纪要》（以下简称《纪要》）第 14 条规定，“对涉及案件定罪量刑的核心或者关键专门性问题难以确定的，由司法鉴定机构出具鉴定意见。……对案件的其他非核心或者关键专门性问题，或者可鉴定也可不鉴定的专门性问题，一般不委托鉴定……涉及案件定罪量刑的核心或者关键性专门问题难以鉴定或者鉴定费用明显过高的，司法机关可以结合案件其他证据，并参考生态环境部门意见、专家意见等作出认定”，对鉴定问题作出了专门规定。

上述规范性文件确立了环境类犯罪中鉴定与检验并行的体系，一定程度上弥补了单独依靠司法鉴定的弊端，发挥了一定的积极作用。然而，司法实践中出现了对涉及案件定罪量刑的核心或者关键专门性问题由不具有司法鉴定资质的机构出具鉴定意见或者干脆不进行鉴定，国务院环境保护主管部门、公安部门指定的机构不规范的现象，与《2023 解释》《纪要》的内在精神不符。在司法实践中，控辩双方常出现对于鉴定的内容、程序、主体争议较大的情形。[②]

① 江西省鄱阳县人民法院刑事判决书，（2019）赣 1128 刑初 607 号。
② 浙江省温州市中级人民法院刑事判决书，（2020）浙 03 刑终 282 号。

（四）严重污染环境的其他有害物质界定不明确

污染环境罪中规定了四类污染物，其中有放射性的废物、含传染病病原体的废物、有毒物质、其他有害物质。有毒物质的内涵比较明确，实践中并无太多争议。但是作为兜底的“其他有害物质”的定义、内涵、范围界定均不明确。面对这一情况，《纪要》第9条对“其他有害物质”的认定进行了细化，要求坚持在主客观相一致的基础下，根据行为人的主观恶性、污染行为恶劣程度等因素综合分析判断，并列举了工业危险废物以外的其他工业固体废物等部分有害物质。《纪要》的出台从原则上明确了其他有害物质的认定路径，但是仍然没有对其他有害物质作出明确的界定，依旧没有解决司法实践在其他有害物质上的认定难题。

其他有害物质界定不明确，导致实践中办理非典型污染物的案件困难较大。例如，对于浓度未超过排放标准的“含重金属的污染物”应当认定为有毒物质还是其他有害物质？一种观点认为，对于“有毒物质”须从实质上加以把握，由于法律允许在规定标准范围内排放污染物，对于此类污染物不宜纳入“有毒物质”的范畴，[①] 可以认定为其他有害物质。反对观点认为，“含重金属的污染物”浓度虽未超过排放标准，但必然会对环境产生影响，因而仍属于有毒物质，而不能认定为其他有害物质。此外，在一般场景下无害的物质是否可以认为是本条中的其他有害物质也有争议。

四、严重污染环境司法适用的域外经验引入

由于欧美等国家工业化发展较早，产生了大量环境污染问题，经过数年的发展，在环境污染治理方面已经形成了较为完善的法律体系与实践做法，各国在环境污染司法中的有益经验可以为我国环境刑事治理提供借鉴。

（一）美国

在工业化迅猛发展的同时，美国环境污染问题频发，客观上推进了美

① 喻海松：《污染环境罪若干争议问题之厘清》，载《法律适用》2017年第23期。

国环境法律体系的建立与完善。美国的环境法律体系主要由制定法和判例法构成，其中制定法包括《清洁水法》《超级基金法》等联邦立法，也包括州立法，[①] 并建立了较为完善的环境污染损害评估制度，对生态环境损害本身的立法关注取得了显著成绩。

美国环境污染犯罪的一般过程是违反行政性规定→非法排放→造成污染后果，美国环境刑法据此以危险犯和实害犯构造的罪刑规范来进行规制，对造成污染后果的实害犯，还考虑到了切断行政关联的情况，从而构建了惩治环境犯罪的严密刑事法网。[②] 危险犯与实害犯并行的机制，实现了生态中心主义的法益观和人类中心主义的法益观的有机结合。

（二）欧盟

面对日趋严峻的环境污染问题，欧盟在尝试通过传统的民事侵权救济机制进行污染问题治理无果后，逐步转变思维，专门建立了生态环境损害责任制度，制定了针对环境损害的环境责任指令，[③] 并逐步通过刑事立法打击环境污染犯罪。

以德国为例，德国环境刑法的法益观大致经历了“强人类中心主义法益观→弱人类中心主义法益观→生态人本主义法益观”的发展路径，当前为了规制环境风险，德国刑法基于生态人本主义法益观而对人的法益和生态法益加以保护。一方面，规定了大量危险犯特别是抽象危险犯，使环境刑法的法益保护大大提前；另一方面，为了避免刑事处罚早期化过度延伸，又通过比例原则对生态法益进行限缩，仅在损害风险逾越社会可容忍界限时才加以处罚。[④]

---

① 于文轩：《美国水污染损害评估法制及其借鉴》，载《中国政法大学学报》2017年第1期。

② 贾学胜：《美国对环境犯罪的刑法规制及启示》，载《暨南学报（哲学社会科学版）》2014年第4期。

③ 刘鹏：《国外生态环境损害法律责任立法考察及启示——以美国、欧盟和日本为例》，载《政法学刊》2018年第3期。

④ 王明远、黄春潮：《论德国环境刑法的法益观》，载《湖南师范大学社会科学学报》2022年第2期。

（三）日本

为解决工业化高速发展带来的负面后果，日本在20世纪陆续颁布了《大气污染控制法》《水质污染防止法》等一系列环境行政法，其中包含大量规定刑事责任的条款。并且日本刑法以刑法修正案的方式增设了污染饮用水罪、污染水道罪、毒物混入水道罪、气体遗漏罪等涉及污染环境的犯罪。随后，日本通过制定《公害罪法》来弥补现行环境刑法的不足。

由于环境本身的特殊性，以保护个人利益为基础的传统刑法理论在处理环境犯罪方面明显不足，因此日本刑法学界不得不提出相应的修正理论，例如客观归责上的疫学因果关系说，乃至于主观归责上的危惧感说。然而，在面临举证困难的同时，为了有效预防环境犯罪，提早保护不特定多数人的生命、身体乃至于财产安全，日本最终在立法上采用了危险犯的立法模式。①

五、严重污染环境司法适用的进路构建

当前污染环境罪中“严重污染环境”的认定存在诸多争议问题，亟须优化司法路径，实现“严重污染环境”的规范化适用。

（一）明确严重污染环境的多元化行为类型

严重污染环境所体现出行为类型的不明确，给司法实践造成了困扰，导致司法工作人员在裁判文书中对是否需要论证、如何论证因果关系及危害结果做法不一。明确严重污染环境所体现出的行为类型，才能发挥其明示作用，而行为类型的界定取决于该罪的保护法益，故需要首先明确污染环境罪的保护法益。

本罪的法益大体有三种学说，一是生态中心主义说，该说以生态为核心，认为污染环境罪保护法益就是环境本身；二是人类中心主义说，该说以人类利益为首要目标，认为污染环境罪保护最终目的是保障人类利益，

① 陈建旭:《日本环境犯罪的刑法理论发展》，载《北方法学》2013年第1期。

本罪法益是人类的生存发展安全；三是折中说，此说兼顾生态中心主义与人类中心主义，认为本罪的保护法益既有环境本身又有人类利益。

应当承认，纯粹的生态中心主义或者人类中心主义在当今时代已经难以成立，折中说兼顾生态保护与人类利益是合理选择。一来，法律是人的法律，保护环境的最终目的仍要落到人上，纯粹的生态中心主义没有意义；二来，生态价值与人类利益之间是间接的联系，两者具有一定的间隔，将环境保护前置于人类利益之前具有一定的合理性。因此，在当下，折中说具有现实合理性。在污染环境罪采纳折中说而拥有多重法益之后，严重污染环境的行为类型划分就有了依据。对《2023 解释》第 1 条严重污染环境列举的前 10 项情形进行分析，从行为犯与结果犯的角度看，1—8 项为行为犯，9—10 项为结果犯。从危险犯与实害犯的角度看，行为对环境造成了严重污染，但没有对人类产生实害，从生态中心主义角度出发就是实害犯，从人类中心主义角度出发是危险犯，如行为不仅严重污染了环境，还对人类生命健康、财产安全产生实质危害，不论从哪一角度出发均为实害犯。

反对观点认为，在同一犯罪中不能存在既是行为犯又是结果犯、危害犯与实害犯的归类。[①] 然而，这一结论是基于单一保护法益进行的分析，基于多重保护法益的特殊性，这两种分类可以在一罪中共存，《2023 解释》第 1 条的规定事实上也支持了这种观点。因此，基于多重保护法益，严重污染环境体现出的是多元化行为类型的集合体，应当分情况进行是否需要判断危害结果以及因果关系的判断与论证。具体情况可见表 3。

（二）确立严重污染环境的可操作化认定方法

在明确严重污染环境体现出的是多元化行为类型的集合体背景下，进一步需要讨论的就是如何确定行为人的行为是否严重污染环境。为此，应当构建严重污染环境的可操作化认定方法，降低司法实践的认定难度。

---

① 张志钢:《摆荡于激进与保守之间：论扩张中的污染环境罪的困境及其出路》，载《政治与法律》2016 年第 8 期。

表3　犯罪分类[1]

犯罪分类			特质	罪例	是否需要判断危害结果	是否需要判断因果关系
危险犯	抽象危险犯	行为犯	行为中包含抽象危险	危险驾驶罪	否	否
	具体危险犯	行为犯	行为与危险结果同时发生	非法携带枪支罪	否	否
		结果犯	行为与危险结果具有时间间隔	放火罪	是	是
实害犯		行为犯	行为与实害结果同时发生	非法侵入住宅罪	否	否
		结果犯	行为与实害结果具有时间间隔	故意杀人罪	是	是

严重污染环境的可操作化认定标准的建立可以从以下两方面着手：一是在废水类污染检测中要明确检测的具体地点，不能各行其是，前后不一。根据实践经验，处理废物的车间源头是各类有害物质含量最高处，在该地点采集的样本也不会受到外界环境的污染，将其作为统一检测地具有合理性与可操作性，仅检测此处既不会放纵犯罪又可以节省鉴定资源。二是在固体污染物审判实践中，数量计算方式主要可归纳为五种：根据供述认定；根据账本认定；根据测绘计算污染吨数；根据处置外运的污染物的吨数计算；根据购进原料数量及生产工艺计算污染吨数，[2] 应当根据个案情况以客观测绘、运输为主结合被告人供述等主观证据进行综合认定。

① 表格来源于梅传强主编：《刑法实务教程》，中国人民大学出版社2013年版，第38页，表格做了部分修改。

② 山东省高级人民法院环境资源审判庭课题组：《环境污染犯罪在法律适用中存在的问题及对策研究——以山东法院2017—2021年审结的污染环境罪案件为样本》，载《山东法官培训学院学报》2022年第5期。

（三）完善严重污染环境的鉴定与检验并行机制

由于污染环境罪司法适用具有较强的技术属性，司法工作人员难以独立进行污染物种类、浓度、数量等专业判断，司法鉴定就成为环境类刑事诉讼所倚重的重要工具。然而，由于鉴定机构少、鉴定费用高等问题，实践中体现出的不愿意使用司法鉴定的倾向，导致实践中的司法鉴定难以有效发挥作用。《2023 解释》《纪要》等规范文件事实上确立了环境类犯罪中鉴定与检验并行的体系，一定程度上弥补了单独依靠司法鉴定的弊端，发挥了一定的积极作用。但是，实践中存在的鉴定与认定程序不规范问题阻碍了刑事诉讼进程。

为此，我们要明确以下问题。一是明确涉及定罪量刑的核心问题的范围，例如污染物的种属、浓度、数量、是否造成生态环境损害等，此类问题原则上适用司法鉴定，难以进行司法鉴定或者鉴定难度较低无须进行司法鉴定等特殊情况下，允许结合主客观证据进行认定，但要在裁判文书中予以阐明。二是重申司法鉴定的规范程序，进行司法鉴定必须经过法定程序、寻求有资质的司法鉴定机构，而不能随意进行。三是各地可以分别建立国务院环境保护主管部门、公安部门指定的机构名单，以技术能力、人员资质为标准，每年度进行严格准入筛选与动态调整机制。在不需要进行司法鉴定或者难以进行司法鉴定的场景下，相关单位可以指定名单中的机构进行检测，既可以节约司法资源又可以实现对司法鉴定的有效补充，实现权威性与可操作性的有机平衡，避免控诉双方在鉴定上的争议。

（四）准确界定严重污染环境的其他有害物质范围

其他有害物质的范围不明确，就难以与污染环境罪其他污染物加以有效区分，尤其是与有毒物质的界分难题，无法完全实现《刑法修正案（八）》规定其他有害物质的立法意图。

根据体系解释，考虑到在刑法条文中的位置，其他有害物质应当具有两重含义。一是自身具有一定危害的物质，即和“放射性废物”“含病原体废物”“有毒物质”基本相当的物质属于其他有害物质；二是自身一般不具有危害，但是可以对特定环境产生相当程度危害的物质，即只要排放、倾倒、处置该物质会对环境产生污染，就可以认定为其他有害物质，例如将过期牛奶倾倒在水源保护区。因此，“有害物质”的认定，既在于物质本身是否有害，又在于其是否能够对环境产生负面影响，但后者在认定上应当持谨慎态度，必须通过司法鉴定或者专家论证等方式证明该行为确实严重污染了环境。

基于此可以明确以下两个问题，一是未超标的含重金属物质未达到本罪的有害物质标准，就不能认定为有毒物质，但属于其他有害物质的范畴，认定为其他有害物质也可以实现刑法规制；二是其他有害物质发挥着“兜底”作用，自身无害物质也可以纳入其他有害物质的范畴，但应当予以从严把握，只有对环境可以产生相当程度危害，经过鉴定或者论证后才可以认定为其他有害物质。令人振奋的是最新出台的《2023 解释》事实上已经注意到其他有害物质认定的第一个方面的问题，将《2016 解释》第 15 条“含重金属的污染物”的规定，修改为“重金属含量超过国家或者地方污染物排放标准的污染物”①。

六、结语

环境污染犯罪的科学治理是一个永无止境的过程，刑事司法必须承担起支柱作用。目前理论界与实务界对污染环境罪中“严重污染环境”的诸多问题仍有争议，亟须统一理解认识，指导司法实践。未来，应在通过司法解释明确污染环境罪的多元化犯罪类型的基础上，确立本罪可操作化的认定方法。甚至，在时机成熟时立法上可以考虑对危险犯与实害犯设置不同的法定刑档次，更好地做到罪责刑相适应。

---

① 周加海、喻海松、李振华:《〈关于办理环境污染刑事案件适用法律若干问题的解释〉的理解与适用》，载《人民司法》2023 年第 25 期。

形式、方式与结果：污染环境罪中处置行为界定“三步法”

周立武　远桂宝*

一、问题的提出

排放、倾倒和处置是刑法规定的污染环境罪的三种独立行为方式。排放和倾倒具有概念上的明确性和外延上的封闭性，而处置具有概念上的模糊性和外延上的开放性，所以在司法实践中对排放和倾倒的含义理解已经达成共识，对处置行为的具体认定存在较大分歧，出现了混淆模糊的现象，成为环境资源犯罪办理中公认的经典疑难问题。学界对处置行为的解释存在着截然不同的两种观点，从处置行为所覆盖的范围来看，主要存在着“限制说”和“扩大说”两种学说。

“限制说”认为处置行为应当与排放、倾倒行为具有同等程度的违法行为，因而在社会危害性方面三者应当相当。该种学说是建立在污染环境罪是一种包含严重危害可能性的特殊实害犯的观点之上。“严重污染环境”是构成要件之一。无论是排放行为，还是倾倒行为，抑或处置行为都必须以造成“严重污染环境”、侵害环境法益为前提条件。排放、倾倒是直接将有害物质与外环境接触的行为，因而理所当然会造成环境的污染。处置行为也必须是将有害物质置于外环境且造成环境严重污染的行为，只有这样，

① 周立武，江苏省人民检察院第一检察部副主任、三级高级检察官；远桂宝，江苏省南通市开发区人民检察院第一检察部检察官助理。

处置行为对环境的危害才能与排放、倾倒有害物质的危害相当。

“扩大说”认为对“处置”行为的违法程度要低于排放、倾倒行为，对“处置”应当作扩大解释。虽然刑法第338条规定将排放、倾倒和处置行为并列规定，但是处置行为仍然排在最后，说明其社会危害性程度要小于排放和倾倒行为。排放和倾倒行为对环境的污染后果是直观的，处置行为对环境的危害往往存在多种因果关系，因而危害后果并不直观。司法解释第7条将处置危险废物与收集、储存、利用危险废物相并列，没有理由要求处置行为的危害性要大于前三种行为。污染环境罪保护的法益不仅是环境，还有环境管理秩序，处置行为对环境管理秩序的危害，也是应当考虑的因素。要求处置行为具有与排放、倾倒行为对环境相当的危害性，必然会大大缩小处置行为的范围。

二、环境法益——厘清处置行为的立足点

弄清楚污染环境罪所侵犯的法益是厘清处置行为的前提和基础。这是因为法益理论是对刑法上处置行为进行解读的终极理论。法益侵害是解释处置行为构成的实质性标准。只有在法益保护目的的指导与制约下对处置行为予以实质解释与判定，才能使认定的结论符合刑法规定该犯罪行为所追求的法益保护目的。“法益是指根据宪法的基本原则，由法所保护的客观上可能受到侵害或威胁的人的生活利益，其中有刑法所保护的人的生活利益，这是刑法上的法益。”① 简言之，刑法法益就是刑法所保护的人的生活利益。污染环境罪所侵犯的法益是近年来理论界讨论较为激烈的问题，主要观点集中于公民的生命、健康和公私财产安全说，环境管理秩序说，环境权说和环境法益说四种观点。

公民的生命、健康和公私财产安全说是与作为典型结果犯的“重大环境污染事故罪”相适应的。依据该种观点即便是环境污染造成了重大生态环境破坏，但只要没有造成公私财产或人身伤亡的严重后果就不构成犯罪，

① 张明楷:《法益初论》，中国政法大学出版社2003年版，第167页。

不能适用重大污染环境罪予以处罚。这就否定了环境资源的相对独立性，因而带有浓厚的人类中心主义色彩。该种观点不利于环境的保护。环境管理秩序认为污染环境罪侵害的是环境管理秩序。该种观点没有根据环境犯罪的本质深入挖掘环境犯罪的客体内容，尚未触及该罪的本质。环境类犯罪是典型的行政犯。行政犯具有行政违法和刑事违法的双重属性。[①] 环境管理秩序说浮于问题的表面，没有从深层次区分行政不法与刑事不法。环境权说认为该罪保护的法益是环境权。环境权的本质是一种人权。环境权是20世纪60年代伴随着环境危机的相继爆发，依据宪法基本人权保障规定引申出的一种新兴权利形态。[②] 从国外来看，关于环境权的主体、内涵、概念上还存在较大的争议，尚未形成定论。从国内看，无论是作为我国根本大法的宪法，还是作为环境基本法的环境保护法都没有环境权的相应规定。把环境权作为环境类犯罪所保护的法益超越了当前我国所处的社会主义初级阶段这个最大的国情。将一个内涵与外延都不明晰的环境权作为环境犯罪所保护的法益是相当危险的，必将使污染环境的司法适用陷入混乱状态。环境法益说认为该罪保护的法益是环境，环境本身具有相对的独立性。

理论上的争议并不代表司法实践中就无所遵循，笔者认为应当立足于环境法益说来界定污染环境罪中的处置行为。刑法规范本身设定的罪状是对具体犯罪侵犯法益内容界定的基本依据。1997年刑法第338条的罪名是重大污染环境事故罪。只有人身、财产等法益因污染环境行为受到侵害的，才能予以刑事处罚。反观《刑法修正案（八）》之后的污染环境罪的罪状，“严重污染环境”是本罪的构成要件，污染的对象是环境，行为指向的也是环境。“‘环境’本身成为了犯罪的对象，标志着环境法益成为了中国环境刑法立法的基石。”[③] 环境法益的确立对污染环境行为入罪不再限于对人身法益和财产法益的侵害，体现了立法者对环境法益的重视，更体现了环境法益的独立价值。这种修法理念的转变也体现在了刑事司法实践中。《刑法

---

① 张明楷主编：《行政刑法概论》，中国政法大学出版社1990年版，第103页。

② 汪劲：《环境法学》（第三版），北京大学出版社2014年版，第61页。

③ 钱小平：《环境法益与环境犯罪司法解释之应然立场》，载《社会科学》2014年第8期。

修正案（八）》之后关于污染环境罪的新的司法解释也是基于环境法益的独立性，将“严重污染环境”这一要件的情形多样化，规定了隐蔽性排污、超标排放特定污染物、特定区域环境污染等侵害环境本身的情形，这些情形都不再限于对人身法益和财产法益的侵害，凸显了环境法益自身的独立性。环境法益的确立是符合我们当前社会发展阶段的定位的，在经济发展与大众健康之间实现了平衡，有利于人类社会的可持续发展。所以对处置行为的界定，要立足于环境法益这一个基本点，否则就会在界定处置行为中误入歧途。

三、处置行为的界定不能照搬行政法

刑法和司法解释虽然没有对处置行为进行概念界定，但是相关环境立法和规章中已经有了明确界定。刑法对处置行为的界定当然不能照搬行政法，但是对刑法中处置行为的界定仍有参照意义。这是因为刑法在整个法律体系中的基本定位和基本角色是保障法（二次法）和最后法，刑法与行政法并非并列关系，而是保障与被保障关系，刑法并不创造规则，刑法规范只是告诉人们不能做什么，而不告诉人们应该做什么。行政法才是提供行为规则的法律，刑法的使命就是保障这些规则的落实和贯彻。固体废物污染环境防治法第 124 条第九项规定“处置，是指将固体废物焚烧和用其他改变固体废物的物理、化学、生物特性的方法，达到减少已产生的固体废物数量、缩小固体废物体积、减少或者消除其危险成分的活动，或者将固体废物最终置于符合环境保护规定要求的填埋场的活动”。由于该法第 125 条又规定“液态废物的污染防治，适用本法”。可见，该部法律针对的不仅是固体废物，而且包括了液体废物。与此相适应的是，处置针对的对象既包括固体废物也包括液态废物。再如《危险废物经营许可证管理办法》第 31 条第四项规定“处置，是指危险废物经营单位将危险废物焚烧、煅烧、熔融、烧结、裂解、中和、消毒、蒸馏、萃取、沉淀、过滤、拆解以及用其他改变危险废物物理、化学、生物特性的方法，达到减少危险废物数量、缩小危险废物体积、减少或者消除其危险成分的活动，或者将危险废物最终置于符合环境保护规定要求的场所或者设施并不再回取的活动”。

从法律和规章对处置行为的表述来看，行政法中的处置行为有以下突出特征：一是从处置的种类来看，可以分为中介性处置和终局性处置两类。中介性处置是指对有害物质的减量化和无害化活动，通过一定的方法改变有害物质的物理、生物、化学特性，以实现有害物质的数量、体积的减少或毒害性的降低，并不涉及将有害物质排放进入外环境并不再取回的活动。终局性处置是指将有害物质与外环境直接接触并不再回取的终局性活动。这两种处置对环境的影响差异悬殊。终局性处置涉及有害物质进入外环境，中介性处置行为一般都是在特定空间内进行的，所以终局性处置对环境影响很大，而中介性处置相对影响较小。二是从处置的目的来看，行政法中的处置目的在于有害物质的减量化和无害化，并不涉及有害物质的资源化。这是因为固体废物污染环境防治法将处置行为和利用行为进行了并列式的规定，两者性质存在根本不同。固体废物污染环境防治法第124条第八项规定“利用，是指从固体废物中提取物质作为原材料或者燃料的活动”。可见，利用是对有害物质的资源化活动。但是刑法中的处置行为是包含部分利用行为的。这一点可以从司法解释起草参与者的解读中得到证实。《〈关于办理环境污染刑事案件适用法律若干问题的解释〉的理解与适用》指出：“司法实践中对非法处置危险废物的认定，特别是处置危险废物与利用危险废物之间的关系，存在较大认识分歧。经研究认为，利用本身也是一种处置行为，但核心在于判断是否造成环境污染。”

四、处置行为界定——“三步法则”

（一）第一步：判断表现形式

从表现形式上看，处置是兜底性的其他污染环境行为。在表现形式上，处置是排放、倾倒有害物以外的其他的污染环境行为。刑法第338条是打击破坏环境犯罪的基础罪名，在环境污染刑事治理中发挥着关键作用。由于环境污染的情形是不断变化发展的，但是刑法却又必须是保持相对稳定性的，因此在立法技术上，法律术语要尽可能将各种犯罪行为穷尽表述，以缓解法律稳定性与犯罪行为不断变动性之间的矛盾。排放、倾倒、处置是刑法第 338 条明文规定的三种行为方式。由于三者是并列关系，所以从同类解释的角度来看，处置是与排放、倾倒侵害法益相当的行为，从体系解释的角度来看，三者各自的内涵自然不能发生重叠。

排放是指将有害物质直接排入环境的行为，倾倒是指将有害物质通过运载工具等转移至他处排入环境的行为，倾倒与排放的区别在于其对有害物质的排放通过了运载工具的转移。可见，排放和倾倒的内涵是清晰的，正是由于概念的清晰性，所以其语义范围具有封闭性，两者所指的范围显然不能囊括所有，甚至大部分的严重侵害环境法益的刑事违法行为，还需要一个具有兜底性质的词汇。处置是一个相当抽象的词汇，并不能直接从字面的意思就理解出具体的表现形式。处置含义的多义性、模糊性和由此决定的语义范围的开放性恰恰契合了立法技术的需要。根据《现代汉语大词典》对处置的解释，处置有处理、安置、惩治、发落的意思，其中作为含义之一的处理的语义外延就已经非常宽广，人类所有与有害物质发生关联的行为，从有害物质的产生到最终归宿，几乎涵盖了一切围绕有害物质发生的行为，都可以视为处理，进而视为处置。收集、贮存、买卖、运输、利用、买卖、排放、倾倒等都在其语义范围之内。可见，处置含义的模糊性和多义性，能够发挥着“等”这一兜底性条款的功能。处置语义范围的开放性，能够把现实生活中不断出现的新型污染环境行为纳入刑法规制的范围，能够很好地消除刑事立法的稳定性与刑事司法的变动性之间的矛盾。所以，从立法技术的角度来看，处置行为的表现形式是法律规定的排放、倾倒行为之外的行为。

（二）第二步：判断行为方式

从行为方式上看，处置是将有害物质置于外环境的行为。因为处置在表现形式上是除排放、倾倒以外的环境污染行为，其本质上也是一种污染环境的行为。只有污染物进入外环境，才可能污染环境。排放和倾倒包含着污染物进入到外环境这一应有之义，但是处置行为并不一定导致污染物进入外环境中。根据同类解释原则，未进入外环境的处置在违法性上与排放、倾倒不具等价性，因此不是此罪中的处置行为。处置与倾倒、排放的危害相当性体现在其污染物也进入外环境。1997 年刑法第 338 条规定的重大环境污染事故罪将土地、水体和大气划定为三个具体的保护对象的做法，因而在罪状中有“向土地、水体、大气排放、倾倒或处置”的描述，也就是排放、倾倒、处置的对象是“土地、水体、大气”。《刑法修正案（八）》将刑法第338条“重大环境污染事故罪”罪名修订为“污染环境罪”，同时在罪状描述中删除了“处置”有害物质的指向：土地、水体、大气，结果在司法实践中被误解为对“处置”有害物质不再有具体指向方面的要求。《刑法修正案（八）》的立法说明，对删除的内容做了说明，特别强调：“《刑法修正案（八）》删去了原来条文中规定的排放、倾倒、处置行为的对象，即‘土地、水体、大气’，这只是文字修改，使条文更简练，实际上，排放、倾倒、处置行为的对象，通常情况下仍然是土地、水体、大气。”[①] 不仅如此，2019年2月“两高三部”下发的《关于办理环境污染刑事案件有关问题座谈会纪要》，在谈到准确认定非法处置行为时，强调从“污染物是否与外环境接触、是否造成环境污染的危险或者危害”等方面进行综合分析判断。这些都说明污染物进入外环境是处置的行为方式。污染环境罪中的非法处置仅仅包括“有害物质进入外环境的处置”，而不包括“有害物质未进入外环境的处置”。

司法实践中要注意警惕的倾向：将形式上符合污染环境罪的司法解释，但实质上尚未把有害物质置于外环境，更谈不上严重污染环境的行为解释为处置行为，进而认定为处置型污染环境罪。这里需要正确理解外环境这个概念。外环境是指有害物质排入的自然环境。自然环境是由水、大气、土壤、植物、动物等基本要素组成的生态系统。山水林田湖草、江河湖泊、渗井、渗坑、裂隙、溶洞当然是外环境，结合司法实践中的污染环境案件来看，需要特别指出的是，以下情形也应当视同为外环境：（1）暗管连通的废水收集池（槽、罐、沟）内；（2）排污单位连通外环境的雨水沟（井、渠）；（3）对排放含《污水综合排放标准》第一类污染物的废水，其产生车间或车间处理设施的排放口；（4）除《污水综合排放标准》外，其他污染物排放标准中要求在车间或生产设施废水排放口采样的污染物，其车间或生产设施废水排放口；（5）违反国家规定，向雨水管网、生活污水管网和工业

---

① 全国人大常委会法制工作委员会刑法室编：《〈中华人民共和国刑法修正案（八）〉条文说明、立法理由及相关规定》，北京大学出版社2011年版，第177页。

污水管网处置有害物质，进入纳管网处。

（三）第三步：判断危害结果

从危害后果看，处置是造成环境严重污染结果的行为。正如上文所言，法益侵害是解释处置行为构成的实质性标准。污染环境罪侵害的是环境法益。所以对处置行为的解读必须坚持环境法益的实质考量。从立法上看，处置行为的构成是环境法益侵害的具象化，只有严重侵害环境法益的处置行为才能被规定为犯罪；从司法上看，被认定为犯罪的处置行为必须严重侵害环境法益。[①]“严重污染环境”是刑法第338条明文规定的污染环境罪的入罪要件，其不仅是对“毒害性”程度的要求，而且也是对“处置”行为本身的限定，“严重污染环境”指环境质量的显著降低。这种显著降低是环境质量外在的变化，显著变化本身就是一种结果。因此，污染环境罪是结果犯。作为本罪实行行为的“处置”行为，就需要达到该种程度，不得将污染未达到严重程度的非法处置行为甚至尚未污染环境的行为解释为刑法上的处置行为。所以并非除排放、倾倒以外的污染环境行为都构成处置型污染环境罪，还必须造成一定的危害结果。这种危害结果要求起到限制处置行为范围的作用，体现了刑法的谦抑性。严重污染环境是环境法益遭受严重侵害的表征。

如何认定“严重污染环境”的结果，一是司法解释有规定的按照司法解释的规定执行。比如无危险废物经营许可证从事收集、贮存、利用危险废物的，以“超标排放污染物、非法倾倒污染物或者其他违法造成环境污染的情形”认定污染环境的严重结果。二是司法解释没有规定，参照我国环境质量标准体系来认定。2016年6月环境保护部发布了《生态环境损害鉴定评估技术指南（总纲）》，其中在生态环境损害调查确认部分规定“评估区域空气、地表水、沉积物、土壤、地下水等环境介质中特征污染物浓度超过基线20%以上”作为生态环境损害确认情形之一，并把环境质量标准作为其中的基线之一。所以污染物浓度超过环境质量标准的20%，可以

---

① 侯艳芳：《污染环境罪疑难问题研究》，载《法商研究》2017年第3期。

作为认定环境严重污染的参照标准。当前，我国已经形成涵盖土壤、水、大气等基本环境载体的一系列环境质量标准体系，这些标准体系均规定了维持正常的生产、生活以及保障人体健康的限制值，为司法人员判断环境污染程度提供了重要参照。

五、结语

污染环境罪中处置行为是指排放、倾倒以外的将有害物质置于外环境并造成环境严重污染的行为。行政法中处置行为主要是指有害物质的减量化和无害化，污染环境罪中处置行为却不限于此，所以以污染环境罪是行政犯，将行政法中处置行为的含义照搬到处置型污染环境罪中，是对法条的误读。这是因为处置本来就是一个含义丰富的词汇，需要置于具体语境理解其含义。司法实践中需要注意警惕的倾向：将形式上符合污染环境罪的司法解释，但实质上尚未把有害物质置于外环境，更谈不上严重污染环境的行为解释为处置行为，进而认定为处置型污染环境罪。

破坏环境资源犯罪法律适用和审查办理难点问题研究
——以西藏检察机关办理破坏环境资源保护案件为分析视角

卓　嘎　王旭东　黄　可*

西藏自治区位于中国的西南边陲、青藏高原的西南部。青藏高原是世界上面积最大、海拔最高的高原，被誉为“世界屋脊”“亚洲水塔”，是“地球第三极”，更是我国重要的生态安全屏障、高寒生物种质资源宝库、战略资源储备基地，是中华民族特色文化的重要保护地，更是全国重要水源头地之一。习近平总书记提出“必须坚持生态保护第一”这一论断，将生态保护明确为新时代党的治藏方略“十个必须”之一，为西藏生态保护工作指明方向。“保护好西藏生态环境，利在千秋、泽被天下。”① 习近平总书记强调要坚持保护优先，坚持山水林田湖草沙冰一体化保护和系统治理，加强重要江河流域生态环境保护和修复，统筹水资源合理开发利用和保护，守护好西藏的生灵草木、万水千山。②

西藏是青藏高原的主体，是重要的国家生态安全屏障。保护好青藏高

* 卓嘎，西藏自治区人民检察院党组成员、副检察长；王旭东，西藏自治区人民检察院第一检察部主任，三级高级检察官；黄可，西藏自治区人民检察院第一检察部四级检察官助理。

① 《读懂总书记对西藏发展的嘱托：必须坚持生态保护第一》，载生态中国网，2021年8月19日。

② 习近平总书记在西藏考察时的重要讲话，2021年7月21日至23日。

原生态事关中华民族生存和长远发展，事关铸牢中华民族共同体意识，事关西藏长治久安和高质量发展，事关全区各族人民的民生福祉。保护西藏生态环境、建设国家生态文明高地是全社会的共同责任和义务。[①] 西藏检察机关深入贯彻落实习近平新时代中国特色社会主义思想、习近平生态文明思想和新时代党的治藏方略，落实西藏自治区十一届人民代表大会四次会议通过的《西藏自治区国家生态文明高地建设条例》，牢固树立“绿水青山就是金山银山，冰天雪地也是金山银山”的理念。为保障国家生态安全、加强生态风险防控的客观要求，解决青藏高原生态保护特殊问题、回应青藏高原人民群众新期待的现实需求，学习贯彻全国人大常委会颁布的青藏高原生态保护法。西藏检察机关严格落实《西藏自治区国家生态文明高地建设条例》，自觉围绕“着力创建国家生态文明高地，努力做到生态文明建设走在全国前列”要求，为助力西藏环境资源保护提供坚强法治保障。

一、西藏检察机关办理破坏环境资源案件情况

过去五年来，全国检察机关受理审查逮捕破坏环境资源犯罪涉案主要集中在环境资源犯罪、非法捕捞水产品罪、非法采矿罪、非法占用农用地罪、非法狩猎罪、滥伐林木罪6个罪名。受理审查起诉破坏环境资源犯罪涉案主要集中在非法捕捞水产品罪，非法狩猎罪和危害珍贵、濒危野生动物罪。[②] 并以污染环境、动物资源、土地资源、矿产资源、植物资源等五大类将破坏环境资源犯罪破坏主体进行分类。

2021年以来，对西藏检察机关办理破坏环境资源犯罪进行分析，受理审查逮捕破坏环境资源犯罪主要集中在危害珍贵、濒危野生动物罪，盗伐林木罪，非法捕捞水产品罪等（见图1）；受理审查起诉破坏环境资源犯罪主要集中在危害珍贵、濒危野生动物罪，盗伐林木罪，非法占用农用地罪，非法捕捞水产品罪等（见图2）。西藏检察机关破坏环境资源犯罪受理审查

① 《西藏自治区国家生态文明高地建设条例》第4条，2021年1月24日发布。

② 最高人民检察院发布《生态环境和资源保护检察白皮书（2018—2022）》，2023年6月5日。

逮捕52件111人，批准逮捕31件71人，不批准逮捕18件35人。受理审查起诉115件278人，起诉82件188人，不起诉20件61人。

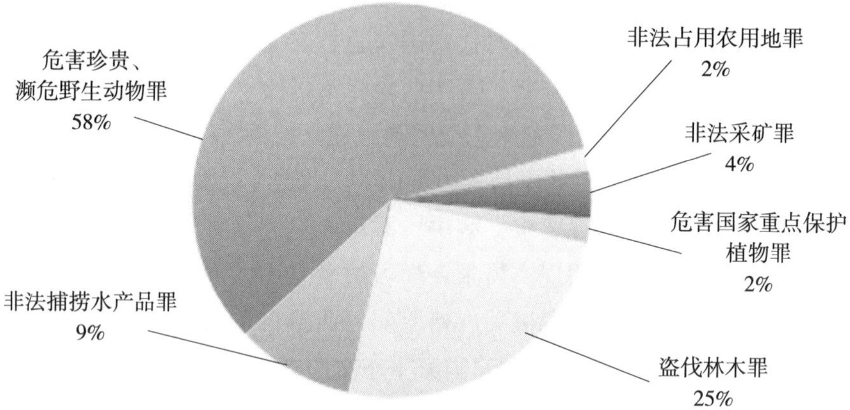

图1　2021年以来西藏检察机关受理审查逮捕破坏环境资源犯罪罪名分布情况

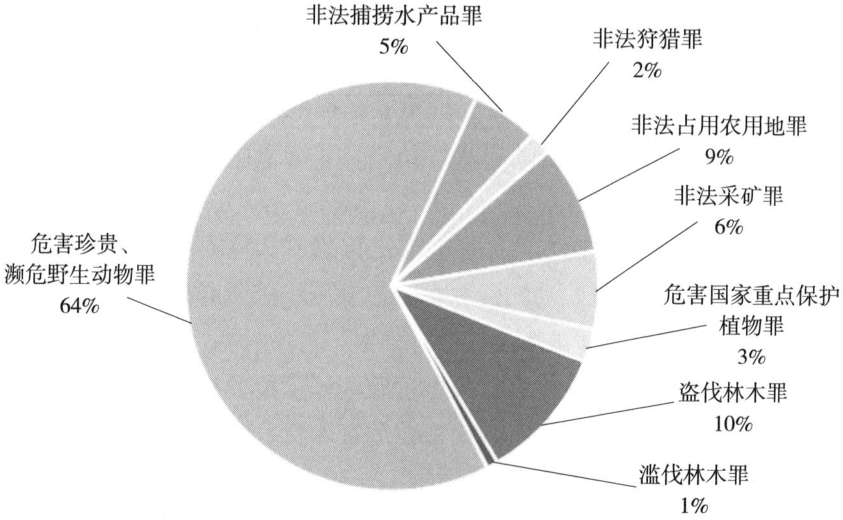

图2　2021年至2023年5月西藏检察机关受理审查起诉
破坏环境资源保护罪罪名分布情况

（一）依法办理动物资源类破坏环境资源犯罪

1. 危害珍贵、濒危野生动物罪。2021年以来西藏检察机关受理审查逮捕危害珍贵、濒危野生动物罪30件62人，批准逮捕23件46人，不批准逮捕6件16人；受理审查起诉危害珍贵、濒危野生动物罪74件143人，起诉52件106人，不起诉11件28人。

2. 非法捕捞水产品罪。2021年以来西藏检察机关受理审查逮捕非法捕捞水产品罪5件18人，批准逮捕3件10人，不批准逮捕1件6人；受理审查起诉非法捕捞水产品罪6件20人，起诉5件17人。

3. 非法狩猎罪。2021年以来西藏检察机关未受理审查逮捕非法狩猎罪案件；受理审查起诉非法狩猎罪2件2人，不起诉2件3人。

（二）依法办理土地资源类破坏环境资源犯罪

非法占用农用地罪。2021年以来西藏检察机关受理审查逮捕非法占用农用地罪1件2人；受理审查起诉非法占用农用地罪10件14人，起诉5件5人，不起诉6件11人。

（三）依法办理矿产资源类破坏环境资源犯罪

1. 非法采矿罪。2021年以来西藏检察机关受理审查逮捕非法采矿罪2件4人，批准逮捕2件2人，不批准逮捕1人；受理审查起诉非法采矿罪7件34人，起诉5件9人，不起诉14人。

2. 破坏性采矿罪。2021年以来西藏检察机关未受理审查逮捕、审查起诉破坏性采矿罪案件。

（四）依法办理植物资源类破坏环境资源犯罪

1. 盗伐林木罪。2021年以来西藏检察机关受理审查逮捕盗伐林木罪13件17人，批准逮捕2件5人，不批准逮捕11件12人；受理审查起诉盗伐林木罪12件34人，起诉12件29人，不起诉4人。

2. 滥伐林木罪。2021年以来西藏检察机关未受理审查逮捕滥伐林木罪案件；受理审查起诉滥伐林木罪1件1人，不起诉1件1人。

3. 危害国家重点保护植物罪。2021年以来西藏检察机关受理审查逮捕危害国家重点保护植物罪1件8人，批准逮捕1件8人；受理审查起诉危害国家重点保护植物罪3件23人，起诉3件22人。

综上，按照最高检发布的《生态环境和资源保护检察白皮书（2018—2022）》的分类，从西藏检察机关受理审查起诉情况分析，西藏破坏环境资源犯罪涉及动物资源、土地资源、矿产资源及植物资源四大类，其中动物资源类破坏环境资源犯罪占比最大（见图3）。

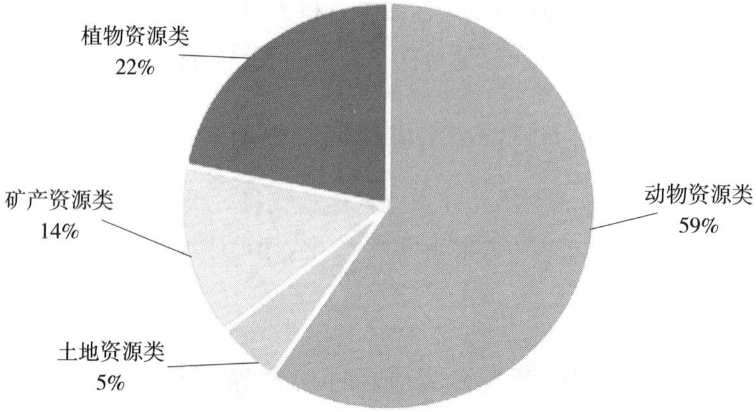

图3　2021年至2023年5月破坏环境资源保护犯罪案件类别占比情况

二、西藏检察机关用法治力量守护生物多样性的几点做法

破坏环境资源犯罪主要侵犯的是国家资源保护管理制度、人民群众的生命健康安全和重大公私财产的安全，其主要犯罪对象为生态环境和自然资源。青藏高原是世界生物多样性最丰富的地区之一，也是世界珍稀野生动物、植物生存繁衍栖息地和生物物种多样性的起源地。西藏的生物多样性不仅对其经济发展有重要意义，而且对世界物种资源的保存也有十分重要的意义。正是由于西藏独特的地质历史，复杂的生活空间和富庶的生物世界，使之成为当今世界最为活跃的物种分化中心之一。[①] 下面通过试举办理的较为典型的破坏环境资源犯罪案例进行阐述。

① 西藏林业信息网的《生态西藏》版页“生态价值”栏。

（一）严厉打击破坏水生态环境犯罪，积极保护区域水生态环境

青藏高原生态脆弱敏感，一旦被破坏，修复的难度非常大，需要特别予以保护。西藏检察机关充分发挥检察职能作用，紧盯生态保护关键环节，同时对违法行为人提起刑事附带民事公益诉讼，推进高原生态环境中野生鱼类资源可持续发展。西藏检察机关充分发挥检察职能，积极介入引导取证，全面查明案件事实，构建完整证据体系，依法从严惩处破坏生态环境犯罪。如，丁某等四人非法捕捞水产品案，2021 年 5 月 18 日晚，丁某、陈某、赵某、西某分别驾驶车牌号为藏 CX××××、藏 AX×××× 车辆，携带作案工具，在禁渔期、禁渔区用网鱼的方式在拉萨市当雄县捕捞野生鱼 1498 条，共计 717.81 千克。经西藏自治区农牧科学院水产科学研究所鉴定，涉案鱼类为纳木错裸鲤。经估价认定非法捕捞的纳木错裸鲤市场价格为 21534.3 元人民币。检察机关提前介入本案，积极引导取证，同时协同相关部门开展未死亡鱼种的放生工作，在依法追究当事人刑事责任的同时，又全力做好当事人的释法说理工作，促使当事人认罪认罚，积极进行赔偿并公开道歉。

（二）严厉打击破坏野生动物资源犯罪，守护青藏高原生物多样性

2020 年 2 月 24 日，全国人大常委会通过了《关于全面禁止非法野生动物交易、革除滥食野生动物陋习、切实保障人民群众生命健康安全的决定》，明确规定全面禁止以食用为目的猎杀、交易、运输在野外环境自然生长繁殖的陆生野生动物，体现了国家立法机关以最严格的法律条文禁止和严厉打击一切非法捕杀、交易、食用野生动物的行为。非法猎杀国家重点保护的珍贵、濒危野生动物不仅构成刑事犯罪，也对野生动物资源和生态环境造成损害。严厉打击和遏制破坏野生动物资源犯罪，有力保护青藏高原珍贵、濒危和特有野生动物物种，对于保护青藏高原生物多样性，提升生态系统多样性、稳定性、持续性具有重要意义。如，次某等三人危害珍贵、濒危野生动物案，2020 年 2 月 20 日，次某、向某、扎某电话相约外出打猎，三人分成两组在察隅县林区附近寻找猎物。次某与向某携带各自的

气枪深入林区内寻找猎物，扎某则携带父亲遗留的小口径步枪至河对面的山头寻找猎物。扎某射杀到1只赤斑羚。次某则先后猎杀了7只血雉，向某先后几次与次某合围猎物时都未能击中，便在休息处烧茶等待次某和扎某。三人在停车休息处汇合后，便将猎杀到的赤斑羚及血雉进行分配，三人将分配后所剩的猎物残肢装进袋子内。乘车返回县城途中，次某将赤斑羚皮和其他内脏扔到河里，后扎某下车取走自己的步枪及猎物回家。向某与次某开车行至边境派出所检查点时，被边境派出所执勤民警查获，并当场扣押收缴了放置在车内的枪支及各种子弹，赤斑羚残肢和血雉死体，同时民警还在次某携带的袋子内发现1支未组装的小口径步枪。经鉴定，被猎杀的赤斑羚为国家一级保护动物、血雉为国家二级保护动物。检察机关依法提起公诉既体现了从严惩治损害野生动物资源犯罪基本价值取向，突出了保护野生动物法益的独立地位，又体现了宽严相济的刑事政策，充分发挥了刑法的威慑力和教育功能。

（三）严厉打击破坏植物资源犯罪，维护青藏高原生态系统平衡

西藏检察机关通过提起野生动物资源保护刑事附带民事公益诉讼，追究资源破坏者刑事责任，提升人民群众的国家重点保护植物保护意识，实现对生态环境和资源的有效司法保护。如，巴某某非法采伐国家重点保护植物案，2019年9月20日，巴某某因涉嫌非法采伐国家重点保护植物罪被吉隆县森林公安局刑事拘留。公安局于2019年11月22日向吉隆县人民检察院移送起诉。2019年11月24日吉隆县人民检察院告知被告人有权委托辩护人，听取了辩护律师的意见，依法讯问了被告人，审查了全部案件材料。2020年1月3日，西藏吉隆县人民检察院以被告人巴某某涉嫌非法采伐国家重点保护植物罪向吉隆县人民法院提起公诉，且提起附带民事公益诉讼。2020年4月2日，吉隆县人民法院以巴某某犯非法采伐国家重点保护植物罪对其判处有期徒刑3年零2个月。附带民事公益诉讼部分，被告人巴某某承担补种密叶红豆杉20株幼苗费和管护费共计40800元，并公开赔礼道歉。本案所涉的国家一级保护野生植物红豆杉，是生态环境的重要组成部分，对维护生态系统平衡和保护生物多样性具有重要作用。该案的办理，有力打击了非法采伐国家重点保护植物的行为，增强了群众的法治

意识和环保意识，营造了维护良好生态的社会氛围，努力实现“办理一个案件，保护一片森林，维护一方生态”的良好效果，为守护绿水青山积极贡献检察力量。

（四）严厉打击破坏矿产资源犯罪，保护青藏高原矿产自然资源

非法采矿造成了生态环境破坏和国家矿产资源损失，侵害了国家利益和社会利益。如，陈某等四人非法采矿案，2014 年 4 月，被告人陈某同阿扎乡章达村白鸡山承租方杜某、刘某、胡某三人协商后，于当月 19 日签订了《采石厂合作协议》，按协议内容被告人陈某一边办理采矿许可证一边开采矿山。2015 年 3 月，被告人陈某之子按照其父陈某的要求，到阿扎乡白鸡山打理采石场的日常事务。后经山南地区国土资源局批准，于 2016 年 11 月 4 日，取得了采矿许可证（采矿权人系山南扎囊县阿扎乡章达村委会）。2018 年 5 月，扎囊县政府准备关停该采石场时发现存在越界开采的情况，经调查，该采石场越界开采的面积为 1318 平方米，越界开采探明的内蕴经济资源储量大理岩矿石量为 690 立方米。经评估鉴定，矿产品价值共计人民币 11711006 元。办案过程中，检察机关积极协调第三方环评机构，做好对盗挖矿点的核对和修复资金测算，为后续民事公益诉讼打好基础。西藏检察机关以检察建议书等多种形式参与社会综合治理，发挥检察机关服务大局、维护社会稳定的职能。

（五）严厉打击破坏土地资源犯罪，全面推进青藏高原一体化保护

企业在工程施工过程中，对于建设用地的使用应当依法申请用地，严格按照用地指标建设施工。无论出于什么目的，违反土地管理法规，非法占用农用地，改变占用土地用途，均属于非法占用农用地的行为。检察机关办理案件时，应综合考虑犯罪的主客观方面，统筹社会效益、公共效益，组织召开公开听证，确保整改效果，推动当地企业强化依法经营、绿色经营意识。如，范某某非法占用农用地案，2018 年 12 月至 2020 年 12 月，被不起诉单位西藏玉龙铜矿股份有限公司二期改扩建工程具体施工过程中，在取得了林业部门审批的情况下，由于用地指标不足（2018 年西藏自治区

发改委向该公司核准项目用地 158.67 公顷)，该公司实际用地 170.6737 公顷。经鉴定，该公司违法使用土地 12.004 公顷，土地类别为国家特别灌木林地，权属为国有，森林类别为地方公益林。西藏检察机关在案件办理中首先“把脉问诊”，认真审查土地权属；其次“精准施策”，落实刑事政策、平衡国家社会利益；最后“答疑解惑”，公开听证促监督职责履行。检察机关打击企业违法犯罪的同时，需充分平衡公共利益、社会效益、社会成本，使处理结果更符合刑事司法政策，办案效果与社会效果相统一。江达县检察院结合当地矿企发展实际与经济发展特点，会同行业主管部门妥善解决企业违法问题，从而推动行业治理，积极参与社会治理，助力当地企业形成合法建设的法治氛围。

三、西藏检察机关办理环境资源犯罪案件的司法困境

（一）查处发现难

1. 犯罪结果的表现形式较为隐蔽且侵害对象一般为公共利益。破坏环境资源保护犯罪案件不同于一般的刑事案件，案件中往往没有特定受害人，其侵害对象多是不特定多数人的公共利益。此外，从近年来西藏检察机关办理破坏环境资源犯罪行为所带来的附带民事公益诉讼情况来看，绝大部分都依靠检察机关依法履行公益诉讼检察职能得以实现，除依法提出被告人（单位）承担相应赔偿责任外，还会要求其以补植复绿的方式进行生态环境资源修复，这进一步说明破坏环境资源保护犯罪的侵害对象一般都是公共利益，无论是刑事责任还是民事责任，侵害受损一方一般不会是单一群体。

2.“两法”衔接不够畅通有序。一是破坏环境资源行政违法涉及多部门，不仅仅是环境主管部门、公安机关、检察机关等部门之间的协作。虽然我国行政处罚法、环境保护法对处罚类别、处罚机关、管辖问题、处罚决定等内容进行了规定，但并未完全形成统一的办理行政案件的程序规范以及协作、衔接机制。不同部门的执法人员在执法时也存在一定的客观差异，这些将直接导致一些案件在需要转刑事程序后，针对触及破坏环境资

源保护犯罪的刑事案件，定罪量刑证据难以达到刑事诉讼所需的证明标准，甚至可能无法形成完整的证据链。二是一些案件由于法定原因被撤销[①]后，需要将案件移交，进行行政处罚。一些案件虽然被移送审查起诉，但最终的判决可能是复位修复、补种复绿、增殖放流、土地复耕等一系列修复生态环境的行政处罚，[②]若未移交行政主管部门，就无法得到有效处理。

（二）调查取证难

1. 固定证据难度较大。同其他非法交易类型的犯罪一样，随着“互联网+”行业的迅速发展，犯罪嫌疑人通过虚构物流快递的地址、身份信息等手段进行珍贵、濒危野生动植物交易，客观上限制了证据的获取。“互联网+”模式的快速发展，不仅是侦查机关工作中的新挑战，[③]同时也是检察机关工作中的新挑战。

2. 办案成本相对较高。目前西藏公安机关内设鉴定机构特别是市（地）级以下公安机关只能开展常规鉴定，对要求较高的鉴定无法开展，虽可以前往区外具有相关资质的专业机构进行鉴定，相对应的就是高昂的鉴定费用及办案时间的增加。在办理一些跨市（地）、跨省（区、市）的大要案件时，需要成立办理此案的专案组，并投入大量的人、物、财资源，这无疑增加了办案成本。此外，刑事案件中只有精神病鉴定不计入办案期限。因此，鉴定机构不完善也增加了办案时间成本，不利于检察机关办案效率的提升。

3. 专业基础要求较高。面对破坏环境资源犯罪专业性较强的特点，办案检察官除了要具备常规刑事案件的审查办理能力、熟悉相关程序性规定外，同时需充分了解行刑衔接、“刑事+公益诉讼”等机制，还需要熟悉环保、农林、野生动植物等方面的专业基础知识。

---

① 这里主要依据刑事诉讼法第16条第一项：情节显著轻微、危害不大，不认为是犯罪的。

② 最高人民法院《关于审理环境民事公益诉讼案件适用法律若干问题的解释》第20条规定，修复生态环境是指采取修复措施使生态环境修复到损害发生之前的状态和功能。

③ 刘品新：《论网络时代侦查模式的转变》，载《山东警察学院学报》2006年第1期。

（三）检察监督难

1. 数字监督水平有待提升。基于“互联网 +”行业发展趋势和犯罪手段隐蔽性强、发现难等特点，检察机关对破坏环境资源犯罪的审查办理呈现出检察监督数字化、专业化要求高等客观现状。目前，西藏政法大数据办案平台专业性、适时性相较于发达省份还存有较大差距，监督数字化模式运用于该类犯罪还不够广、不够深。

2. 公众参与度不高。由于破坏环境资源犯罪侵害的对象一般为公共利益，因此群众对此类犯罪行为监督举报的参与度远低于侵犯人身、财产安全等犯罪。此外，由于环境保护相关法律知识的缺失，在一些危害珍贵、濒危野生动物案件中，犯罪实施地周边群众并未认识到该类行为的犯罪属性和严重后果。

（四）受地区经济发展影响，配套保障措施不够充分

西藏位于中国的西南边陲，受地理位置限制，经济发展也较为落后，各地市之间的发展也有所差异。打击犯罪的效能也直接受限于经济的发展，“互联网 +”的审查办理案件手段与检察监督体系都需要大量经费予以保障，这对经济发展较为落后的地区来说无力承担。

四、西藏检察机关应对破坏环境资源犯罪的对策和建议

（一）坚持广辟线索来源，重视源头治理

西藏各级检察机关全面落实“重源头、端窝点、摧网络、打链条、追流向”的打击目标和“坚持党的领导、以人民为中心、依法行使检察权、遵循相关诉讼制度的基本原则、秉持客观公正立场”的办案要求，深入线索摸排、强化提前介入、引导侦查取证，注重源头治理，坚决斩断环境资源领域犯罪利益链条。

1. 整合破坏环境资源违法犯罪举报渠道。西藏各市（地）要进一步健全举报跟进处置流程一体化，深化发展全区检察机关“12309”检察服务热线，建立健全与公安机关、审判机关、环保部门等多部门举报线索共享机

制及定期联席会商制度，同时充分利用好微信、微博、抖音等微服务平台，提高全民参与监督主动性，对核实的举报线索可以给予一定的举报奖励，提高市民参与打击破坏环境资源犯罪的积极性，让犯罪分子不敢为、不能为、不愿为，形成全社会共同参与打击环境污染犯罪的良好氛围。

2. 办案关口前移，提前介入侦查。各级环境监管执法部门要为精准打击破坏环境资源保护犯罪提供坚实有效的基础保障，检察机关要主动适应经济社会发展新形势、新变化，加大对电商网络直播平台、快递物流运输平台等领域的关注力度，可以不定期与市监局、邮政管理局等部门进行协同调研，同时树立“大数据＋检察监督”思维模式，从相关异常数据中获得案件线索。

3. 强化协同作战，形成打击合力。各级检察机关要加强同公安机关和行业主管部门的沟通对接，建立环境资源保护信息共享数据库，实时更新环境资源保护数据信息，及时共享最新动态信息。要多维度协同配合，结合工作实际经常性开展联合执法、联合检查，对群众反映强烈的突出污染环境问题联合开展专项整治，进一步汇聚生态保护合力。

4. 建立联席会议机制。加强与公安机关、法院的沟通，对司法实践中遇到的法律适用、证据的把握以及法律文书的规范制作等法律问题达成共识，以形成打击合力，为生态文明高地建设构筑坚实的法律屏障。

（二）加强办理环境资源犯罪专业化检察队伍建设

1. 提高思想政治站位，转变办案思维理念。各级检察机关要进一步端正破坏环境资源保护犯罪办案理念，坚决避免发生“有案不立、压案不查、有罪不究”等突出问题。

2. 优化结构，强化审查办理检察专业化。环境资源犯罪案件的审查办理具有一定的特殊性，除了具备传统的公诉业务能力以外，还需要有一定的环保业务知识，因此要纵深推进检察机关相关专业知识、技能，开展环境资源业务知识、环境资源疑难案件剖析、环境资源庭审辩论等方面的竞赛。定期邀请环境资源领域的专家学者及公安、审判机关、行政主管部门的业务骨干进行交流培训，进一步提升审查办理环境资源犯罪检察干警的业务能力。

3. 充分发挥刑事检察和公益诉讼检察职能。综合运用打击、监督、保护、预防、服务等措施，探索建立“专业化法律监督 + 恢复性司法实践 + 社会化综合治理”为一体的生态检察新模式，切实担负生态文明高地建设的政治责任。

（三）完善线索移交及司法鉴定协作机制

1. 主动加强线索移送。全区检察机关办理环境资源犯罪的检察官要主动和行政主管部门进行沟通对接，对同一主体多次被举报投诉或多次被行政处罚的，要引起高度重视、加强研判分析。对确实涉嫌破坏环境资源保护犯罪，有关行政主管部门不移交的，在初步掌握相关线索后，可向其上级部门反映。同时对于群众直接向公安机关举报的，公安机关可根据刑事案件办理程序规定开展调查。

2. 健全司法鉴定协作机制。鉴定难、鉴定贵、鉴定周期长一直是西藏检察机关办理破坏环境资源犯罪的一大困扰。另外，还存在鉴定内容范围广、鉴定原因复杂等因素，所以可以对环境资源犯罪案件的鉴定作出特殊规定。在全区鉴定机构匮乏的情况下，可以通过“请进来”的方式，在现有条件下整合鉴定资源，邀请相关具有资质的司法鉴定机构人员，定期到西藏受理相关鉴定申请，并就相关案件集中开展相关业务培训与指导，进一步节约办案单位时间与人力成本。

（四）强化检校合作，促进研究成果转化，充分发挥智库作用

西藏自治区人民检察院与西藏大学共商共建“青藏高原生态保护司法保障研究中心”，下一步将依托学术界和司法实务优质资源，围绕青藏高原生态保护，防控生态风险，加强生态安全保障，建设国家生态文明高地。积极促进经济社会可持续发展，实现人与自然和谐共生目标，发挥智库作用，加强司法保障，共筑青藏高原生态环境科技和司法保护屏障。

（五）全面落实“谁执法谁普法、谁主管谁普法”的普法责任制

1. 聚焦西藏是国家重点的生态安全屏障的发展定位，紧盯生态环境资

源保护领域突出问题，适时召开新闻发布会，分析全区生态环境资源犯罪检察工作情况，展示西藏检察机关积极回应新时代人民对美好生活的需求，推动新时代西藏检察工作高质量发展的亮点。

2. 西藏检察机关积极推进以案释法工作，围绕重点热点问题发布典型案例，宣传西藏检察机关运用“刑事打击 + 公益保护”，切实履行“公共利益代表”职责，构筑生态环境保护检察屏障，担负生态文明建设政治责任，引导公众积极发现和举报生态环境违法问题，形成社会共同参与打击破坏环境资源犯罪的良好氛围。

破坏资源保护犯罪法律适用研究

试论非法采砂案中犯罪工具的认定与没收

沈 威 何艳霜*

司法实践中，交通工具的没收一直是刑事涉案财产处置的难题，而非法采砂类案件则特别凸显司法对涉案船舶处置的无力，因为涉案船舶的价值相对于犯罪数额而言实在过于巨大，给法院在判决是否没收船舶问题上带来难题，也给检察监督带来困难。即便最高人民法院、最高人民检察院、中国海警局于2023年6月联合颁布《依法打击涉海砂违法犯罪座谈会纪要》（以下简称《纪要》），试图对涉海砂犯罪的涉案船舶制定处置规则，但也仍显不足。本文拟以所在省份开展的刑事审判财产刑专项监督行动为样本，分析非法采砂类案犯罪工具没收的乱象，并针对该问题比较分析学理观点与域外制度规定，以求对打击破坏环境资源犯罪、规范类案涉案财产没收有所助益。

一、非法采砂案中船舶认定与没收的难题

（一）非法采砂案中涉案船舶处置的现状

F省P市非法采砂案件2020—2022年共办理265件，扣除因同案人不同时期到案导致的重复数据后，涉及船舶的共有160件，判决对船舶作出明确处理的有45件（见图1）。

---

*沈威，福建省莆田市人民检察院第一检察部主任；何艳霜，福建省莆田市人民检察院第一检察部检察官助理。

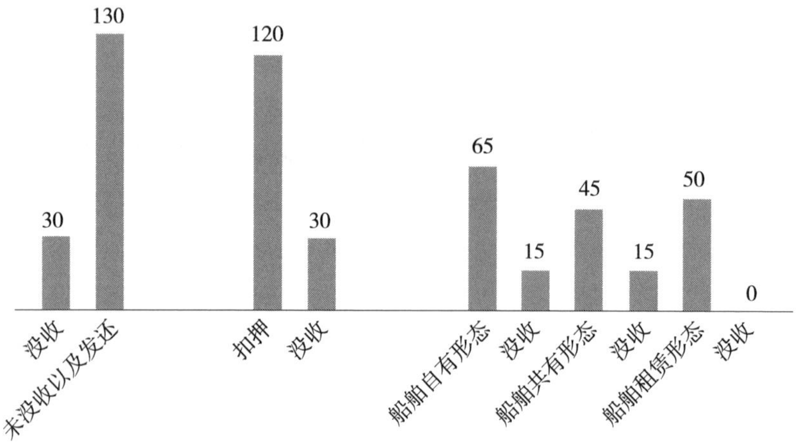

图 1　F 省 P 市 2020—2022 年非法采砂类案涉案船舶处置情况

这类案件在涉案船舶的处理上呈现以下特点：

1. 判决没收涉案船舶占少数。判决没收 30 件，占全部船舶案件的 19%；判处不予没收以及发还的共有 130 件，占全部船舶案件的 81%。

2. 涉案船舶的价值影响法院没收的决定。从船舶本身价值及其与涉案价值的对比来看，只有当涉案金额超过或者略小于涉案船舶价值时，法院才会判决没收；当二者相差悬殊时，法院一般不判处没收。

3. 涉案船舶的权属形态影响法院没收的决定。船舶归属于被告人自有的共有 65 件，判决没收 15 件；船舶为共有形态的共 45 件，判决没收 15 件；船舶为租赁形态的共 50 件，没收 0 件。

4. 2022 年省级“会议纪要”确立的没收标准在实践中发挥了巨大作用。F 省法院、检察院、海警局于 2022 年 3 月 31 日出台《关于加强查办海上刑事案件工作第二次联席会议纪要》，规定：“船主用运砂船以非法运输海砂为业或明知非法采砂仍一年内三次以上用运砂船从事运输海砂等违法犯罪活动的，可以认定为‘供犯罪所用的本人财物’，判决没收。”因此，F 省 P 市在 2020 年至 2022 年 3 月的近三年间，一共只判处没收船舶 10 件；而在 2022 年 3 月后的短短九个月里，按照该会议纪要确立的认定标准判处没收船舶 20 件，用了 1/3 的时间，取得了数量翻番的效果。

（二）非法采砂案件中涉案船舶处置的问题呈现[①]

1. 关于犯罪工具认定的争议。在非法采砂类案中，专门用于采砂用途的采砂船非常之少，涉案船舶多为运输船。涉案船舶在犯罪过程中的作用也主要体现为运输，既包括日常生产作业的运输需要，也包括非法采砂的移动作业。在这种情况下，非法改装的采砂设备作为犯罪工具认定应无疑义，但整只船舶能否认定为犯罪工具予以没收则存在不同看法。如在林某模非法采砂案中，法院判决认为："'德和19'号系散货船，作为散货船原有的船体部分不宜认定为本案作案工具，原散货船体以外非法加装的采砂设备依法拆除并没收。"

2. 关于没收范围的争议。在可以确认涉案船舶为犯罪工具的情况下，能否判处全船没收也是争议的焦点。在上述32件判决中，认定船舶为犯罪工具却没有判处没收的共有8件。如在高某远非法采砂案中，法院的判决理由是："'国运和谐'号船舶系散货船，其价值远高于涉案犯罪价值，不予没收。"

3. 关于第三人没收的争议。我国刑法第64条规定了只能没收犯罪人的"本人财物"，即财物的所有权属于犯罪分子的才应没收。当该财物是第三人的或者第三人在该财产上享有用益物权、担保物权时，能否阻却没收？上述P市判决中，法院对于船舶权属清晰，系由犯罪人向他人租赁而来或管理的他人船舶，因无法证实船舶所有人主观明知用于非法采砂、运砂的，判决一般直接在事实认定上予以确定船舶归属，在判项中则不再涉及船舶处置。这固然是出于保护善意第三人合法权益的考虑，但在客观上没有解决犯罪分子利用第三人财物进行犯罪的问题，可能为犯罪分子重复实施犯罪提供可乘之机。

4. 关于共有状态下没收的争议。财物是第三人的没收存在困难，而当财物处于共有状态下，是否没收也存在争议。一部分判决认为，被告人既然对船舶享有部分所有权，该财物被用于犯罪就应认定为犯罪工具而予以

① 本部分内容如无特别说明，所引用判决内容均来自F省P市涉财产处置专项监督中的真实案件。

没收。另一部分判决则认为，被告人并非涉案船舶唯一的所有权人，不能将其犯罪所用之共有物认定为犯罪工具而予以没收。

二、犯罪工具认定的依据与标准

（一）犯罪工具认定的标准

如何理解我国刑法第 64 条规定的“供犯罪所用的本人财物”，学界和实务界观点不一，主要有以下几种观点：

1. 专门说。该观点认为，必须是专门用于犯罪的工具才能没收。[①] 支持该观点的主要有两份司法规范：一是公安部制定的《关于为赌博提供的交通工具能否予以没收的批复》（现已失效），明确指出“赌博时所使用的赌具，不论其价值高低，均应没收……交通工具、场所不是赌具，不应没收”。二是“两高”《关于办理非法采矿、破坏性采矿刑事案件适用法律若干问题的解释》（以下简称《非法采矿解释》）第 12 条第 2 款规定，“对用于非法采矿、破坏性采矿犯罪的专门工具和供犯罪所用的本人财物，应当依法没收”。

2. 紧密联系说。该观点认为，在认定犯罪工具时，要考虑该工具与犯罪行为之间的联系是否紧密。[②] 犯罪工具的认定应当考虑该财物在犯罪中的作用地位、重要程度、使用频率等。

3. 关联客体说。该观点认为在客观要件上，应区分该供犯罪所用之物，是否为实现犯罪构成要件的事实前提，如果欠缺该物品则无法成立犯罪，则此类物品又称为“关联客体”。因该关联客体本身并不具备促成、推进犯罪构成要件实现的功能，故非供犯罪所用之物，其没收必须有特别规定方可为之。[③] 例如危险驾驶罪，行为人所驾驶的机动车即为构成该罪的事实前提，因此涉案车辆属于该罪的关联客体，不能认定为犯罪工具而予以没收。

---

① 何显兵：《论“扫黑除恶”中的没收犯罪工具》，载《东方法学》2019 年第 5 期。
② 谢丽珍、叶扬：《论犯罪工具的没收》，载《温州大学学报》2014 年第 4 期。
③ 许恒达：《汽车与犯罪工具之没收》，载《月旦法学教室》2016 年第 170 期。

（二）认定标准分歧导致的实务困局

1. 专门说的认定标准，会使得对犯罪工具的认定范围过于狭窄，排除了该工具日常的合法用途仅偶尔用于犯罪的情况。事实上，多数案件的作案工具通常具有日常使用与犯罪使用双重功能。如采专门说标准，则非法采砂类案中的船舶一律不能被认定为作案工具；即便是船上加装的采砂装备也要考察其用途，如果船主持有合法的采砂证，那么即便该船主超越采砂证许可范围非法采砂，该装备也不能被认定为专门用于犯罪的工具。

2. 紧密联系说的认定标准，因“紧密”的标准模糊，一定程度上依赖于法官的自由心证，会导致出现过度没收或过度不没收的问题。最高法在《刑事审判参考》第1302号“郗菲菲等人盗窃案”中对“供犯罪所用的本人财物”的分析中即采“紧密说”——“财物与犯罪之间应该存在直接或密切联系”，方可被认定为犯罪工具。[①] 该案中，四被告人在短短8日内，驾驶两部车辆在西安市6个行政区里多次流窜盗窃作案。一审法官认为车辆被用于多次实施盗窃并作为逃离工具，与犯罪具有紧密联系而判决没收，二审法官则认为车辆只是交通工具，并非盗窃犯罪实施的必要条件或重要条件，不应认定为“供犯罪所用”，故撤销了一审没收车辆的判项。可见，紧密说因过于依赖法官的自由心证而导致同样的犯罪事实在不同法官审查过程中可能出现不同的结果。

3. 关联客体说的认定标准，源自德国法的规定。[②] 在我国刑法上并没有相应规范，我国关于没收的规范文字是“供犯罪所用的个人财物”，文义解释上除指涉犯罪工具外，似有可能包含犯罪客体，该学说有益于理清没收对象问题。以非法采砂案为例说明：用以运载非法采砂人员与海砂的船舶以及采砂设备是犯罪工具，非法采砂售出款是犯罪所得；非法采砂的对象即海砂，性质上属于犯罪客体，这是非法采砂犯罪所涉的构成要件，而非用来帮助或促进非法采砂实现的犯罪工具。显然，该学说关联的是非法

---

① 王琪轩：《郗菲菲、李超、蒋超超、林恺盗窃案》，载《刑事审判参考》总第120集。

② § 74 II StGB n.F.

采砂案中海砂的处置问题，而涉案船舶的性质认定仍应回归前两项学说标准来讨论。

（三）小结

1. 非法采砂涉案船舶处置的困局梳理。实务中容易混淆“是否应当没收”与“如何没收”两个概念。前者作为第一层次的判断，解决的是犯罪工具的认定问题；后者作为第二层次的判断，只有判决认定为犯罪工具以后，才产生如何没收的问题。如果将“应不应当没收”与“没收多少合适”这两个问题混为一谈，就会产生奇怪的判决逻辑：如果船舶价值与犯罪所得价值失衡就可以不没收作为犯罪工具的船舶，那么需要等到犯罪嫌疑人非法采砂数额达到与犯罪工具价值相当才可以没收船舶吗？

2.《纪要》关于涉案船舶处置的简要述评。从《纪要》出台的背景来看，司法机关显然是关注到了涉海砂类犯罪中船舶处置的混乱局面，并制定了两条处置规则：一是在犯罪工具认定标准上，坚持了“专门说”。这不仅体现在第 14 条直接引用了《非法采矿解释》第 12 条的规定，还在第 15 条关于“第三人没收”中，要求出租、出借船舶的船舶所有人明知犯罪分子专门用于非法采砂。二是针对涉海砂类案的船舶没收首次明确了比例原则，即第 17 条规定，涉案船舶的价值与涉案金额过于悬殊，一般不予没收。

从这两条规则看，《纪要》既秉承了《非法采矿解释》关于犯罪工具的认定标准，又试图因应实务船舶用途与权属的多样性作出适当的扩张解释，但从现有的判例观察，这两条规则仍然较为原则，对于实务的定分止争效果有待观察。首先，《纪要》采“专门工具说”属于对刑法第 64 条的限缩解释，也不利于对涉海砂类犯罪的打击。其次，《纪要》第 16 条与第 18 条对“专门用于犯罪”的船舶又作了扩张解释，只要符合“一年内曾因非法采挖、运输海砂受过行政处罚，又实施此类行为被追究刑事责任”“一年内多次实施非法运输海砂活动”情形的，即可认定为《非法采矿解释》第 12 条第 2 款规定的“供犯罪所用的本人财物”。这种法律拟制具有很强的可操作性，且很大程度上可以解决实务中关于涉案船舶能否没收的问题，但也仍然存在两个问题：一是这种情形与犯罪工具的专门性是否具有相当性？如果在相当程度上有所欠缺，则可能影响法律拟制的正当基础；二是这种扩张解释其实更贴近了犯罪工具认定标准中的“紧密联系说”，即从船舶被用于非法采砂的次数来判断其对非法采砂犯罪结果的贡献程度。最后，《纪要》对于涉案船舶没收虽然规定了比例原则，但只作了原则性规定，即“应当综合行为的性质、情节、后果、社会危害程度及行为人认罪悔罪表现等因素，对涉案船舶依法处置”。因适用因素没有精确量化，可能导致实务操作的标准不一。如与《纪要》一并发布的《办理海上非法采砂相关犯罪典型案例》的案例四“王某某、孙某某、谢某某等人非法采砂案”中，[①] 非法采砂涉案金额800多万元，涉案船舶价值2261万元，涉案金额不足船舶价值的40%，该比例能否认定过于悬殊？或者多少比例方才不悬殊？这个度在实务中如何掌握仍有待明确。

3. 关于涉案船舶处置的判断思路。首先，要解决的是非法采砂的涉案船舶应以何种标准来判断是否属于犯罪工具；其次，如果船舶可以被认定为犯罪工具，由于其价值巨大以至于与犯罪所得相差悬殊时，应该如何没收才具有合理性；最后，如果可以确定没收数额，对于不可分割的船舶或共有、租赁形态的船舶，如何实现没收。以下就该三个层次问题分别展开讨论。

三、非法采砂案中涉案船舶处置的思路

（一）应不应该没收：犯罪工具没收的本质与目的

对于犯罪工具的认定可能导致没收范围宽泛的疑虑，应当从没收制度的目的与价值来进行考虑。犯罪物没收的出发点，究竟是对人还是对物？若是以对人制裁为出发点，固然可能出于惩罚的目的，也可能出于预防目的（避免行为人再犯），但这比较难以解释现行法关于违禁物的没收规

---

① 最高人民检察院、中国海警局《关于印发〈办理海上非法采砂相关犯罪典型案例〉的通知》（高检发办字〔2023〕64号）。

定。反之，若是着重在物本身的危险性，则几乎都是出于预防目的，无关惩罚——毕竟具有危险性或沾染不法的犯罪物一旦被没收，就不可能再被用以犯罪，故文献上有将犯罪物没收理解为对物的保安处分。[①] 但若认为没收是纯属去除危险性的对物制裁，也不无疑问：第一，现行法对犯罪物的追缴条款，其正当性即存疑；第二，诸多犯罪工具本身只是中性的日常生活作业器具而无一般危险性，没收理由是基于该器具和行为人犯罪产生个案联结。因此，犯罪工具的没收至少不是纯粹的对物制裁，而是对于行为人将物错误地运用于犯罪的制裁与预防。这也是犯罪工具没收的财产权滥用理论的缘起与背景。以被用于故意杀人的菜刀为例，民众当然可以合法拥有菜刀，国家不会干涉或过问民众是把菜刀用于切菜还是挂在墙上当装饰品。然而，一旦财产权人以犯罪方式行使其财产权，把菜刀拿来杀人，即背离使用财产的社会义务，超出宪法保障财产权的合理限度而属财产权滥用，不再受宪法保障。这也符合权利不得滥用、滥用者不受保障的一般法律原则。

综上，国家对个人持有的犯罪工具应当没收的理论基础在于：行为人滥用了财产权造成了社会危害。因此，前述的紧密联系说就具备合理性，犯罪工具没收真正的难题是财物与犯罪的关联性或贡献度的判断问题。学说上主张，没收标的必须对于犯罪实现存在有生活经验之“工具性”的客观直接关联，不包括仅仅在犯罪过程中偶然存在的相关物。[②] 抽象而言，固属正确，但对于犯罪所用之物与犯罪的关联性、贡献度的高低问题，个案情节有别，判断结果也会不同。因此，紧密联系说的标准里又可以细化出实质联系说，该观点认为，使用功能构成犯罪实行行为侵害能力的财物，属于犯罪工具中的实行工具；反之，则为非实行工具。[③] 例如，对于平常用于运输旅客的汽车，在用来直接撞击被害人以满足故意伤害目的的场合，该汽车的使用直接构成实行行为的侵害能力，应当被认定为犯罪工

---

① 刘鹏玮：《“特别没收”的司法失衡与规范重塑——以“供犯罪所用的本人财物”之没收为视角》，载《苏州大学学报（法学版）》2017 年第 3 期。

② 李圣杰：《犯罪物没收与利得没收之竞合》，载《法务通讯》2016 年第 2809 期。

③ 王飞跃：《犯罪工具没收研究》，载《中外法学》2010 年第 4 期。

具；而对仅用来接送凶手的场合，该汽车的使用不构成实行行为的侵害能力，就不应当被认定为犯罪工具。[①] 再比如，杀人尖刀是犯罪工具，但行为人杀人时穿的衣着则否；不过，如果行为人为排除犯罪障碍且便于从现场脱逃而穿戴的面罩，即不能忽略其促进犯罪实现的关联性和贡献度。具体到非法采砂案中，船舶的使用不仅在于运载行为人至合适地点开采海砂，更在于犯罪得手后运输至合适的地点储存或贩卖，在整个非法采砂的犯罪活动中具有实质侵害能力且居于不可或缺的地位——如果换成汽车或火车或飞机等其他工具，并不可能实现水上非法采砂的犯罪目的。因此，在非法采砂案中应当将涉案船舶认定为犯罪工具，而无须附带所谓的“专门性”条件。

（二）应该没收多少：比例原则的引入

在明确第一个问题的基础之上，需要考虑的是，由于船舶的价值数额往往过于巨大，通常几十倍乃至百倍于犯罪所得的数额，如果判处没收，可能有违相当性原则。该问题实质上涉及的是比例原则的适用。比例原则原本作用于警察法领域，后来“在国家的契约理论……逐渐提炼出具有客观规范性质的行政法上的概念，并进而扩展到宪法层面，成为具有宪法阶位的规范性要求”。[②] 它与我国刑法规定的罪责刑相适应原则有相通之处，后者规定于刑法第5条，“刑罚的轻重，应当与犯罪分子所犯罪行和承担的刑事责任相适应。”而比例原则要求的是“惩罚所带来的损失与违法行为所致的获利之间有适当比例关系，即惩罚与侵害之间要有一个合适的比例”。[③] 二者的差异在于：法定的刑罚应适用罪责刑相适应原则，但犯罪工具没收并不属于刑罚范畴。

可见，我们要在犯罪工具没收制度中适用比例原则，就需要在《纪要》确立原则的基础上进一步在“惩罚、预防与侵害”之间设置合适的比例，

---

① 王飞跃：《犯罪工具没收研究》，载《中外法学》2010年第4期。

② 余凌云：《论行政法上的比例原则》，载《法学家》2002年第2期。

③ 胡成胜、王莉：《犯罪工具没收的权属限制和量度限制》，载《人民检察》2017年第23期。

可以考虑从目的性、必要性、均衡性三个方面进行考量：目的性即防止犯罪分子再次使用该船舶进行犯罪；必要性即评估没收必要，可以借鉴德国以及我国台湾地区的过苛条款，针对犯罪所得微薄、维持被告人生活必需以及善意第三人等情况，设定“可不予没收”的情形；均衡性则是若有多种手段可供选择时，应当选择财产干预程度与犯罪程度最相当的手段，这需要法官的精准判断以及充分履行释法说理义务。

（三）如何实现比例没收：替代等额没收制度的引入

比例原则的引入，很大程度上可以填补犯罪工具没收制度的漏洞，但对于一些无法分割的犯罪工具，仍有问题需要解决：如何实现部分没收与共有、租赁等权属关系中的部分剥离？

德国在经历 2017 年刑法财产没收改革后，增加了替代价值没收制度。德国刑法典第 73c 条规定，犯罪所得因性质或其他原因不能没收原物或替代物时，法院应没收与犯罪所得价值相等的价款。[①] 我国台湾地区“刑法”第 38 条第 3 款亦有相应规定，“前二项之没收，于全部或一部分不能没收或不宜执行没收时，追征其价额”。在替代价值没收制度下，如果对犯罪工具全部没收违反比例原则时，可以只没收合理的一部分财物；如果犯罪工具不具有可分割性或者分割将很大程度上降低犯罪工具的财产价值时，则可以采用与应当没收部分等值的其他财产予以替代。我国财产刑执行也早有替代等额没收制度的雏形，如最高人民法院《关于刑事裁判涉财产部分执行的若干规定》第 12 条第 1 款规定，“被执行财产需要变价的，人民法院执行机构应当依法采取拍卖、变卖等变价措施”。在非法采砂案中，引入等额替代没收制度可以较好地解决比例没收的难题：第一，对于涉案船舶数额远大于犯罪所得数额，基于比例原则不宜全船没收时，可以在扣押船舶的情况下，要求被告人缴交相应数额的款项后将船舶发还；也可以在被告人拒不缴付款项的情况下，拍卖涉案船舶后扣除相应没收款，将剩余款项发还被告人。第二，对于涉案船舶的所有权系共有状态下，可以剥离被告人占

① 王士帆:《2017 年德国犯罪所得没收新法》，载《没收Ⅲ》2019 年第 3 期。

有的共有份额，按照等额情况缴纳没收款，也可以拍卖船舶，将余款发还其他各共有人。第三，对于涉案船舶系租赁状态的，涉及善意第三人问题，因对第三人没收非本文讨论重点，故不展开分析，但解决思路具有同质性，如果要惩罚被告人滥用租赁权并预防其再犯，可要求被告人缴纳没收工具应付的款项，亦可拍卖船舶后告知善意第三人行使对被告人的民事追偿权。总而言之，等额替代没收制度解决了部分没收问题，从技术层面解决不可分割的犯罪工具没收问题，从而不至于发生法院判决“要么全部没收”“要么全部发还”的难题。

“双禁”型非法狩猎罪的限缩路径

贺小雄　叶林秀*

近年来，部分涉野生动物案件的司法处理引发了社会公众的高度关注。2022 年 4 月“两高”发布的《关于办理破坏野生动物资源刑事案件适用法律若干问题的解释》（以下简称《2022 年动物解释》）对涉野生动物案件的定罪量刑标准等问题进行了调整，对精准惩治犯罪，实现良好办案效果起到重要作用。但是由于涉野生动物案件的复杂性以及司法实践的多样性等各方面原因，导致仍有个别案件的处理与人民大众的正义观念有所偏离。其中，非法狩猎罪和非法捕捞水产品罪的“双禁”型入罪标准引发诸多争议。笔者以非法狩猎罪为例，通过对非法狩猎罪的“双禁”入罪标准适用现状进行检视，探索从形式与实质双重层面对“双禁”型非法狩猎罪入罪标准进行限缩，并从行刑衔接的角度提出设置“双禁”入罪价值标准的构想，从而在一定程度上解决当前的突出问题。

一、形式层面：非法狩猎罪行政要素的限缩

《2022 年动物解释》虽然将非法狩猎罪的入罪标准从数量入罪修改为价值入罪，但是新旧司法解释均保留了“双禁”入罪标准。① “双禁”型

* 贺小雄，江苏省徐州铁路运输检察院检察长；叶林秀，江苏省徐州铁路运输检察院诉讼监督部副主任，二级检察官。

① 根据《2022 年动物解释》第 7 条第 1 款第（二）（三）项的规定，“双禁”是指“在禁猎区使用禁用的工具或者方法狩猎的”和“在禁猎期适用禁用的工具或方法狩猎的”。

非法狩猎罪的入罪标准亟须进行限缩。行政犯构成要件里规定的事实要素，其核心为行政要素。行政犯的行政要素分为两种，即形式性的行政要素与实质性的行政要素，无论对哪一种行政要素，都应进行限缩解释，以防止行政犯被各种任意解释不断扩大处罚范围，避免行政犯沦为一个又一个口袋罪，从而冲击法治国罪刑法定原则的人权保护机能。① 对行政要素进行合目的解释在行政犯认定中运用广泛，这是行政犯“不能一望而知是犯罪”的特点决定的。需要注意的是，实质解释、合目的解释的应用一般应当是朝着限缩犯罪范围而非扩张犯罪范围的方向发展。② 非法狩猎罪中的行政要素有：违反狩猎法规、禁猎区、禁猎期、禁用的工具、禁用的方法、野生动物。其中“违反狩猎法规”是形式行政要素，禁猎区等为实质行政要素。

（一）形式行政要素的限缩

我国刑法中关于行政犯一般都会在条文中明确以违反行政法律法规为前提。刑法分则第六章第六节破坏环境资源保护罪中16个罪名相关表述不尽相同，如污染环境罪，非法处置进口的固体废物罪，危害国家重点保护植物罪，非法引进、释放、丢弃外来入侵物种罪表述为“违反国家规定”；非法捕捞水产品罪、非法狩猎罪、非法占用农用地罪表述为“违反某某法规”；非法猎捕、收购、运输、出售陆生野生动物罪，破坏自然保护地罪表述为“违反某某管理法规”；非法采矿罪、破坏性采矿罪、滥伐林木罪表述为“违反某某法的规定”。

众所周知，刑法第96条对“违反国家规定”进行了明确，那么对“违反某某法规”“违反某某管理法规”等表述的理解是否等同于“违反国家规定”的内涵和外延呢？答案是否定的。“违反某某法规”的范围要大于“违反国家规定”的范围，按照立法法第80条的规定，地方性法规的制定主体

---

① 刘艳红：《“法益性的欠缺”与法定犯的出罪——以行政要素的双重限缩解释为路径》，载《比较法研究》2019年第1期。

② 苗生明、杨先德：《论行政犯的处罚原则及其实践》，载《政法论坛》2023年第2期。

包括省级人大及其常委会，以及设区的市级人大及其常委会可以就部分事项制定地方性法规。第93条规定，地方规章只有省级和设区的市级人民政府有权制定。因此，非法狩猎罪的行政法法源只能是野生动物保护法、《陆生野生动物保护实施条例》等法律、行政法规、地方性法规、部门规章，地方规章不属于该罪的行政法法源（部门规章与地方性法规的效力等同，可以参照援引）。

（二）实质行政要素的限缩

非法狩猎罪中的“野生动物”的认定主要是依据相关野生动物名录，一般争议不大。此处仅探讨“四禁”的实质限缩。野生动物保护法授权县级以上人民政府规定禁猎区、禁猎期和禁用的工具或方法，但是相关地方人民政府是否可以无限扩大“四禁”的范围，有诸多观点。有观点认为，野生动物保护法的规定是一种授权立法，相关规范性文件必须报授权机关备案，接受授权机关的审查。[①] 换言之，只要县级以上人民政府关于“四禁”的规定报授权机关备案之后就可以认定为刑法上的“四禁”。笔者不赞同该观点。一是因为根据立法法和按照全国人大法工委《法规、司法解释备案审查工作办法》第2条的规定，只有地方性法规及地方规章以上级别的规范性文件需要向本级权力机关进行备案或审批，县级人民政府制定的规范性文件无须向授权机关进行备案。二是因为即使县级以上人民政府制定的规范性文件经过备案，也只能解决相关规范性文件的“合法性”问题，并没有解决“正当性”和“扩大化”的问题。笔者认为，应当从实质上对“四禁”的认定进行限制。具体思路如下：

1.关于禁猎区、禁猎期。禁猎区一般是野生动物集中栖息的区域，禁猎期一般是野生动物的繁殖期。2000年最高人民法院《关于审理破坏野生动物资源刑事案件具体应用法律若干问题的解释》（现已失效）制定之时，禁猎期和禁猎区是作为自然保护区的补充用于保护野生动物的，野生动物保护法第12条第2款的规定正是此意。当时的禁猎期和禁猎区仅存在于特定

---

① 罗翔：《“刑法不能忽视民众的常情常感常识”——以非法狩猎罪的司法限缩为视角》，载《探索与争鸣》2023年第1期。

时期和特定范围，具有一定合理性，届时行政法意义上的禁猎区和禁猎期可以与刑法上的禁猎区和禁猎期等同。但是在当前各地不断加大生态环境和资源保护力度的情形下，全域禁猎和全年禁猎的规定显然不能直接套用到刑事犯罪中，当前司法环境下，行政法意义上的“四禁”，不必然属于刑法上的“四禁”。

一是凡是县级人民政府制定的关于禁猎区、禁猎期的规定，不能直接进行援引。因为县级人民政府制定的规范性文件未经权力机关授权和审查，作为影响定罪量刑的关键性行政要素由县级人民政府进行规定不具有正当性、合法性和合理性。

二是省级、设区的市级人民政府制定的关于禁猎区、禁猎期的规定，原则上可以直接援引，但是如果规定了全域禁猎、全年禁猎的，则需要进一步进行实质性审查。对于“禁猎区”，关键是看狩猎行为是否发生在野生动物集中栖息地等重点区域，对于发生在城市化区域的，应当慎重认定为刑法上的禁猎区。陕西省林业局《关于陆生野生动物禁猎区、禁猎期的通告》（陕林策发〔2020〕139 号）规定，“全省境内禁止以食用为目的猎捕陆生野生动物；全省境内依法划定的相关自然保护区内严禁猎捕野生动物；全省境内国家公园、森林公园、湿地公园等各类自然保护公园，国有林场经营管理的林地，省政府公布的重要湿地、鸟类迁徙通道，各级公路、铁路两侧 1 公里以内的区域，为陆生野生动物禁猎区，经批准合法经营的狩猎场除外”。该规定列举了多种野生动物重点栖息区域，具有一定合理性，各地司法机关在对“全域禁猎”的规定进行审查时可以予以参照。对于“禁猎期”，实质审查较为容易判断，主要是看狩猎行为是否发生在被狩猎该种动物的繁殖期间。

2. 关于禁用的工具或方法。野生动物保护法已经列举了毒药等 9 种禁用的工具和夜间照明行猎等 6 种禁用的方法，比较全面、具体，一般情况下不能再进行扩张。参照 2021 年最高检《检察机关办理长江流域非法捕捞案件有关法律政策问题的解答》的规定，各地县级人民政府在上述 15 种之外规定的禁用的工具或方法，只有同时满足具有破坏野生动物资源的现实危险或危险性和与前述 15 种工具或方法具有相当社会危害性时，才能援引为刑法上的构成要件要素。对于“弹弓”“捡拾”等行为，不具有与毒药等禁用工具或方法的同质性，不能认定为刑法中的“禁用的工具或方法”。正如刑法第114条所规定的以危险方法危害公共安全罪的行为方式必须要具有与放火、爆炸等手段的同质性，否则将有违罪责刑相适应原则。此外，对于禁用的方法要正确理解，从该方法本身对野生动物资源的破坏性的角度审视。比如，行为人在夜间行猎必须借助照明工具，此时就不能直接认定该方法属于夜间照明行猎，而要实质审查涉案动物是否因照明而丧失了逃跑能力从而使狩猎行为更加便捷和危害性更大。

二、实质层面：非法狩猎罪法益侵害结果的限缩功能

犯罪的本质是侵害法益。法益概念使刑法的处罚范围限定在侵害法益的行为上，只有当法益受到严重侵犯时才值得用刑法来保护，故而只有在明确非法狩猎罪保护法益的基础上，才能为非法狩猎罪划定更加正当合理的犯罪圈。同时，刑罚的威吓是影响最为深刻的一种制裁手段，只有当较为轻缓的规制手段力有未逮时，才考虑动用刑罚。非法狩猎罪作为典型的行政犯，行政犯的本质内涵是以违反行政法的前置性规定为前提，且危害严重，需要动用刑罚处罚的犯罪类型。因此，即使行为人的行为符合“双禁”条件，也要审查其行为的法益侵害性，以及是否有必要动用刑罚处罚。

（一）规范解释非法狩猎罪的保护法益

从刑法分则体系设置来看，非法狩猎罪的保护法益似乎包括野生动物管理秩序。如有观点认为，破坏野生动物资源犯罪的保护法益是双重法益，野生动物管理秩序是阻挡层法益，生态秩序即人与动物的和谐共生关系是背后层法益。[①] 笔者认为，将国家对动物资源的管理秩序认定为本罪的法益并没有实际意义。

第一，“野生动物管理秩序”的具体内容无法界定，并不能揭示刑法分

① 陈鼎文：《破坏野生动物资源犯罪的法益考量与重构》，载《现代法学》2021年第6期。

则规定野生动物犯罪的目的。“野生动物管理秩序”法益，只是说明某种破坏野生动物资源的行为并没有违反国家规定，而是被相关法律规范允许的。但这并不是保护法益的问题，而是有无违法阻却事由的问题。

第二，“野生动物管理秩序”法益并不能对破坏野生动物资源犯罪的构成要件起到有效解释作用。例如，对“禁猎区”等“四禁”的解释，如果不能准确界定本罪的保护法益，就很可能将县级人民政府确定的“四禁”直接等同于刑法上的“四禁”。

第三，野生动物保护法第1条规定“为了保护野生动物，拯救珍贵、濒危野生动物，维护生物多样性和生态平衡，推进生态文明建设，促进人与自然和谐共生，制定本法”。由此可以看出，非法狩猎罪的保护法益更关键的是维护生物多样性和生态平衡。只有非法狩猎行为已经造成野生动物资源的破坏并且破坏了生物多样性和生态平衡时，才有入罪的必要性。

因此，在解释此类犯罪的构成要件时，就必须以这一法益为指导。也许有观点认为，野生动物的多样性和生态平衡的法益观点并未体现人类利益，而法益必须能够还原为人类利益才可称之为法益。但是实际上野生动物资源多样性和生态平衡的背后体现的就是人类与自然和谐共生的关系，无疑体现了人类利益。

（二）非法狩猎罪是结果犯不是行为犯

“双禁”型非法狩猎罪并不是行为犯，而是结果犯。理由有三：一是因为刑法第341条第2款“破坏野生动物资源”对该罪法益的限定作用。该句表述并不是“情节严重”的同位语，而是对“情节严重”的程度限定。二是《2022年动物解释》第7条第1款第二、三项规定了“双禁”入罪标准，同时在第7条第3款规定了“实施第一款规定的行为，根据猎获物的数量、价值和狩猎方法、工具等，认为对野生动物资源危害明显较轻的，综合考虑猎捕的动机、目的、行为人自愿接受行政处罚、积极修复生态环境等情节，可以认定为犯罪情节轻微，不起诉或者免予刑事处罚；情节显著轻微危害不大的，不作为犯罪处理”。三是《〈关于办理破坏野生动物资源刑事案件适用法律若干问题的解释〉的理解与适用》也明确指出：增加上述规定，有助于避免简单化、一刀切，有利于办案人员在综合考虑禁用的狩猎工具、方法的破坏性程度、狩猎对野生动物生息繁衍活动的影响等情节基础上，准确评判非法狩猎行为的社会危害程度，实现对案件的妥当处理。

因此，非法狩猎罪的保护法益是野生动物的多样性和生态平衡，只有造成野生动物损害结果的行为才具有法益侵害性，才可能构成犯罪。司法实践中不能将行为人符合“双禁”但尚未猎捕到猎捕物或仅猎捕到少量猎获物的行为认定为犯罪。

三、行刑衔接：合理设置“双禁”型非法狩猎罪的价值标准

通常情况下，通过上文形式和实质两个层面就可以达到限缩“双禁”型非法狩猎罪范围的目的，但是具体到司法实践中，通过合理设置一定的价值标准，更能实现行政处罚与刑事处罚的无缝衔接，也更有利于指导基层办案。

（一）设置行政与刑事处罚阶梯的必要性

野生动物保护法第 49 条规定，违反本法第 20 条、第 22 条、第 23 条第 1 款、第 24 条第 1 款规定，有三种情形之一的，由县级以上人民政府野生动物保护主管部门和有关自然保护地管理机构按照职责分工没收猎获物、猎捕工具和违法所得，吊销狩猎证，并处猎获物价值 1 倍以上 10 倍以下罚款；没有猎获物或者猎获物价值不足 2000 元的，并处 2000 元以上 20000 元以下罚款，构成犯罪的，依法追究刑事责任。从上述规定可以看出，野生动物保护法已经为非法狩猎罪设置了行政处罚和刑事处罚的两种处罚方式，如果“双禁”型非法狩猎罪的入罪标准不设置一定的价值标准，就会导致该种情形下行政处罚无从适用，也不符合行政犯的惩罚原则。如污染环境罪司法解释规定“通过暗管、渗坑等排放有毒物质”属于“严重污染环境”，同时规定“含重金属的污染物”属于有毒物质，由此引发了司法实践关于重金属的含量是否需要超标的讨论。而当前几乎没有争议的结论是必须超标，否则就没有办法与环境保护法的行政处罚进行衔接，导致行政

处罚的相关规定被架空。

（二）价值标准的设定构想

各地司法机关结合地方实践已经开始探索设置“双禁”型非法狩猎罪地方价值标准，如湖南省人民检察院会同省法院、省公安厅联合印发了会议纪要，明确该省“双禁”型非法狩猎价值3000元以下的，一般应认定为情节显著轻微，不作为犯罪处理。笔者认为，可以结合刑法中相关动物案件的入罪价值标准进行体系性解释，合理划定“双禁”型非法狩猎罪的价值入罪标准。《2022年动物解释》第6条明确规定危害珍贵、濒危野生动物罪的入罪标准为价值2万元以上。2017年《野生动物及其制品价值评估方法》规定，国家一级保护野生动物，按照基准价值的10倍核算；国家二级保护野生动物，按照基准价值的5倍核算；地方重点保护动物和“三有动物”，按照基准价值核算。那么，将危害珍贵、濒危野生动物罪的入罪标准换算成基准价值则为：国家一级保护野生动物原总价值为2000元、国家二级保护野生动物原总价值为4000元才能构成犯罪。根据举重以明轻的原则，非法狩猎罪的“双禁”型入罪价值标准可以设定为动物总价值4000元以上。目前，《2022年动物解释》对于“单禁”型非法狩猎罪设置了10000元以上的入罪标准符合体系解释。同理，对于“双禁”型非法狩猎罪的入罪标准应当可以为4000元以上，不满4000元的，不宜作为犯罪处理。以常见野生动物麻雀为例，山麻雀300元一只，“双禁”情形下，只有非法狩猎14只以上才宜认定为犯罪，这与“单禁”情况下需非法狩猎34只才构成犯罪的社会危害性基本相当；“双禁”型非法狩猎行为，狩猎“三有动物”4000元以上，不满10000元的，可以综合考虑相关情节，作出相对不起诉；“双禁”型非法狩猎行为，狩猎“三有动物”超过10000元，应当提起公诉。

四、结语

有学者曾指出，将行政违法认定为刑事犯罪的主要原因有三点：一是没有以正当理念为指引；二是没有做出实质解释；三是没有进行独立判断。[①] 非法狩猎罪作为典型的行政犯，在司法实践中出现的偏离大多离不开上述原因。非法狩猎案件虽是“小案”，但却折射出共同富裕、乡村振兴如何与生态平衡协调发展的基层治理“大问题”，简单机械适用刑事“治罪”手段，反而容易进一步激化矛盾，增加社会治理成本。民主国家中法律的终极合法性来自民众的认同，法律是解决普通人纠纷的，法律人的思维不能脱离普通人的思维。从形式与实质两个层面对“双禁”型非法狩猎罪的入罪标准进行限缩，同时合理设置入罪价值标准，是为策也。

① 张明楷:《避免将行政违法认定为刑事犯罪：理念、方法与路径》，载《中国法学》2017年第4期。

生物安全的刑法保护
——以非法引进、释放、丢弃外来入侵物种罪为视角

陈恩志　廖国柳*

习近平总书记指出，生物安全关乎人民生命健康，关乎国家长治久安，关乎中华民族永续发展，是国家总体安全的重要组成部分，也是影响乃至重塑世界格局的重要力量。中华人民共和国成立以来，我国对生物安全的刑法保护立法从全局上看，呈现出从无到有、从有到全、从新到精的演进过程。① 如2020年10月17日通过的生物安全法，是我国在生物安全领域中出台的一部具有基础性、系统性、统领性的法律规定，标志着我国生物安全迈进了有法可依、依法治理的全新征程。② 紧接着，同年12月26日通过的《刑法修正案（十一）》，对生物安全犯罪立法进行了调整，旨在有效应对生物安全风险，对生物安全采取预防性保护。这表明，我国对外来入侵物种所引发的持续性、整体性危害愈发重视，不再局限于民事赔偿或行政处罚等手段，而是上升到刑法保护的维度，将刑法作为最后一道屏障，用最严厉的刑法来规范危害我国生物安全的行为，规制和保护国家总体安全。

---

* 陈恩志，贵州省毕节市人民检察院党组副书记、常务副检察长，三级高级检察官；廖国柳，贵州省毕节市人民检察院研究室副主任，四级检察官助理。

① 张永强:《我国生物安全刑法保护的模式选择和规范优化》，载《南京社会科学》2022年第9期。

② 周明华、丁志平、王明生、朱君、陆军:《我国外来物种入侵防控工作现状综述》，载《植物检疫》2023年第2期。

一、当前我国外来入侵物种的种类及法定含义

在我国，以国家部委名义联合或单独专门发布的外来入侵物种名单（名录）主要有三类：一是由原环保部（现生态环境部）和中国科学院联合制定并发布的名单。2003 年至 2016 年，原环保部和中国科学院先后联合发布了 4 批外来入侵物种名单，前三批名称为《中国外来入侵物种名单》，第四批更名为《中国自然生态系统外来入侵物种名单》。① 二是由原农业部（现农业农村部）发布的公告。2013 年，原农业部发布了中华人民共和国农业部公告（第 1897 号）《国家重点管理外来入侵物种名录（第一批）》。三是由农业农村部等六部门发布的公告。2022 年，农业农村部、自然资源部、生态环境部、住房和城乡建设部、海关总署、国家林草局发布公告（第 567 号）《重点管理外来入侵物种名录》（2023 年 1 月 1 日起施行）。② 从以上三类名单（名录）可知，当前被官方确认为外来入侵物种的动植物共有 105 种，其中植物 54 种、动物 51 种。

2003 年起，我国就已开始关注外来入侵物种，但一直未对外来入侵物种进行法定的定义，由此可见，当时国家层面对外来入侵物种的了解和危害程度的严重性还未全面掌握。2015 年，在原环境保护部对内印发的工作文件（《关于做好自然生态系统外来入侵物种防控监督管理有关工作的通知》）中，曾对外来入侵物种作了定义，但真正以法律法规对外来入侵物种含义进行明确的是 2022 年 5 月 31 日农业农村部、自然资源部、生态环境部、海关总署联合出台的《外来入侵物种管理办法》（以下简称《办法》），《办法》首次以部门规章的规范性文件形式，对外来入侵物种进行了定义，即外来入侵物种，是指传入定殖并对生态系统、生境、物种带来威胁或者危害，影响我国生态环境，损害农林牧渔业可持续发展和生物多样性的外来物种。

---

① 刘阳中、崔晨：《外来物种入侵口岸防控法律问题研究》，载《上海法学研究集刊》2021 年第 24 卷。

② 海关也制发过类似名录，但并非专门针对外来入侵物种，故暂不统计该类。如海关执行的《中华人民共和国禁止携带、邮寄进境的动植物及其产品名录》《中华人民共和国进境植物检疫性有害生物名录》等禁限名录。

二、司法实务中运用非法引进、释放、丢弃外来入侵物种罪保护生物安全存在的现实障碍

对外来入侵物种的防治和管控，单靠行政处罚等手段来约束还远远不够，还需借助刑事打击的力量，进一步规制与外来入侵物种有关的非法行为。《刑法修正案（十一）》新增的非法引进、释放、丢弃外来入侵物种罪，弥补了行政处罚力度不足的缺陷，构建了我国对外来入侵物种双重监管的坚固屏障，但刑法并非万能，刑法适用的谦抑性和严苛性导致该罪至今未被司法机关适用，其在司法实务中存在以下几点适用障碍。

（一）收集与固定证据难

通过解构该罪的犯罪构成要件，该罪属于故意犯罪，对犯罪嫌疑人的主观故意，需通过其外在客观行为来印证。该罪的客观行为是非法引进、释放、丢弃外来入侵物种，故在调查取证时，需对“引进”“释放”“丢弃”行为进行证据收集和固定。司法实务中，“引进”的常规途径是入境带入、新兴途径则是寄递包裹，以上事实可通过海关、邮政等行政部门执法时当场查获，及时固定证据，但“释放”“丢弃”均属于私人行为，难以全面规制，该客观行为的证据收集难度较大，除非行为人的“释放”“丢弃”被监控拍摄或在众目睽睽之下。如甲经海关等行政执法部门审批许可，引进了巴西龟当宠物饲养，若干时间后，甲不再喜欢该宠物，遂私下在某地野外放生或丢弃。经过时间的推移，该地生态环境受到较严重破坏。假设甲的行为符合非法引进、释放、丢弃外来入侵物种罪的所有构成要件，但碍于无法取得行为人“释放”或“丢弃”的证据，且时间跨度大，该外来入侵物种无法溯源，司法机关就难以将该行为入罪并适用刑法打击甲的犯罪行为。

（二）该罪的司法适用仍处在探索阶段

《刑法修正案（十一）》体现了刑法与社会生活的发展和人民群众的要

求要“与时俱进”这一积极一般预防的理念，[①] 故在修正时新增条文 13 条，新增罪名 15 个，修改条文 34 条，外加一个生效条文。非法引进、释放、丢弃外来入侵物种罪作为其中新增的罪名之一，极大地受到积极刑法观的影响。随着“犯罪圈”不断扩大，越来越多的行为受到刑法规制，这一定程度上影响和改变了民众的日常生活习惯，因此在司法实务界也需要一段时间的学习、沉淀和适应。加之当前该罪缺乏统一的司法适用标准，司法机关在入罪与出罪的界定和程序性证据问题、行政执法与刑事司法衔接等方面，仍处于初步探索的阶段，故对该罪的适用较为谨慎。

（三）该罪犯罪构成要件具体规定不明确

要理解、掌握和适用该罪，就应对以下三点内容进行具体、明确的规定，这也是今后该罪出台司法解释性文件应补充完善之处。一是明确“违反国家规定”中的“规定”。构成本罪的前提条件是“违反国家规定”，此处的“规定”有没有具体指代。或者从法律的延续性角度看，是不是在《刑法修正案（十一）》实施前的所有法律法规或规范性文件中涉及的非法引进、释放、丢弃外来入侵物种行为的规定均可适用，尚不明确。二是“外来入侵物种”的界定。（1）作何解释。对“外来入侵物种”应做何种解释，是扩大还是缩小或其他？如某学者指出，对“外来入侵物种”要做扩大解释，不仅包括处于存活状态的“物”，还包括具有繁殖能力、扩散风险的“种”，因此，相关物种的活体就不用说了，相关植物物种的种子、苗木，以及动物物种的卵、蛋以及胚胎等其他繁殖材料也包括在内。[②]（2）具体认定。目前，我国已发布 6 批次的外来入侵物种名单，即 4 批《中国外来入侵物种名单》，1 批《国家重点管理外来入侵物种名录（第一批）》，1 批《重点管理外来入侵物种名录》，以上名单是否在认定外来入侵物种时具有法律效应，在具体个案中对外来入侵物种的认定能否直接引用。三是“情节严重”

① 黎宏：《〈刑法修正案（十一）〉若干要点解析——从预防刑法观的立场出发》，载《上海政法学院学报（法治论丛）》2022 年第 2 期。

② 黎宏：《〈刑法修正案（十一）〉若干要点解析——从预防刑法观的立场出发》，载《上海政法学院学报（法治论丛）》2022 年第 2 期。

的具体表现形式。"情节严重"是该罪定罪量刑的必要条件，但法条中并未对"情节严重"作具体明晰的规定。且该罪是结果犯还是危险犯，仍值得推敲。若"情节严重"是指因引进、释放、丢弃行为而产生对生态环境造成的实害结果，那么"情节严重"就需要一个界定，是以数量来衡量结果的严重性还是以质量来衡量；若"情节严重"是指因引进、释放、丢弃行为而产生对生态环境造成的现实危险，那么"情节严重"是指发生危险的紧迫性程度还是发生危险的可预见性。

三、充分激活非法引进、释放、丢弃外来入侵物种罪，探索刑法预防性保护功能的优化路径

（一）区分该罪三种不同行为方式，依托技术等手段对行为开展调查取证

需对该罪的某一行为进行取证定罪，就要拆分符合该犯罪的行为方式，对"引进""释放、丢弃"区别对待、分类处理。

一是"引进"行为。该罪中的"引进"行为应作缩小解释，将"引进"限定在未经批准的前提下理解。"引进"行为能入罪，就意味着该行为人具有明知，属有意为之，且存在两种情形：一种是行为人以通关的形式"引进"。此时，在通关口岸被海关等行政执法部门当场查获的外来入侵物种，若数量较小或危害不大，则不入罪，行政处罚即可；若数量较大，达到了入罪标准或者"引进"的外来入侵物种已被证实给我国带来了较大危害（或对人身健康造成的危害或对生态环境和生物安全造成的危害）。此时在认定"引进"行为时，可直接依据数量或现实危害，作入罪处理。另一种是行为人以寄递的形式"引进"。此种情形，需要邮政等行政机关对国外寄递的包裹进行重点关注，并采取技术手段，对寄递物品进行扫描检查，若发现数量较大或有现实危害的，可当场固定证据，作入罪处理。

二是"释放、丢弃"行为。该罪中的"释放、丢弃"行为也应作缩小解释，限定在经批准前提下。如有学者提出，"释放、丢弃"是非法处置外来入侵物种的行为，包括经过批准"引进"的物种，在进行实验研究等之

后予以非法野外放养或者随意丢弃的情况。[1] 该行为集中表现为人为主观地对外来入侵物种放任不管，区别在于"释放"是主动放生，"丢弃"则是随意抛弃。当经批准"引进"的外来入侵物种，在"引进"时未达到数量或危害要求，海关或邮政等行政部门则可对"引进"的物种进行内嵌微型追踪器等跟踪设备。若干时间后，行为人因管理不善等缘由，未经许可，在户外"释放、丢弃"该外来入侵物种时，就可通过跟踪设备发挥作用，提升对外来物种的追踪发现能力，以此来锁定行为人的具体犯罪行为。

三是发挥群众"吹哨人"作用。2015 年，原环境保护部印发的《关于做好自然生态系统外来入侵物种防控监督管理有关工作的通知》中明确规定，"鼓励公众对外来入侵物种防控进行监督，对导致生态破坏的行为进行举报"。生物安全法第 8 条第 2 款规定：任何单位和个人有权举报危害生物安全的行为；接到举报的部门应当及时依法处理。因此，发挥群众的"吹哨人"作用是收集与固定证据的另一措施，也是该罪入罪证据中属于证人证言类的重要证据。

（二）建议出台该罪专门的司法解释，统一指导司法实务中的法律适用

通过刑法进一步加强对生物安全的法律保护，需在司法实践中用活该罪，提升刑法的预防性和震慑性功能。对法条中较模糊的部分要明确内容、明晰范围、明了责任，探索在司法实践中适用该罪的具体处罚规则，明确以刑事违法性为核心的入罪标准。纵观我国刑事司法的实务发展，当前我国的刑事司法活动仍停留在"刑事司法解释之治"阶段，[2] 司法机关对刑法罪名的适用和把握入罪与出罪的标准，很大程度上仍依赖于相应的司法解释。

一是行为的违法性，即对"违反国家规定"中的"规定"应作体系解释。该罪作为法定犯，兼具了行政违法性和刑事违法性两种属性。周光权

---

① 王爱立:《中华人民共和国刑法释义》，法律出版社 2021 年版。

② 徐建军、隋莉莉:《刑法第 341 条第 1 款"情节严重"标准探析》，载《中国检察官》2021 年第 11 期。

曾指出，基于法秩序统一性原理，行政法上合法的行为，不可能成立犯罪，换言之，不存在行政违法性，刑事违法性也当然不存在。[①] 故本罪的入罪前提是具有行政违法性。同时，刑法第96条规定：本法所称违反国家规定，是指违反全国人民代表大会及其常务委员会制定的法律和决定，国务院制定的行政法规、规定的行政措施、发布的决定和命令。截至目前，我国涉及外来入侵物种的法律规制暂无统一、集中的法律规范，分散于各个行政领域制定的法律法规中，如野生动物保护法、生物安全法、进出境动植物检疫法及其实施条例、《植物检疫条例》等相关的法律法规。“避免矛盾与保持协调，是体系解释的最主要的要求。”[②] 从法律的衔接角度看，生物安全法与《刑法修正案（十一）》通过时间与施行时间几乎一致，两部法律之间的关联性较强，因法律具有体系性和延续性，故以上两部法律应是互相衔接和递进的。生物安全法第82条规定“违反本法规定，构成犯罪的，依法追究刑事责任”，该法条表明，该罪的行政违法性是前提，即行为先违反了行政法中关于管理外来入侵物种的规定，当行为符合情节严重时，行为就具有刑事违法性，值得科处刑罚。同时，因法律具有滞后性，法不溯及既往，故在《刑法修正案（十一）》之后施行的法律是否可纳入该罪名“违反国家规定”的范畴，要具体分析。因此，只要在《刑法修正案（十一）》施行前的关于涉及外来入侵物种的法律法规，均可认为是该罪中“违反国家规定”之“规定”。

二是行为对象中应明确“外来入侵物种”的范围。国家环境保护总局办公厅《关于外来入侵物种专家座谈会纪要》指出，“制定和发布外来入侵物种名单是必要的，此为重要的管理措施之一……名单中每个物种都应以完整周密的科学研究为基础，列入要准确。对存在不同意见的，暂不列入……此次列入名单的是第一批，今后发现新的外来入侵物种，应及时列入名单并发布”。[③]《中国第一批外来入侵物种名单》正是此次外来入侵物

① 周光权：《论刑法所固有的违法性》，载《政法论坛》2021年第5期。

② 张明楷：《刑法分则的解释原理》，中国人民大学出版社2011年版，第284页。

③ 2002年11月4日，原国家环保总局自然生态保护司与中国科学院生物局在国家环保总局共同举办外来入侵物种专家座谈会，并形成会议纪要。

种专家座谈会的成果之一。并由此可确定“外来入侵物种”名单必须经过充分的调查研究和科学论证，是慎之又慎的一件大事。在司法实务中，为谨慎运用该罪打击违法犯罪、保护生物安全，司法机关要对“外来入侵物种”名单进行谨慎界定。为充分利用现有资源和避免对“外来入侵物种”的重复认定工作，并保持法律的延续性，建议“外来入侵物种”的范围可界定在现行生效的、已经公开发布的6批名单（名录）中。换言之，国务院相关部委已公开发布的6批外来入侵物种名单（名录）在刑法中应有法律效应，具有普遍适用性，可在司法实践中作为界定“外来入侵物种”的依据使用，且同时要明确该罪中的“外来入侵物种”应以可能造成生态多样性损失的物种为界限。同时，对已公开发布的6批外来入侵物种名单（名录）中的物种，不能只局限于“活体”，还应包括植物物种的种子、幼苗和动物物种的卵、蛋以及胚胎等其他具有繁殖潜力、扩散风险的待孵化物。①

三是入罪标准中应对“情节严重”具体化、直观化。刑法并非保护民众合法权益的唯一方式，但它是最后一道防线，刑法的补充性或谦抑性决定了刑法不能规制一切违法行为，因该罪涉及的行为具有行政与刑事违法双重属性，故“情节严重”是划分两种不同属性的“分水岭”，只有达到“情节严重”的标准，才能入罪，故此处的“情节严重”应属于违法构成要件要素，② 要进一步厘清“情节严重”的表现形式，做到入罪合法、出罪合理，有效限制“犯罪圈”。

首先，要归纳提炼出常见情形。建议在该罪的司法解释中采取“列举+兜底”的方式描述“情节严重”的类型，即先通过已办理的行政案例反映出的现实情况，归纳列举出实践中常见多发的情节严重情形，再以类似“其他情节严重情形”的表述进行兜底，从而形成了半具体半开放的规

---

① 任学婧、敦宁：《非法引进、释放、丢弃外来入侵物种罪探究》，载《政法学刊》2022年第1期。

② 石聚航：《侵犯公民个人信息罪“情节严重”的法理重述》，载《法学研究》2018年第2期。

范结构。[①] 如当行为人释放、丢弃外来入侵物种于自然保护区、国家或城市公园、湿地保护区等具有重大生态意义的自然保护区域内，那么该行为就可明确为属于“情节严重”的入罪行为；或者生物实验室等专业机构的工作人员在对外来入侵物种进行某种实验后，未按工作规程要求，随意释放、丢弃外来入侵物种，亦应将此行为列入“情节严重”范畴。此举可将行政违法与刑事违法相分离，并划清两者之间的界线，对具有明显的刑罚当罚性行为入罪，可保证刑事打击的精准性。

其次，要有明确的数量、次数或者种类标准。建议对“情节严重”进行量化，以数量作为评价标准，具体而言就是将非法引进、释放、丢弃外来入侵物种数量较大或造成的经济损失数额较大或次数较多或种类特定。此举就是将抽象的犯罪行为转变为直观的数据，便于大多数民众理解和遵守，使解释更加符合罪刑法定原则的明确性规则。可参照2000年最高人民法院《关于审理破坏野生动物资源刑事案件具体应用法律若干问题的解释》以数量作为危害珍贵、濒危陆生野生动物犯罪“情节严重”的认定标准，2014年最高人民法院、最高人民检察院《关于办理走私刑事案件适用法律若干问题的解释》同样是以数量作为走私珍贵动物罪“情节特别严重”的认定标准。[②] 因数字具有唯一性和不可变性，但凡可量化规定的内容是最具指导性和实践性的，故应以明确数量的方式确定“情节严重”的入罪标准，不放过也不错过任何一次可能对生物安全造成威胁的严重风险行为。

最后，要丰富刑罚种类，扩大单处罚金刑适用。该罪在刑法功能中宣示性的意义大于打击性，即以刑法入罪的方式，告诫民众“非法引进、释放、丢弃外来入侵物种”是违法犯罪行为。刑法的预防作用在此罪上被充分展现，但打击作用却有所弱化，为提高该罪适用率，可适当丰富刑罚种类作为附加刑独立适用。如针对特定人员即生物实验室等专业机构的工作

---

① 刘艳红:《化解积极刑法观正当性危机的有效立法——〈刑法修正案(十一)〉生物安全犯罪立法总置评》，载《政治与法律》2021年第7期。

② 徐建军、隋莉莉:《刑法第341条第1款“情节严重”标准探析》，载《中国检察官》2021年第11期。

人员，可引进资格刑进行惩罚，让其丧失从业资格，减少再犯的可能。与此同时，对逐利性生物安全犯罪可扩大适用单处罚金刑，如非法引进外来入侵物种作为异宠的经营者和销售者。虽然罚金是附加刑之一，但同样具有震慑力，这也避免了滥用主刑之嫌，维持了刑法的谦抑性。

（三）立足法律监督职能，发挥以刑法保护功能为基础的检察履职质效

随着检察机关职能重塑、机构重组后，逐渐实现了“四大检察”全面协调充分发展，以预防和打击违法犯罪为基础，检察机关在不断拓宽保护生物安全的履职渠道。一是强化公益诉讼检察职能。贯彻恢复性司法理念，对办理的非法引进、释放、丢弃外来入侵物种罪等案件，可提起刑事附带民事公益诉讼，在运用刑法打击违法犯罪的同时，开展全方位生态修复行动，如探索增殖放流、补植复绿等方式，修复被破坏的森林、河湖等生态领域，构建源头严防、过程严管、责任严查和充分修复的现代生物安全司法保障体系。二是加强行政执法与刑事司法有效衔接。行刑衔接相互配合是保护生物安全的又一重要方式，需不断完善行刑衔接和适用的递进梯度。当海关、邮政、农业农村局等行政机关在执法中，发现涉及外来入侵物种的犯罪线索时，应及时将该线索移送至公安机关和检察机关，从而由检察机关提前介入引导侦查，指导收集相关证据，为适用非法引进、释放、丢弃外来入侵物种罪等刑法保护生物安全手段奠定证据基础。司法实践中，应修订完善行刑衔接实施细则，打通数据壁垒，建立信息共享平台，着重对发现外来入侵物种的犯罪线索移送和证据收集等方面进行衔接。三是发挥以案释法功效。运用检察听证等公开审查案件方式，通过邀请人大代表、政协委员、行政机关执法人员作为听证员，在中国检察听证网联网直播，对涉及非法引进、释放、丢弃外来入侵物种的行为进行公开论证，将入罪与出罪标准，诉或不诉、捕或不捕等问题论清楚、辩明白，最终明晰办案标准，释放运用非法引进、释放、丢弃外来入侵物种罪打击违法犯罪的信号，实现“办理一件、影响一片、治理一域”的司法办案效果。

四、结语

生物安全严重关乎国家安全，当前非法引进、释放、丢弃外来入侵物种罪的适用空白，在司法实务界需引起重视，应尽快出台该罪的配套司法解释，唤醒“沉睡的法条”，发挥出刑法保护遵法者、打击违法者的法律效果。当然，仅依靠刑法并不是保护国家生物安全的最优方式，对生物安全尤其是外来入侵物种的防治和监管应以“预防性原则为主、惩罚性打击为辅”，双管齐下、同向发力、同频共振，才能遏制住我国外来入侵物种“频频发难”的势头，减轻外来入侵物种带来的危害，织牢用法律保护国家生物安全的法网。

涉案野生动物活体物证管理的挑战与改进
——以四川省马边彝族自治县“小熊猫案”为例

李玉杰*

2022年，四川省马边彝族自治县公安机关破获一起特大危害珍贵、濒危野生动物案，在该案中查扣国家二级保护动物小熊猫活体60余只。因侦查取证需要，公安机关将该60余只小熊猫寄养于雅安市碧峰峡野生动物园。随后案件移送审查起诉，在寄养过程中，涉案小熊猫陆续出现死亡现象，有人指出办案机关放归不及时，但该案证据尚未收集到位。野生动物活体物证应如何管理，如何避免对野生动物造成“保护性伤害”，成为摆在检察机关面前的棘手问题。

一、文献综述与相关规范的梳理

野生动物活体物证并不是一个规范的法律名词，通常我们所称的野生动物活体物证是指需在刑事诉讼中作为物证使用的活体野生动物。因此，依照我国刑事诉讼法规定的证据种类，在刑事诉讼过程中被查扣的野生动物活体理应属于物证类证据，目前对物证管理的研究集中于证据保管、物证信息化两个方向。

* 李玉杰，四川省马边彝族自治县人民检察院第三检察部副主任，检察官助理。

（一）证据保管的相关研究

在刑事案件物证保管方面，刘璇等学者认为要保证物证的原始性和完整性，健全物证“保管链”。[①] 余永丰等实务学者指出涉案物证保存不善，会导致涉案物证失去在法庭上发挥其物证本身证明犯罪事实的作用，其主张对涉案物证分类管理，信息化管理。[②] 刘雷元指出侦查机关不能仅仅着眼于收集证据，还要重视对物证的保管，要通过证据标记、移转记录、专门保管等措施建立完备的物证保管体系，来保证证据链的完整。[③] 何永军进一步指出实务中对涉案物证的处理存在两个问题，一是应该保留的物证过早地被处理掉了，给案件的审判带来诸多不便。二是应该处理的物证没有被及时处理，以致其经济价值基本上完全丧失，给国家和人民带来严重损失。其主张完善物证保存时效和分类处理制度。[④] 综合各研究来看，学界已形成对物证进行分类管理的共识，但有关分类管理的研究深度还不足，仍局限于非活体物证。此外，在物证保管期限上，也未有统一的意见。有学者认为物证应长期保管以保证证据证明力，有学者则认为应结合个案来考虑。

（二）物证信息化的相关研究

因物证信息化与物证信息系统的开发具有相当的关联性，学界在讨论物证信息系统开发或物证信息化时，一般都将二者“相提并论”。董放等人认为目前物证管理工作信息化、智能化水平较低，导致工作效率不高，管理水平较低，应开发新设备、新工具。[⑤] 许满军等人指出要加强信息智能

---

① 刘璇、刘燕、任玉苓：《刑事物证中的“保管链”》，载《云南警官学院学报》2009 年第 3 期。

② 余永丰、王小宝、叶卓龙：《浅谈对刑事案件涉案物证的保管》，载《广东公安科技》2018 年第 4 期。

③ 刘雷元：《侦查机关物证保管机制研究》，载《黑龙江工业学院学报（综合版）》2017 年第 11 期。

④ 何永军：《刑事物证的困境与出路》，载《昆明理工大学学报（社会科学版）》2016 年第 3 期。

⑤ 董放、张萍、柯婷雅：《试论刑事案件物证管理工作》，载《广东公安科技》2018 年第 2 期。

采集，应用多种技术手段，将物证保管与现场勘查、检验鉴定、移送起诉等工作紧密衔接，实现对物证提取、登记、送检、检验、比对、流转、入库、出库、处理以及移送销毁整个生命周期的自动追踪管理。[①] 冯祖祎等人则直接建立了智能型物证管理系统，实现了物证信息采集、入库、保管、处理、出库的全范围管理。[②] 物证的信息化是物证信息管理系统高效运行的前提，目前学界并未对活体物证信息化管理予以过多关注，物证信息化及物证信息管理系统研发工作基本处于各自为政的状态，但笔者认为学界有关物证信息化的讨论仍为活体物证管理工作提供了一定思路。

（三）相关规范的梳理

目前在国家层面并没有较为统一、明确的活体物证管理规范，有关活体物证管理的相关规定散见于《公安机关办理刑事案件程序规定》《公安机关涉案财物管理若干规定》《野生动物收容救助管理办法》及最高人民检察院、公安部《关于公安机关办理经济犯罪案件的若干规定》等部门规章、规范性文件之中。根据以上规定，公安机关收集、调取的活体物证应当是原物，在没有保管条件的情况下，可以委托林业主管部门指定的有相应条件、资质或者管理能力的野生动物收容救护机构代为保管。侦查机关不得擅自处置涉案财物，野生动物收容救护机构在处理执法机关查扣后移交的野生动物时，应当征求原执法机关的意见，并遵守罚没物品处理的有关规定。因物证在查明案件事实过程中发挥着不可替代的作用，在刑事诉讼过程中，司法机关及物证保管部门对提前处置涉案财物表现得较为审慎，这一审慎的态度也反映在野生动物活体物证管理工作中。但与常规涉案财物有着显著区别的是，活体野生动物是“活着的”物证，相关处置规定的缺乏及模糊给办案部门活体物证管理工作带来了诸多困难。

总体而言，物证管理的直接研究较少，活体物证管理的学术研究更是

---

① 许满军、刘鹏:《智慧新刑技建设的探索与实践》，载《中国刑事警察》2021 年第 1 期。

② 冯祖祎、葛百川、王明鑫等:《智能型物证管理系统的应用》，载《刑事技术》2013 年第 5 期。

较为缺乏，管理规范也较为模糊，无法为破坏野生动物资源刑事案件中活体野生动物证据管理工作提供充足的理论和制度供给。鉴于此，笔者认为有必要对以上问题予以梳理回应，并进一步探讨优化活体物证管理工作的有效路径。

二、野生动物活体物证的特点

（一）应激死亡率高

野生动物应激原主要可分为热应激、冷应激、拥挤应激、运输应激和其他应激。在应激过程中，动物的新陈代谢会出现不可逆的变化和适应性破坏，最终可能导致死亡。根据相关研究，珍稀野生动物仅运输应激的死亡率就可达 20%。[①] 野生小熊猫长期生活于较为安静的野外自然环境之中，对温度敏感，已经对环境形成了依赖，同时因其领地意识较强，在野外为独居，在一定区域内大量同类聚集现象较为罕见。然而野生小熊猫在被猎捕者猎捕之后，往往要离开熟悉的自然环境，与同类一同圈养，就可能产生环境应激和拥挤应激，尤其是还要经过较长时间的运输交易过程，那些被猎狗追逐、捕猎陷阱抓获的小熊猫，本身就处于惊恐的状态，经过辗转运输，更易死亡。如在江苏苏州公安机关办理的一起案件中，一只野生小熊猫被嫌疑人从四川运输至苏州，小熊猫在被解救次日便送往动物园救治，第三日即死亡。解剖人员称小熊猫在环境频繁变化后产生了应激症状，符合野生动物被抓捕和长途运输后受到惊吓致死的症状特征。[②]

（二）疾病死亡率高

罚没小熊猫出现死亡现象，除与强烈的应激反应有关外，更多是因疾病导致的。在寄养过程中，小熊猫多因打斗导致受伤感染，或患肠炎、腹

① 张强、赵鹏鹏、金学林等：《圈养珍稀野生动物应激性疾病及防治》，载《动物医学进展》2011 年第 2 期。

②《被罚没活体野生动物如何处理？它们该去哪儿》，载澎湃新闻2020年4月20日，https：//m.thepaper.cn/baijiahao_7086269。

膜炎等疾病导致最终死亡。在“小熊猫案”中，小熊猫因外伤感染及疾病死亡的数量有11只，占比47%，远高于应激死亡率。据林业主管部门工作人员介绍，自然环境中生存的小熊猫较圈养的小熊猫疾病死亡率低，主要在于自然环境中生存的小熊猫活动自由没有受到限制，食物摄入杂，而且很少出现打斗受伤。而圈养的小熊猫限制于固定的居所，会出现为争抢领地打斗的现象，一些细微的外伤也不易被人察觉。此外，研究显示营养元素的过多或不足都会导致野生动物健康状况受到影响甚至引发疾病。① 而营养元素的摄入又与环境因素和圈养管理密切相关。虽然对罚没的小熊猫，寄养机构会提供苹果、牛奶等优质食物供其食用，但与野外相比，营养元素摄入量仍有显著差别。2015年，杭州动物园三只小熊猫出逃，时隔242天被找回，被找回时毛色竟比在动物园喂养时更为鲜亮，侧面说明了圈养的小熊猫与野外生存的小熊猫在营养摄入上的差别。②

三、野生动物活体物证带来的现实挑战

（一）惩罚犯罪与野生动物放归之间的抉择问题

刑事诉讼中有“证据为王”的说法，这反映出刑事证据对认定案件事实的重要作用。为了准确惩罚犯罪，正确适用刑罚，办案机关必须妥善保管证据，避免证据受到污染、毁损。这既是避免冤假错案的需要，也是追诉犯罪的客观要求。但是与一般的证物不同，野生动物活体物证“活着”的属性，意味着办案机关更需小心谨慎，要在证据收集与保管上付出更多的努力。

野生动物高应激死亡率、高疾病死亡率的特点给办案机关物证管理工作带来了较为严峻的挑战。“小熊猫案”中，从公安机关在收购商处解救几十只小熊猫，再到运输至寄养机构寄养的短短几天时间内，运输和寄养过

① 段磊、王志永：《圈养野生动物营养性疾病与防治对策》，载《山东畜牧兽医》2020年第8期。

② 《出逃242天逛了大半个西湖动物园越狱的“熊孩子”终于回家啦》，载《钱江晚报》2016年8月5日，第4版。

程中出现应激反应死亡的小熊猫便有9只。事实上，该收购商本身具有驯养繁殖小熊猫的资质，但收购商为掩盖收购野生小熊猫的罪行，伪造了虚假的驯养繁殖记录。这也导致公安机关无法在短时间内区分出哪些小熊猫是驯养繁殖的，哪些是收购的，为查明案情可能还要对小熊猫进行谱系鉴定。此时若将小熊猫放归山林，则会直接导致证据链断裂，为了保证刑事诉讼证据收集顺利，使犯罪嫌疑人得到应有的惩治，有继续“扣押”小熊猫的必要。但若继续“扣押”，小熊猫不可避免地还会出现死亡的情况。投鼠忌器，动辄得咎，是形容野生动物活体物证管理工作的最为贴切的说法。

（二）寄养机构的选择问题

公安机关一般的物证保管场所是不具备大规模活体野生动物保管条件的。在实践中，有的办案机关将野生动物活体物证直接送往野生动物救护站，有的办案机关交由专业人员看管，有的暂养于动物园或水族馆。[①] 野生动物活体物证管理规范的不明确性，也间接导致实践中各地选择的收容救护机构显著不同。

在办理“小熊猫案”的过程中，四川省马边彝族自治县公安机关委托雅安市碧峰峡野生动物园对涉案小熊猫进行救治、饲养，该野生动物园是四川省内规模较大，具备寄养条件的机构。涉案小熊猫在该地寄养期间陆续出现死亡的情况后，马边彝族自治县林业部门经与当地检察机关、公安机关联系沟通，并向省市林草主管部门汇报对接，完善了报批转运、现场移交等手续，将剩余的活体小熊猫转移至了收容条件好、技术力量强，且在四川省内资质更高的成都大熊猫繁育研究基地进行观察、救护和饲养管理。但值得注意的是，成都大熊猫繁育研究基地早在涉案小熊猫于雅安市碧峰峡野生动物园寄养期间出现死亡情况时，曾公开向媒体表示，公安机关没有联系该研究基地寄养，即使公安机关联系也会拒绝，因为没有能力

①《让可爱的精灵早日回家》，载微信公众号“最高人民检察院”2023年5月11日，https：//mp.weixin.qq.com/s/l_MLzci1wtelLE09eYfwUw。

接受如此大数量的小熊猫。[①] 可以窥见，在罚没野生动物的后续救助上，如果一味将基层机关作为救助的主体，基层机关权威性与化解问题的合法性不足，会对野生动物救护工作产生反作用，野生动物救护工作需要更高层级的国家机关介入协调。同时，成都大熊猫繁育研究基地也修建了寄养场馆，在该案办理之后，如何避免新建的场馆空置，后续野生动物活体物证的寄养有无利用该场馆的可能，都需要进一步讨论。

（三）刑事司法与行政执法的衔接问题

野生动物犯罪刑法司法是专业性较强的领域，基层司法机关往往缺乏了解野生动物保育知识和技能的专门人才，需要发挥行政执法部门的专业优势，而且野生动物活体物证保护的效果也在很大程度上依赖于部门协同的效率。但野生动物活体物证管理工作总体显示出司法与行政的协调性不足，配合度不高等问题。

工作协调性不足的原因一方面在于没有统一的野生动物救助规定，另一方面在于司法人员对刑事案件中活体野生动物物证保管工作的重视程度不够。在侦查机关、检察机关中，不乏存在“只管办案，野生动物救护交给专业的救护机构，如果在专业机构处寄养的野生动物都要死亡，办案机关也实属无可奈何”的认知偏差。事实上，不管野生动物寄养于何处，最大限度降低野生动物死亡风险都应是办理破坏野生动物资源刑事案件的首要理念，这便要求司法机关不仅要提高办案效率，更要与行政机关密切合作。在“小熊猫案”中，公安机关扣押小熊猫后，将其移交给野生动物园，但并未将相关信息通报行政执法机关。在后续办理案件过程中，司法人员精力集中于侦破案件，没有对小熊猫在寄养场所的生存状况予以过多关注。在将剩余的小熊猫移交行政机关时，行政执法人员指出行政机关介入时间过晚，涉案小熊猫“硬放归”的条件丧失，只能野化后放归。流程过长无疑增加了小熊猫死亡的风险，亟须建立和完善野生动物案件提前介入以及证据固定工作机制。

---

① 《偷猎者还没判，小熊猫先被“关起来了”》，载微信公众号“中国新闻周刊”2022年12月27日，https：//mp.weixin.qq.com/s/AhI8c8tMUDPseTHUY_eY0g。

（四）寄养场馆修建费用及野化训练费用的求偿问题

破坏野生动物资源犯罪不仅涉及对犯罪嫌疑人的刑事责任追究问题，还会涉及野生动物活体物证保管费用及野化训练费用追偿问题。能否请求由犯罪嫌疑人和涉案公司承担寄养场馆修建费用及野化训练费用，是检察机关在刑事附带民事公益诉讼中面临的具体问题。

据四川省马边彝族自治县林业部门介绍，仅在动物园寄养期间，涉案小熊猫已产生饲养费用40余万元，新建场馆及场馆维护费用20余万元，移交成都大熊猫繁育研究基地继续寄养并开展野化训练的费用预计将在120余万元。但目前的司法实践，还没有很好地回应检察机关能否就新建野生动物寄养场馆及野化训练费用提起公益诉讼的问题。① 即使能够提起诉讼请求，嫌疑人对场馆修建费用以及对于研究基地提出的120余万元野化训练费用是否应全盘认可，检察机关在诉讼中采取何种方式证明寄养费用及野化训练费用的合理性，是否应聘请第三方机构进行费用评估，聘请第三方机构评估而产生的费用又是否可要求嫌疑人承担？这些野生动物活体物证带来的具体的考验，无疑是野生动物保护领域检察公益诉讼的新课题。

四、涉案野生动物活体物证管理的制度性改进

基于野生动物活体物证的特点及现实挑战，必须转变工作思路，要以完善野生动物救护法律体系，探索“诉放分离”的办案模式，确定定点野生动物救护机构，强化野生动物救护“行刑衔接”，落实及妥善使用救护费用来体系化构建野生动物活体物证保护格局。

（一）完善野生动物救护法律体系

通过梳理活体物证相关规范发现，野生动物活体物证管理方面的法律

① 从目前的公开的信息来看，人民法院一般都支持了检察机关要求被告人承担野生动物寄养费用的请求，如青岛市中级人民法院2021年就判令被告人王某某、赵某某赔偿寄养涉案野生动物的费用1687.49元，但四川省马边彝族自治县这种涉及野生动物数量众多，需要新建场馆及开展野化训练的案例并不多见。

供给明显不足，无法为办案机关提供充足的法律指引，以动物为核心的野生动物活体物证管理体系在我国还未真正形成。“公安机关没有具备保管条件的场所的，可以委托具有相应条件、资质或者管理能力的单位代为保管。”[①] “可以”便给了办案机关选择的权利，法律的指引性和禁止性不足，使得法律缺乏导向性。因此，一方面，要结合野生动物活体物证管理工作实际，进一步修订完善相关部门规章、规范性文件，明确野生动物活体物证处置流程，给予办案人员足够的指引。另一方面，要强化物证保管责任，落实办案人员野生动物活体物证保护的主体责任，对因办案人员严重不负责任，致使罚没野生动物死亡，且影响刑事诉讼顺利进行的行为追究责任，并从立法上妥善考量相应的行政、刑事处罚方式。

（二）探索“诉放分离”的办案模式

野生动物高应激死亡率、高疾病死亡率的特点，决定了如果将活体野生动物视为一般物证来管理，反而会造成“保护性”伤害。在“小熊猫案”中，四川省马边彝族自治县检察机关认识到了自身的不足和工作偏差，及时改变了长期以来僵化的刑事办案理念和物证管理模式，给予野生动物活体物证充分的尊重，探索友好型的办案模式。笔者认为理念是行动的先导，司法机关要不断深化保护优先的理念，证据收集到位后将野生动物及时释放，探索“诉放分离”的办案模式。首先，要建立司法机关与野生动物保护组织与专家的联系机制，在征求野生动物保护专家意见的基础上，形成科学的罚没野生动物处置方案。其次，要加快野生动物活体物证的证据固定，确定省内鉴定动物类别资质的机构名录，邀请鉴定专家“上门鉴定”，最大限度减少野生动物应激死亡风险。再次，要提前规范提取罚没野生动物血液、毛发等检材，联合运用分子鉴定以及微观形态学鉴定方法，从而对动物进行物种鉴定、个体识别、食性成分和地理进化以及多项基于 DNA 的分析研究。[②] 最后，要强化科学技术手段的运用，将野生动物活体物证

① 《公安机关涉案财物管理若干规定》第 11 条第 3 款。

② 俞可心、胡情情、姚逸安等:《野生动物鉴定技术研究进展》，载《科技通报》2022 年第 2 期。

转化为可随时调用的电子信息。在证据收集、转化完毕后，要对符合野放条件的野生动物及时进行野放，在野放时要全程留痕，有条件的可佩戴追踪器材，对野生动物最终去向予以持续关注。

（三）确定定点野生动物救护机构

“具有相应条件、资质或者管理能力”这一标准过于宏观，不易掌握。寄养机构是否有寄养的场所条件，人员资质能否达到要求，是否经常性进行环境消杀等是影响野生动物在寄养期间成活率的重要因素。“小熊猫案”带来的启示是，一个规范的寄养场所不仅能够减少公众对司法机关的怀疑，也更有利于野生动物救护。所以，一方面，要建立罚没野生动物救护“绿色通道”，省级有关部门要确定罚没野生动物救护机构名单，依照野生动物类别确定救护机构等级，同一类别的活体野生动物统一寄养。要落实野生动物救护机构的建设费用，给予救护机构一定的经费支持，对救护工作中形成的场馆，省级有关部门要综合考虑后续野生动物活体物证保管的需要，纳入地区野生动物救护规划。另一方面，野生动物救护机构在后续工作中应注重建立物种鉴定、档案登记、伤病诊疗和康复饲养等多方面的技术共享标准体系，持续提升救护能力，以应对日益增长的野生动物救护需求。[①]

（四）强化野生动物救护“行刑衔接”

若行政机关在行政执法活动中查获活体野生动物，不移送犯罪线索，司法机关则无法及时介入引导取证，证据收集时间便会过分延长。反之，若司法机关在刑事案件中查扣活体野生动物，不通知行政执法机关，则后续寄养经费、托管、放生等问题便不能顺畅解决。完善野生动物保护行政执法与刑事司法的协作配合，优化野生动物活体物证管理方式，是避免对涉案野生动物造成“二次伤害”的关键。因此，行政机关与司法机关应畅通信息共享渠道，强化线索移送和协作配合，共同做好涉案活体野生动物

---

① 王伯君、肖欣、汤佳等:《2017—2021 年北京市野生动物救护趋势分析》，载《野生动物学报》2023 年第 2 期。

的救助、放生工作。一方面，行政主管部门在行政执法工作中发现破坏野生动物资源刑事案件线索，查获活体野生动物时，应及时将相关情况通报人民检察院及公安机关，人民检察院及公安机关在接到通报后应第一时间派员到场。另一方面，公安机关决定扣押、处置活体野生动物的，需将相关情况通报人民检察院和行政主管部门，人民检察院及行政主管部门接到通报后要第一时间指派办案人员及从事野生动物管护的专业人员到场监督、指导扣押、处置程序。此外，对扣押在案的野生动物活体证物，公安司法机关应及时做好证据收集固定，证据固定完毕后立即移送相关行政主管部门，由相关行政主管部门综合评判野生动物健康状况，符合放生条件的立即组织放生，不符合放生条件的，联系定点救护机构寄养和救护。

（五）落实及妥善使用寄养救护费用

从因果关系角度而言，正是犯罪嫌疑人实施危害珍贵、濒危野生动物的犯罪行为，才导致国家机关需要启动刑事诉讼程序，对野生动物活体物证予以妥善安置，由此产生寄养、野化训练等费用。因此，检察机关提起刑事附带民事公益诉讼要求被告人承担相关费用的主张具有天然的合理性。所以，一方面，检察机关在追究犯罪嫌疑人刑事责任的同时，要提起刑事附带民事公益诉讼要求犯罪嫌疑人承担寄养、野化训练、鉴定等合理费用，并且还需要求嫌疑人承担生态环境损害惩罚性赔偿。另一方面，野生动物收容救护经费不足，是制约罚没野生动物救护工作向好发展的瓶颈。有关部门要加强野生动物救护经费投入，拓宽经费来源，建立野生动物保护基金，并接受社会捐赠和监督。① 此外，检察机关也要注意联合相关部门实地考察，强化经费使用监管，保证专款专用，必要时聘请专家论证经费使用的合理性。

① 张安娜、卢志坚：《被罚没野生动物的命运困局》，载《检察日报》2020年4月22日，第8版。

危害国家重点保护植物罪的刑事、行政、民事责任整体评价研究

——以A县检察院办理危害国家保护植物罪案件为例

浙江省湖州市安吉县人民检察院课题组*

要用最严格的制度、最严密的法律保护生态环境。对于破坏生态环境的违法行为，刑法中的破坏环境资源保护罪章节、民法典中的环境污染和生态破坏责任章节及森林法等部门法均进行了具体规定，架构起刑事、民事及行政手段的综合制裁网络。其中，刑法和行政部门法属于公法范畴，通过施加自由刑、财产刑、行政罚款、禁止令等惩罚性手段达到威慑犯罪的目的。民法属于私法范畴，通过侵权赔偿救济手段对受损法益进行填补。在刑民行一体化评价体系中，惩罚性和填补性措施双管齐下的方式能最大限度惩治破坏生态环境违法犯罪和修复受损的生态环境。但在危害国家重点保护植物犯罪案件中，囿于犯罪对象的特殊性，如何合理配置违法行为人的刑民行责任在司法实践中存在诸多困难。本文通过梳理A县检察院办理的危害国家重点保护植物罪案件，分析案件特征和办案困境，剖析原因，提出在恢复性司法的理念下对危害国家重点保护植物罪案件的刑民行责任整体评价的建议。

---

*课题组成员：杨旭，浙江省湖州市安吉县人民检察院检察长；李国芳，浙江省湖州市安吉县人民检察院副检察长；宋丽燕，浙江省湖州市安吉县人民检察院专职委员；马兰，浙江省湖州市安吉县人民检察院第五检察部主任；夏甜甜，浙江省湖州市安吉县人民检察院第五检察部副主任。

一、危害国家重点保护植物犯罪的司法办案特征

A 县位于浙江省西北部，在地貌上呈现“七山二水一分田”的特征，有60万亩以上的省级生态公益林，野生动植物资源丰富，拥有国家一级保护野生植物5种，国家二级保护野生植物38种。自2004年以来，A县检察院共办理危害国家重点保护植物罪（原罪名为非法采伐、毁坏国家重点保护植物罪和非法收购、运输、加工、出售国家保护植物、国家重点保护植物制品罪）案件共计41件49人。经整理、分析，案件呈以下特征：

（一）涉案国家重点保护植物种类呈现地域化

在A县办理的危害国家重点保护植物罪案件中，涉案植物高度集中在国家二级保护树种野生金钱松，占比达95%。金钱松为著名的古老残遗植物，分布范围比较狭窄，对海拔要求高，地域性明显，只在中国长江中下游少数地区幸存下来。20世纪90年代，金钱松因分布零星、个体稀少、结实有明显的间歇性而亟待保护，被评定为国家二级保护树种。但金钱松在A县分布数量多，属于强势树种，其中仅一个村就拥有5万余株。因此，金钱松也成为A县的县树，但也引发了各类针对金钱松的违法犯罪行为。

（二）犯罪人员多为农村老人

在构成刑事犯罪的49人中，9人被判处3年以上实刑，23人被判处拘役或3年以下有期徒刑缓刑，17人做出相对不起诉处理。在犯罪人员中，60周岁以上的农村老人占比71%，文化程度普遍较低，经济来源主要为林地经营收入，因金钱松遮阴影响承包地或自留地里的经济作物生长而对金钱松进行砍伐或毁坏，主观恶性相对较小，大多作宽缓处理。另外，少部分犯罪行为人为逐利毁林种植茶叶等经济作物，成片砍伐金钱松，数量多，立方量大，法定刑均在3年以上，被判处刑罚较重。

（三）犯罪手段逐渐隐蔽化，呈零星、蚕食型破坏林木

2008年至2009年，非法采伐、毁坏金钱松行为猖獗，A县公安机关

开展专项行动进行集中打击，该类犯罪行为得到有效遏制。但2019年至2022年，毁坏金钱松行为又死灰复燃，犯罪行为人为逃避处罚，作案手段更为隐蔽，通过环切金钱松根部、给金钱松剥皮、放置咸肉引诱白蚁或洒农药等隐蔽作案方式毁坏位于自己承包山、自留地上的金钱松，毁坏株数为1至2株。

二、司法实践中对危害国家重点保护植物罪进行刑民行整体评价的困境

（一）刑事责任承担难以统筹发挥惩戒和恢复的法律效能

刑事制裁的目的在于惩罚生态环境的破坏者，在一定程度上阻吓已经实施了生态环境损害行为的破坏者及潜在的破坏者实施进一步的生态环境加害行为，但不能直接对已经遭受损害的生态环境进行保护、修复。在实务中，刑事司法裁判探索将环境修复责任列入量刑情节和刑事判项，但补植复绿等环境修复措施作为刑事处罚种类在法律渊源中存在争议，且该类探索一般也仅限于滥伐林木、盗伐林木等涉普通林木类犯罪案件，对于涉国家重点保护植物罪案件，环境修复方案复杂，更难直接在刑事裁判中予以明确。同时，鉴于刑法的谦抑性，危害国家重点保护植物罪案件中不起诉、缓刑率较高，且不法行为人中普遍年龄大、文化程度较低，对缓刑、相对不起诉的内涵难以理解，刑罚的威慑效果和以案释法的宣传效果不尽如人意。

（二）行政责任承担在惩罚性功能中缺位

行政执法相较于末端的司法办案具有先发性优势，能在国家利益和公共利益尚未受损或尚未不可逆的情况下实现有效预防和保护。因此，在生态环境领域恢复性司法理念的指导下，强化对行政机关的执法效能是公益恢复"立竿见影"的方式。但根据刑法及相关司法解释的规定，危害国家重点保护植物罪只要造成危害后果即构成刑事犯罪，并无具体数量的要求。故在森林法、《森林法实施条例》及地方性规范文件如《浙江省主要林业行

政处罚裁量权实施标准》中，在法律责任章节并未对危害国家重点保护植物行为设置具体处罚规定，行政机关在发现危害国家重点保护植物违法行为后均直接将案件移送公安机关处理。但这也造成危害国家重点保护植物犯罪在行刑衔接制度中存在盲区。检察机关对部分犯罪情节轻微的危害国家重点保护植物罪案件作出相对不起诉决定后，行政主管部门无法律依据对该类违法行为人进行行政处罚。

（三）民事责任承担的填补性功能发挥不足

环境修复是生态损害最佳救济方式。[①] 国家重点保护植物系野生植物，属于国家所有。危害国家重点保护植物的行为必然损害国家利益，由适格主体提出公益诉讼或诉前磋商，对违法行为人求偿或采取其他恢复性、预防性措施是践行恢复性司法理念的应有举措。同时，国家重点保护植物作为自然资源本身具有经济价值和生态价值。在经济价值方面，国家重点保护植物作为不可交易物种，无可参考的市场经济价值；在生态价值方面，国家重点保护植物除拥有普通植物的固碳增汇、涵养水源、保持水土、防风固沙等方面的生态环境服务功能，其生物多样性功能突出，但生物多样性的具体价值缺乏科学评判标准。在涉案植物已经灭失的情形下，难以采取“同种植物”补植复绿的直接修复措施，也难以将涉案植物的生态价值量化成生态损害赔偿金以进行替代性修复。因此，如何确定危害国家重点保护植物罪案件的民事公益诉讼诉请存在较大困难，也导致司法实践中危害国家重点保护植物罪案件的违法行为人的民事责任追究概率远远低于其他普通侵害生态环境资源案件。以中国裁判文书网的判决案件作为数据库，以“危害国家重点保护植物罪”作为关键词提取，共有判决案件350件，刑事附带民事公益诉讼及民事公益诉讼案件仅33件，该占比远低于滥伐林木、盗伐林木等罪名案件。

---

① 吕忠梅:《环境司法理性不能止于“天价”赔偿：泰州环境公益诉讼案评析》，载《中国法学》2016年第3期。

三、危害国家重点保护植物罪的法治困境成因

（一）国家保护植物的特定历史背景引发公益与私益的冲突

林地所有权为村集体经济组织所有，村集体经济组织在20世纪80年代将林地作为生产资料分配给农户，农户作为承包人可以对承包林地进行经营。但随着部分植物因稀缺性、濒危性被列为国家重点保护植物后，对保护植物所在地的承包农户的经营权实际产生不利影响。如金钱松在20世纪90年代被评定为国家二级保护树种，法律规定禁止砍伐，且随着树的生长遮阴面积不断扩大，影响林地里其他经济作物生长，对“靠山吃山”的农民经济收入产生重大影响。虽然有少部分林地被划入生态公益林，承包农户能够领取相应的补贴，但该补贴金额与实际经营产生的经济利益相距甚远。同时，村集体经济组织也未对林地进行再次分配，村集体内农户之间的利益也无法动态平衡。在这样的历史背景下，为了社会公益考虑，少数“被圈地”老百姓的私益让渡了公益，在一定程度上成为“受害者”，也造成危害国家重点保护植物行为屡禁不止的现象。

（二）办案人员刑民行责任方式协同法治思维欠缺

公益类民事诉讼往往依托于刑事诉讼，但绝大部分检察机关刑事检察办案部门和公益诉讼检察办案部门相分离，刑民一体化履职思维较为缺乏。同时，囿于危害国家重点保护植物案的民事公益诉讼诉请难以量化，而有资质的鉴定机构缺乏、鉴定费用高昂、鉴定依据难以考证，引发办案时间长、办案费用高、法律争议大等司法困境，检察官在办案过程中对刑民诉讼协同推进动力不足。

相较于生态环境领域，刑民协同工作已有明确的法律规范和畅通的程序衔接机制，行民协同工作仍处于初步探索阶段，行政机关工作人员对于环境违法行为仍处于行政处罚或移送公安机关的初始阶段，缺乏同时开展生态损害赔偿诉前磋商或提起民事公益诉讼的统筹思维。

（三）法律规范设置与办案实质效果存在偏差

在生态法律体系中，存在法条应用递进的关系，即生态行政法应用在前，生态刑事法应用在后；在生态执法体系中，存在执法介入递进的关系，即生态行政执法在前，生态刑事执法在后。囿于危害国家重点保护植物罪在生态环境犯罪中属于重罪，故在现行惩罚性法律规范中摒弃了相对宽缓的行政处罚，意在用最严苛的法律保护生态环境。但该种法律体系存在“严而不密”的不足。监管与执法相分离的法律体系，以及行政机关有办案数量要求的考核体系下，林业部门缺乏对危害国家重点保护植物罪违法行为积极监管的动力，公安机关的“单打独斗”难以全面、及时查处危害国家重点保护植物罪违法行为，也难以通过强化部门合作和凝聚执法合力，将违法犯罪遏制在初发状态，不利于诉源治理。

四、对构建危害国家重点保护植物罪的刑事、行政、民事责任整体评价建议

（一）发挥刑罚在刑民行责任整体评价中的牵引作用

在生态环境领域，刑事追责通常被“推至前台”。在事实认定方面，刑事追责具有不可比拟的侦查资源获取优势、公权力主体经费支持优势和调取专家资源优势，最大限度解决环境案件的调查取证难、因果关系认定难及办案耗费资金巨大等现实困境，为民事诉讼或刑行衔接后的行政追责的事实认定夯实基础；在追责动力方面，相较于行政追责的“威慑性不足”，民事追责的“弹性空间”，刑事追责具有顶格的威慑性和严肃性，能释放强大动能督促违法行为人积极履行民事责任或承担行政责任。

故在办理危害国家重点保护植物罪案件时，建议检察机关建立生态检察一体化办案机制，增强刑民行责任协同法治思维，将犯罪行为人是否对受损环境法益进行积极修复作为量刑及是否起诉的重要考量因素，以刑罚的强大牵引力推动民事追责、行政追责齐头并进。如A县检察院建立“森林检察官”办案团队，打破以往“四大检察”分部门履职的固有模式，集中办理生态环境领域刑事、民事、行政和公益诉讼“四合一”案件，基于

法律责任的关联性，一并考量事实、证据、法律适用等问题，以“四大检察”融合履职提高监督质效。

（二）发挥民事公益诉讼在恢复性司法实践中的主体作用

一是明确国家重点保护植物的经济价值。根据最高检发布《生态环境和资源保护检察白皮书（2018—2022）》数据，受理审查起诉刑事案件的滥伐林木案数量是非法狩猎案数量的1.5倍，但中国裁判文书网上发布的滥伐林木民事公益诉讼案件数量却远远少于非法狩猎案件。野生动物民事公益诉讼案件的起诉有赖于国家林业局颁布的《野生动物及制品价值评估方法》，该文件直接规定了各类野生动物的基准价值及国家重点保护野生动物价值的折算方法，为办案机关直接提起民事公益诉讼提供了极大的便利。为破解野生植物经济价值难以确定的司法办案困境，建议评判国家重点保护植物的经济价值时以同类非保护植物的经济价值为基准价值，同时参照《野生动物及制品价值评估方法》，根据植物的保护等级将基准价值乘以一定的倍数作为经济价值，以充分体现“珍稀”“濒危”野生植物的生物多样性价值内涵。

二是精确生态修复方式。在林木类公益诉讼案件中，“补植复绿＋碳汇补偿”是当下最常见的生态修复方式，补植复绿方案通常参照森林法相关规定以林木的立木材积量及行为人的违法行为类型确定补植数量。① 在危害国家保护植物罪案件中，所涉保护树木数量较少，碳汇损失几乎可忽略不计，但林木碳汇损失的计算过程考量因素更全面，计算公式更科学，更能反映出被损害的生态资源的严重程度。建议在办理危害国家重点保护植物罪案件中，以同类非国家保护植物为补种树种，同时引入“碳汇”计量方式，在确定被毁林木的胸径、立木蓄积、木材密度等关键数据后，通过

① 如森林法规定，对盗伐行为补种树木的株数为盗伐株数的1倍以上5倍以下，对滥伐行为补种树木为滥伐株数的1倍以上3倍以下。再如《浙江省林业行政处罚裁量权实施标准》规定，对于盗伐行为，对于确定补植树木的株数，立木材积在$0.5m^3$以下的补种盗伐株数1倍以上2倍以下的树木，立木材积在$0.5m^3$至$1.5m^3$的补种盗伐株数2倍以上4倍以下的树木。

公式测算得出碳汇损失，以碳汇损失作为侵权人补植复绿生态修复方案的重要参考。该种方式的优势在于相较以往“毁坏多少、补种多少”的修复方式，能保证生态修复更加精准到位，避免出现只看数量、“砍了一棵大树，只种一株小苗”的损益不平衡问题。

（三）发挥行政监管在生态保护体系中的重要协同作用

一是严密对国家重点保护植物的生态法律体系。建议对危害国家重点保护植物行为采用递进式法律体系，在行政部门法中增加对情节轻微的危害国家重点保护植物违法行为的行政处罚标准。如对具有特殊历史背景，涉案保护植物“珍稀”“濒危”度相对较低，违法行为人主观恶性小、已经履行生态赔偿、生态修复义务的案件，可以不认为是刑事犯罪，直接进行行政处罚，以充分体现刑法的保障法底色，节约刑事司法资源和消除危害国家重点保护植物罪的行刑衔接盲区。

二是释放行政执法在打击和预防危害国家重点保护植物罪中的效能。从整体性的法秩序视角来看，行政机关的行为能力处于维护国家利益和公共利益的公权力首端，是公共利益的第一顺位的代表，不仅负有维护公共利益的法定职责，在专业能力和统筹资源方面也有利于修复和维护公共利益。[①] 建议通过加强行政执法信息共享、建立联动执法制度、完善环境行政执法与刑事司法衔接的检察监督，以行政执法、刑事执法、检察监督相互配合和协同推进，共同构建打击危害国家重点保护植物违法犯罪的最严格制度体系。

（四）发挥生态补偿在生态环境诉源治理中的引擎作用

对国家重点保护植物的禁止性行为规定属于环境管制内容，因此，林地经营权受到限制的私主体理应得到生态补偿。

一是对已有的生态补偿方式进行合理化。公益林补贴实质上是生态补

---

① 吴军、滕艳军、胡玉婷：《公益诉讼刑民行责任一体化的理论构想与完善路径》，载《中国检察官》2022年第1期。

偿的一种方式，但公益林补贴标准与林地经济效应相距甚远，建议在对当地林地平均经营效益进行调查的基础上合理提高公益林补贴标准。

二是拓展生态补偿方式。重点保护植物并非都在公益林区域内，且重点保护植物相较于一般植物具有更高阶层的生态环境价值，建议在生态补偿内容中增加“管护补偿”。如A县创新的“古树名木专人定株保护”工作机制，按照地理上的就近原则为古树名木寻找定株保护专人，以往因古树保护而影响生活便利的老百姓摇身一变成了古树“管家”，领取一定的经济补偿并履行相应的日常看护义务，同时因地理位置的便利能及时发现、上报自然灾害、病虫害和人为损毁迹象等情况，实现古树名木常态化精细化保护，政府能以相对较小的经济支出大大提升古树名木保护效能。对此，建议在摸清当地重点保护植物底数的基础上，让重点保护植物所在林地的承包人为保护植物“管家”，通过合理的经济补偿激励老百姓对自己林地里的重点保护植物进行“日常看护”，通过正向激励引入社会力量合力保护珍贵、濒危植物。

三是拓展生态经济补偿金来源。一方面，可以将违法行为人支付的生态损害赔偿金作为生态补偿金。另一方面，充分挖掘重点保护植物的生态经济价值。如A县利用野生金钱松集中优势，结合生态、旅游优势打造金钱松公园，再如多地积极探索的“生态产品购买、森林碳汇等市场化补偿制度”，将生态资源“点绿成金”。而该类经济利益可作为生态补偿金反哺生态保护人，实现良性循环。

采挖已脱离自然载体的矿石构成非法采矿罪的证成路径

王 杰*

一、问题的提出

矿产资源的形成周期漫长且种类数量有限，因而具有极高的利用价值，尤其与国家发展和国家安全具有紧密关系。自1986年矿产资源法第39条规定未取得采矿许可证擅自采矿的应承担相应的行政、刑事责任以来，无论是1996年和2009年的法律修正，还是《矿产资源法实施细则》等下位法的出台，均沿袭继承了采矿许可制度。采矿许可本质上为行政许可，主要制度价值乃在于国家为了防止矿产资源开发利用过程中可能产生的负外部性，[①] 当采矿申请人获得准入许可后，其在有效期内持证采矿具备正当性，该制度的目的正是要以严格的准入门槛保护有限的矿产资源不被肆意破坏。2016年“两高”出台《关于办理非法采矿、破坏性采矿刑事案件适用法律若干问题的解释》(以下简称《解释》)以来，进一步细化了矿产资源犯罪的认定标准，充分发挥了司法保障作用。但当前司法实务中出现了一些新情况、新问题，本文通过三个实务案例，分析指出采挖已脱离自然载体的矿石案件所带来的问题挑战。

案例一：2018年12月至2020年，被告人徐某发擅自搭建碎石设备，

* 王杰，陕西省宝鸡市中级人民法院刑一庭法官助理。

① 田心则:《采矿许可证有效期届满后相关法律问题研究——基于环境资源审判“三合一”的探讨》，载《中国应用法学》2022年第6期。

利用原采石厂遗留在当地的花岗岩边脚料作为原料，雇请挖掘机、破碎机，将花岗岩边脚料进行破碎加工，生产出的碎石出售给邓某录用于工程建设用材。①

案例二：被告人韩某建办理了采矿许可证于2017年4月到期。2019年4月，县国土资源局发现现场被采挖，于是先后两次向韩某建送达了《矿山地质环境恢复治理告知书》，韩某建遂进行现场恢复治理，但未达到治理标准，后县国土资源局自行雇用机械并恢复治理完毕。2019年12月，县国土资源局再次到矿区察看时，发现已恢复治理的矿区被破坏。后查明，韩某建明知无采矿资质，在原采矿区已进行复垦的情况下，仍在复垦后的场地非法采挖砂石料。②

案例三：2017年7月至10月、2018年8月至9月，被告人吴某明在未经政府相关部门批准的情况下，擅自开采高速公路严家隧道洞渣。经鉴定，该洞渣成分为二长片麻岩，属于矿产资源分类中的非金属矿产。被告人吴某明在开采前期将开采出来的洞渣通过公路运输到其石子厂加工成砂石，后其因洞渣开采地点地形变化，吴某明为更快捷地获取砂石来源，使用挖掘机将山场存放的洞渣挖出后推至河道内，继而在河道内修建便道，再用车辆将河道内堆积的洞渣运回石子厂加工成砂石。③

案例一中，被告人用于破碎的石材原料不属于自然状态的矿产资源，那么是否构成非法采矿罪的犯罪对象？原采石厂已对该石材原料开采完成，挖掘用于破碎的石材原料是否属于采矿行为？案例二、案例三中，土地复垦的矿石、隧道洞渣是否属于矿产资源？被告人采挖、盗挖的行为是否属于非法采矿行为？上述三则案例与传统“上山挖石、下河取砂”的犯罪手段明显不同，在案件定性上存在较大争议，原采石厂遗留的边脚料、用于土地复垦的矿石、隧道洞渣均系已脱离自然载体的矿石，在认定非法采矿罪时存在障碍：已脱离自然载体的矿石是否属于矿产资源？采挖该矿石是

① 详见江西省上饶市广信区人民法院（2021）赣1104刑初287号刑事判决。

② 详见新疆维吾尔自治区察布查尔锡伯自治县人民法院（2020）新4022刑初56号刑事判决。

③ 详见安徽省岳西县人民法院（2019）皖0828刑初223号刑事判决。

否属于采矿行为？本文在分析了矿产资源与采矿行为的认定情况后，通过规范解释证成此类新型案件应以非法采矿罪定罪处刑。

二、探究：矿产资源与采矿行为的认定情况

一般来说，行为（包括行为本身以及行为的状况与条件）、行为对象（行为客体）、结果、因果关系等都是构成要件要素。[①] 矿产资源与采矿行为的认定问题在本质上属于非法采矿罪构成要件要素的解释问题。

（一）矿产资源的认定情况

矿产资源属于非法采矿罪构成要件中的行为对象要素。刑法第 343 条属于混合罪状，同时采用了空白罪状与叙明罪状描述非法采矿罪的基本特征，该法条中“违反矿产资源法的规定”系空白罪状，应结合矿产资源法进行规范认定。1994 年 3 月国务院出台的《矿产资源法实施细则》（以下简称《细则》）第 2 条第 1 款规定：“矿产资源是指由地质作用形成的，具有利用价值的，呈固态、液态、气态的自然资源。”换言之，矿产资源应具备自然属性、价值属性以及形态属性，三者是并列关系，缺一不可。但从三类新型非法采矿案件的办理情况来看，实务中对矿产资源的自然属性认定存在两种观点。

其一，认为矿产资源与生态环境共生共存。在案例一中，有人认为被告人用于破碎的石材原料不属于自然状态的矿产资源，不是非法采矿罪的犯罪对象，许可证有效期内已挖取的矿石脱离了自然赋存状态，不具备自然属性。由于受传统非法采矿罪的办案经验影响，对矿产资源的惯性认知是其必须被“埋于土地河湖之下”或“嵌于山地陵塬之中”，进而认为矿产资源作为犯罪构成要件要素必须是未受到外力作用剥离，伊始便依附于自然原始载体的资源，强调非法采挖矿产资源时必须体现出对生态环境的损害。然而，《细则》规定的矿产资源自然属性是指其本身经历地壳运动、风

---

① 张明楷:《犯罪构成体系与构成要件要素》，北京大学出版社 2018 年版，第 117 页。

化、腐蚀、搬运、沉积等自然地质作用，并非指其所依附载体必须始终处于原始生态环境之中，如金刚石是在地球深部高压、高温条件下形成的一种由碳元素组成的单质晶体，可用于多个技术领域。其中地球深部高压、高温环境已经说明了金刚石的自然形成属性，属于矿产资源，无须再考量金刚石是否处于生态环境之中。

其二，认为矿产资源与矿产品是对立关系。实务中有观点认为脱离自然原始载体的矿石属于矿产品，其已经受到外力作用，被告人挖取、加工的行为难以评价为对矿产资源的损害。但若按照前述认定标准，案例二中用于土地复垦的矿石、案例三中交通建设遗留的隧道洞渣均会因已被外力作用剥离而进入生产生活领域，被告人的行为不构成非法采矿罪，而这显然与案件事实存在错位。事实上，从山体河湖内挖出的矿石当然属于矿产品，因为此时的矿石已经可以进行市场流通，但其并不属于生产生活领域的矿产品（如机制砂可用于建筑行业），基础的人工开凿只是让矿产资源经历了从此处到彼处，由此名变为彼名的过程，不能因其载体或名称的变化而直接否认其矿产资源属性。

（二）采矿行为的认定情况

采矿行为属于非法采矿罪构成要件中的行为要素。规范的构成要件要素是指蕴含价值关系或评价内容的构成要件要素，[①] 与记述的构成要件要素不同，司法机关需要根据规范性要素的属性，利用相关法律、经验法则及公众观念进行规范评价。采矿行为的定义、类型等内容存在于刑法以外的其他专门法律，在传统非法采矿案件中即使不借助矿产资源法律的规范评价，也不影响采矿行为的判断，被告人的行为不会超出“上山挖石、下河取砂”的同质性解释。然而，即便法官可以把握特定时点人们关于某一事物的社会一般观念，但这种一般观念不可能恒久不变，[②] 当新型非法采矿案

① 高巍:《论规范的构成要件要素之主观明知》，载《法律科学（西北政法大学学报）》2011年第3期。

② 张建军:《论规范的构成要件要素的明确性》，载《当代法学》2012年第5期。

件出现时，就不能以传统采矿行为为基准判断被告人行为性质。

在案例一中，认为被告人挖掘用于破碎的石材原料不属于采矿行为，原石材厂已对该石材原料开采完成。言下之意，非法采矿行为必须是开采自然赋存状态的矿产资源，即传统的开山挖矿等同类行为。但若坚持这一认定标准，则难以合理处置案例二、三中的损害行为。案例二中，用于土地复垦的石料无论是原采矿区剩余的矿石，还是从市场专门购买的矿石，行为人将该石料采挖的行为与传统非法采矿行为具有相当性，但却不符合“开采自然赋存状态的矿产资源”标准。同理，近年来诸如案例三中行为人擅自开采高速公路隧道洞渣的案件发生频繁，交通建设后形成的洞渣，难以被工程项目直接利用，往往堆置在河道路边，行为人采挖洞渣后经过加工、粉筛获利，但其行为亦不是“开采自然赋存状态的矿产资源”。

采挖已脱离自然载体的矿石案件构成非法采矿罪存在争议，关键在于矿产资源与采矿行为的认定存在争议。因此必须以规范解释为进路进行构罪证成。

三、论证：矿产资源与采矿行为的规范解释

对矿产资源与采矿行为的认定有争议的根源是对矿产资源与采矿行为进行了限制解释。从法律规定来看，已脱离自然载体的矿石仍应属于矿产资源，将该矿石采挖后粉筛加工等行为系采选行为，亦可评价为非法采矿行为。

（一）矿产资源的规范解释

如果不明确矿产资源、生态环境、矿产品的关系，那么已脱离自然载体的矿石便无法被认定为矿产资源，行为人将脱离法律制裁。这是因为《细则》对矿产资源的定义必然是刑法中矿产资源的定义，所以否定后者必然会否定前者，并且按照“举重以明轻”原则，既然较重的刑事制裁不认为是矿产资源，那么较轻的行政处罚更不应认定，最终使处罚丧失了法律依据。因此，必须从法律规范层面厘清三者的关系，准确认定矿产资源

的边界。

矿产资源与生态环境是依附关系。一方面,《细则》第2条对矿产资源的规定，并未提及生态环境，其自然属性也仅指形成过程未经人力干预，生态环境仅是矿产资源形成与赋存的载体，而不是矿产资源的组成部分。另一方面,《解释》第3条第1款第一、二项规定:(1)开采的矿产品价值或者造成矿产资源破坏的价值在10万元至30万元以上的;(2)在国家规划矿区、对国民经济具有重要价值的矿区采矿，开采国家规定实行保护性开采的特定矿种，或者在禁采区、禁采期内采矿，开采的矿产品价值或者造成矿产资源破坏的价值在5万元至15万元以上的。可见，前两项中非法采矿罪的成立只需审查矿产资源被破坏的数量价值，这说明矿产资源的认定无须考量生态环境。

矿产资源与矿产品是包容关系。固态矿产资源的赋存载体是矿石，矿石富集后可以形成矿体，矿体又可以构成矿床，矿床还会再形成矿田，这是一个由小到大，由窄到广的过程(见图1)。根据资源税法第3条第4款的规定，矿产品包括原矿(初级矿产品)和选矿产品，原矿即为矿石。事实上，矿产品按照最后进入消费领域前经历的生产过程大致可分为初级矿产品、中间矿产品和下游矿产品。[①] 因此，在规范解释后，原矿虽经历轻度外力脱离原始载体，但尚未经过采选而进入生产生活领域，在性质上仍然属于矿产资源，而中间矿产品和下游矿产品则是人工利用矿产资源后的结果，不应再纳入矿产资源。

据此，矿产资源的边界是“形成并依附于生态环境后，终结于进入生产生活领域前”。

---

① 张志敏、刘超:《基于战略认知的初级矿产品：概念、属性与经济关系》，载《科技导报》2022年第21期。

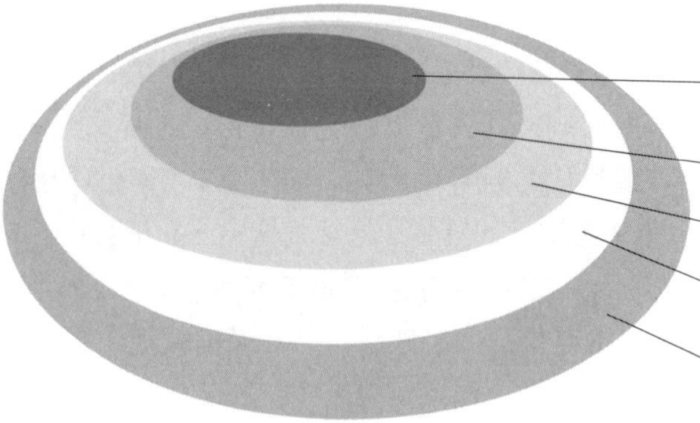

图 1　概念关系

（二）采矿行为的规范解释

从法律规定层面与刑法教义学层面审查发现，采矿行为应包括开采和采选行为。

从法律规定层面审查。一类规定认为采矿行为即为开采。如矿产资源法、《细则》、《矿产资源开采登记管理办法》均未在独立法条中明确规定采矿行为的定义，仅可从法条内容上概括出采矿行为是开采矿产资源的行为；另一类规定认为采矿行为包括开采和采选。如资源税法、《矿产资源补偿费征收管理规定》均在第 3 条第 4 款间接规定了采矿行为包括矿产资源的开采或者采选。两类规定表面上存在冲突，但这是因立法技术和现实需要所致。前者规定侧重采矿的初级阶段。法条内容分为“矿产资源的种类、矿产资源的开采审批以及开采的基本要求”，这些规定旨在强调原矿（初级矿产品）的开采阶段，即传统经验法则中的“上山挖石、下河取砂”，这是因为当法条规定开采阶段必须依法取得采矿许可证时，采选作为原矿开采后，中、下游矿产品形成前的连续阶段，采矿许可证赋予采矿合法性的法律效力当然及于采选阶段；后者规定的是采矿的中间阶段。法条规定的是何种矿产品须缴纳资源税和资源补偿费，针对的是已采出的原矿，而其中对原矿的采选亦要求采矿权人缴纳相关费用，这说明采选也属于采矿行为。

从刑法教义学层面审查。首先，非法采矿罪中的“采矿”存在广义的采挖矿产与采集矿物、狭义的采挖矿产两种文义解释，前者是指矿石脱离自然赋存状态与矿物脱离自然赋存状态，后者仅指矿石脱离自然赋存状态，故“采矿”属于不确定法律概念，其内涵和外延具有不确定性，语义具有模糊性。[①] 其次，体系解释是在文义解释出现复数可能的情况下，优先适用的一种方法，[②] 其目的是在同一法律之内或不同法律之间对待定概念进行解构。显然，在刑法内部难以探知采矿的确定含义，而采矿的广义理解恰好契合法条规定层面的采矿行为审查，即包括开采和采选。最后，在刑法的解释论上，目的解释具有决定性，[③] 故还需对开采和采选行为进行合目的性解释。非法采矿罪隶属刑法第六章第六节，旨在保护矿产资源的有限性和维护国家的矿产绝对权，因而要求行为人采矿必须取得采矿许可证，以实现采矿行为的合法性。采选是指利用各类物理和化学的方法，使选矿中的有用矿物脱离自然赋存状态，为后续加工中、下游矿产品奠定基础。易言之，采选的对象亦属自然赋存状态的矿产资源，与原矿的开采行为具有相当性，并且采选本就属于采矿业的门类，非法采矿罪也并未限定采矿必须为开采行为，不能据此对采矿作出限缩解释，如同故意杀人罪，因具体案件事实的差异性，可以将杀人理解为持刀杀人、投毒杀人等各类方式，但绝不能将杀人仅限于持刀杀人，不能恣意违背罪刑法定原则。因此，将未取得采矿许可证，擅自采选矿产资源的行为解释为非法采矿行为符合非法采矿罪的立法目的，亦不违背罪刑法定原则。

（三）结论

通过规范解释，矿产资源的边界是“形成并依附于生态环境后，终结于进入生产生活领域前”，既可以是未受任何外力作用的原始自然赋存资源，也可以是经历外力作用但尚未经过采选进入生产生活领域的矿石；采矿行为则包括对原始自然赋存资源的开采和已开采矿石的采选行为。案例一中的原采石厂遗留矿石，案例二中的复垦矿石，案例三中的隧道洞渣都处于原矿已开采完成状态，但仍属矿产资源，各被告人挖掘、破碎、粉筛等行为均系非法采矿行为，依法构成非法采矿罪。

① 杨铜铜:《论不确定法律概念的体系解释》，载《法学》2018 年第 6 期。
② 杨铜铜:《体系解释的思维依据》，载《法律方法》2017 年第 2 期。
③ 张明楷:《刑法学》(第五版)，法律出版社 2016 年版，第 35 页。

四、结语

惩犯罪行为于律法之下，护环境资源于芸芸众生！党的二十大报告指出，必须牢固树立和践行绿水青山就是金山银山的理念，站在人与自然和谐共生的高度谋划发展。矿产资源的不可再生和数量有限决定了其对人类生产生活的重要价值，司法保障应当主动持续性发力，厚植常态化保护。矿产资源不再局限于异化认知的原始自然赋存资源，经历外力作用但尚未经过采选进入生产生活领域的矿石亦属于矿产资源；采矿行为并非仅是“上山挖石，下河取砂”的传统行为，开采原始自然赋存资源和采选已开采的矿石均属于采矿行为。因此，行为人采挖已脱离自然载体的矿石应当以非法采矿罪定罪处刑。

刑法应对土地用途规制的实践样态与应然路径

黄扬扬 *

党的二十大报告再一次重申“牢牢守住十八亿亩耕地红线”，体现了党中央对耕地高度重视、严格保护的态度，使耕地保护再次成为学界关注和热议的焦点。为了严厉打击土地违法行为、严守耕地保护红线，自然资源部于2021年12月、2022年11月分别公开通报了100起涉刑土地违法案件①和45个土地违法违规典型案例②。司法实践中，土地用途的刑法规制存在一些不足，造成土地用途管制标准不一致。作为最后一道防线的刑法应当如何在土地用途规制过程中适时发挥其作用，如何在有效惩治犯罪的同时又不盲目扩大犯罪圈、阻滞或扼杀行政规制的效果，是当下亟须解决的重要问题。

目前对于土地用途刑法规制的研究多限于个案探讨与理论梳理层面，存在代表性不强、样本数量不足、实证研究缺失等问题。为此，本文在厘清土地用途刑法规制内涵的基础上，梳理总结土地用途刑法规制的规范与学说，并以自然资源部公开通报的100起涉刑土地违法案件为样本，对我国土地用途的现行刑法规制进行剖析，透视土地犯罪案件的司法适用现状，

---

* 黄扬扬，福州大学法学院硕士研究生。

① 《自然资源部公开通报100起涉刑土地违法案件》，载自然资源部官网，http://gi.mnr.gov.cn/202112/t20211223_2715588.html，2023年5月1日访问。

② 《通报！2021年耕地保护督察发现的45个土地违法违规典型案例》，载自然资源部官网，https://www.mnr.gov.cn/dt/ywbb/202211/t20221129_2769097.html，2023年5月1日访问。

总结提炼我国土地用途刑法规制实践中出现的核心问题，最后为完善土地用途刑法规制提出具体的可操作性建议。

一、土地用途规制的界定：规范与学说

当前我国土地用途管制以行政法为基础，以刑法为后盾，基于对行政法与刑法之间关系的考量，本文将从“行政法—刑法”两个层次对我国土地用途管制加以分析，并辅以环境刑法之行政从属性的学说进行论证，展示该学说在土地用途刑法规制的适用路径，以期摆脱土地用途规制规范适用的实践困局。

（一）土地用途行政法管制

纵观我国土地用途规制的法律体系，土地管理法第 4 条第 1 款规定便确立了我国以用途管制为核心的土地管理基本制度。土地用途管制即国家为保证土地资源的合理利用，依据土地利用规划，依法划定土地用途区域，确定土地使用限制条件，实行用途变更许可，使土地所有者、使用者严格按照规划确定的用途利用土地。土地用途管制旨在严格保护耕地，有效配置土地资源，提高土地利用集约水平。

众多学者将土地用途管制行为定位为行政行为，因为土地用途管制集中了土地利用规划决策权、土地利用许可权、土地违法行为处罚权的行政权力运行过程。对土地用途管制行为的定性体现了我国现行土地用途管制以行政权为主导的本质特征。[①] 从行政法视角观察，土地用途管制规范由行政禁止或者行政限制规范构成，土地用途管制的决策则由依法授权的特定行政主体单方作出。由现行法律规定可知，土地用途管制分为事前、事中与事后管制三个阶段，而这些阶段均被行政管制所覆盖（见表 1）。我国目前耕地利用的“管理与控制模式”是一种耕地保护主义，[②] 强调严格限制

① 郭洁:《土地用途管制模式的立法转变》，载《法学研究》2013 年第 2 期。

② 阎其华、李炳燃:《国外耕地保护的法律措施模式及对我国的启示》，载《东北大学学报（社会科学版）》2014 年第 5 期。

土地流转和绝对限制耕地用途变更，以保护土地的生态法益与财产法益。

表 1　土地用途行政管制所涉制度及相关法律条文

土地用途行政管制阶段	具体体现	相关法律条文
事前管制	土地利用规划制度	土地管理法第 15 条规定，各级人民政府应当组织编制土地利用总体规划； 土地管理法第 16 条规定，下级编制土地利用总体规划应当以上一级土地利用总体规划为依据； 土地管理法第 17 条规定，土地利用总体规划应当依照的原则； 城乡规划法第 38 条规定，市、县人民政府城乡规划主管部门在国有土地使用权出让前应当依据控制性提出规划条件。
事中管制	土地用途变更管理制度	土地管理法第 4 条规定，使用土地应当严格按照土地利用总体规划确定的用途。
事后管制	土地用途监管制度	土地管理法第 6 章规定，自然资源主管部门应对违反土地管理法律、法规的行为进行监督检查； 土地管理法第 7 章规定，违反土地用途管制的土地使用人相应的法律责任。

（二）土地用途刑法规制

土地管理法通过转介条款对土地违法行为的刑事责任进行了规定，即若构成犯罪则应当依法追究刑事责任。我国现行土地用途的刑法规制显现于刑法与附属刑法并行的土地犯罪立法，对违反土地用途管制行为的规制主要包含了土地管理、土地使用、土地流转等方面，对于实践中多发常见的非法占用农用地、非法转让、倒卖土地使用权等行为追究相应的刑事责任。刑法专条规定的土地犯罪具体罪名包括非法占用农用地罪，非法转让、倒卖土地使用权罪，非法批准征用、占用土地罪和非法低价出让国有土地使用权罪等。以上土地犯罪条文除非法占用农用地罪为专门保护农用地资源的罪名以外，其他条文均主要保护土地使用权管理制度。除了明确显示土地犯罪的罪名外，刑法分则中亦有条文的犯罪构成中涉及土地犯罪相关内容，例如，以土地作为犯罪对象的污染环境罪，属于间接规制的土地犯罪。此外，《基本农田保护条例》《国家建设征用土地条例》等均有条款对依法追究土地犯罪刑事责任进行规定，属于涉及土地犯罪的附属刑法。[①] 然而，从立法价值、制度设计、司法实践等维度来看，刑法更侧重于保护土地的经济价值，[②] 没有强调土地的生态价值保护。

有别于一般土地违法行为，土地犯罪在认定土地违法行为人是否严重违反土地管理制度、构成犯罪的要件，法律均有明确规定，甚至对于客观方面的“情节严重”“情节特别严重”“数量较大”“造成耕地大量毁坏”等犯罪标准也有相应的司法解释（见表2）。在土地犯罪的刑罚适用方面，追究其刑事责任的主刑是拘役或有期徒刑，附加刑是并处或单处罚金。

表2 涉土地犯罪罪名及相关构成要件司法解释

涉土地犯罪罪名	构成要件之司法解释
非法占用农用地罪	根据《关于审理破坏土地资源刑事案件具体应用法律若干问题的解释》，非法占用农用地“数量较大”，是指非法占用基本农田5亩以上或者非法占用基本农田以外的其他农用地10亩以上；造成农用地“大量毁坏”，是指行为人非法占用农用地建窑、建坟、建房、挖沙、采石、采矿、取土、堆放固体废弃物或者进行其他非农业建设，造成基本农田5亩以上或者基本农田以外的农用地10亩以上种植条件严重毁坏或者严重污染。
非法转让、倒卖土地使用权罪	根据《关于审理破坏土地资源刑事案件具体应用法律若干问题的解释》，以牟利为目的，违反土地管理法规，非法转让、倒卖土地使用权，具有下列情形之一的，属于非法转让、倒卖土地使用权“情节严重”，依照刑法第228条的规定，以非法转让、倒卖土地使用权罪定罪处罚： （一）非法转让、倒卖基本农田5亩以上的； （二）非法转让、倒卖基本农田以外的耕地10亩以上的； （三）非法转让、倒卖其他土地20亩以上的； （四）非法获利50万元以上的； （五）非法转让、倒卖土地接近上述数量标准并具有其他恶劣情节的，如曾因非法转让、倒卖土地使用权受过行政处罚或者造成严重后果等。 具有下列情形之一的，属于非法转让、倒卖土地使用权“情节特别严重”： （一）非法转让、倒卖基本农田10亩以上的； （二）非法转让、倒卖基本农田以外的耕地20亩以上的； （三）非法转让、倒卖其他土地40亩以上的； （四）非法获利100万元以上的； （五）非法转让、倒卖土地接近上述数量标准并具有其他恶劣情节，如造成严重后果等。

① 李祥金、吴小帅：《由“双轨制”到“三位制”：我国土地犯罪的刑事立法模式研究》，载《山东师范大学学报（人文社会科学版）》2018年第4期。

② 李嵩誉：《农地生态价值保护的刑法机制》，载《法学杂志》2020年第11期。

续表

涉土地犯罪罪名	构成要件之司法解释
非法批准征用、占用土地罪	根据《关于人民检察院直接受理立案侦查案件立案标准的规定（试行）》，非法批准征用、占用土地，“情节严重”是指： （1）一次性非法批准征用、占用基本农田 0.67 公顷（10 亩）以上，或者其他耕地 2 公顷（30 亩）以上，或者其他土地 3.33 公顷（50 亩）以上的； （2）12 个月内非法批准征用、占用土地累计达到上述标准的； （3）非法批准征用、占用土地数量虽未达到上述标准，但接近上述标准且导致被非法批准征用、占用的土地或者植被遭到严重破坏，或者造成有关单位、个人直接经济损失 20 万元以上的； （4）非法批准征用、占用土地，影响群众生产、生活，引起纠纷，造成恶劣影响或者其他严重后果的。
非法低价出让国有土地使用权罪	根据《关于人民检察院直接受理立案侦查案件立案标准的规定（试行）》，非法低价出让国有土地使用权，“情节严重”是指： 1. 非法低价（包括无偿）出让国有土地使用权 2 公顷（30 亩）以上，并且价格低于规定的最低价格的 60% 的； 2. 非法低价出让国有土地使用权的数量虽未达到上述标准，但造成国有土地资产流失价值 20 万元以上或者植被遭到严重破坏的； 3. 非法低价出让国有土地使用权，影响群众生产、生活，引起纠纷，造成恶劣影响或者其他严重后果的。
污染环境罪	根据《关于办理环境污染刑事案件适用法律若干问题的解释》，在涉土地犯罪中，致使基本农田、防护林地、特种用途林地 5 亩以上，其他农用地 10 亩以上，其他土地 20 亩以上基本功能丧失或者遭受永久性破坏的，应当认定为“严重污染环境”。

（三）土地用途刑法规制的理论基础：行政从属性

与绝大多数环境犯罪行为一样，上述土地相关的罪名采用空白罪状立法，环境犯罪行为的“违法性”“可罚性”取决于环境行政法规范内容，亦即“某种行为的可罚性依赖于行政法或行政命令的具体规定”。环境刑法所保护的法律关系从属于行政性法律关系，我国台湾学者郑昆山提出环境刑法之行政从属性体现在“以刑罚为贯彻行政目的之手段，扩大行政刑法之立法，将部分犯罪构成要件委由行政机关以行政命令或行政处分补充之”[①]。环境刑法行

① 郑昆山:《环境刑法之基础理论》，台北五南图书出版公司 1998 年版。

政从属性理论源于以德国刑法为代表的大陆法系刑法，[①] 在德国环境犯罪条文中，违反行政法规被列入侵害环境之犯罪行为的构成要件中。

我国环境刑法的行政从属性亦体现在土地犯罪中，数个罪名的规定方式采用了空白罪状，如“违反土地管理法律、法规”这一空白构成要件明确指示了该土地犯罪以违反土地行政法规为前提。土地管理法规作为前置性规范，成为了连接一般土地违法责任和刑事责任的桥梁。[②] 相对于行政法的前置性与主动性，土地刑法具有谦抑性与被动性。首先应由行政机关履行职责，执行土地管理法规，对于情节轻微的违反土地行政法规的行为，依据秩序违反法处罚即可。在行政法律关系遭受破坏、行政制裁规则无效的情况下，刑法介入才变得必要。土地管理也应遵从“行政管理在先、刑罚处罚在后”的原则。刑法应当作为最后的手段，即行政制裁手段的补充而绝非替代，[③] 刑法的谦抑性与保障性就体现于此。

行政从属性使得刑法在土地用途规制中作为行政法的补充规范落到实践中。司法实践中，刑事司法干预是以最高成本进行土地管理，为避免司法资源高度消耗，处罚土地违法行为还应考虑经济效益。实现司法资源的合理分配，还需要行政法和刑法的合理分工。[④] 要注意处理好前置法（行政法）与保障法（刑法）的关系，促进土地违法的行政处罚与刑事处罚之间的有效衔接，发挥二者各自的优势，使土地违法与犯罪行为都能得到有效规制。

二、土地用途刑法规制的实践样态

本文以自然资源部公开通报的100起涉刑土地违法案件为样本，梳理各个案件的具体违法行为及定罪量刑情况，借助这100起涉刑土地违法案件探究当前土地用途刑法规制的司法判罚大体趋向。

---

① 张苏:《环境刑法行政从属性的理论根据》，载《新疆社会科学》2014年第1期。

② 陈兵:《空白罪状适用的规范性解释——以前置性规范为中心》，载《西南政法大学学报》2014年第2期。

③ 庄乾龙:《环境刑法定性之行政从属性——兼评〈两高关于污染环境犯罪解释〉》，载《中国地质大学学报（社会科学版）》2015年第4期。

④ 董邦俊:《环境法与环境刑法衔接问题思考》，载《法学论坛》2014年第2期。

（一）涉刑土地违法案件的样本分析

1. 发生时间。自然资源部公开通报的100起涉刑土地违法案件发生在2006年至2021年间，横跨的时间幅度较大，其中在2017年至2018年间发生的案件数量最多；有7个案件的犯罪行为持续时间为两年及两年以上（见表3）。之所以如此，可能与以下因素有关:（1）2006年十届全国人大四次会议上通过的《国民经济和社会发展第十一个五年规划纲要》，提出18亿亩耕地是一个具有法律效力的约束性指标，是不可逾越的一道红线，2009年国土资源部提出“保经济增长、保耕地红线”行动，坚持实行最严格的耕地保护制度，2012年国土资源部发布了关于提升耕地保护水平全面加强耕地质量建设与管理的通知，其间严格实行耕地保护制度，打击破坏耕地行为。（2）“十一五”“十二五”陆续通过或修订了典型立法，如自2008年6月1日起执行《违反土地管理规定行为处分办法》，2009年通过的侵权责任法首次规定了环境污染侵权责任、2011年通过的《刑法修正案（八）》将刑法第338条修改为污染环境罪等，[①] 其间环保及土地法治不断强化。（3）2017年中共中央国务院《关于加强耕地保护和改进占补平衡的意见》，提出坚决防止耕地占补平衡中出现的补充数量不到位、补充质量不到位问题，但实践仍缺少耕地数量保护与耕地质量保护的统一，[②] 因此仍有耕地质量被破坏等案件频发。

表3　样本中案件发生的时间　　（单位：件）

年份	案件数量	年份	案件数量	年份	案件数量	年份	案件数量
2006	1	2010	3	2014	4	2018	21
2007	2	2011	4	2015	6	2019	8
2008	1	2012	4	2016	7	2020	6
2009	3	2013	6	2017	23	2021	1

① 张忠民:《生态破坏的司法救济——基于5792份环境裁判文书样本的分析》，载《法学》2016年第10期。

② 漆信贤、张志宏、黄贤金:《面向新时代的耕地保护矛盾与创新应对》，载《中国土地科学》2018年第8期。

2. 发生地点。100 起涉刑土地案件的发生地包括 31 个省、自治区、直辖市，如表 4 所示，通报的 100 起案件的前七位发生地分别为河南、河北、山东、江苏、安徽、广东、云南。其中华中地区只有河南省领先全国，华北地区、华南地区、西南地区各只有一个省份位于前列，分别是河北省、广东省、云南省，华东地区则有山东省、江苏省、安徽省三个省份上榜，其他案件鲜发生于西北地区、东北地区。这种情况可能和以下因素有关:（1）西北地区荒漠广布、生态脆弱、人口稀少、开发难度大，东北地区森林储雪有利于发展农业与林业，因此少有开发利用导致破坏土地的案例。（2）华东地区自然环境优越，各省份土地可利用面积并不算太大，随着经济发展，人们对土地使用需求随之增大，为获取经济利益而非法占用土地取土、采砂、建厂等屡见不鲜。（3）西南地区矿产资源丰富，矿产非法开发等现象严重。

表 4　样本中案件发生的地点　（单位：件）

地点	案件数量	地点	案件数量	地点	案件数量	地点	案件数量	地点	案件数量
北京	2	辽宁	2	浙江	3	河南	8	海南	1
天津	2	吉林	2	安徽	5	湖北	5	重庆	3
河北	7	黑龙江	3	福建	2	湖南	3	四川	4
山西	4	上海	2	江西	3	广东	5	贵州	2
内蒙古	2	江苏	5	山东	6	广西	2	云南	5
西藏	1	陕西	3	甘肃	3	青海	2	宁夏	2
新疆	2								

3. 案件事实。自然资源部在公开通报中对于基本案情的表述相对简单，违法行为可以概括为永久基本农田建房、建厂、挖塘、挖砂、取土、推填土、堆放废弃物等破坏耕地种植条件的行为，其中建厂案例有 25 宗，堆放渣土、建筑垃圾等废弃物的案例共 17 宗，取土案例 14 宗，建房案例 13 宗，采砂案例 12 宗，同时还有非法占用土地建设农业园、物流园、停车场、机动车驾驶培训基地等以营利为目的的消费场所的案例共 18 宗，可见自然资源部公开通

报的案件多集中于打击为了经济利益严重破坏耕地种植条件的犯罪行为。

（二）涉刑土地违法案件中的罪与刑

以公开通报的100起涉刑土地违法案例文本为基础，可以总结凝练出罪名分布概况、涉罪人员身份、刑罚适用情况三个案例要点。

1. 罪名分布概况。公开通报的100宗涉刑土地违法案件中，有97宗非法占用农用地罪、2宗非法转让土地使用权罪、1宗涉地污染环境罪，其中污染环境罪一案在立案查处时亦是以涉嫌构成非法占用农用地罪被移送公安机关。在非法占地案中，有27宗案件涉破坏耕地，12宗案件涉破坏永久基本农田。由此可见，围绕涉刑土地违法案件，罪名集中于“非法占用农用地”，梳理案件事实可见，这100起案件主要涉及未经批准擅自占用耕地，特别是永久基本农田建房、建厂、挖塘、挖砂、取土、推填土、堆放废弃物等破坏耕地种植条件的行为。

2. 涉罪人员身份。在100起涉刑土地违法案件中，共有数十家单位以及包括公司和企业法人代表、投资者等在内的164名自然人被追究刑事责任。对不同身份涉罪人员涉案罪名进行梳理（见表5），可见涉及土地犯罪的罪名中，非法占用农用地罪占比最高。

表5　涉罪人员身份及罪名分布概况

公司、企业	农民专业合作社	村委会	个人
30宗40人	5宗30人	4宗9人	61宗85人
非法占用农用地罪30宗	非法占用农用地罪5宗	非法占用农用地罪3宗 非法转让土地罪1宗	非法占用农用地罪59宗 非法转让土地罪1宗 污染环境罪1宗

3. 刑罚适用情况。借助自然资源部公开通报的100起涉刑土地违法案件就涉及的当事人、定罪量刑进行统计分析，有利于认知当前司法部门对于土地违法行为的刑罚适用情况，可以进一步探究我国土地保护的刑罚制度。

样本中对涉罪人员判处的刑罚包括拘役、有期徒刑和罚金、没收财产等。涉案164名自然人中有124人失去人身自由，被判处监禁刑，占比

75.61%。判处缓刑的有40人，占比24.39%。且164名自然人中有149人被并处罚金，占比90.85%，仅有8宗案件的涉罪人员、单位被责令承担环境修复费用、赔偿耕地开垦费用及承担土地复耕费用，4宗案件的涉罪人员、单位被没收、追缴违法所得。梳理刑罚适用情况可见，司法治理中部分案件适用罚金、没收财产、追缴违法所得等经济制裁措施力度大，但通过横向比较可以发现不同案件罚金数额波动幅度较大。

三、土地用途刑法规制的现实挑战

由100起涉刑土地违法案件的案件样态分析可见，当前土地用途刑法规制尚有不足。本文仅就100起涉刑土地违法案件暴露出的刑法规制之局限性进行研究，以期对解决土地用途刑法规制的现实问题有所裨益。

实务中，对于土地犯罪的认定尚有早期化倾向，从入罪标准来看，主要表现在保护法益含混、犯罪构成要件把握不准确、相近行为认定罪名时划分界限不明。

（一）保护法益含混

对于土地刑法规范保护的法益理解含混会导致对于具体行为认定出现争议，从而出现不宜入罪的行为随意入罪或应该入罪的行为却出罪之情形。若将某行为违反土地管理法规认定为其具备违法性，将土地刑法规范保护的法益片面理解为秩序法益，则可能导致刑事制裁出现疏漏或空缺。如果依照传统观点将土地管理秩序法益作为土地刑法保护的法益，很可能会导致具有实质违法性但没有违反秩序的行为出罪。在当前自然犯与法定犯一体化的立法体例下，单纯违反土地管理法规的法定犯欠缺法益侵害性，一味施加惩罚则可能导致法定犯滑向口袋化。[①] 因此对于行为违法性的认定不应以行为违反规范来评价，而应该以行为是否侵害了法益来判断。[②] 同

① 刘艳红：《“法益性的欠缺”与法定犯的出罪——以行政要素的双重限缩解释为路径》，载《比较法研究》2019年第1期。

② 陈禹衡、陈洪兵：《法益重塑和路径调整：积极刑法观下农用地生态法益的刑法保护转向》，载《新疆社会科学》2021年第4期。

理，在“人类法益中心主义”的立法观念指导之下，很可能出现某行为实质破坏了土地资源，但因没有违反土地管理秩序或侵害人身及财产利益而逃脱刑事制裁的情形。

（二）犯罪构成要件把握不准确

对于犯罪构成要件把握不准确也会导致司法实践中对土地犯罪的认定出现早期化的情形。以非法占用农用地罪为例，目前对于该罪的争议集中于其客观行为方面的解释。刑法中对该罪客观行为的表述为：违反土地管理法规，非法占用耕地、林地等农用地，改变被占用土地用途，数量较大，造成耕地、林地等农用地大量毁坏。上述对于非法占用农用地罪客观行为方面的争议具体体现在以下方面：其一，“非法占用农用地”行为和“改变被占用土地用途”的保护法益之别。非法占用耕地、林地等农用地，是指行为人没有遵循国家土地管理机关法定程序占用农用地的行为。改变被占用土地用途，是指行为人改变了耕地、林地等农用地的用途而作其他方面的使用。[①] 由此可见，禁止非法占用农用地的规定注重维护土地管理秩序，禁止改变被占用土地用途的规定则保护农用地的种植用途。其二，“非法占用农用地”行为和“改变被占用土地用途”行为之间的逻辑关系。实务中，是否认定为非法占用农用地罪之争议的情形主要有：非法占用农用地但未改变农用地用途、合法占用农用地但改变农用地之用途。其三，理论界还存在“非法占用”和“造成农用地毁坏”两者间属于并列关系还是递进关系[②]、“数量较大”和“大量毁坏”是择一关系还是并列关系之争议，[③] 这些争议最终的指向均为定罪标准的认定，区分了非法占用农用地的违法行为与犯罪行为之间的界限。非法占用农用地罪的认定除了犯罪构成要件把握不准确情形外，非法转让土地使用权罪的认定在实践中也容易出现此情形。

---

① 高维俭、史运伟：《非法占用农用地罪的适用》，载《人民司法（应用）》2018 年第 31 期。

② 陈禹衡：《法益重构、解释修正与共犯新探：民法典时代非法占用农用地罪的刑法规制转向》，载《北京化工大学学报（社会科学版）》2021 年第 2 期。

③ 王德政：《非法占用农用地罪中“数量较大”与“大量毁坏”的关系——以防止农用地被擅改用途为出发点》，载《中国农村研究》2016 年第 2 期。

该罪的客观方面表述为：以牟利为目的，违反土地管理法规，非法转让土地使用权，情节严重。从犯罪构成来看，如何准确把握成立“牟利”的犯罪动机，如何正确区分行为人对土地是“转让”还是“租赁”[①]，是判断行为是否构成非法占用土地使用权罪的重要依据，但认定尚存争议。

（三）相近行为认定罪名时存在争议

法益保护的缺失影响行为范式的认定，进一步导致司法机关在适用刑法规制时认定行为有争议，如非法占用农用地罪与污染环境罪。[②]

四、土地用途刑法规制的完善路径

（一）提高入罪门槛

1. 推进行政执法与刑事司法有效衔接。要进一步搭构行政执法与刑事司法之间的衔接桥梁，一方面，要加强规制土地违法行为的行政法防线。司法实践中，不能盲目扩大犯罪圈来强化一般预防，要规制土地违法行为，应该加强刑法之前的部门法防线，通过加大行政执法力度来提高一般预防。要明确土地犯罪罪状描述中的行政违法尺度，严重侵害土地生态法益的行为才纳入刑法规制范畴，[③] 充分发挥“行政法—刑法”两级体系设置的作用，细化部门法之间的分工，在上游的行政法介入阶段提高土地违法行为的发现率与处置率，不能把土地问题堆积至下游依靠刑法截堵。行政机关在发现违法者作出违法行为时，可以责令行为人限期改正或者参与治理，视情形对其进行处罚并且申请法院强制执行，[④] 实现较为全面的保障措施。

---

① 胡敏：《非法转让土地使用权罪认定涉及有关问题的研究》，载《公关世界》2020年第10期。

② 陈禹衡、陈洪兵：《法益重塑和路径调整：积极刑法观下农用地生态法益的刑法保护转向》，载《新疆社会科学》2021年第4期。

③ 焦艳鹏：《生态文明视野下生态法益的刑事法律保护》，载《法学评论》2013年第3期。

④ 岳荣、李媛辉：《从非法占用农用地罪看罚金刑的适用——以2019年内蒙古非法占用林地案件为例》，载《北京林业大学学报（社会科学版）》2021年第1期。

要避免对违法行为“以刑代罚”，建立行政执法与刑事司法的高效衔接，破除两法衔接的梗阻，将更大限度发挥生态法治化的威慑力。

另一方面，要促进行政法与刑法两道防线的衔接。对土地用途的规制在考虑介入刑法时应当遵循谦抑原则，且要考虑刑罚手段的成本，因此刑法的介入要体现效益性。[①] 要拓展刑法在土地犯罪上的谦抑性空间，降低刑法作为最后救济手段的适用性，同时应加强程序法与实体法的衔接。对于发现的土地违法问题，重视立案阶段的预立案与移送审查起诉阶段的缓起诉，通过降低案件的移送率来降低刑法的确定性，[②] 达到降低对刑法依赖的目的，避免土地刑法规制的早期化冲击刑法的谦抑性。当行为人作出的土地违法行为没有严重毁坏耕地或严重污染环境，没有造成大量耕地丧失基本功能或遭受永久性的破坏，可以通过适当的修复措施恢复原本的生态环境及耕种条件的，属于情节显著轻微的情形，为了避免“过罪化”带来“非正义”的影响，可以适用“但书”规定予以出罪，[③] 通过行政手段规制即可。

2. 拓展土地犯罪构成要件认定的谦抑性空间。司法实践中对于某些行为是否应入罪存在争议。要破解土地犯罪认定早期化之困局，应该对土地犯罪构成要件作出更为自我克制的解释，从判定标准上拓展刑法的谦抑性空间。

第一，对于土地犯罪侵害的法益应该作出更为全面的理解。非法占用农用地罪存在数种争议情形，如非法占用大量农用地，但不改变其用途的情况。以天津市某种植专业合作社非法占地案为例，该种植专业合作社未经批准擅自占用农场土地建设农业园，但实务中政府土地部门认可农业园的设施占用农业用地。农业园如未改变占用土地的用途或侵犯占用土地的属性与功能，则危害性不大，可能仅是行政违法行为。在此情况下，行为人非法占用的行为没有侵害该农用地整体生态功能，不应纳入刑事范畴。类似情形之下的为避免农用地闲置而合理开发利用土地资源的行为，如果

---

① 卞宏波:《我国土地违法行为刑事责任重构》，载《东南学术》2013 年第 4 期。

② 刘艳红:《环境犯罪刑事治理早期化之反对》，载《政治与法律》2015 年第 7 期。

③ 章雨润:《农用地权益保护机制研究》，载《山东社会科学》2017 年第 6 期。

仅仅是没有办理行政审批手续，也不应认定为非法占用农用地罪。在刑法介入之际，应考虑行为人在什么情形之下占用了农用地，该行为是否仅侵犯了行政管理秩序，是否侵害了环境公益，[①] 对于没有严重毁坏耕地或污染环境的违法行为，应审慎考虑其不入罪的可能性，对于不宜入罪的行为，不应使其过早入罪。

第二，对于犯罪构成要件存在的争议，应同样基于拓展刑法谦抑性空间的立场在司法解释里进行完善。如非法占用农用地罪中，将“非法占用”和“造成农用地毁坏”定义为递进关系，“数量较大”和“大量毁坏”定义为并列关系更能避免刑法适用的无限扩张。又如非法转让农用地罪中，以转让土地使用权的对价来判断是否达到“牟利”的条件，以土地核心价值的转移来判断是“转让”还是“租赁”。[②] 在警惕刑法可能扩张的同时还应注意兼平衡对法益的全面保护，再于司法解释里进行完善，避免因犯罪构成要件定义不明而出现司法认定混乱的情形。

（二）配置适宜刑罚

1. 以司法解释规范并细化罚金量刑标准。基于对自然资源部通报的 100 起涉刑土地违法案件的研究分析表明，司法实践中尚存在判处的罚金没有统一标准、罚金数额波动幅度较大、不同地区罚金刑裁量悬殊的问题。对此，可对罚金刑的裁量进行细化，进而达到促进罚金刑更好适用的目的。

具体而言，第一，应进一步规范土地犯罪中罚金刑的裁量，要根据犯罪人的犯罪基准事实来划定量刑的起点。要审查犯罪人错误的可避免性，区分不同情况，兼顾责任主义与刑事政策，给予部分犯罪人减免或从轻处罚的法律后果。[③] 第二，要根据其他影响犯罪构成的犯罪事实来确定基准刑，如计算出犯罪人作出土地犯罪行为的违法所得数额、犯罪造成的损失，

---

① 晋海、胡漫漫:《非法占用农用地行为特征及司法治理策略——基于 200 个判例的经验分析》，载《湖南农业大学学报（社会科学版）》2016 年第 1 期。

② 胡敏:《非法转让土地使用权罪认定涉及有关问题的研究》，载《公关世界》2020 年第 10 期。

③ 车浩:《法定犯时代的违法性认识错误》，载《清华法学》2015 年第 4 期。

并对违法所得和造成损失的数额进行比较，通过在量刑起点的基础之上取较大值的方式来确定基准刑。第三，要限缩不同的量刑情节对于罚金刑基准刑的调节幅度，对不同量刑情节进行重要性排序，并限定罚金刑的最高刑罚。第四，在司法解释中更加详细地规定罚金的处罚标准，如占用或毁坏的农用地面积、修复环境或复垦土地所需的费用，再对照处罚标准给予犯罪人相应的罚金刑处罚。对于不同的土地犯罪可以进一步细化处罚标准，如在非法占用农用地罪中，对于不同的占用形式、不同的农用地用途进行严重性排序，进一步精细调节罚金数额。第五，要考虑到行为人经济状况的差异与不同地区经济水平发展的参差，应引入犯罪人自身经济水平作为罚金刑裁量特殊的法定量刑情节，将其视为对罚金刑有重要影响的解释变量。要使罚金刑能够切实处罚并起到威慑作用，应考虑犯罪人的缴纳能力，使经济水平高的犯罪人不觉无足轻重，经济水平低的犯罪人不至于无力承担。有学者提出以犯罪人的年收入与当地年均收入之比作为“经济水平系数”，在罚金计算公式加入犯罪人的经济水平，[①] 不要超过犯罪人的整体财富量刑，进而调节罚金刑。

2. 综合运用生态修复与跟踪监督并重的刑罚辅助性措施。土地犯罪案件在司法处罚方面存在未积极运用辅助性措施的问题。犯罪人实施了破坏耕地资源的土地犯罪行为，如果不考虑犯罪人的经济水平，一味对其判处监禁刑、罚金刑可能导致人力资源的浪费、犯罪人无力缴纳罚金而消极应对或忽视罚金的威慑力，不会切实保护耕地资源与生态环境。要提升对耕地资源和生态环境的保护力度，应该加强对生态修复的重视。

要在处罚方面兼顾保护耕地资源与生态环境，首先，可以在量刑与处罚多环节引入生态修复措施。法院可采用的刑罚辅助性措施有要求犯罪人恢复土地原状、完成林木种植、承担土地复耕费用、赔偿生态环境修复费用等，核心目的在于恢复林木植被，将耕地恢复至可耕种状态。可在缓刑“有悔罪表现”条件中加入生态修复措施，[②] 如将能够在破坏农用地后主动

① 文姬:《我国罚金刑裁量方法的改进》，载《清华法学》2021 年第 6 期。

② 叶小琴、王伟:《农用地刑事司法保护充分性的实证研究》，载《湖南农业大学学报（社会科学版）》2022 年第 2 期。

复耕、积极承担生态修复费用等视为量刑情节，通过刑事司法切实推动生态修复。在采取刑罚辅助性措施阶段也可以引入犯罪人自身经济水平作为参照标准，对于经济水平较低的犯罪人可以要求其将被毁坏农用地进行复耕，经济水平较高的犯罪人可以选择体力活动或承担生态环境修复费用、土地复耕费用。以上生态环境修复的方式作为刑罚辅助性措施，在司法解释中应加以明确。

其次，在司法解释中完善刑罚辅助性措施的同时，还应确立环境修复的跟踪监督机制。要提升刑罚辅助性措施的执行力度，在判决书中确定生态环境修复的方式及完成要求，还应该制定生态环境修复工作的跟踪监督机制，规定在验收时间之内犯罪人必须按照验收标准做好生态环境修复工作任务的记录，由专门负责验收的跟踪监督人员定期跟踪监督生态环境修复工作进展情况，对于未能按时按要求完成的，要及时把问题反映给督导组。

司法实践中应结合运用生态修复与跟踪监督并重的刑罚辅助性措施，如此，对于土地环境损害的救济才真正体现了可持续发展的发展观与风险预防的治理观，[①] 实现土地损害法益救济的价值导向。

五、结语

研究我国的土地用途刑法规制，既要考虑大国的土地国情，也要考虑小民的土地生计。土地犯罪多发生在农村，犯罪主体多为村民与小企业经营者，相较于宏大的国家粮食安全问题，他们更多着眼于自身的生计问题。司法实践中动用刑法既要彰显刑罚的威慑力以达到有效遏制土地犯罪的目的，同时又要注意限度、高度克制，坚守刑法的谦抑性。完善土地用途刑罚规制路径不可能一蹴而就，当务之急可以从调整入罪门槛与配置适宜刑罚两方面来填补目前土地用途刑法规制存在的问题，采用宽严相济的刑事政策，力求通过不过于严苛的刑罚手段达到惩戒犯罪的目的，为土地保护提供有效的刑事护盾。

---

① 唐瑭:《环境损害救济的逻辑重构——从“权利救济”到“法益救济”的嬗变》，载《法学评论》2018 年第 5 期。

非法狩猎行为的行刑边界与治理路径研究
——以H市F区检察院办理的非法狩猎案件为样本

桑　涛　黄稼嫦*

为确保生态安全和生物多样性，狩猎野生动物行为在我国被严格限制。我国野生动物保护法层面所指的受保护的野生动物，是指珍贵、濒危的陆生、水生野生动物和有重要生态、科学、社会价值的陆生野生动物。刑法则对猎捕不同价值野生动物的行为规定了不同的罪名。根据刑法第341条，狩猎非国家重点保护的野生动物的行为，可能构成非法狩猎罪或者非法猎捕陆生野生动物罪。刑法、野生动物保护法等我国现行立法，已对非法狩猎行为构建了梯度化责任体系。然而近年来的大量刑事司法案例反映出，现有规定对非法狩猎罪的认定方式相对简单，分层、分类处理不明显，背后隐藏着司法机关如何在环境资源类案件中坚持人与自然和谐共生的大问题，值得研究。本文拟在对H市F区检察院近年来办理的非法狩猎案件进行分析的基础上，梳理非法狩猎罪在当前司法适用中的主要问题，并拟提出在当前轻罪治理背景下非法狩猎罪司法适用的完善建议。

*桑涛，浙江省杭州市富阳区人民检察院检察长，三级高级检察官；黄稼嫦，浙江省杭州市富阳区人民检察院办公室主任。

一、非法狩猎罪的司法实践现状分析

（一）受案呈增长趋势

2020 年以来，H 市 F 院共受理非法狩猎审查起诉案件 72 件 98 人，其中 2020 年 5 件 6 人，2021 年 9 件 17 人，2022 年 41 件 53 人，2023 年（截至 5 月）17 件 22 人，案件数量呈现增长趋势，这与近年来国家高度重视生态环境资源保护工作、司法机关持续加强对环境资源类案件打击力度存在密切关系。

（二）不起诉适用比例高

在 H 市 F 区检察院 2020 年来受理审查起诉的非法狩猎案件中，被检察机关宣布相对不起诉的有 58 人，相对不起诉率达到了 60%。反映出实践中大量的非法狩猎案件都属于符合不起诉条件的情节轻微、社会危害性小的偶发案件。

（三）以数量或价值入罪的情形少

最高法 2000 年司法解释列举了非法狩猎罪入罪的两种情况：一种是以数量入罪，即非法狩猎野生动物达到 20 只以上；另一种是以行为入罪，即违反狩猎法规，在禁猎区或者禁猎期使用禁用的工具、方法狩猎。“两高”2022 年发布的关于办理破坏野生动物资源刑事案件的最新司法解释则对上述入罪门槛进行了修改：一是非法猎捕野生动物价值必须达到 1 万元以上；二是在禁猎区使用禁用的工具或者方法狩猎；三是在禁猎期使用禁用的工具或者方法狩猎。新司法解释把之前的数量入罪改为了价值入罪模式，但以行为入罪的规定仍然没有变，即只要在禁猎区或是禁猎期使用禁用的工具、方法狩猎，就属于情节严重，构成非法狩猎罪，无须考虑数量或价值。[①] 从 H 市 F 区 2020 年以来的非法狩猎案件来看，只有 3 件达到了当时

---

① 罗翔：《机械司法与客观归罪之破局——以非法狩猎罪的司法限缩为视角》，载《探索与争鸣》2023 年第 1 期。

入罪的数量或价值门槛，其余案件均为以行为入罪。出现这种情形，当然有该类案件中猎物追回难、无法对种类和价值进行鉴定的因素，但主要还是因为非法狩猎的犯罪主体集中于偶然作案的普通村民，而非以狩猎为生的专业犯罪人员，猎捕对象则集中于野猪、黄麂、斑鸠等农村常见的“三有”保护动物，故无论是数量还是价值，均不容易达到入罪门槛。

（四）野生动物侵犯人类生产生活空间成为非法狩猎的重要发案原因之一

梳理H市F区受理的72件非法狩猎案，有近四分之一的案件系行为人为防止野猪、野兔、鸟类等野生动物破坏自家农作物而引发的，采用的禁用工具、方法多为防御性措施，如为防止野猪、野兔啃食多采用放置捕兽夹的方式，为防止鸟类啄食多采用张网防护的方式，而一旦放置捕兽夹或张网，就达到了非法狩猎罪的定罪标准。如2021年9月，盛某因自家农作物长期被野猪等野生动物破坏，在自己家田地附近放置捕兽夹5个，捕获疑似野猪1只、疑似黄麂1只，侦查机关对盛某以涉嫌非法狩猎罪移送审查起诉。H市F区检察院经审查认为，盛某在禁猎区及禁猎期使用禁用工具狩猎，构成非法狩猎罪，但犯罪情节轻微，于2022年5月6日对盛某宣布不起诉。当地检察机关在走访调查中发现，乡镇村民对野生动物的侵袭深感困扰。一方面，野生动物对村民人身安全造成威胁，下辖乡镇近年来均有村民被野猪攻击致伤的案例。另一方面，野生动物侵袭农作物造成的损失日渐增长，除传统的水稻、玉米、番薯外，香榧等珍贵经济作物的树根已成为野猪觅食的新选择，当地某村一年内就有成百上千棵香榧树被野猪损毁，树根被啃食极易导致整棵树枯死，而香榧树需种植8年左右才能结果，每3年才成熟一次，累计经济损失达上百万元，村民反响强烈。

二、非法狩猎罪在当前司法适用中的主要问题

（一）行刑边界模糊，行政处罚适用空间小

从司法解释来看，非法狩猎罪并非绝对禁止猎捕野生动物，而是设定

了“非法猎捕野生动物价值一万元以上”的入罪门槛，以防止入罪过度，但同时该司法解释的第二、三项也规定有相应行为的，无须实际猎到动物即可认定为情节严重，这表明无须考虑有无造成实害后果，非法狩猎罪成了行为犯，意味着刑事处罚与行政处罚没有进行有效区分。根据野生动物保护法，县级以上地方人民政府有权对本地区的禁猎区、禁猎期以及禁用的工具、方法进行补充规定。实践中，许多县级人民政府规定全域均为禁猎区、全年均为禁猎期，和1万元价值标准相比，在禁猎区或禁猎期使用禁用方法的入罪标准显然更容易达到。这类情况使非法狩猎罪与行政违法行为之间的门槛产生了重合，导致行政犯过罪化。行政处罚的作用在于对尚不构成犯罪的违法行为进行纠正，刑事处罚则是最后一道防线，针对的是严重危害社会的刑事犯罪，两者规制的范围不同，两者不能相互替代。

（二）保护范围调整不及时，未能适应现实变化

非法狩猎罪的犯罪对象是珍贵、濒危野生动物以外的其他野生动物，根据国家林业局2000年7号令《国家保护的有益的或者有重要经济、科学研究价值的陆生野生动物名录》，包括野猪在内共有1700多种野生动物属于受国家保护的“三有动物”。随着生态环境的持续向好和国家对野生动植物资源保护力度的加大，一些野生动物种群数量不断增加，在浙江、四川、东北等地野猪已呈泛滥之势，在云南等地野生亚洲象种群则迎来了“婴儿潮”，大量野生动物频繁“肇事”已给当地居民生命财产安全造成了不小的威胁。

（三）面对野生动物侵害问题，紧急避险条款适用存在争议

与大山复绿、百兽回归、生态环境持续向好的情况相反的是，行政机关对野生动物侵害问题治理能力未能及时跟进。过去几年，全国许多乡镇定期组织持有狩猎证的合法猎人队伍持枪定量狩猎，对泛滥的野猪种群进行一定控制。但随着国家对枪支管理制度日益严格，本就稀少的持枪证被陆续回收。哪怕是专业的猎人，也无法在没有工具的情况下狩猎。因缺乏枪支等有效工具，采用捕兽夹或者电网等禁用方式猎捕野猪的案例逐渐增

多。此类非法狩猎案例，司法机关一般采取定罪轻罚的折中路线，如在H市F区办理的黄某某非法狩猎案中，黄某某在年轻时当过多年猎户，家中有捕兽夹，2019年因野猪破坏庄稼地，其受村里种粮户的委托放置捕兽夹猎捕野猪，且设置了警示标识，最终被以非法狩猎罪判处了缓刑。但是，野生动物仍持续在侵犯人类空间，问题实际上并没有得到有效解决。此类案例，能否适用刑法中紧急避险条款予以出罪存在争议，亟须统一认识。在野生动物对群众人身安全构成现实紧迫的威胁时猎杀野生动物，毫无疑问可适用紧急避险，但设置防御性措施防止野生动物侵扰作物是否可以适用紧急避险尚有争议。

三、轻罪治理背景下非法狩猎罪司法适用的完善建议

（一）将行政处罚设置为非法狩猎罪的前置条件

对部分非法狩猎行为，行政处罚手段完全能够达到惩戒行为人、使之深刻反省的目的，直接用刑事处罚，削弱了行政处罚之功能，也体现不出刑法的谦抑性。构成非法狩猎罪应以行政处罚为前置条件。非法狩猎罪侵害、威胁的法益是国家保护的野生动物资源，但狩猎是千百年来人类赖以生存或自卫的手段之一，故非法狩猎并没有违反伦理道德，而是违反野生动物保护法等行政法规，表现出行政犯的特征。刑法的谦抑性决定了其治理功能不能被滥用，只有当某种行为用行政法中处罚措施不足以保护法益的时候，才能用刑法予以规制。在禁猎区或者禁猎期使用禁用的工具、方法进行狩猎，价值未达到入罪标准的，应先由行政主管部门进行行政处罚，如行为人再犯并达到情节严重程度的，追究其刑事责任。以此明确行刑边界，形成合理的处罚层次。

（二）根据实际情况及时调整非法狩猎罪保护范围

正是因为相当多的野生动物有“保护动物”的免死金牌，使得人们不能轻易对它们下手，而这种保护也让野猪等部分野生动物的种群数量和活动范围持续扩大。据新闻报道，野猪目前已成为致害范围最广、造成损失

最严重的野生动物之一。当野生动物已经严重危害到人类生存的时候，是不是还要延续之前濒危情况下的司法政策？一方面，可重新考虑是否有选择性地在部分地区将已呈泛滥之势的一些野生动物剔除出被保护的野生动物范围。2023年6月30日，截至笔者发稿前，国家林草局网站公布了新调整的《有重要生态、科学、社会价值的陆生野生动物名录》，引起广泛争议的野猪被正式从“三有动物”中“除名”。另一方面，考虑到各地野生动物资源的不同情况，也可以通过完善立法，给予人在特殊情况下对野生动物有一定限度的处置权，如将行为人的生产生活区域作为合法设置非主动攻击型狩猎装置的范围，并明确规定需设置警示标识以免误伤他人。由于法律具有滞后性，在不能即时修改法律的情况下，应充分考虑适用紧急避险条款。

（三）区分情况“唤醒”紧急避险条款

紧急避险的正当性主要是根据法益衡量原则来判定的，即法律允许为保护较大的法益而牺牲较小的法益。通常认为，对国家保护名录中的野生动物的保护必要性大于对一般农作物保护的必要性，加之野生动物保护法规定，为保护野生动物造成人员伤亡、农作物或者其他财产损失的，由当地人民政府给予补偿，据此更有理由认为公民的普通财产权并未处于一种紧急状态，不适用紧急避险条款。但实际操作中，野生动物侵袭的农作物范围分散、种类多样，存在调查取证难、定损难、补偿低等问题，此类政府补偿可操作性差，基本难以实现，农民有时就会铤而走险选择自己设置防御装置。笔者认为，应转变思维定势，从人类保护生态环境的最终目的来分析立法本意。在此类案件中，行为人首先是被害者，没有狩猎牟利或者食用的动机，而是在自身利益可能遭受重大损失的情况下，被迫预防或反击。保护野生动植物最终还是为了维护人类的生存环境，“人权”不能向“兽权”让步，在自身利益可能遭受重大损失的情形下实施狩猎行为，用刑法的紧急避险理论来解释是合情合理合法的。毕竟对农民来说，自己耕种的庄稼不只是口粮，还可能是孩子的学费、病人的救命钱，在这种情况下不可以期待农民不采取措施以保护自己的粮食安全。从紧迫性来说，如有充分证据证明案发当地野生动物泛滥，农作物确实受到了野生动物长期真实的威胁，则可认定法益也长期处在现实紧迫的危险中，行为人在合理范围设置防御性措施，既有正当性也有紧迫性，可以适用紧急避险条款。但在适用中应区分采取的措施是否显著超过必要限度，否则可能成立避险过当。

（四）从“治罪”走向“治理”

非法狩猎案是典型的“小案”，但折射出共同富裕、乡村振兴如何与生态环境平衡协调发展的基层治理“大问题”，简单机械适用刑事“治罪”手段，反而容易进一步激化矛盾，增加社会治理成本。所以，必须摒弃片面强调刑法惩罚功能、夸大刑罚一般预防作用、过度依赖打击职能的传统司法观念，以更低的犯罪治理成本实现最佳的刑事司法效果。[①] 环境资源犯罪案件中，司法机关需以类案调研大数据为支撑，精准把握“从严打击破坏环境资源犯罪”与“从宽处理轻微刑事案件”之间的平衡，以治理体系与治理能力现代化为导向，逐步实现从“治罪”到“治理”的转变。以检察机关办理非法狩猎类案件为例，对外可联合行政机关、人民政府等共同对类案背后的基层治理问题进行磋商，提出科学制定猎捕定额、完善野生动物致害赔偿补助政策、引导群众设置合法的驱赶装置等综合防控的检察建议；对内则凝聚刑事检察与公益诉讼检察合力，聚焦禁用工具销售源头，运用大数据挖掘类案监督线索，以精准数字化监督推进精准社会治理。通过打出调整理念、优化机制、综合治理等一系列检察履职“组合拳”，不断提高法律监督能力现代化。

① 卢建平、吴宏耀、刘辰：《轻罪治理现代化的推进路径》，载《人民检察》2023年第1期。

无证采伐“火烧枯死木”行为犯罪化处理的反思
——基于中国裁判文书网 112 份刑事判决的实证分析

李志良*

一、问题的缘起

案例一：2020 年 5 月，在未办理国家重点保护植物采集证的情况下，江西省于都县某林业站站长李某京，伙同并安排当地农民曾某红先后对 4 棵樟树采挖，非法采伐的樟木、樟树蔸被运回曾某红家中。李某京因此被控非法采伐国家重点保护植物罪。[①] 此案随后引起社会舆论广泛关注，当地有村民认为司法机关对于李某京行为的制裁方式显然“太过严厉”，也有人认为李某京违反了规定，理应受到法律的制裁。

被告方则辩解认为，腐朽死亡的樟树不属于国家二级重点保护植物，因为没有涵养水源（净化水质）的价值，没有保育土壤（国土）的价值，没有固碳释氧的价值，没有积累营养物质的价值，没有净化大气环境的价值，清理死枯樟树的行为，是出于人民群众的安全考虑，依法不构成犯罪。

案例二：犯罪嫌疑人肖某从江西省 J 市周边多个村庄买下多棵枯死樟树，并由村集体以消除公共安全隐患为由向所在地乡政府申请除险，但并未办理采伐许可证。案发后经鉴定发现其中有 3 棵树龄在 100 年以上，属古树。随

* 李志良，江西省吉安市人民检察院第一检察部主任。

① 于平:《采伐四棵死樟树被公诉，有必要吗》，载光明网，https：//m.gmw.cn/baijia/2021-04/13/34761593.html，2023 年 5 月 20 日访问。

后公安机关以肖某涉嫌危害国家重点保护植物罪提请检察机关审查逮捕。

检察机关审查认为，根据森林法第56条的规定，只有采伐林地上的林木才需要办理采伐许可证，同时根据《江西省古树名木保护条例》第25条等规定，地方性法规并不禁止村民处置经主管部门确认死亡的枯死木。且枯死的古树本身已经不具备生态价值，不属于刑法第344条的保护对象，行为人与村集体出于消除公共安全隐患采伐枯树的行为本身不具有刑法意义上的社会危害性。

上述两起案件存在一个共同的争议焦点，即枯死树木是否仍具备刑法保护的生态价值，是否属于破坏环境资源保护罪的保护对象。从两起案件前后处理的过程来看，不同的办案机关对该问题显然存在不同的认识。事实上，通过笔者放大视野，依托中国裁判文书网的大数据分析全国范围内的刑事案例，却得出了一个普遍认为无证采伐枯死木构成犯罪的结论。为进一步厘清无证采伐“火烧枯死木”行为性质问题，本文以全文检索“火烧枯死木”和案由检索“破坏环境资源保护罪”，从中国裁判文书网共检索到112份裁判文书[①]，立足司法实践结果，分析样本裁判中的说理逻辑，重新审视犯罪化处理无证采伐“火烧枯死木”行为的正当性。

二、无证伐枯：行政违法抑或刑事犯罪

（一）刑事犯罪论

从本文选取的112份裁判文书可以得出一个基本观点，刑法第六章涉林罪名保护的法益是国家森林资源以及国家保护林业资源的管理制度，法律对枯死、烧毁等因自然原因死亡的林木没有明确作出排除性规定。参照原国家林业局《关于未申请林木采伐许可证采伐“火烧枯死木”行为定性的复函》（林函策字〔2003〕15号，以下简称《复函》），即凡采伐林木，包括采伐“火烧枯死木”等因自然灾害毁损的林木，都必须申请林木采伐许

① 筛选时间为2023年5月10日，实际筛选结果总计120件，但经人工核查后涉及“火烧枯死木”的案件实际为112件。

可证，并按照林木采伐许可证的规定进行采伐。① 即使有个别判例从侧面否认了枯死木的生态价值，但仍未否认其违反国家林业管理制度的违法性。比如有法院认为检察机关指控涉案林木为活立木的依据不足，故认定被告人构成非法采伐国家重点保护植物罪的罪名不能成立，应认定为盗伐林木罪。② 样本所选取的112份裁判文书最终全部作出有罪判决，其定罪量刑的基本逻辑主要有以下三个方面：

1. 无证采伐"火烧枯死木"的行为违反了国家规定。如前所述，样本判例普遍认为涉林犯罪侵害的法益是国家森林资源以及国家保护林业资源的管理制度，行为人无证采伐林木，已经违反了国家林业管理法规，数量较大即构成刑事犯罪。③ 112份裁判文书当中，所依据的"国家规定"，实际为前述国家林业局《复函》，其中直接援引《复函》的有95例，间接引用《复函》内容作为说理的有7例，另有10例裁判全文未涉及《复函》的引用，主要的原因是被告人实际采伐的对象既包括枯死木也包括活立木，在实际审判过程中反倒回避了枯死木所引发的定性争议。

2. "火烧枯死木"仍然属于国家所保护的对象。有判例观点认为，根据原国家林业局林函策字〔2003〕15号文、林策发〔2008〕150号文及国务院国法函〔2011〕225号函内容的分析以及司法实践，刑法第344条所指的"国家重点保护植物"，既包括活的，也包括已死亡的。④ 即使是枯死的林木依然属国家林业法规所保护的对象，禁止非法采伐。⑤ 当然，在选取的112份样本当中，还有不少判例在原国家林业局林函策字〔2003〕15号文的基础上作了扩大化的解释，认为按照该复函的规定，采伐雪压材等自然灾害毁损的林木，都必须申请林木采伐许可证，⑥ 适用的范围也从火烧木、枯死木扩大至雪压木、风倒木、病害木等。

---

① 新疆维吾尔自治区伊犁哈萨克自治州塔城地区中级人民法院（2020）新42刑终49号刑事裁定书。

② 吉林省红石林区基层法院（2015）红刑初字第21号刑事判决书。

③ 天津市蓟县人民法院（2014）蓟刑初字第0172号刑事判决书。

④ 江西省新余市中级人民法院（2019）赣05刑终32号刑事判决书。

⑤ 广西壮族自治区柳州市城中区人民法院（2018）桂0202刑初252号刑事判决书。

⑥ 湖北省鹤峰县人民法院（2018）鄂2828刑初64号刑事判决书。

3. 考虑对生态环境的实际破坏情况，采伐枯死木可以作为量刑情节予以考虑。在选取的 112 份样本判例中，有 18 起案件将该情节作为酌定从轻处理的理由，但在表述方式上存在两类不同的意见，有裁判观点认为由于被告人砍伐的林木是“火烧枯死木”，被告人对森林资源及环境没有造成破坏，酌情对被告人可以从轻处罚。[①] 还有不少裁判意见则认为，被告人砍伐的林木属于火烧木，对生态环境的破坏相对较小，可以从轻处罚。[②] 当然，还有个别裁判文书中并未对具体从轻的理由进行具象化表述，而是笼统地考虑被告人犯罪情节较轻，对其减轻甚至免除处罚。

（二）行政违法论

112 份样本判例中被告人及其辩护人作无罪辩护的仅有 15 例，除去对涉案事实异议外，针对无证采伐枯死木的无罪辩护逻辑与有罪论较为不同，辩护意见立足法益的实质侵害性，认为“火烧枯死木”不具有生态属性，因此对应的采伐行为不具有社会危害性。同时，有辩护意见认为无证伐枯也不触及刑事违法性，比如刑法第 344 条的罪状表述是“违反国家规定”，而原国家林业局的《复函》甚至连部门规章都算不上，更不用谈及是否触及国家规定的问题。

1. 无证采伐“火烧枯死木”的行为不具有刑事违法性。有辩护意见认为，人民法院仅凭原国家林业局对福建省林业厅的回复文件《复函》定罪，违反罪刑法定原则。[③]

2. 无证采伐“火烧枯死木”的行为并未违反国家林业采伐限额管理制度。有辩护意见认为，火烧木的砍伐不计入国家采伐限额，其审批采取“申请必许可”方式。从县林业局发文要求及时更新造林也可以看出，犯罪行为所侵害的林业管理秩序也是形式性的，不是实质性的。[④]

3. “火烧枯死木”不属于正在生长的林木，不具备生态功能价值，不

① 河北省承德市中级人民法院（2021）冀 08 刑终 157 号刑事判决书。
② 广东省云浮市中级人民法院（2020）粤 53 刑终 128 号刑事判决书。
③ 福建省南平市中级人民法院（2020）闽 07 刑终 56 号刑事判决书。
④ 河北省承德市中级人民法院（2021）冀 08 刑终 157 号刑事判决书。

属于犯罪对象。本文前述案例一中李某京及其辩护人的意见较为典型，即枯死木没有涵养水源（净化水质）的价值，没有保育土壤（国土）的价值，没有固碳释氧的价值，没有积累营养物质的价值，没有净化大气环境的价值，不属于刑法第六章第六节所保护的对象，对应的采伐行为也就不可能有实质的法益侵害性。

4. 行为人主观上不具有破坏生态资源的故意。有辩护意见指出，被告人砍伐“火烧枯死木”的主观目的是消除安全隐患，维护百姓利益，没有故意侵害行为，没有造成不良的后果，不应追究其刑事责任，被告人张某甲无罪。[①] 与本文前述案例一、案例二中涉及行为人主观上有消除公共安全隐患的内容大致相同。

三、实质审查：采伐“火烧枯死木”行为的本质分析

通过梳理选取的样本案例可以归纳出以下争议焦点：刑法有关涉林罪名保护的客体到底是国家生态资源还是国家保护生态的管理制度。如果犯罪客体是生态资源，则“火烧枯死木”（包括风倒木、雪压木、病害木等）是否还具有生态价值，是否还属于涉林犯罪的犯罪对象；如果犯罪客体是国家管理制度，则无证采伐“火烧枯死木”是否违反了国家规定，尤其是要重新审视原国家林业局《复函》的性质认定问题。上述争议焦点存在递进关系，构成了一个典型的逻辑追问，在此之上，仍然需要考虑一个刑事非难可能性的问题，即基于消除公共安全等公共利益的无证采伐行为是否具备社会危险性和应受处罚性。

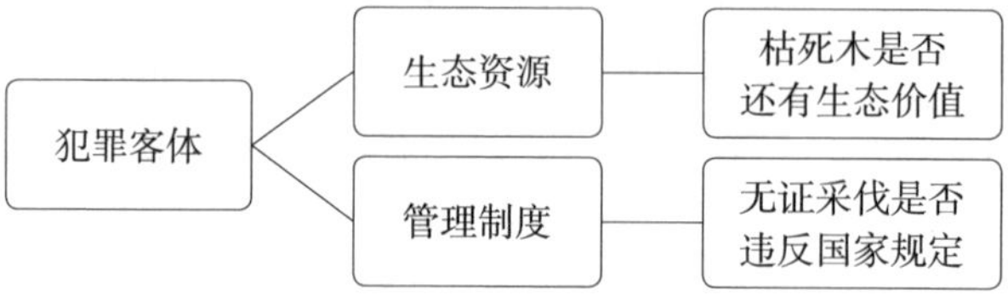

图 1　无证伐枯行为性质推演

① 四川省武胜县人民法院（2014）武胜刑初字第153号刑事判决书。

（一）无证采伐犯罪侵犯的客体

通说认为，刑法第六章中涉林犯罪属于典型的行政犯，其犯罪客体当然是国家保护森林资源的管理制度，不少司法判例也基于此立场，认为采伐对象是活立木或病害木并不是被告人构成犯罪的关键，关键在于被告人是否办理了采伐许可证，[①] 也即核心点在于是否违反了国家管理制度。但仔细深究便可以发现，国家对森林资源的管理制度实际只是手段行为，其深层逻辑是保护生态资源，因为刑法关于涉林犯罪依附的行政法律主要就是森林法，而现行森林法第 1 条就明确规定，“为了践行绿水青山就是金山银山理念，保护、培育和合理利用森林资源，加快国土绿化，保障森林生态安全，建设生态文明，实现人与自然和谐共生，制定本法”，第 3 条又明确规定，“保护、培育、利用森林资源应当尊重自然、顺应自然，坚持生态优先、保护优先、保育结合、可持续发展的原则”。由此可见，刑法所引用的森林法的立法目的就是保护、培育、利用森林资源，那么刑法作为社会调整的最后手段，相关涉林罪名的犯罪客体也就应当是森林资源，而不可能是保护所谓的森林管理制度，行政犯不可能侵犯一个连行政法规都不认可的法益。

（二）“火烧枯死木”的生态价值

有观点认为，树木死后并不是立即失去其价值，相反，它们又为更多生物的生存提供了物质基础。枯死木是森林生态系统中不可缺少的组成部分，在维持生物多样性方面发挥着极其重要的作用。[②] 但也有观点认为，植物属于生物范畴，是有生命的、正在生长中的生物。枯死植物已经失去了生长机能，不再以活立木的形态存在，仅表现为一种木材形态。当然，枯死植物并未完全失去价值，如可以作为木材使用，对森林整体健康也很重要。但是，枯死植物不再具有生命，不能发挥活立木所具有的生态作用，与存活植物相比，其无论在功能、价值还是作用方面都存在本质区别。[③]

---

① 陕西省安康市中级人民法院（2018）陕 09 刑终 90 号刑事裁定书。

② 赵辉、杨大宏：《浅谈枯死木的生态作用》，载《陕西林业》2006 年第 6 期。

③ 蒋兰香：《刑事违法抑或行政违法——一起非法采伐枯死国家重点保护植物案的理性反思》，载《北京林业大学学报（社会科学版）》2010 年第 1 期。

对于森林资源来说，尚在存活的林木具有防风固沙、蓄水保土、清洁水源等功效，它们的生存和繁衍为地区的环境带来了积极的影响。但当这些林木已经因火烧、风吹等原因枯萎死亡时，枯死林木就脱离了原有的生态系统，也失去了上述的生态价值。此时，砍伐枯死的林木不仅不会对生态环境造成损害，还能促进植被更新换代，防止因枯死木造成的虫害蔓延至其他植被。[①] 特别是针对人工用材林、经济林等林地，及时清理山上死亡松树不仅可以缓解松林内树种间的竞争，促进植物群落演替，还可以减少松材线虫病媒介松褐天牛的虫源，防止疫情的进一步扩散。[②] 及时清理"火烧枯死木"，对于天然阔叶林区，还可以在林地形成"林窗效应"，有助于森林内生物多样性的发展。因此，从生态功能价值的角度而言，完全可以认定"火烧枯死木"不属于涉林犯罪的对象，即便是盗伐枯死木的行为，也因为该对象仅剩财产价值，而宜认定为盗窃罪。

（三）关于无证采伐枯死木的国家规定

刑法第 344 条、第 345 条第 2 款的罪状表述为"违反国家规定""违反森林法"规定，因此，涉及砍伐"火烧枯死木"是否能够入罪处罚，首先要看该行为是否违反了"国家规定"或者森林法。

1. 现有森林法未对采伐"火烧枯死木"设定行政许可或者行政禁令。森林法第 56 条修改了"采伐林木必须申请采伐许可证"的规定，仅规定"采伐林地上的林木应当申请采伐许可证"。同时，明确了农村居民采伐自留地和房前屋后个人所有的零星林木，不需要申请采伐许可证。而"林木"一般是指林内生长的乔木，与孤立木相对。森林法及其实施条例均未对"火烧枯死木"的采伐作出具体规定，司法人员在办案过程中，将国家保护的森林资源对象理解为"既包括活的，也包括死亡的"，显然有扩大解释之嫌，有违行政相对人法无禁止即可为的基础法理。

2. 其他国家规定也未对采伐"火烧枯死木"作出具体的行政许可规定。

① 刘卫：《无证采伐枯死林木行为的司法认定分析》，载《福建林业》2022 年第 1 期。

② 刘金燕等：《松材线虫病防治中及时清理死亡松树和诱杀松褐天牛的必要性研究》，载《现代农业科技》2011 年第 1 期。

原国家林业局林函策字〔2003〕15号文系其在2003年答复福建省林业厅《关于采伐火烧枯死木有关问题的请示》的一个函件，从文件名称及内容表述来看，其本质属于国务院主管部门对行政执法机关适用森林法作出的一份规范性文件。但是，根据刑法第96条规定，本法所称违反国家规定，是指违反全国人民代表大会及其常务委员会制定的法律和决定，国务院制定的行政法规、规定的行政措施、发布的决定和命令。显然，原国家林业局作出的行政批复，不属于刑法意义上的“国家规定”，不能适用于刑事审判当中。需要注意的是，《森林病虫害防治条例》第7条规定，森林经营单位和个人在森林的经营活动中应当及时清理火烧迹地，伐除受害严重的过火林木。同时《森林防火条例》第46条也明确要求，森林火灾发生后，森林、林木、林地的经营单位和个人应当及时采取更新造林措施，恢复火烧迹地森林植被。从上述规定显然可以得出一个观点，即现有国家规定并未对采伐“火烧枯死木”作出行政许可规定，反倒是要求经营单位或个人应当及时清理更新、恢复植被。

（四）无证采伐“火烧枯死木”是否具有应受刑事处罚性

从主观上来看，大多数行为人在砍伐时都认为枯死木已然无法继续生长，留之无用，实际上是为了获取最后剩余的木材经济价值，尤其是针对用材林和经济林等林种，如果不采取清理更新措施，林木不可能恢复生长，经济损失更不可能得以挽回。因此，从生态价值与经济价值的现实状态来看，采伐枯死木行为更像是一种收割行为，而非破坏行为，难以附加道德性谴责或者社会性否定，不能产生国民的厌恶感，不能产生刑罚上的追诉冲动。从客观上来看，采伐“火烧枯死木”，本身也未触犯国家规定，即便是按照《复函》处理，其本身也认为“对情节显著轻微的，根据《行政处罚法》的规定，可以从轻、减轻或者免予处罚”。根据刑法补充性的原理，如果对某种不法行为采取行政措施便足以保护法益，就不应当将这种行为当作犯罪处理。显然，刑法的补充性原理，是处理行政违法行为与犯罪行为关系的重要指导原理。[①]

① 张明楷：《避免将行政违法认定为刑事犯罪：理念、方法与路径》，载《中国法学》2017年第4期。

要言之，从犯罪对象来看，“火烧枯死木”也不再具有立法所期待的生态价值，不再属于涉林犯罪对象；从犯罪客体来看，采伐枯死木的行为并未侵害国家的森林生态资源；从刑事违法性来看，现有的国家规定并未对采伐枯死木的行为设定刑罚责任；从主观恶性的角度来看，采伐枯死木的行为也缺乏刑事非难的可能性。因此，采伐“火烧枯死木”的行为本质上就是违反行政管理制度的行为，只能作一般行政违法处理。

四、审慎规范：完善枯死木采伐社会治理的路径

（一）完善立法，明确“林木”内涵

现行森林法及其实施条例只笼统地规定了“林木，包括树木和竹子”，《森林法实施条例》作为具体应用森林法的行政解释，也没有对“林木”的概念进行细化解释。但值得研究的是，《森林法实施条例》第 2 条第 1 款规定“森林资源，包括森林、林木、林地以及依托森林、林木、林地生存的野生动物、植物和微生物”。从技术角度来看，将林木与动物、植物、微生物并列叙述，前后概念的内涵应当是具有相当性或者同一性的，也恰恰说明从行政管理角度来理解作为森林资源的“林木”也应当是活物，而不是死物。正如有观点认为，盗伐林木的犯罪对象必须是正在生长着，如果将他人已经砍伐下来的树木偷走，应当认定为盗窃罪。① 在立法层面需要明确法律保护的“林木”内涵，应当为正在生长的树木和竹子。

（二）科学管理，构建行政确认程序

实践中有一种思维非常值得警惕，有不少观点认为严格管理砍伐枯木的目的其实是防止他人随意毁损林木，进而危害森林资源，因此必须用保护活木的逻辑来保护死木。但并不是所有行为都需要动用刑法来予以规制预防，否则其他社会管理手段都将丧失存在意义，整个社会也将陷入动辄

① 张军：《刑法（分则）及配套规定新释新解》（第 9 版），人民法院出版社 2016 年版，第 1730 页。

上刑的恐惧中。在行为评价为具有行政违法性的前提下，首先考虑的应是如何完善相关制度，再考察行政违法行为是否严重到了必须动用刑法进行调整的程度。[①]《江西省古树名木保护条例》在此做出了很好的尝试，该条例第25条规定，任何单位和个人不得擅自处理未经林业、城市绿化行政主管部门确认死亡的古树名木。同时，第28条规定，违反本条例第25条规定，擅自处理未经确认死亡的古树名木的，由林业、城市绿化行政主管部门处以行政处罚。该条例的立法逻辑其实就是认为已经死亡的古树名木已经不再具有保护价值，经行政确认死亡后，即可以依规进行处置，对于违反行政确认程序的处以对应的行政处罚。当然，如果存在故意毁损国家重点保护植物的行为，涉嫌犯罪的，依然可以按照法律规定追究其刑事责任。采取行政确认程序来管理“火烧枯死木”的更新采伐，一方面可以提高群众清理更新、补植复绿的效率，减少制度成本，另一方面也将大幅减轻行政管理部门的工作压力，免去形式化的行政审批，同时也可以探索将“火烧枯死木”的采伐管理从指标限额管理体系中剥离出来。

（三）审慎司法，落实宽严相济刑事政策

司法判断与行政判断不同，在评价行为违法性的同时，必须要关注行为的有责性，特别是要实质性地理解法益的侵害性，否则容易陷入机械的、形式化的司法。如果行为人仅仅是因为无证采伐枯死木，且不存在侵犯他人林木所有权的情况下，则不宜以犯罪论处；如果行为人同时砍伐了活立木、枯立木，则应当将枯立木的立木蓄积予以扣除，不能想当然地作为量刑情节予以考虑；如果有证据证实行为人实施了灌毒、水烫、火烧、砍切等故意毁坏行为，致使活木死亡后继续实施无证砍伐，符合追诉标准的，则应当严肃追究其刑事责任。检察机关在办理涉林案件时，应积极贯彻落实宽严相济刑事政策，充分发挥起诉裁量权，对于不符合犯罪本质的采伐枯死木案件依法进行审前过滤，在严肃惩治破坏环境资源犯罪的同时严格保障公民合法权益，实现司法办案“三个效果”的有机统一。

---

① 李至：《行政犯处罚的反思与限定》，载《中国刑事法杂志》2016年第1期。

城市居住区树木修剪行为的法律规制
——以“松江修剪树木案”为视角

叶榅平　刘俊福*

一、问题的提出

近年来，各地发生多起违规修剪或迁移砍伐城市树木被处以高额罚款或行政问责的案件，引起社会广泛关注。其中，最受关注的当属发生在上海市松江区的某居民因“修剪自家的树”被高额处罚案。在该案中，某小区居民多年前买了一棵香樟树栽种在自家院内，后因树木遮挡屋内采光而移至院外绿地。又经过数年，繁茂生长的香樟树再次挡住其院内花草的阳光，遂自行请人来修剪，被城管执法部门立案调查后认定属于砍伐行为，并处以 14.42 万元的高额罚款。为了行文方便，本文以下对此案简称为“松江修剪树木案”。

该案自 2021 年 8 月被央视网报道之后上了“热搜”，成为社会公众和专家学者关注的热点案件。围绕修剪自买的香樟树被处高额罚款的合法性与合理性的争论不断，很多法学专家就该案发表了评论，学界至今聚讼纷

* 叶榅平，上海财经大学法学院教授、博士生导师；刘俊福，上海财经大学环境与资源保护法学博士研究生，上海市绿化和市容管理局（上海市林业局）干部。

纭，尚未形成统一的认识。[①] 学者和公众对于“松江修剪树木案”争议的主要焦点在于涉案树木的法律属性认知，即涉案香樟树是普通树木，为何适用城市绿化管理法规处理？当事人是“修剪”树木为何按照砍伐树木进行处罚？当事人自买自种的树木移植到院外公共绿地之后，是否发生了树木所有权的变动？等等。对于社会大众来说，修剪自买的香樟树被高额罚款超越了公众的一般认知和朴素情感；而对于专家学者来说，则更关注“松江修剪树木案”背后的城市居住区树木管理的制度逻辑及执法理念。

笔者认为，认定“松江修剪树木案”适用法律依据是否准确的关键在于对城市居住区树木的法律属性认知和树木修剪的方式与限度判定问题。因此，本文无意对本案处理结果进行直接评论，而是尽量从法理视角对这一问题予以展开和剖析，以期能为此类城市居住区树木修剪案件的解决提供必要的学理支撑。

二、作为绿化的城市居住区树木

从现有立法所用的法律概念术语来看，树木的法律形态主要包括森林、林木、古树名木、绿化树木和野生植物。与林木、古树名木、野生植物等其他树木形态不同，作为绿化的城市居住区树木在法律适用、刑事司法保护、与居民的生活关联度、生态补偿、权利行使限制及树种人为选择等六个方面具有特殊性。

---

① 赵宏:《修剪自买的香樟树被高额处罚合法吗?》，载澎湃网 2021 年 8 月 19 日，https: //www.thepaper.cn/newsDetail_forward_14117850。辛省志:《上海市民修剪自种树木被罚 14 万元，为何引发争议?》，载《南方周末》2021 年 8 月 22 日，http: //www.infzm.com/wap/#/content/212128。罗培新:《修剪自己的香樟树被罚逾 14 万元，有没有更好的执法结果?》，载澎湃网 2021 年 8 月 20 日，https: //m.thepaper.cn/baijiahao_14150418。陈玺撼:《自己种的树请人“修剪”竟被罚 14.42 万元，引发央视关注，还有四点疑问》，载上观网 2021 年 8 月 23 日，https: //www.shobserver.com/staticsg/res/html/web/newsDetail.html ? id=398620&sid=67。

（一）法律适用的独特性

作为绿化的城市居住区树木多为人工种植，而非原生地天然生长。同样大小的一棵树会因为种植在不同性质的土地之上，而适用不同的行业法律法规：人工种植在农用地之上的为林木，其保护和管理适用的是森林法；人工种植在城市规划区内建设用地（比如城市居住区）之上的为城市绿化树木，其保护和管理一般适用的是《城市绿化条例》。如果树木有百年以上树龄，或者是稀有、珍贵树木，具有历史价值或者重要纪念意义的树木，依法认定为古树名木，其保护和管理还应当适用古树名木相关行业管理法律法规。

（二）刑事司法的弱保护性

对于林木、野生植物和古树名木，刑法和司法解释均提供了刑事法律保护。[①] 相比较而言，对作为绿化的城市居住区树木刑事法律保护较弱。对于非法移栽或非法砍伐城市居住区树木的城市绿化树木的，尚无针对毁坏绿化树木的特定罪名，只能按“故意毁坏公私财物罪”进行刑事处罚。对于涉及城市居住区树木的违法行为，往往只作行政案件处理，少有追究刑事责任。

（三）与居民生活的强关联性

一般而言，森林、林木及野生植物大多生长在远离城市的山野，除了居民偶尔踏青旅游而休闲游憩于山林之外，二者之间的关系并不密切。作为绿化的城市居住区树木则直接生长在人口密集的城市居民区，在一定程度上会对居民采光、通风和居住安全、人身安全或者其他生活设施产生影响，具有与居民生活的强关联性特点。随着树木的成长，绿化树木遮风挡光或者倒伏的扰民现象大量增加，会对居民生活造成一定的干扰。

---

① 最高人民法院、最高人民检察院《关于执行〈中华人民共和国刑法〉确定罪名的补充规定（七）》；最高人民法院、最高人民检察院《关于适用〈中华人民共和国刑法〉第三百四十四条有关问题的批复》；最高人民法院《关于审理破坏森林资源刑事案件具体应用法律若干问题的解释》。

（四）权利人无法因其产生生态效益正外部性而获取生态补偿

经济学理论认为，经营者可以因其具有正外部性的活动而获得受益者的补偿。对于林木而言，林木所有人和使用权人可以依法获得政府提供的生态补偿，[①] 但是，作为绿化的城市居住区树木具有生态效益，且对于城市整体具有正外部性，[②] 其所有权人依法却不能获得政府提供的生态补偿。

（五）所有权人权利行使的受限性

如同构成森林的林木一样，城市居住区绿化树木所有权也存在“虚化”而“名不副实”。[③] 虽然城市土地为国有，但是立法并不限制城市居民对种植在自己院内树木的个人所有权，但其权利行使要受到一定的约束和限制，即不能擅自修剪、迁移和砍伐。“在树木所有权上施加一定的公权限制，其法益价值在于，降低因迁移、砍伐等私人行为或纯粹的操作不专业而导致的树木减损，从而在整体上提升城市绿化水平，增进社会公共利益，这是由绿化的正向外部性所决定的。”[④] 可以说，单纯从强调生态重要性和绿化资源的珍贵性来讲，城市绿化树木一棵都不能随意砍伐。

（六）树种种类的人为选择性

城市绿化树木多是人工栽植，因此在树种种类的考虑上具有人为选择性。比如，上海市推荐栽植“四化”[⑤] 木本树木，导致银杏、香樟等珍贵、色叶树木树种有非常高的应用频率。

“松江修剪树木案”所涉及的香樟树，就是重要的绿化树种和基调树种，在城市绿化建设中栽植应用较多，在很多城市还被选定为市树。[⑥] 当

---

① 以上海市为例，纳入生态补偿的林木主要是公益林和经济果林。

② 唐黎标:《树木的生态价值》，载《内蒙古林业》2009 年第 7 期。

③ 巩固:《林木所有权的“虚化”与“落实”》，载《浙江社会科学》2016 年第 11 期。

④ 罗培新:《修剪自己的香樟树被罚逾 14 万元，有没有更好的执法结果？》，载澎湃网 2021 年 8 月 20 日，https: //m.thepaper.cn/baijiahao_14150418。

⑤ “四化”是指“绿化、彩化、珍贵化、效益化”。

⑥ 兰延、刘顺:《香樟在城市园林绿化中的应用及其生态效益评价》，载《林业科技通讯》2019 年第 5 期。

事人通过“购买”后“种植”而取得树木所有权，该香樟树既是居民的私人财产，也是一种具有公益性的城市绿化资源和生态要素，对树木的处置不可避免地要受到政府的约束和管控。因其种植在城市居住区之内建设用地之上，其保护和管理适用《上海市绿化条例》。

三、树木所有权及修剪责任的变动解释

在“松江修剪树木案”中，需要分析的另一个问题是，当事人能否修剪自买的香樟树，即当事人是不是树木修剪的法定责任主体。与此关联的另一个值得讨论的法律问题是，当事人未经许可，将香樟树从院内移至院外，是否导致所有权发生变动?

（一）树木修剪的责任主体

根据国家和地方现行法规规定，[①] 居住区绿地日常养护责任主体为业主，由业主或者委托的物业管理企业负责日常养护，包括修剪、移植、施肥、病虫害防治等。居住区内的绿化树木修剪属于居住区绿地日常养护内容之一，业主委员会为居住区绿化修剪实施主体，物业服务企业或专业绿化养护企业根据《物业服务合同》的约定或业主委员会的委托，负责按照技术规范实施居住区绿化树木修剪的相关具体操作作业。就树木修剪责任主体的权利和义务而言，至少可以明确以下要点：其一，居住区内的树木养护单位有及时组织对居住区内的树木进行修剪的法定义务。其二，居住区内的树木养护单位组织对居住区内的树木进行修剪可以是主动修剪，也可以是应业主请求而被动修剪。其三，对于居住区内因树木生长影响居民采光、通风和居住安全的，树木养护单位应及时组织修剪，但是在执行修

① 本文选取北京、上海两个极具代表性的特大型国际大都市进行分析，主要法律条文列举如下:《城市绿化条例》（2017 年修订）第 17 条;《北京市绿化条例》（2019 年修订）第 39 条第 1 款第三项、第 42 条、第 43 条;《上海市绿化条例》第 23 条第 1 款第二项、第 25 条。

剪时要把握好居民诉求、妨害程度认定、实施修剪等程序性要点。[①] 其四，在严重影响居住采光、通风、安全而组织树木修剪的情况下，北京市规定了居民有协助修剪的义务，而上海市仅明确了居民有提出修剪请求的权利。

（二）树木修剪责任与树木所有权变动的法律解释

“松江修剪树木案”中的另一个值得讨论的法律问题是，当事人未经许可，将香樟树从院内移至院外，是否导致所有权变动？何以变动？即当事人修剪的是否仍是“自己的香樟树”？对此，学者和公众主要有两种不同的观点，但是都没有解释清楚所有权变动何以发生。一种观点认为，树木从院内移植至院外导致树木所有权变动，原树木所有权人已经不再拥有对树木的处分权。[②] 另一种观点认为，树木从院内移植至院外并未发生树木所有权变动。绿化的公共性，应当是空间意义上的而不是所有权意义上的。当事人未经许可，将香樟树从院内移至院外，并不导致所有权变动，但产生了绿化性质的变更，即该树木因迁移至公共绿地而成为公共绿化。[③]

笔者同意第一种观点，树木从院内移植至院外发生了树木所有权变动，原树木所有权人已不再享有树木所有权。本文拟采用三个解释进路来尝试论证分析树木所有权何以变动，如何变动。

解释路径一：添附。根据森林法和民法典的立法精神，我国实行的是林与地不可分割的“林地一体主义”立法模式。在林地权利与林木所有权主体不一致且产生冲突时，有学者建议引入添附制度予以解决，如土地价值较大，应“林随地走”，将林木归属于林地权利人；如林木价值明显较大

① 上海市人大常委会法制工作委员会：《〈上海市绿化条例〉释义》，上海人民出版社2007年版，第52—55页。

② 赵宏：《修剪自买的香樟树被高额处罚合法吗？》，载澎湃网2021年8月19日，https：//www.thepaper.cn/newsDetail_forward_14117850。

③ 罗培新：《修剪自己的香樟树被罚逾14万元，有没有更好的执法结果？》，载澎湃网2021年8月20日，https：//m.thepaper.cn/baijiahao_14150418。

（比如古树名木），可“地随林走”，由林木所有人取得林地使用权。[①] 涉案的香樟树并不属于古树名木等价值较大的树木，应“林随地走”，将树木归属绿地所有权人，如果所移植的绿地属居住区绿地，即归全体业主共同所有；如果所移植的绿地属公共绿地，即归政府所有。

解释路径二：抛弃。根据物权消灭的民法原理，放弃所有权以及占有权，无须对特定人为意思表示，通过放弃占有等表示放弃的意思即可。树木被移植至院外公共绿地之后，相当于已被抛弃，树木接受公共绿化养护之后，居民个人树木所有权因抛弃行为而灭失。原所有权人对被抛弃的树木不再有养护管理义务，公共绿化养护责任人承担树木养护管理义务。

解释路径三：放生。放生通常是指将野生动物放到野外环境的行为。比如，新冠疫情暴发以来，很多城市居民担心病毒在人畜之间传播，要求政府收容救护或随意丢弃、放生其饲养的动物（主要是人工繁育的野生动物和外来物种）。树木和动物一样，其原生地都在野外，居民将树木从院内移至院外，可视为另一种形式的放生。丢弃、放生饲养的动物与弃养、移除院内的树木，并无实质之区别。唯一的区别在于，动物是会动、会飞的生命体，树木是不会自己移动的生命体。

丢弃、放生饲养的宠物之后，居民对宠物的个人所有权灭失，宠物可以被收容救护或被他人依法领养。同理，居民弃养、放生院内的树木之后，居民对树木的个人所有权灭失，不能对已成为公共绿化一部分的树木再主张权利。

总之，无论是采用哪种路径进行法理解释都表明，在“松江修剪树木案”中，当事人将树木从院内移植至院外之后，树木所有权已发生了变动，当事人不再享有树木所有权，也不再是树木的养护责任主体。因此，不能因“自买”而成为豁免高额处罚或从轻处罚的理由。

---

① 巩固：《林木所有权的“虚化”与“落实”》，载《浙江社会科学》2016年第11期。

四、“合标”修剪行为的判断依据

在“松江修剪树木案”中，需要解决的另一个关键问题是，当事人的修剪行为是否是“合标”行为，即是否符合树木修剪的技术标准。

（一）树木修剪的原理和方法

修剪是绿化树木养护的重要管理措施之一，“修”是人工整形，修整树姿，以正树形。“剪”则是剪枝截叶，美化树态。树木需要定期修剪，就如同人需要定期理发一样。十年树木，百年树人，树木需要通过整形修剪才能成材。对于居住区绿化树木而言，树木修剪是为了发挥树木在居住区生态建设和绿化景观中的重要作用，同时在一定程度上解决树木扰民影响居民通风采光及安全的问题，使之既能满足居民生活之需要，又能满足树木生长和居住区绿化景观生态环境之需要。

不同树种的树木，应当采用不同的修剪方法。一般而言，有主干树木与没有主干树木的修剪方法不同，因其具有萌蘖能力相对较弱，顶端优势相对较强的特性，一般不做强剪整形或重度修剪，只作疏枝处理。如香樟树、银杏、杉松等。

（二）树木修剪的技术标准

关于何谓“适度修剪”，何谓“过度修剪”，现行立法并未明文规定。树木修剪具有专业技术性，树木修剪行为是否“合标”的判断依据是一种技术标准，属于专业判断内容。国家层面尚未制定有关居住区绿化树木修剪的国家标准，也没有地方标准。就上海市而言，目前只有《上海市居住区绿化调整技术规范》（2023）[①] 和《浦东新区居住区绿化修剪技术规范》（2021）[②] 两个行业标准。

“国家往往把对一些技术规范的遵守确定为法律义务，从而使这些技术

① 张志铭：《法律规范三论》，载《中国法学》1990 年第 6 期。

② 上海市绿化和市容管理局、上海市房屋管理局《关于印发修订后的〈上海市居住区绿化调整技术规范〉的通知》。

规范变成了作为社会规范之一的法律规范。”① 在生态环境领域，技术标准通常也是环境法体系的一个有机组成部分。② 同理，标准对法律发挥作用具有规范基础，③ 上述城市居住区绿化修剪技术标准，虽然是“没有法律形式的文件却发挥法律实效的作用”④，技术标准中的修剪技术参数、术语与法律条文相结合构成了一条具体可操作的技术标准规范，成为城市绿化管理法治体系的有机组成部分。

综上所述，树木修剪的技术标准是“合标”行为与“违标”行为的法律评价依据，在树木修剪行政案件处理中，可以确立一项基本处理规则：“合标”即合法、“违标”即违法。值得指出的是，在条件允许的情况下，应当由标准化机构按照规定程序制定居住区绿化树木修剪的强制性国家标准或其他类型的标准，为居住区绿化树木修剪管理提供更为精细化的规范指南。

回到“松江修剪树木案”，该香樟树属于“合轴分枝型”树木，应以疏剪为主。在严重影响居民通风采光的情况下，可进行回缩修剪。修剪后至少保留 2—3 级以上的骨架，并逐步培养形成新的树冠。⑤ “技术标准在形式上是一种特殊的行政规范性文件，但在功能上，它有时会超越其位阶，取代法律、行政法规等上位法决定法律关系。”⑥ 根据树木修剪的技术标准可以认定，当事人将香樟树砍成了树桩，其树木修剪行为并不是“合标”修剪行为。

---

① 浦东新区绿化和市容管理局、浦东新区建设和交通委员会《关于加强本区居住区绿化修剪规范化管理的通知》。

② 蔡守秋:《论环境标准与环境法的关系》，载《环境保护》1995 年第 4 期。

③ 柳经纬:《论标准对法律发挥作用的规范基础》，载《行政法学研究》2021 年第 1 期。

④ 张艳、李广德:《技术标准的规范分析——形式法源与实质效力的统一》，载《华北电力大学学报（社会科学版）》2014 年第 2 期。

⑤ 张志铭:《法律规范三论》，载《中国法学》1990 年第 6 期。

⑥ 张圆:《论技术标准的法律效力——以〈立法法〉的法规范体系为参照》，载《中国科技论坛》2018 年第 12 期。

五、违法修剪行为的法律规制

如前文所述，当事人的树木修剪行为不属于“合标”修剪行为，那么，何以被执法部门认定为砍伐树木，并被处以高额罚款?

(一)“过度修剪”行为的认定

如果未按照技术标准进行修剪操作，容易造成重修剪或过度修剪，对树木生长造成严重不利后果，主要是树木冠形难以恢复，甚至造成树木死亡。对于北京、上海等“缺绿少林”的特大型城市而言，绿化树木资源弥足珍贵。因此，对于过度修剪行为，为立法所禁止。立法对树木过度修剪和随意砍伐的限制主要是出于维护“生态环境型”公共利益和建设生态城市的政策选择。

“行业标准作为一种典型的软法，就是法律实施过程中所必须要倚重的一种社会行为规范。”① 因不存在强制性国家标准，也不存在绿化养护企业标准，只有行业标准，并且绿化养护企业亦未声明采用何种标准，应采用绿化行政主管部门制定的居住区绿化修剪行业标准作为认定“过度修剪”行为的依据，即“合标”修剪行为是正常修剪行为，非“合标”修剪行为是违法修剪行为。在“松江修剪树木案”中，当事人私自请人修剪，未按照技术标准进行修剪操作，造成香樟树的3级以上骨架受到回缩修剪，树木冠形受损严重，一个生长周期内难以形成新的树冠，难以恢复绿化景观。根据技术标准，可认定为过度修剪行为。②

(二)违法修剪行为的行政规制

从法条旨意来看，③ 对于养护单位和业主这两类不同的违法主体，法律

① 刘长秋:《作为软法的行业标准研究——以卫生行业标准为视角》，载《北京理工大学学报(社会科学版)》2013年第2期。

② 张志铭:《法律规范三论》，载《中国法学》1990年第6期；上海市绿化和市容管理局、上海市房屋管理局:《关于印发修订后的〈上海市居住区绿化调整技术规范〉的通知》。

③ 《上海市绿化条例》第42条和第45条。

责任存在程度上的差异。一般来说，对养护单位处罚更重，因为相较于业主等其他主体，养护单位理应具有更多专业技能和法律知识。

因此，选择适用具体法条时还必须严格区分未按养护技术标准进行养护行为和损坏绿化或者绿化设施行为的界限。对于普通违法修剪行为而言，如果违法主体是养护单位，按“未按养护技术标准进行养护的行为”进行定性和处罚，由市或者区绿化管理部门责令限期改正；逾期不改正的，处2000元以上2万元以下的罚款。如果违法主体是养护单位之外的其他主体，按“损坏绿化或者绿化设施的行为”进行定性和处罚，由市或者区绿化管理部门责令改正，并可处绿化或绿化设施补偿标准3倍至5倍的罚款。

对于过度修剪行为，可认定为非法砍伐。无论违法主体是养护单位还是其他主体，应当依据《上海市绿化条例》第43条第2款之规定按“非法砍伐树木的行为”进行定性和处罚，“由市或者区绿化管理部门处绿化补偿标准五至十倍的罚款”。

（三）违法修剪行为的行刑衔接

“松江修剪树木案”尽管因当事人未提起行政诉讼和行政复议而尘埃落定，但是此案留给社会的思考和城市管理者的启示却是沉重而久远的，具有典型法治意义。此案发生后，当地城市管理者积极回应社会关切，进一步改进城市树木精细化管理方式：一方面，正式发布《上海市居住区常见树木修剪指南》，[①] 以宣传海报的形式将主要修剪技术要求图片化和可视化，方便居住区管理人员、居民和养护单位参照执行；另一方面，修订《上海市居住区绿化调整技术规范》，规范居住区绿化调整行为。但是，违规修剪、迁移或砍伐树木的案件仍在其他特大城市时有发生。2021年12月，广州市大规模迁移砍伐城市树木导致市委副书记等10人被问责，并被中央纪

---

① 柏可林:《家门口树木太高到底可以修剪吗？上海发布专门指南》，载百度网2021年12月14日，https：//baijiahao.baidu.com/s？ id=1719113721355316729&wfr=spider&for=pc。

委国家监委网上通报。[①]

正如前文所述，作为绿化的城市居住区树木，具有刑事司法的弱保护性。当前，“保护环境是国家的基本国策”[②]，我国环境立法已经突出对“生态法益”本身的保护，主张人与自然和谐相处。因此，应当构建违法修剪行为的行刑衔接和案件移送机制，加强行政机关与司法机关之间的协同配合，充分发挥行政处罚与刑事司法的合力，对过度修剪和违法砍伐树木的案件进行法律规制：

其一，绿化管理部门或城管执法部门发现修剪城市居住区树木的行为涉嫌违法犯罪，应当及时与公安机关、检察院加强联系沟通，研究判定是否立案，以及是否移送。

其二，研究判定符合行刑衔接标准和条件的，应当及时移送司法机关，依法追究刑事责任，不得以行政处罚代替移送。如果公安机关不予立案或者不作决定的，可以建议检察院进行立案监督。

其三，实践中，由于缺失有关违法修剪行为的行刑衔接法律依据，也没有制定统一的有关违法修剪行为的行刑衔接的移送标准，造成“行刑衔接”路径不畅。因此，无论公安机关是否作出立案决定，绿化管理部门或城管执法部门应该及时完成调查取证，并依法作出行政处罚。

（四）违法修剪行为的矫正路径

对于城市居住区树木因为影响采光、通风和房屋安全而调整，要根据实际情况，以保证房屋安全为前提，以最大化保障树木正常生长为原则，综合考量采光、通风、通行、日照等影响因子的妨害程度，而采取不同的树木管理调整方式，或修剪，或迁移，或砍伐。其优先顺位排序应是：能通过修剪解决问题的，不采用迁移方式。能通过迁移解决问题的，不采用砍伐方式。对居民采光、通风和居住安全影响程度较低的，选择修剪。对

---

① 李灵娜：《广东召开领导干部大会通报广州市大规模迁移砍伐城市树木问题　真正做到敬畏历史敬畏文化敬畏生态》，载中央纪委国家监委网站 2021 年 12 月 14 日，https：//www.ccdi.gov.cn/yaowenn/202112/t20211214_158106.html。

② 环境保护法第 4 条。

居民采光、通风和居住安全影响程度较高的，选择迁移。严重影响居民采光、通风和居住安全的，或者树木无迁移价值的，或者树木发生检疫性病虫害的，选择砍伐。

居住区树木修剪养护工作专业性较强，应当由专业的绿化养护单位具体实施。养护责任单位对居住区树木采取的修剪养护措施需要根据树木生长状况、对居民生活的危害程度开展，并且要按照树木修剪的技术标准进行实施修剪操作，要因地因树选择恰当的修剪作业时间，采用合适的修剪方式，保障修剪之后树木正常生长和满足居民生活和安全需要。

六、结语

城市管理者应当坚持用法治思维、科学态度、先进理念和专业知识管护好城市树木，尊重城市发展规律和树木生长规律，带着感情和责任用“绣花”功夫做好城市树木精细化管理工作，防止过度修剪、大规模违规迁移砍伐树木等恶性事件发生，依法处置违规修剪、迁移或砍伐树木的案件，真正做到尊重自然、顺应自然、保护自然，不断提高城市治理体系和治理能力现代化水平。

行政处罚前置型非法采矿罪实务难点问题研究

樊京京*

最高人民检察院应勇检察长指出，“高质效办好每一个案件，努力让人民群众在每一个司法案件中感受到公平正义”。[①] 准确适用法律认定犯罪，是高质效办案基础中的基础。《关于办理非法采矿、破坏性采矿刑事案件适用法律若干问题的解释》（以下简称《非法采矿解释》，2016年12月施行）第3条中规定，“二年内曾因非法采矿受过两次以上行政处罚，又实施非法采矿行为的”，属于“情节严重”的情形之一，可构成非法采矿罪。为了用语简洁，本文以后称其为“行政处罚前置型非法采矿罪”。由于行政处罚前置型非法采矿罪要在规定期限内前后经历多个环节，并且涉及行政处罚与犯罪成立的关系，故实践中法律适用难点颇多。本文尝试梳理讨论这些难点问题，以期为更好落实“高质效办好每一个案件”提供有益参考。

一、行政处罚前置型非法采矿罪起止点

（一）犯罪追诉时效起点

成立行政处罚前置型非法采矿罪，从第一次到最后一次实施非法采矿

* 樊京京，贵州省人民检察院法律政策研究室四级高级检察官。

①《最高检举行党组理论学习中心组（扩大）学习暨主题教育专题辅导报告会：在党和国家工作大局中依法全面履职更好履职，以检察工作现代化服务中国式现代化》，载《检察日报》2023年5月17日，第1版。

行为，时间间隔可能较长，并且，中间涉及几个重要时间节点，以不同时间节点起算追诉时效，直接关涉是否构成犯罪。例如，某A于2017年1月1日实施非法采矿，由于尚不构成犯罪，于2018年1月1日被行政处罚，后又因非法采矿于2018年6月1日被行政处罚，后又于2018年12月1日再次实施非法采矿行为。如果2023年2月1日案发，按照刑法第87条规定经过5年不再追诉，那么，以2017年1月1日第一次非法采矿之日或2018年1月1日第一次被行政处罚之日作为追诉时效起点，就不再追诉A；而以2018年12月1日再次非法采矿之日作为追诉时效起点，就应当追诉A。

之所以产生以上争议问题，原因在于，几个重要时间节点都多多少少有作为追诉时效起点的理由：第一，2017年1月1日第一次实施非法采矿行为之日。行政处罚前置型非法采矿罪是一个复杂的行为过程，究竟哪一天是刑法第89条规定的"犯罪之日"存在争议，各次行政违法之间是否属于犯罪存在"连续或者继续状态"也有争议。那么，贯彻"疑罪从无"的理念，从第一次实施非法采矿行为之日起算追诉时效，最有利于行为人。第二，2018年6月1日被行政处罚之日。最高人民法院有关同志在对《非法采矿解释》第3条作说明时指出，"二年内"宜以第一次违法行为受到行政处罚生效之日与又实施相应行为之日的时间间隔计算确定。[①]也就是说，行政处罚前置型非法采矿罪的时间起点，并不是从第一次非法采矿行为之日起，而是从第一次被行政处罚生效之日起。故工作中有同志认为，既然第一次被行政处罚生效之日是判断是否构成犯罪的时间起点，那么，也可以将其作为追诉时效的起点。第三，2018年12月1日最后一次实施非法采矿行为之日。理由是，曾受两次行政处罚，只有再次实施非法采矿行为才构成犯罪。如果没有最后一次非法采矿，则前面两次只是行政违法行为，故应当以最后一次实施非法采矿行为之日作为追诉时效起点。

本文认为，应当以最后一次实施非法采矿行为之日作为追诉时效起

---

① 喻海松：《〈关于办理非法采矿、破坏性采矿刑事案件适用法律若干问题的解释〉理解与适用》，载《人民司法》2017年第4期。

点，如果该次行为有“连续或者继续状态的”，则从行为终了之日起算追诉时效。理由主要有：首先，不能将第一次行政处罚生效之日作为追诉时效起点。尽管按照最高法有关同志的说明，该日判断是否构成犯罪的时间起点，但按照刑法第 89 条第 1 款规定，“追诉期限从犯罪之日起计算；犯罪行为有连续或者继续状态的，从犯罪行为终了之日起计算”。行政处罚生效之日既非“犯罪之日”，也非“犯罪行为终了之日”，故从刑法规定的角度来看，应当排除其作为追诉时效起点的可能性。其次，比较第一次实施非法采矿行为之日和最后一次实施非法采矿行为之日，后者作为追诉时效起点更加合理。如果没有后来多次非法采矿，第一次非法采矿行为仅是行政违法行为，不能作为“犯罪之日”。退一步来讲，即便将该日作为“犯罪之日”，由于行为人后来又实施非法采矿行为，应认为犯罪行为有连续状态，故最后一次实施非法采矿行为之日就是“犯罪行为终了之日”。

（二）犯罪终点

实践中存在这样的看法，认为行政处罚前置型非法采矿罪中的“二年内”仅是对于行政处罚的时间限制，而不是对于最后一次实施非法采矿行为的时间限制。例如，某 A 分别于 2018 年 1 月 1 日、6 月 1 日因非法采矿被行政处罚，那么，其后无论多久，只要再次实施非法采矿行为的，都可以构成非法采矿罪。

应当明确，这一看法是不正确的。“二年内”是包括了两次受行政处罚以及再次实施非法采矿行为的总时间限制。首先，从《非法采矿解释》第 3 条的相关文字表述上，可以明显推断出“二年内”是总时间限制。并且，如前所述，最高人民法院有关同志也说明，“二年内”宜以第一次违法行为受到行政处罚生效之日与又实施相应行为之日的时间间隔计算确定。[①] 该说明即明确了“二年内”的起点是第一次非法采矿受行政处罚生效之日，同时也说明了“二年内”终点是最后一次非法采矿行为之日。

① 喻海松：《〈关于办理非法采矿、破坏性采矿刑事案件适用法律若干问题的解释〉理解与适用》，载《人民司法》2017 年第 4 期。

“二年内”的起点和终点，分别采用了两个性质不同的时间点，这是实践中需要注意的。

进一步地，从实质理由上来看，行政处罚前置型非法采矿罪主要是为了打击多次小量非法采矿的行为。如最高人民检察院有关同志指出，“二年内曾因非法采矿受过两次以上行政处罚，又实施非法采矿行为的”情形，主要考虑到实践中出现了“蚂蚁搬家”式的非法采矿行为，这类犯罪分子利用小型货车、农业三轮车等交通工具进行“蚂蚁搬家”式开采，被查获的矿产品达不到入罪标准，只能给予行政处罚。这类犯罪分子屡罚屡犯，主观恶性较大，客观危害严重，有必要予以刑事打击。[①] 可见，多次采矿行为之间应具有一定连续性，其合理判断标准就是司法解释规定的“二年内”。反之，如果第一次受行政处罚与最后一次非法采矿行为之间超过两年的，则不能认为多次采矿行为之间具有连续性，也不能认为是属于“屡罚屡犯，主观恶性较大”，故不宜认定为行政处罚前置型非法采矿罪。

二、终点非法采矿行为未实际取得矿产利益

有这样的情况：最后一次非法采矿时被查获时，行为人还没有实际取得矿产或者没有将矿产销售出去。有同志认为，由于行为人没有实际取得矿产资源利益，故不应当认定构成行政处罚前置型非法采矿罪。退一步来说，即便认定构成犯罪，也属于犯罪未遂，应按照刑法第 23 条的规定在量刑上比照既遂犯从轻或减轻处罚。

本文不赞成以上观点，认为以上情况应当构成非法采矿罪，并且，也不宜按犯罪未遂从宽处罚。首先，按《非法采矿解释》第 3 条的规定，只要两次行政处罚后再实施非法采矿行为的就可构成犯罪，并不要求实际获利。其次，再次非法采矿即便没有实际取得矿产利益，也说明了行为人主

---

① 缐杰、吴峤滨：《最高人民法院、最高人民检察院〈关于办理非法采矿、破坏性采矿刑事案件适用法律若干问题的解释〉理解与适用》，载《人民检察》2017 年第 4 期。

观恶性大，特殊预防必要性强，具备成立行政处罚前置型非法采矿罪的实质理由。最后，从保护法益层面来讲，该种情形也值得作为犯罪处罚。关于非法采矿罪的保护法益，较合理的观点是，保护矿产资源管理秩序、矿产资源国家所有权以及生态环境。该罪规定于刑法第六章妨害管理秩序罪中，按照体系解释的方法，应认为矿产资源管理秩序属于保护法益之一。另外，有学者指出，“唯有同时侵害矿产资源的国家所有权和矿产资源管理秩序的行为，才有成立本罪的余地。因此，本罪的保护法益具有复合性，不能将其理解为矿产资源管理制度或者管理秩序”。[①] 根据《非法采矿解释》规定，将取得或破坏矿产资源价值、造成生态环境严重损害等都作为认定“情节严重”构成犯罪的标准，故应当将资源国家所有权以及生态环境纳入保护法益范围。另外，最高人民法院《关于充分发挥环境资源审判职能作用依法惩处盗采矿产资源犯罪的意见》(以下简称《矿产资源犯罪意见》，2022 年 7 月)中规定，“盗采矿产资源犯罪不仅破坏国家矿产资源及其管理秩序，妨害矿业健康发展，也极易造成生态环境损害，引发安全事故”。也说明矿产资源管理秩序、矿产资源国家所有权以及生态环境是本罪保护法益。行政处罚前置型非法采矿罪的特点是小额多次，虽然总价值可能不大，但对矿产资源管理秩序以及生态环境的破坏可能不小，故终点非法采矿行为即便未实际取得矿产利益，法律侵害程度也不明显降低，故应当认定构成非法采矿罪(既遂)。但是，虽然不能认定犯罪未遂这一法定从宽处罚情节，由于行为人毕竟没有取得矿产利益，可将其作为一个酌情从宽处罚的情节。

三、行政处罚前置型非法采矿罪犯罪数额累计

《非法采矿解释》第 8 条规定，“多次非法采矿、破坏性采矿构成犯罪，依法应当追诉的，或者二年内多次非法采矿、破坏性采矿未经处理的，价值数额累计计算”。根据该规定，非法采矿犯罪价值数额累计，主要区分

---

① 周光权:《非法采矿罪的关键问题》，载《中外法学》2022 年第 4 期。

为两种情形：一是多次非法采矿、破坏性采矿构成犯罪，依法应当追诉的；二是二年内多次非法采矿、破坏性采矿未经处理的。考虑到与行政处罚前置型非法采矿罪相关，有以下问题值得探讨：

问题一，行政处罚前置型非法采矿罪应当归入哪一类累计计算的情形？本文认为，行政处罚前置型非法采矿罪应归入第二种累计计算的情形。首先，虽然从表面上来看，行政处罚前置型非法采矿罪也可以看作“多次非法采矿、破坏性采矿构成犯罪”情形之一，但是，由于该种情形下司法解释没有规定扣除“未经处理的”，那么，就是说先前受到行政处罚的非法采矿数额也要累计计算，这显然违反了“一事不再罚”的原则。其次，最高人民法院有关同志也指出，“二年内多次非法采矿、破坏性采矿未经处理的，价值数额累计计算。对于实施非法采矿违法行为，每次均未达到定罪量刑标准，如果未经处理的，应当以二年为限进行累计计算”。[①] 这里所说的违法行为“每次均未达到定罪量刑标准”，正好与行政处罚前置型非法采矿罪的特点相符合，故应认为第二种数额累计方法是针对行政处罚前置型非法采矿罪而作出的规定。

问题二，第二种数额累计规定中的“未经处理的”是否与成立行政处罚前置型非法采矿罪的前提相矛盾？具体来说，成立行政处罚前置型非法采矿罪要求二年内因非法采矿罪受过两次行政处罚，而数额累计又要求“未经处理的”，这里是否存在矛盾？本文认为，不存在矛盾。《非法采矿解释》第3条中规定的受过两次以上行政处罚是对于定罪标准的规定，而《非法采矿解释》第8条中规定的“未经处理的”，是在构成犯罪的前提下对犯罪数额计算的规定，故两者并不矛盾。例如，某A两年内3次非法采矿，前两次非法采矿被行政处罚，每次采矿价值1万元，第3次又非法采矿价值1万元，从而构成犯罪。由于只有第3次非法采矿属于“未经处理的”，那么，最终认定非法采矿罪的价值数额也应是1万元。相应地，根据《非法采矿解释》第12条，应在1万元范围内追缴或责令退赔犯罪违法所得。

---

① 喻海松：《〈关于办理非法采矿、破坏性采矿刑事案件适用法律若干问题的解释〉理解与适用》，载《人民司法》2017年第4期。

四、行政处罚前置型非法采矿罪共同犯罪

（一）多人轮流经营非法采矿企业的法定代表人

实践中，存在着多个经营者约定轮流经营采矿企业的情况。例如，某采矿企业约定由不同人轮流经营，企业法定代表人A为其中一人。在各自实际经营期间，分别因非法采矿行为而受到两次行政处罚，后来该采矿企业再次非法采矿的，能否认定A构成行政处罚前置型非法采矿罪？

本文认为，判断A是否构成非法采矿罪，关键不在于A是否具有法定代表人身份，而在于A是否与其他经营人构成共同犯罪，或者该企业是否成立单位犯罪。首先，在A作为企业法定代表人，即使在其他人实际经营期间，也有保证企业合法经营的义务。如果A知道其他经营者实施非法采矿行为而不阻止的，则可能成立非法采矿罪不作为的帮助犯。其次，如果该企业各经营者起初就约定，轮流经营期间可以实施非法采矿行为，并且，非法采矿获利在经营者之间进行分配的，则该企业构成非法采矿罪的单位犯罪。那么，由于在单位犯罪意志形成过程中必定有A的参与，那么，可以将A作为单位犯罪中直接负责的主管人员，追究其非法采矿罪刑事责任。最后，如果当初各经营者之间约定的是轮流合法经营该企业，但有经营者在实际经营期间违反约定实施非法采矿行为，法定代表人A对此并不知情。即便A有保证企业合法经营的义务，但由于A没有犯罪故意，也不构成非法采矿罪的共犯。

总之，对于存在轮流经营的采矿企业，判断法定代表人是否构成行政处罚前置型非法采矿罪的关键不在于其法定代表人的身份，而在于将法定代表人的身份作为一个考量因素来判断行为人客观上是否有法律义务，主观上是否具有故意，进而判断是否构成非法采矿罪共同犯罪。既不能一概因具有法人代表的身份就构成犯罪，也不能一概因没有共同实行非法采矿行为就不构成犯罪。

（二）劳务人员多次参与非法采矿

一般情况下，非法采矿需要多人共同实施才能完成，故采矿老板往往

雇用一些劳务人员。劳务人员一般不会是先前行政处罚的对象，由此会引发的问题是，劳务人员能否构成行政处罚前置型非法采矿罪？例如，某劳务人员 A 先前参与非法采矿，但行政机关只是对老板 B 进行了两次行政处罚。后又发现老板 B 仍雇用劳务人员 A 再次实施非法采矿行为，老板 B 构成非法采矿罪没有疑问。但是，劳务人员 A 能否构成非法采矿罪？《非法采矿解释》第 11 条规定，"对受雇佣为非法采矿、破坏性采矿犯罪提供劳务的人员，除参与利润分成或者领取高额固定工资的以外，一般不以犯罪论处，但曾因非法采矿、破坏性采矿受过处罚的除外"。结合以上规定，本文认为，劳务人员是否构成犯罪，应当区分以下情形处理：

首先，如果在多次参与非法采矿过程中，劳务人员参与利润分成或者领取高额工资的，可以认定构成非法采矿罪。如上例中，老板 B 前两次受行政处罚的非法采矿行为中，都有 A 的参与。问题是，前两次行政处罚的对象是 B，后来又认定 A 也构成非法采矿罪，是否合理？本文认为是合理的：一是行政处罚前置型非法采矿犯罪是一个过程，A 全程参与了犯罪过程。虽然名义上前期行政处罚对象是 B，但这实质上是对于非法采矿行为的处罚。从这个意义上来讲，前期行政处罚也是对于 A 所参与非法采矿行为的处罚。二是劳务人员 A 在明知 B 两次受行政处罚后，仍然为利润分成或领取高工资而参与非法采矿，反映了 A 主观恶性大，特殊预防必要性强，有必要追究其刑事责任。三是 A 参与利润分成或者领取高额工资后，已经不能再将其作为普通劳务人员看待，而是对于非法采矿犯罪过程起着重要支配作用的犯罪参与人，认定其构成非法采矿罪具有合理性。

进一步来说，基于以上理由，即便是出现更为复杂的情况，也能够对行政处罚前置型非法采矿罪作出合理认定。例如，实践中有让他人代替接受行政处罚的情况：老板 B 组织劳务人员 A、C、D 等人非法采矿，第一次非法采矿 B 让 A 接受行政处罚（实际 B 将罚款给 A），第二次 B 让 C 接受行政处罚，后来 A、B、C、D 等人仍实施非法采矿行为。对于以上情形，不必拘泥于各次行政处罚的具体对象是谁，只要是多次共同实施了非法采矿行为，其中劳务人员符合"参与利润分成或者领取高额固定工资"的，就可认定为非法采矿罪。关于"高额固定工资"的理解，根据最高人民法院、最高人民检察院、中国海警局《依法打击涉海砂违法犯罪座谈会纪要》(以下简称《海砂犯罪座谈会纪要》,2023 年 6 月)第 8 点的规定,不宜停留在对“高额”的字面理解层面,应当结合其在整个犯罪活动中的职责分工、参与程度等因素进行综合判断。实践中,要注意结合本地区经济社会发展水平,以及采矿行业提供劳务人员的平均工资水平审查认定。一般情况下,领取或者约定领取上一年度本省(自治区、直辖市)同种类采矿、运输等行业提供劳务人员平均工资 2 倍以上固定财产性收益的,包括工资、奖金、补贴、物质奖励等,可以认定为“高额固定工资”。另外,对于该类为了逃避刑事追究而让他人顶替接受行政处罚的案件,根据行政处罚法第 54 条第 1 款的规定,“除本法第五十一条规定的可以当场作出的行政处罚外,行政机关发现公民、法人或者其他组织有依法应当给予行政处罚的行为的,必须全面、客观、公正地调查,收集有关证据;必要时,依照法律、法规的规定,可以进行检查”。检察机关可提出检察建议,建议行政机关在作出行政处罚时应查明违法行为主体。

其次,虽然没有利润分成或者领取高额工资,但劳务人员曾因非法采矿受过刑事或行政处罚的,可认定构成非法采矿罪。这是根据前述《非法采矿解释》第 11 条规定中“但曾因非法采矿、破坏性采矿受过处罚的除外”作出的合理解释。需要注意的是,先前受过的处罚,既可能是行政处罚,也可能是刑事处罚。例如,某 A 以前是非法采矿企业的矿主,因非法采矿构成犯罪被刑事处罚。在 A 出监狱后,又被他人雇佣为劳务人员继续非法采矿的,在符合其他条件时就可构成行政处罚前置型非法采矿罪。不过,本文认为,这里“因非法采矿”受过处罚,应限于因非法采矿行为本身直接被处罚,而不能包括相关行为。如矿产资源法第 48 条规定,“以暴力、威胁方法阻碍从事矿产资源勘查、开采监督管理工作的国家工作人员依法执行职务的,依照刑法有关规定追究刑事责任;拒绝、阻碍从事矿产资源勘查、开采监督管理工作的国家工作人员依法执行职务未使用暴力、威胁方法的,由公安机关依照治安管理处罚法的规定处罚”。例如,某 B 之前因阻碍从事开采监督管理工作的国家工作人员依法执行职务而被行政或刑事处罚的,本次又被他人雇佣多次非法采矿的,则不能按《非法采矿解释》第 11 条认定构成非法采矿罪。

最后,在排除了以上两种情形后,多次参与非法采矿劳务人员,就不能构成行政处罚前置型非法采矿罪。为什么劳务人员具体实施了非法采矿行为，而又不构成非法采矿罪？本文认为理由主要有：一是劳务人员虽然具体实施采矿行为，但由于其处于被雇佣的地位，可替代性较强，对于非法采矿犯罪发生发展过程缺乏支配力，从归责角度来讲，应将违法结果少部分归属于劳务人员。二是劳务人员领取正常水平工资的，往往为生计所迫才参与非法采矿，期待可能性降低导致责任减少，故应当对其从宽处理。对此，最高检有关同志也指出，非法采矿犯罪涉案人员分为三个层次：第一层次是出资者、组织者、经营者，第二层次是管理者，第三层次是劳务提供者。重点打击对象是第一、二层次，对于劳务提供者的处理应体现宽严相济刑事政策宽的一面。[①]

（三）提供非法采矿工具的帮助犯

现实中，非法采矿者租用他人采矿工具的情况大量存在。问题是，出租者是否会因提供工具而构成行政处罚前置型非法采矿罪？例如，如某A曾因非法采砂受到两次行政处罚，这两次非法采矿都是使用了某B的采矿砂船以及其他采砂工具，后某A因再次非法采矿构成犯罪的，某B是否构成犯罪？本文认为，与前述判断轮流经营者、劳务人员、代替受罚者等是否构成犯罪的理由相同，不能因B不是先前行政处罚对象，就当然地认为B不能构成行政处罚前置型非法采矿罪。应当依据刑法及相关司法解释，结合共同犯罪原理来认定B是否构成犯罪。关键要看B客观上是否起到实质性帮助作用，主观上是否明知A多次实施了非法采砂行为：

首先，需要主观上明知。根据《矿产资源犯罪意见》第12点规定，“对明知他人盗采矿产资源，而为其提供重要资金、工具、技术、单据、证明、手续等便利条件或者居间联络，结合全案证据可以认定为形成通谋的，以共同犯罪论处”，可见，认定帮助者构成共同犯罪需要主观上明知。

其次，需要客观上产生实质性帮助作用。《海砂犯罪座谈会纪要》第4点规定，“明知他人实施非法采挖、运输、收购海砂犯罪，仍为其提供

---

① 缐杰、吴峤滨：《最高人民法院、最高人民检察院〈关于办理非法采矿、破坏性采矿刑事案件适用法律若干问题的解释〉理解与适用》，载《人民检察》2017年第4期。

资金、场地、工具、技术、单据、证明、手续等重要便利条件或者居间联络，对犯罪产生实质性帮助作用的，以非法采矿罪或者掩饰、隐瞒犯罪所得罪的共同犯罪论处”。这里更进一步，除了要求主观上的明知，还要求客观上“对犯罪产生实质性帮助作用的”，并且，根据是事前还是事后提供帮助，分别成立非法采矿罪或掩饰、隐瞒犯罪所得罪。

最后，针对行政处罚前置型非法采矿罪来说，还要求 B 多次提供了帮助。如上述案例，如果 A 前两次受行政处罚以及再次非法采矿都是使用了 B 提供的工具，则 B 构成共犯；但是，如果 A 只是最后一次非法采矿时使用了 B 提供的工具，则 A 构成非法采矿罪，B 不构成非法采矿罪。

超期采矿的刑事司法认定

卢 慧 蔡雨适*

一、引言

超期采矿是指在采矿许可证到期之后，采矿权人继续实施采矿行为。矿产资源法和《关于办理非法采矿、破坏性采矿刑事案件适用法律若干问题的解释》(以下简称《解释》)未规定超期采矿的法律后果。但在实践中，超期采矿经常被认定为非法采矿罪的构成要件之一，将超期采矿认定为“未取得采矿许可证”的情形。在学理上，学者们对超期采矿的刑事违法性存在两种观点，周光权教授认为超期采矿未侵害非法采矿罪的法益，不宜将其认定为未取得采矿许可证的情形。[①] 而田心则认为超期采矿符合非法采矿罪构成要件的该当性。[②] 目前在司法实践中，对超期采矿行为也未形成统一意见。另外，对于超期采矿的法律适用问题，学理上认为可以采用目的解释和同类解释的方法适用《解释》第2条第五项的兜底条款，在实践中，法官一般直接认定超期采矿为未取得采矿许可证或者将超期采矿纳入《解释》第2条第一项“无许可证”的范畴。

厘清超期采矿是否具备刑事违法性以及如何适用法律的问题有助于解决学理和实践中的纷争，增强法官判决的说服力，消除超期采矿行为人的

---

* 卢慧，中南财经政法大学环境与资源保护法学硕士生；蔡雨适，中南财经政法大学环境与资源保护法学硕士生。

① 周光权:《非法采矿罪的关键问题》，载《中外法学》2022年第4期。

② 田心则:《采矿许可证有效期届满后相关法律问题研究——基于环境资源审判“三合一”的探讨》，载《中国应用法学》2022年第6期。

侥幸心理，从而遏制超期采矿行为的发生。本文首先分析现行法律条文和梳理判决书，归纳实践中超期采矿的情形；其次判断超期采矿是否应该统一认定为未取得采矿许可证，并且分析各个情形中超期采矿的违法性和有责性；最后探究如何通过解释方法将具备刑事违法性的超期采矿行为纳入未取得采矿许可证的现行法条中。

二、超期采矿的法律规制现状

（一）超期采矿的规范现状

拥有有效的采矿许可证是采矿权人合法采矿的前提，非法采矿罪的典型形态是在违反矿产资源法的规定的情况下实施了法定的违法采矿行为，并达到情节严重的后果。非法采矿行为的刑事违法性是行政违法性的充分不必要条件。具有行政违法性是非法采矿行为具有刑事违法性的前提条件。因此，明晰采矿许可证有效期的法律效果，有利于正确理解非法采矿罪的构成要件。

1. 采矿许可证到期之法律效果。采矿许可证有效期届满，则采矿许可终止，以采矿许可证为权利凭证的采矿权随之消灭。究其原因，采矿许可证有效期与采矿权有效期、采矿许可有效期三者之间具有同时性和一致性。根据宪法第 9 条第 1 款、民法典第 247 条、矿产资源法第 3 条之规定，矿产资源属于国家所有，采矿权申请人需向有关主管部门申请审批获得采矿许可证。采矿许可证本质上是申请人获得采矿许可的物权凭证，是申请人拥有合法采矿权利的象征。在行政法层面，采矿许可本质上是一种行政许可，采矿权系国家通过行政许可方式赋予采矿权人开采矿产资源的资格。[①] 在民法层面，采矿权是一种用益物权，采矿权人对国家所有的矿产资源依法享有占有、使用、收益的排他性用益物权。

我国实行采矿许可证有效期管理制度，根据行政许可法第 18 条的规定，设定行政许可应当规定行政许可的期限，即行政许可均存在有效期，不同

---

① 罗文燕:《行政许可制度研究》，中国人民公安大学出版社 2003 年版，第 52 页。

行政许可事项的有效期设定依据和期限并不相同。在矿产资源开采事项上，采矿许可证系采矿许可的物化凭证，采矿许可的期限直接体现为采矿许可证的有效期。用益物权相较于所有权的重大区别之一在于所有权具有恒久性。用益物权具有期限性，期限届满，用益物权即行消灭。采矿权作为用益物权，亦具有期限性，期限届满，采矿权消灭。根据《矿产资源开采登记管理办法》(以下简称《管理办法》) 第7条第2款的规定，采矿许可证有效期届满后，如果采矿权人超期不办理延续登记手续的，“采矿许可证自行废止”。采矿许可证废止，采矿权人便不再被赋权采矿许可，采矿权也随之消灭。

2. 非法采矿罪的构成要件。刑法第343条对非法采矿罪的构成情形采取了完全列举的方式，主要包括未取得采矿许可证擅自采矿的、在“三区”擅自采矿的、擅自开采特定矿种的三种情形，且以上情形均需要达到造成自然资源破坏的结果。要想成立本罪，客观上要求违反矿产资源法的相关规定，实施了以上三种情形之一的擅自开采行为，主观上要求具有擅自非法开采的故意。

“未取得采矿许可证”是非法采矿罪的必要构成要件之一，为进一步明确非法采矿罪的适用条件，“两高”在《解释》第2条中对“未取得采矿证”的情形进行了明确规定：包括无许可证的，许可证被注销、吊销、撤销的，超范围采矿的；超矿种采矿的以及其他未取得许可证的情形。采矿许可证有效期限届满后继续采矿并未单独明确为“未取得采矿证”的情形之一。在《解释》的制定过程中，立法者们秉持一种严惩矿产资源犯罪，注重生态环境保护的态度。但在对于超期采矿的情形宜否认定为“未取得采矿许可证”存在不同的认识。这是因为在实践中超期采矿的情形十分复杂，一律认定为未取得采矿许可证确有不妥。最高司法机关认为对于超期采矿的行为，通过行政命令责令停止开采、赔偿损失，没收采出的矿产品和违法所得，处以罚款等手段足以规制、阻遏超期采矿行为，仅对于超期采矿情节严重的，吊销许可证后的采矿行为才可以认定为《解释》第2条第二项规定的情形，用刑法手段予以规制。因此未将超期采矿单独列为“未取得采矿许可证”的情形之一。[①]

（二）超期采矿的司法实践

裁判文书是审判过程的书面反映，体现了法官对超期采矿的认定过程及结果。实证研究的对象是威科先行数据库，检索的关键词为“非法采矿罪”和“采矿许可证到期”，时间期间为2020年4月22日至2023年4月22日，检索得到84份相关裁判文书，其中符合研究目的的只有48份。

1. 超期采矿的具体实践类型。在《解释》的修改过程中，起草者认为由于超期采矿在司法实践中的情况复杂，不宜统一认定为未取得许可证。[②]为了深入探讨超期采矿是否具备刑事违法性，有必要梳理超期采矿的具体情形。通过分析48份判决书，归纳出四种类型。

第一种类型是主管部门批准了许可证的延期，在申请续办的空档期间，行为人继续实施采矿行为。此类案件数量较少，仅有3个案件。比如行为人陈某的采矿许可证于2013年12月31日前到期，他在当年5月30日即申请延期，于2014年6月16日，国土资源局批准了采矿权延续的申请。于2015年9月6日正式取得续办的采矿许可证。2014年至2015年期间，行为人一直实施采矿行为。2019年检察院对行为人在续办期间的采矿行为提起控告，法院判决行为人构成非法采矿罪。[③]

第二种类型是行为人申请了许可证延期，但主管部门尚未审批，在申请续办的空档期间，行为人继续实施采矿行为。法院认为在采矿许可证到期后未取得新的采矿许可证的情况下擅自采矿的行为，属于非法采矿罪的构成要件之一。[④] 有些行为人超期采矿是基于政策批准，此类案件数量占

---

① 喻海松：《〈关于办理非法采矿、破坏性采矿刑事案件适用法律若干问题的解释〉的理解与适用》，载《人民司法（应用）》2017年第4期。

② 喻海松：《〈关于办理非法采矿、破坏性采矿刑事案件适用法律若干问题的解释〉的理解与适用》，载《人民司法（应用）》2017年第4期。

③ 陈某甲、陈某乙、吴某某等非法采矿案，广东省河源市中级人民法院刑事判决书，（2020）粤16刑终228号。

④ 邹某1非法采矿案，云南省弥渡县人民法院刑事判决书，（2020）云2925刑初20号。

第二种类型总量的50%。比如，邹某某在续办期间，由于国土资源局的落实政策，不能及时延期登记手续。并且村委会基于脱贫攻坚政策，允许其继续采矿。[①] 程某某在续办期间环保政策发生变化，导致其无法及时获得延期的采矿许可证书。[②]

第三种类型是指主管部门不予批准行为人的延期采矿登记，但采矿许可证尚未被注销或者吊销。比如，良庄石料厂在采矿许可证到期之后，其申请采矿许可证延期的审批手续未通过，仍继续开采矿石30个月。[③] 此类案件数量较少，此类案件数量占样本总量的10%，平均超期采矿时长为20个月。

第四种类型是在采矿许可证到期后，行为人没有申请续办采矿许可证，采矿许可证尚未被注销或者吊销。行为人在采矿许可证到期后继续实施采矿行为。此种类型的超期采矿案件数量最多，占样本总量的71%。此类超期采矿的采矿价值量高，最高数额为5690万元。[④] 采矿时长多超过10个月，最长可达48个月。[⑤]

2. 超期采矿的司法认定情况。

（1）超期采矿的刑事违法性认定情况。对于前三种类型，法院都认定行为人属于未取得采矿许可证擅自采矿。在第四种案件类型的案件中司法认定不统一。有人认为超期采矿的情形较为复杂，不宜将超期采矿认定为未取得采矿许可证，认为行为人超期采矿的行为不构成非法采矿罪。有人认为将超期采矿应认定为未取得采矿许可证擅自采矿，而且当超期采矿被认定为刑事违法时，法院结合行为人开采矿产资源价值量、行政

---

① 邹某某、彭某某非法采矿案，云南省宁蒗彝族自治县人民法院刑事判决书，（2020）云0724刑初18号。

② 程某某非法采矿案，江西省庐山市人民法院刑事判决书，（2020）赣0483刑初62号。

③ 博山区夏家庄镇良庄石料厂、刘某非法采矿案，山东省淄博市博山区人民法院刑事判决书，（2020）鲁0304刑初10号。

④ 苏某某非法采矿案，广东省茂名市中级人民法院刑事裁定书，（2021）粤09刑终77号。

⑤ 汪某非法采矿案，河南省平顶山市中级人民法院刑事判决书，（2020）豫04刑终139号。

违法的次数以及其对生态破坏的程度等情节，判处其非法采矿罪。超期采矿是否具备刑事违法性可以视为该行为是否构罪的门槛。司法实践不宜将绝大多数的超期采矿的行为都视为刑事违法行为，因为前两种类型和后两种类型的违法性和有责性并不相同。在前两种情形当中，有的行为人已经获得行政机关的批准，继续实施采矿行为具有正当性。有的行为人在续办采矿许可证的过程中，受到当地政策的许可进行采矿，其行为同样具有正当性。

（2）超期采矿的法律适用情况。实践中有些案件将超期采矿归属于无证开采，有些案件将超期采矿认定为未取得许可证擅自采矿，并没有对超期采矿属于何种违法情形进行详细解释。

三、对超期采矿宜分别认定

（一）生成原因：超期采矿的违法性判断标准不一

司法实践中对于超期采矿行为是否认定为“未取得许可证”情形存在不同的论断，系因对非法采矿罪保护法益的认识存在差异以及违法性判断标准主观性过强，缺少对非法采矿罪的体系化司法认定的构建。

一方面，对非法采矿罪的保护法益认识差异。保护法益的定位是划清被告人犯罪与否的关键，对于非法采矿罪的保护法益的不同认识与定位将直接影响超期采矿是否可以认定为“未取得许可证”的情形。关于非法采矿罪保护的法益存在“单一说”和“复合说”，“单一说”[①] 认为本罪的保护法益是保护国家矿产资源的管理制度。具言之，非法采矿罪保护的是矿业开发市场的进入管制制度，即没有经过政府相关部门严格的特别许可授权，任何人不得进入矿业市场从事采矿活动，但许可证届期，并不代表未经进入许可，而是属于获得准入许可后的一种失效状态，不可等同于完全未取得采矿许可，因此，若保持“单一说”的立场，难以认定超期采矿属

① “单一说”的观点，参见张明楷:《自然犯与法定犯一体化立法体例下的实质解释》，载《法商研究》2013 年第 4 期；早期“复合说”的观点，参见康纪田:《论非法采矿罪的归位与拓展》，载《时代法学》2012 年第 5 期。

于“未取得许可证”。“复合说”经历纯粹人类中心主义到生态中心主义的转变，早期“复合说”[①] 认为其保护的法益是国家对矿产资源的管理制度以及国家对矿产资源的所有权，早期“复合说”是站在纯粹人类中心主义的立场，因非法采矿罪的保护对象具有不可再生性，已有不少学者主张非法采矿罪的保护法益不能再局限传统法益，[②] 应定位于包含自然利益和人类利益的环境法益。若持“复合说”的法益标准，就超期采矿的情形而言，在采矿许可证期限届满，基于采矿许可证有效期与采矿权有效期、采矿许可有效期三者之间具有一致性和同时性，采矿权人不再享有有效的采矿权，亦不再享有对国家矿产资源的用益物权。此时，采矿权人若继续采矿，将对国家的矿产资源所有权造成侵害，对于此种侵害是否应当用刑法手段予以规制，还应考虑此超期采矿行为对于环境法益侵害的严重性。

另一方面，对超期采矿的违法性认定依赖于被告人主观状态。在司法实践中，有时根据行为人的主观恶意大小来对超期采矿是否属于“未取得许可证情形”进行认定。首先，根据被告人是否具有申请延续采矿许可证的客观行为推断其主观意图。当被告人采矿许可证到期，且未向国土资源部门申请延期仍继续开采，其获得有效采矿许可证的意思薄弱，很容易被认定具有非法采矿的主观故意，若超期采矿行为对矿产资源造成损害达到情节严重，则认定被告人超期采矿属于“未取得许可证”情形。例如，在路某某非法占用农用地、非法采矿案中，[③] 法院认为被告人未提交延续申请的情况下超期采矿属于未取得采矿许可证的情况下擅自采矿。其次，通过延期审批结果或其他行政决定反映申请人的主观意图。若行为人延期申请未通过或者在申请延期期间受到行政部门的责令停产通知后，仍旧继续采矿的，法官则认定为其具有非法采矿的故意，属于未取得采矿许可证的情况下擅自采矿，事后获得批准延续许可并不能掩盖其最初的犯罪故意。

---

① 周光权：《非法采矿罪的关键问题》，载《中外法学》2022 年第 4 期。

② 焦艳鹏：《生态文明保障的刑法机制》，载《中国社会科学》2017 年第 11 期。

③ 路某某非法占用农用地、非法采矿案，山东省淄博市淄川区人民法院刑事判决书，（2020）鲁 0302 刑初 198 号。

（二）解决逻辑：超期采矿的刑法实质解释

在采矿权许可证到期后违背行政管理制度继续采矿能否认定为“未取得许可证擅自采矿”，决定了超期采矿情形是否是非法采矿罪所调整的范围，就此问题，应该从实质刑法观出发，构建违法与有责二阶层犯罪体系，即犯罪的成立满足两个要件：值得处罚的违法行为的客观构成要件和值得非难的有责行为的主观构成要件，[①] 对于超期采矿的情形是否属于“未取得许可证擅自采矿”从而构成非法采矿罪，将从违法性和有责性分别作出探讨。

在违法性认定方面，实质刑法观的违法性判断，以法益侵害或威胁为中心进行考虑，主张结果无价值论。[②] 结果无价值意味着构成犯罪的行为必须要求侵犯了他人的法益，则违法性的判断标准是：行为是否可能侵害到法益，而对于法益侵犯性的判断是根据客观的行为事实来分析该行为在当时有没有法益侵犯的可能的纯粹客观的判断，跟主观状态是故意还是过失无关，主张的是一种客观违法性论。具体而言，在超期采矿的情形中，不论行为人基于何种原因未能无缝衔接续期许可证的有效期，主观状态呈现何种状态。若其采矿行为（如合理开采）不足以侵犯到“复合说”中提及的法益，即国家管理制度、国家矿产资源所有权、矿产资源和生态安全，或者威胁后果程度很轻微，则其超期采矿行为不具有违法性，不构成犯罪。

在有责性认定方面，实质刑法观的有责性论主张规范责任论。[③] 规范责任论认为，责任即非难可能性，需从法规范的立场对行为与结果之间的心理事实进行非难可能性的价值评价。刑法规范既是法官的裁判评价规范，又是指导人们守法的行为规范。只有能够理解法规范的意思的自由意志行为人，作出了违法的意思决定时，才可讨论其违法行为的有责性，只因其违反了法规范对其遵守规范内容的期待和守法的义务。[④] 然而，法律并未直接明确规定禁止超期采矿。而是于《管理办法》中规定了对采矿许可的

---

① 刘艳红：《实质刑法的体系化思考》，载《法学评论》2014 年第 4 期。
② 刘艳红：《实质刑法观》，中国人民大学出版社 2019 年版，第 298 页。
③ 刘艳红：《实质刑法观》，中国人民大学出版社 2019 年版，第 302 页。
④ 刘艳红：《实质刑法的体系化思考》，载《法学评论》2014 年第 4 期。

有效期届满需要提前30日到登记管理机关办理延续登记手续，[①] 在刑法中规定违反矿产资源法的规定是犯罪的前提，其中的“矿产资源法”是指矿产资源法、水法等法律、行政法规有关矿产资源开发、利用、保护和管理的规定，所以在刑法规范中包含了采矿权人应在持有有效采矿许可证的前提下进行采矿。对于“禁止超期采矿”的规范是否被行为人意识到，应当从案件的具体事实进行依法认定，若有关部门多次发出停产通知或作出相关处罚，此时自由意志的行为人应当能理解“禁止超期采矿”的法规范的内涵，但继续作出非法采矿的意思决定时，则超期采矿则具有了可责性。若采矿期间，行为人的采矿行为受到行政机关的默许或签批意见，则需要考虑行为人是否具有期待可能性。

（三）消解路径：分别认定超期采矿的情形

正确理解和适用《解释》，准确把握超期采矿行为入罪的前提条件。笔者从实质刑法观的角度对超期采矿是否构成“未取得采矿许可证”的四种情形分别进行依法认定。

第一种情形，申请采矿许可证延续，最终获得批准，但采矿证有效期不连续，在超期空档期采矿。对于此种情形，从客观违法性认定来考察其行为是否对法益造成实质性的侵害。就国家管理秩序而言，因行为人最终获批延续申请，其行为不具有行政违法性，因此未实际侵犯到国家管理制度。就生态权益而言，行为人在空档期若是合理开采，采矿时间短，则难以对矿产资源及生态安全造成侵害或侵害程度较小。就国家矿产资源所有权而言，其开采行为属于轻微危害国家矿产资源所有权，无须考虑入罪。应充分发挥行政前置法的出罪指引功能，对其超期采矿行为作出行政处罚，予以规范和惩戒；落实民法典绿色原则与损害担责，运用预防性、恢复性司法规则，依法认定行为人的民事责任，做到刑事、民事、行政责任有机协调。如此，不仅能落实全面有效追责原则，还能保护企业的生存与发展。

---

① 《矿产资源开采登记管理办法》第7条。

第二种情形，已申请采矿许可证延期，仍处于审批中，继续采矿。从客观违法性来看，行为人超期采矿行为对国家的管理制度和矿产资源所有权均存在侵害，但若采矿时间延续长，则存在对矿产资源及生态安全威胁的可能性，因此行为人的超期采矿行为便具有了犯罪违法性。是否需要担责还需考虑行为人的行为是否具有可责性，若行为人提出延续申请，因行政机关的原因未能按时审批办理采矿许可证的，根据行政许可法第 50 条的规定，行政机关超期未作出是否延续的决定的，视为准予延续。故而不能将此种情况视为“未取得采矿许可证”，行为人的超期采矿行为不具有可责性。若因政策变动迟迟未予以办理，行政机关应当履行通知义务，在作出行为人停产通知，或责令停止非法采矿决定后，行为人仍继续采矿的即具有可责性，但在此期间因政府允诺、领导签批意见、脱贫政策要求等继续开采的，行为人系基于对行政机关的信任而继续开采，其行为不具有期待可能性，不能被认定为“未取得许可证”，进而构成犯罪。

第三种情形，申请采矿许可证延期但未获得批准，在采矿许可证仍未注销期间采矿。此种情形行为人既具备客观违法性，在得到明确的否定答复后，仍选择违背法律规定继续采矿的行为满足主观可责性的要求，应当依法认定为“未取得许可证”的情形。

第四种情形，有效期届满后，申请人在申请延期上不作为，但采矿权证未注销。在主观可责性认定上，行为人具有申请延期的义务，在未提出延续申请的情况下继续采矿属于作出了违法的意思的决定，其行为具有可责性，应当认定为“未取得许可证”的情形，但是否构成非法采矿罪，应根据行为人的开采时间、开采量等判断行为人的开采行为是否对非法采矿罪保护的法益造成实质性的损害，若有损害，则成立本罪；反之，则出罪。

四、对超期采矿的法律适用宜分类解释

（一）生成原因：非法采矿罪的扩张适用

司法实践中，对超期采矿行为有的认定为《解释》中的“无许可证”的情形，进而认为属于“未取得采矿许可证”；有的直接认为其属于“未

取得许可证”，系因为在法律没有对此行为进行明确，超期采矿不符合《解释》第2条前四项具体规定的情形，在没有法条可以涵摄的情况下认为超期采矿构成非法采矿罪，属于扩张适用。

超期采矿不符合《解释》第2条前四项的规定。《解释》第2条第一项是无许可证，是指从未取得采矿许可证。[①] 超期采矿是曾经取得许可证，但是许可证到期，超期采矿与第一项情形不符。第二项是采矿许可证由于行政机关作出的行政行为错误而被撤销，由于行政处罚被吊销，或者由于行政许可未延续被注销。注销行政许可，行政机关需收回许可证件或予以公告，并不是许可证到期就会自动注销，需要满足一定的期限。超期采矿的采矿许可证虽然到期，但其许可证未被注销，也不属于撤销和吊销的情况。所以超期采矿也不符合第二项的规定。第三项和第四项规定都是针对超越许可证的开采范围或者是针对超越许可证的许可矿种。超期采矿只是超越许可证的有效期限，也不属于第三项和第四项的规定。通过上述文义解释，超期采矿不符合《解释》第2条的前四项规定。根据历史解释，《解释》在起草的过程中，立法者认为对于超期采矿行为情节严重的，吊销许可证，对于吊销之后的采矿行为才符合《解释》第2条第二项。由此可见，立法者在《解释》起草的过程中，不认为超期采矿具有刑事违法性，通过行政手段即可维护矿产资源的管理秩序。

（二）解决逻辑：解释兜底条款的总括性词语

由于超期采矿不符合《解释》第2条前四项的规定，只能通过判断超期采矿是否符合《解释》第2条第五项的兜底条款来认定行为人是否构成未取得采矿许可证。兜底条款有补充漏洞的功能，但是兜底条款的适用要借助解释的逻辑，通过科学的解释方法和位阶，明确其实质和类型特征，以防止口袋罪的出现和司法不当扩张。兜底条款的解释规则主要分为两类，一种是只含同类规则的解释方法，结合该条款的其他列举事项，对兜底条款的理解限于同类的情形；另一种是运用法律解释方法，按照解释位阶，对

---

① 田心则：《采矿许可证有效期届满后相关法律问题研究——基于环境资源审判“三合一”的探讨》，载《中国应用法学》2022年第6期。

兜底条款的总括性词语进行解释。

按照兜底条款的同类解释规则，可以将前四项的行为类型分为三类：从来都没有获得采矿许可证；曾经获得采矿许可证，后来失去采矿许可证；只取得部分采矿权。有学者认为，超期采矿行为与第二项属于同类行为，它们都是曾经取得采矿许可证，后又丧失许可证。[①] 但是，同类解释规则将全部超期采矿的行为归为第二类，一些不具备刑事违法性的超期采矿情形都会被纳入其中。依据只含同类规则，在某些情形中可以得出合理的结论，但对于其他不具有刑事违法性的情形，留有被任意解释的风险。

如果对兜底条款进行法律解释，首先，要找到其总括性语词，对兜底条款的总括性语词进行解释，便于挖掘该条款未叙明的实质内容和类型特征。其次，再依照文义解释、体系解释、目的解释的顺序来判断兜底条款“其他未取得许可证的情形”的总括性语词是“未取得许可证”。根据文义解释，“未取得许可证”是指行为人没有获得采矿行为的行政许可证。在文义解释的基础上，进行体系解释。根据行政许可法和《管理办法》第5条，要想获得采矿许可证，要向主管部门申请办理采矿许可证。根据矿产资源法第16、17条，开采矿产资源，要经过主管部门的批准，由主管部门向申请人颁发采矿许可证。经由主管部门批准之后，依据《管理办法》第3条，办理矿产资源开采登记，领取采矿许可证。取得许可证要经过申请人申请、主管部门批准、申请人办理登记三个步骤。根据反对解释，“未取得许可证”可以分为三种情况，第一种是申请人没有申请，第二种是申请人已申请，主管部门没有批准，第三种是主管部门批准之后没有办理采矿许可登记。对于“许可证”的解释，如果只是针对采矿行为，就是指采矿许可证。根据《解释》第4条，如果针对采砂行为，要同时取得采矿许可证与采砂许可证。

当对条文进行目的解释时，要先探究该条文的法律目的。首先，探寻法律明确规定的目的。非法采矿罪是行政犯，要求违反矿产资源法的规定，此处的“矿产资源法的规定”，包括矿产资源法、水法等法律。这些都是自

---

① 田心则：《采矿许可证有效期届满后相关法律问题研究——基于环境资源审判“三合一”的探讨》，载《中国应用法学》2022年第6期。

然资源法，自然资源法的立法目的具有共性特征，都是为了保护自然资源，规范自然资源的开发利用，非法采矿罪的保护法益也包含自然资源的环境价值。根据《管理办法》第1条，采矿许可证的规范目的在行政层面是为了加强对矿产资源开采的管理，维护开采秩序。对于非法采矿罪的规范目的，要探究其保护的法益。要判断未取得采矿许可证的采矿行为是否会对保护的矿产资源价值、矿产资源管理秩序以及矿产资源所有权造成危害进行判断。比如，对于工程建设需要开采的矿石，工程建设、矿产资源所有权及其环境价值之间的价值衡量，在工程建设环境影响评价中，已经评估完成，并不会损害矿产资源的价值。工程建设也需要经过一系列的工程审批，并不会影响矿产资源管理秩序。基于目的解释在方法论上具有相对意义的优位性，[①] 工程建设开采的矿石没有违反采矿许可证的规范目的，不属于未取得采矿许可证。

（三）消解路径：分类解释超期采矿的情形

启动刑罚本身并不能保护法益和预防法益受害，不分情况地将所有超期采矿行为归入非法采矿罪的构成要件之一，并不能达到非法采矿罪的规范目的。而且超期采矿行为本身是否构罪尚未明确，只有明确规定犯罪构成要件的刑法规范对民众的违法提示，明确行为规范才能从根本上保护非法采矿罪的法益。分析超期采矿的四种情形是否符合兜底条款的规范内容对明确采矿行为的行为规范至关重要。

针对第一种类型，行为人已经申请了采矿许可，并且获得主管部门的批准，最后也完成开采矿产资源的登记，取得采矿许可证，不属于未取得采矿许可证的范畴。行为人在采矿许可证到期前就申请了延期，而且主管部门也批准了延期，证明行为人的行为合法并没有侵犯矿产资源的管理秩序。同时，主管部门的批准还证明了该矿区当前的情况适合开采，并且行为人之前的开采行为适当，没有对周围环境造成污染，对矿产资源造成破坏，属于正当的合理利用范围。兜底条款的规范目的是对侵害非法采矿罪

① 周光权：《刑法解释方法位阶性的质疑》，载《法学研究》2014年第5期。

的法益进行保护，此种类型的超期采矿没有侵害该罪法益。

针对第二种类型，行为人已经申请了采矿许可证，主管部门还在审批当中，不属于归纳的三种未取得采矿许可证的情形，并且主管部门还在对行为人和矿区的情况进行调查。主管部门是否批准延期申请，是一种不确定的状态。此种类型的超期采矿不宜过早进入刑事司法程序，应当等待主管部门确定其不具备开采资格时，才对行为人进行起诉。另外，非法采矿罪是行政犯，需要行为人的采矿行为违反行政前置法才能进入刑事领域。如果是由于政策原因，导致行政审批程序出现中止的情况，未取得采矿许可证不可归咎于行为人。如果是行政情况尚未审批，但是其他政策允许行为人采矿，行为人的采矿行为具有合法性。对于后两种情况，无论是从体系解释还是从目的解释，都不属于兜底条款的范畴。

对于第三种类型，行政机关不批准申请人的采矿申请。符合未取得采矿许可证的第二种情况，继续开采将侵犯矿产资源管理秩序。并且说明行为人不具备继续开采的条件，不符合条件的开采容易导致环境污染或者造成矿产资源的破坏。比如主管部门不同意永盛砂厂的延期申请，永盛砂厂继续采矿造成生态环境破坏。法院判处其承担生态环境修复费用 13.84 万元。[①] 此种类型的超期采矿既在形式上符合未取得采矿许可证的体系解释，又在实质上符合未取得采矿许可证的目的解释。

对于第四种类型，采矿许可证到期之后，行为人没有申请采矿许可证的延期，继续实施采矿行为。根据《管理办法》第 7 条，采矿权人应在采矿许可证有效期届满前 30 天办理延续登记手续，否则，采矿许可证自行废止。此类型的超期采矿，采矿许可证已经废止，并且行为人没有再次申请采矿。属于未取得采矿许可证的第一种情况，没有申请采矿许可证。并且，未在规定期限内申请延期和超期不申请再次办理，违反采矿许可证的行政管理秩序。另外，此类型的超期采矿经常造成矿产资源的环境价值受损，比如被告人非法采矿造成矿产资源的严重破坏，损害了矿产资源和生态环境的

① 岳某非法采矿案，甘肃省白银市白银区人民法院刑事判决书，（2021）甘 0402 刑初 244 号。

稳定性和功能性，修复工程预算为人民币 154889.28 元。① 此类型超期采矿不仅符合兜底条款体系解释和目的解释，还符合兜底条款的同类解释。采矿许可证自行废止后的采矿行为，与《解释》第 2 条第二项属于同类行为，都是曾经取得采矿许可证，后来又失去的情况，根据同类规则也能将该行为归入未取得采矿许可证的情形。

五、结语

超期采矿行为虽具有行政违法性，但不必然具有刑事违法性，前置法虽然在一定程度上可以为非法采矿罪提供支撑，但仍需站在实质刑法观的角度，对四种超期采矿类型化一一处理。在判断超期采矿是否构成非法采矿罪时，应摒除纯粹形式刑法观的观念，对超期采矿人的采矿行为根据非法采矿罪的保护法益进行违法性判断，从行为人的期待可能性对其可责性进行甄别。在如何认定为非法采矿罪上，对《解释》第 2 条运用法律解释的方法，依照文义解释、体系解释、目的解释的顺序来判断超期采矿是否属于兜底条款“其他未取得许可证的情形”。由此，从一个超期采矿是否构成非法采矿罪的小问题为切口，实际为此类刑行交叉问题的司法审判提供了一种实质刑法观的审判思路。

① 张某某、罗某某非法采矿案，辽宁省锦州市中级人民法院刑事判决书，(2021) 辽 07 刑再 1 号。

非法占用农用地罪宽缓处理的成因与反思
——以G省司法机关近三年办理的案件为样本

王红梅　赵江伟*

农用地对于保障国家粮食安全、生态环境质量和经济社会可持续发展至关重要，农用地保护事关国家安全和经济社会发展全局。我国一直以来高度重视农用地保护，对该类犯罪严厉打击，农用地保护工作取得明显成效。但是，通过调研发现，近年来G省司法机关办理的非法占用农用地案件呈现不捕率[①]高、不诉率[②]高、缓刑率[③]高的态势。这种状态是如何形成的、是否合理，非法占用农用地罪的治罪与治理路径如何选择，已经成为我们难以回避的现实问题。

一、非法占用农用地案件司法办案现状

通过对G省司法机关2020年至2022年3年办理的218件审查逮捕案件、689件审查起诉案件进行分析，笔者发现，与其他罪名相比，非法占用农用地案件大多被司法机关作出宽缓处理，其表现为不捕率、不诉率、缓刑率均高于全省平均值，呈现“三高”态势。

---

* 王红梅，贵州省人民检察院第一检察部主任，三级高级检察官；赵江伟，贵州省人民检察院第一检察部一级检察官助理。

① 不捕率＝不批准逮捕人数／同期审查逮捕案件审结人数×100%。

② 不诉率＝不起诉人数／同期审查起诉案件审结人数×100%。

③ 缓刑率＝生效判决中适用缓刑人数／生效判决案件的总人数×100%。

（一）不捕率高

从审查逮捕情况来看，多数非法占用农用地案的犯罪嫌疑人并未被检察机关批准逮捕，且不捕原因多为无社会危险性不捕。3 年中，非法占用农用地案的不捕率以及无社会危险性不捕的占比，均高于全省平均值（见表 1）。

表 1　非法占用农用地案不捕情况及全省不捕情况

年度 \ 指标	不捕率（%）		无社会危险性不捕占比（%）	
	非法占用农用地罪	全省所有罪名	非法占用农用地罪	全省所有罪名
2020	74.6	33.8	56.6	55.7
2021	87.1	40.7	57.4	53.8
2022	75.6	45.0	72.3	61.2

（二）不诉率高

从审查起诉情况来看，三年办理的案件中大多数非法占用农用地案行为人（包括单位，下同）被检察机关作出不起诉决定，而不起诉决定的人数中，相对不起诉人数占绝大多数。非法占用农用地案行为人不诉率远高于全省所有罪名平均不诉率，相对不起诉人数占比超过 90%，与全省平均值基本一致（见表 2）。

表 2　非法占用农用地案不诉情况及全省不诉情况

年度 \ 指标	不诉率（%）		相对不起诉占比（%）	
	非法占用农用地罪	全省所有罪名	非法占用农用地罪	全省所有罪名
2020	70.4	26.6	94.6	95.7
2021	66.1	31.0	96.7	95.6
2022	75.5	33.9	97.5	97.8

（三）缓刑率高

从一审生效判决来看，法院对检察机关提起公诉的非法占用农用地案适用缓刑的比例很高，2021 年度超过 50%，2020 年和 2022 年均超过 60%，远高于全省所有罪名的缓刑率（见表 3）。

表 3　非法占用农用地案一审缓刑情况及全省缓刑情况

指标/年度	缓刑率（%）	
	非法占用农用地罪	全省所有罪名
2020	63.1	24.6
2021	54.9	26.1
2022	65.5	21.9

二、非法占用农用地罪宽缓处理的理论和现实依据

通过分析发现，G 省司法机关所办理的非法占用农用地案件的不捕率、不诉率、缓刑率都很高，并且，不捕的原因主要是无社会危险性，不诉的原因主要是无起诉必要性。据此，有观点认为司法机关对非法占用农用地罪的打击不力，有放纵犯罪的嫌疑。但是，我们认为，对非法占用农用地罪宽缓处理的现象不能不加分析就一概作出否定评价，而应结合非法占用农用地罪的性质、特点以及当前的刑事政策等作出理性分析。

（一）非法占用农用地罪的性质和特点

首先，非法占用农用地罪侵害的法益是国家对土地的管理制度，通常不直接侵害国家安全与社会稳定，也不会造成人身伤害，法益侵害性的现实性和紧迫性相对较小。有学者甚至认为："自然犯侵害或者威胁了法益，而行政犯只是单纯地不服从法律"，因而行政犯存在天然的"法益性的欠缺"。[①] 因此，行为人触犯刑法一般是为了追求经济利益而忽视行政法中的

① 刘艳红、周佑勇：《行政刑法的一般理论》（第二版），北京大学出版社 2020 年版，第 233 页。

农用地转用审批程序规定，主观恶性较小，人身危险性不大。其次，根据刑法第342条，非法占用农用地罪的法定刑为5年以下有期徒刑或者拘役，并处或者单处罚金，法定刑相对较轻。经过统计发现，G省近年来办理的非法占用农用地罪，98.8%的行为人可能判处或者被判处的刑期未超过3年有期徒刑，绝大多数行为人具有不捕、不诉和适用缓刑的基础。① 最后，该类案件的犯罪行为人取得土地，均是通过与土地使用权人签订流转协议并交纳承包费的方式，因而没有具体的被害人，可对行为人作出不捕、不诉决定或适用缓刑。

（二）法定、酌定从宽处罚情节的适用

非法占用农用地案的行为人多系初犯、偶犯，且大多数事后有自首、认罪认罚、积极修复生态等情节。97.5%的犯罪主体在案发后补植复绿且认罪认罚，近60%的行为人有自首或坦白情节。因此，该类案件的行为人多数无社会危险性，再犯可能性不大，综合考虑各种犯罪情节，大多符合无社会危险性不捕、相对不起诉和适用缓刑条件。

（三）刑事政策和涉案企业合规改革的推动

G省检察机关适用涉案企业合规审查的案件，非法占用农用地案占比最大，达35.2%，虽然是否开展企业合规并非逮捕、起诉的前提条件，但却是考量的重要因素。为贯彻落实宽严相济刑事政策，进一步释放司法红利，让更多企业活起来、强起来，司法机关对涉案企业和相关人员依法少捕慎诉慎押，对于促进该类犯罪的不捕率、不诉率和缓刑率提升具有一定的影响。

---

① 具体来说，在司法实践中，相对不起诉的适用对象基本上是可能判处3年有期徒刑以下刑罚的轻罪，刑法明确规定缓刑的适用的对象是判处拘役、3年以下有期徒刑的犯罪分子。至于逮捕，由于行为人可能判处的徒刑在10年以下，除非曾经故意犯罪或者身份不明，否则是否逮捕都要判断其是否具有社会危险性，都有不捕的可能性。

三、非法占用农用地罪宽缓处理背后的深层次问题

虽然司法机关非法占用农用地案宽缓处理总体而言有其理论和现实依据，具有一定的合理性，但是经过进一步分析发现，上述原因并非造成这种态势的唯一因素。在打击非法占用农用地违法犯罪行为过程中，立法规定、行政执法和刑事司法存在的若干问题，进一步推高了非法占用农用地罪的不捕率、不诉率、缓刑率。

（一）刑法有关规定有待细化

“入罪需要注重合法性，出罪需要注重合理性，这里的合理性说到底是实质化思想的体现，其目的显然是补充刑事法规范无法妥善面对纷繁复杂的案件事实之不足。其并非要否定规范的效力，而是要维持规范功能的妥当性。”[①] 针对司法机关对非法占用农用地罪的轻缓处理现象，我们需要对非法占用农用地罪的刑法规范是否具有妥当性进行深入分析和思考。

众所周知，相对不起诉的条件是“犯罪情节轻微，依照刑法规定不需要判处刑罚或者免除刑罚”，而具有出罪功能的刑法“但书”规定的不认为是犯罪的条件是“犯罪情节显著轻微，危害不大”。“犯罪情节轻微”与“犯罪情节显著轻微”之间的界限并非泾渭分明，当司法机关不能适用“但书”对某一类行为出罪，而又认为其不适合以刑罚规制时，往往对这类行为作出轻缓处理。因此，当某一个罪名的无社会危险性不捕率、相对不起诉率、缓刑率特别是相对不起诉率远高于其他罪名的相应比率时，就需要观察立法设置这一罪名是否违反刑法的谦抑主义、该罪的入罪条件是否合理等问题。

从经济社会可持续发展的角度来看，农用地保护势在必行，以刑法作为后盾也有其合理性，但是，刑法关于非法占用农用地罪的描述较为笼统，对行为人的主观恶性未加区分。毕竟，已经提交用地申请、因为手续迟缓而非法占地与根本未提交申请而非法占地，所体现的规范违反意识有很大

① 刘艳红：《实质出罪论》，中国人民大学出版社 2020 年版，第 99 页。

区别，不能不加区分一律入罪。对于行为人来说，一旦被贴上犯罪的标签，犯罪附随后果则不可避免。犯罪附随后果是指“在刑事法律法规之外，针对犯过罪或受过刑事处罚的人所创设的一种限制性处罚后果”[①]。这种后果的基本内容是，限制或剥夺行为人获得某些权利、从事特定活动等的资格，必然对其回归社会带来严重障碍。

（二）行政执法力度不够

刑法是其他部门法的保障法。其他部门法执行不到位是非法占用农用地案高发的主要原因，主要体现在以下方面：

1. 非法占用农用地违法行为查处不及时。经统计，从犯罪嫌疑人（或单位）开始实施非法占用农用地行为到其被行政执法机关查处，所经历的时间不满 1 年的 29 件，占比 23.4%；1 年以上不满 3 年的 53 件，占比 42.7%；3 年以上的 42 件，占比 33.9%。有的案件甚至长达 8 年才被查处。总体来看，有关行政执法机关对非法占用农用地行为的查处不够及时。

2. 行政机关对检察意见落实不到位造成行政处罚缺位。以 2022 年为例，检察机关针对 39 件非法占用农用地案向有关主管部门提出检察意见，要求对不起诉人行政处罚，有关主管部门回复 20 件。此外，在 20 件处理结果回复中，有 8 件属于阶段性回复，而没有最终处理结果。

（三）司法裁量标准不一致

刑事诉讼法第 177 条第 2 款规定了相对不起诉的适用条件，即“对于犯罪情节轻微，依照刑法规定不需要判处刑罚或者免除刑罚的，人民检察院可以作出不起诉决定”。但是，对于“犯罪情节”指的是量刑情节还是兼指定罪情节与量刑情节，“犯罪情节轻微”的判断依据是什么等问题，法律和司法解释都没有明确规定。经过对近 3 年检察机关办理的非法占用农用地案的法律文书进行审查发现，审查起诉案件存在起诉必要性把握不够一致的问题。

---

① 付强：《论犯罪行为的刑罚附随后果》，载《法学杂志》2015 年第 7 期。

四、非法占用农用地罪的治罪与治理路径

从上文的分析可见，我国打击非法占用农用地违法犯罪的方式不尽完善，依赖刑罚保护农用地并未达到预期效果，这可以从两方面来加以论证：首先，近年来非法占用农用地犯罪并未减少反而逐年上升，其中2021年最为明显，当年受理审查起诉431人，同比上升28.2%。其次，曾因非法占用农用地被行政处罚甚至不起诉的行为人重新犯罪比例较大，且多数犯罪主体明知占用农用地行为是违法犯罪行为仍非法占用，刑罚的预防功能发挥有限。比如，有的一边办理农用地占用许可手续，一边非法占用农用地；有的在取得许可后，超审批范围占用农用地。为遏制非法占用农用地罪高发势头，贯彻落实宽严相济刑事政策，消除打击不力质疑，提升办案政治效果、社会效果和法律效果，必须加强综合治理，完善刑法有关规定、筑牢行政法防线、统一司法办案标准。

（一）完善刑法有关规定

刑法规制非法占用农用地行为，应当保持适度谦抑。其理由至少有两方面，一方面，非法占用农用地罪属于破坏环境资源保护犯罪，属于“累积犯”。其入罪的理由是：“如果不禁止这类行为，我们就有足够的理由相信在现实中存在着大量这类行为实施的危险。”① 从法益侵害性来看，非法占用农用地行为与法益侵害之间的关联性十分松弛。“单独的累积危险行为不会产生法益侵害，而不具有法益侵害的具体危险或抽象危险，这使得累积犯突破了传统危险犯的结构而成为刑法最为极端的扩张形式。”② 另一方面，行为人非法占用农用地往往是由多种因素造成。非法占用农用地行为在实务中最常见的形式，是未经国家土地管理机关审核、批准，而擅自占用农用地的情形。③ 因此，行为人的规范违反意识不同于传统犯罪。

---

① 张志钢：《论累积犯的法理》，载《环球法律评论》2017年第2期。

② ［德］保罗·克雷尔：《德国环境刑法》，张志钢译，中国社会科学出版社2022年版，第3页。

③ 高维俭、史运伟：《非法占用农用地罪的适用》，载《人民司法》2018年第31期。

司法实践中确实存在犯罪情节、犯罪后果较为严重的非法占用农用地犯罪，对这类行为动用刑罚具有妥当性。但是，考虑到非法占用农用地罪行为人的规范违反意识不强、行为的法益侵害性不紧迫等特点，应当适当提高入罪门槛，或者为犯罪情节较轻的行为人创设一种出罪途径。具体而言，在非法占用农用地犯罪行为方式上，立法可以区分已经提交用地申请、未提交用地申请两种不同的方式，分别规定法定刑或者分别设置立案标准。此外，还可以仿照逃税罪、拒不支付劳动报酬罪的立法模式，创设处罚阻却事由，即行为人第一次非法占用农用地即便达到立案标准，但能够在一定时间内完成补植复绿、修复生态的，可以不认定为犯罪。

（二）筑牢行政法防线

1. 加强行政管理。一旦刑法防线之前的部门法（尤其是行政法）防线解决环境问题的机制畅通化，实现较高的环境违法发现率、处置率。那么作为最终救济手段的刑法被求助的可能性将会降低，刑法在环境犯罪上的谦抑性将得到加强。[①] 针对行政执法存在的问题，为尽可能通过行政管理手段治理非法占用农用地行为，可以尝试开展以下工作：

第一，加强重点领域行政执法力度。经统计，G 省检察机关办理的非法占有农用地案，占用林地的案件占绝大多数，以 2021 年受理审查起诉并办结的 124 件案件为例，非法占用林地的 114 件，占用耕地的 6 件，既占用林地又占用耕地的 4 件，因此，行政执法的重点是非法占用林地案件。要进一步配强执法力量、加大执法力度，及时查处非法占用林地案件；对于涉嫌犯罪的非法占用林地案件，要应移尽移。

第二，加强行政执法与刑事司法衔接。检察机关不起诉的案件，需要给予被不起诉人行政处罚的，要依法向有关主管机关提出检察意见；对于检察机关提出的检察意见，有关主管机关要及时处理和回复，做好不起诉“后半篇文章”，将行政处罚落实到位。

第三，完善农用地转用审批程序。高质量发展是我国全部工作的主题，

① 刘艳红：《实质出罪论》，中国人民大学出版社 2020 年版，第 67 页。

为了留得住企业、保护好企业，优化营商环境，保证项目建设顺利推进，建议加强部门联动，完善审批程序，通过集中办公、并联审批等方式，切实提高土地审核审批效率。

2. 建立行政处罚“双罚制”。土地管理法、森林法关于非法占用耕地、林地行为的行政处罚的条文并非“双罚制”而是“单罚制”，仅处罚法人或者其他组织，而无须再处罚直接责任人员。“传统上对单位违法的行政处罚主要针对单位本身，不涉及决定或实施违法行为的单位成员，这在一定程度上导致了违法责任主体与行为主体分离，阻滞了行政处罚的威慑效果。”[①] 然而，目前不少行政处罚特别法已经引入“双罚制”，以《食品安全法实施条例》为例，该条例第 75 条第 1 款规定：“食品生产经营企业等单位有食品安全法规定的违法情形，除依照食品安全法的规定给予处罚外，有下列情形之一的，对单位的法定代表人、主要负责人、直接负责的主管人员和其他直接责任人员处以其上一年度从本单位取得收入的 1 倍以上 10 倍以下罚款：（一）故意实施违法行为；（二）违法行为性质恶劣；（三）违法行为造成严重后果。”

行政处罚无法适用于非法占用农用地直接责任人员，威慑力不强，是造成非法占用农用地违法行为屡禁不止甚至升级为犯罪行为的重要原因。为推动农用地保护工作健康发展，减少刑法介入频率，建议进一步完善非法占用农用地行为的行政处罚规定，建立非法占用林地案件行政处罚“双罚制”，对单位非法占用林地的，同时处罚单位和直接责任人，实现行政处罚的威慑和矫正目的。

（三）统一司法办案标准

建议通过出台办案标准、制发指导性案例等方式统一办案标准。检察机关、法院可以通过出台较为具体的办案指引、制发指导性案例等方式，对非法占用农用地犯罪的办案标准尤其是不起诉和适用缓刑的标准进行统一和规范。

---

① 谭冰霖：《单位行政违法双罚制的规范建构》，载《法学》2020 年第 8 期。

就办案标准的设计而言，应当将是否有悔罪表现、有无再犯罪的危险作为是否起诉和适用缓刑的重要裁量依据。其理由是，破坏环境资源保护犯罪入刑，是为了应对未来的社会风险，“作为风险控制机制中的组成部分，刑法不再为报应与谴责而惩罚，而主要是为控制风险而威慑”。[①] 威慑是为了预防，预防的重点是特殊预防。“一般预防必要性小而特殊预防必要性大时，或者一般预防必要性大而特殊预防必要性小时，都应当坚持特殊预防优先的立场。”[②] 而行为人是否有悔罪表现、有无再犯罪的危险，正是判断其是否需要以刑罚相威慑的主要依据。

---

① 劳东燕：《风险社会中的刑法》，北京大学出版社2016年版，第34页。

② 张明楷：《责任刑与预防刑》，北京大学出版社2019年版，第5页。

探析工程建设中非法开采矿产资源犯罪问题

——以非法采矿罪为视角

陈明南　钟学友*

党的二十大报告指出，要推进美丽中国建设，坚持山水林田湖草沙一体化保护和系统治理。作为不可再生的自然资源，矿产资源是山水林田湖草沙生命共同体的重要组成部分，是保障经济社会发展的重要物质基础，更是国家安全的重要保障。2023 年 4 月至 6 月 5 日，公安部公布依法打击破坏生态环境犯罪 10 起典型案例，多地法院陆续发布环境资源审判的典型案例，其中将近一半涉及非法采矿案。山东、四川、山西、江西、重庆、甘肃、浙江等地公布的典型案例中，非法采矿案也占据较大比例。上述环境资源审判典型案例显示，非法采矿案件近年来高发频发，无证采矿、越界采矿等老问题屡禁不止，以环境治理、矿山修复、土地整理、工程施工等名义违法采矿牟利等新问题时有发生，严重破坏环境资源，扰乱矿产资源开发利用秩序，损害政府公信力。为此，有必要深入研究各类违法开采行为，严惩非法采矿犯罪，保护好国家矿产资源。

* 陈明南，浙江省金华市婺城区人民检察院副检察长；钟学友，浙江省金华市婺城区人民检察院第五检察部三级检察官助理。

一、当前工程建设中非法采矿的现状

随着工业化、城市化的快速推进，我国矿产资源勘察开采活动日益活跃，而采矿权协议出让政策不断从紧，不法分子仍铤而走险违法开采矿产资源，无证采矿、越界开采矿产等现象依然存在。但是，面对工程建设领域存在的非法开采矿产资源行为，行政主管部门更是处于发现难、监管弱的境地，违法行为人既逃避处罚又以矿产资源换取巨额经济利益。借工程建设名义非法采矿已然成为新趋势，而且非法开采对象范围扩大至砂石土、煤炭、国家战略性稀土等矿产资源。非法采矿罪的保护法益是矿产资源及其合理利用，以及国家对矿产资源的财产所有权。① 开采矿产资源与环境保护之间的矛盾日益突出，借工程建设名义对矿产资源予以粗放式开采，不仅造成资源日益匮乏和采矿秩序的混乱，还对当地生态环境造成永久性破坏，引发地面沉降等地质灾害，甚至引发矿难事故，造成人身伤害和财产损失。

（一）借工程建设名义非法采矿成为新类型

非法采矿是一种严重的违法行为，受经济利益驱动不法分子所实施的手段日趋隐蔽，且形式多元。传统非法采矿主要是指在未取得采矿许可证或者采矿许可证已过期的情况下擅自开采矿产资源，或者有采矿许可证但其超越采矿许可证批准的矿区范围越界采矿。相较于传统类型，新出现的借工程建设名义非法采矿类型被发现和查处的难度更大。该类型通常表现为企业以环境治理、矿山修复、土地整理等工程名义违法开采矿产资源并销售牟利。如河南省鹤壁市淇滨区某实业有限公司以设施农用地为名违法采矿案，该公司以设施农用地建设兔场为名在上峪乡鹿厂村开采水泥用石灰岩 2.78 万立方米，经认定矿产资源被破坏价值达 338.9 万元。2021 年 5 月，涉案人员许某被法院判处有期徒刑 2 年 6 个月，缓刑 3 年，并处罚金 5 万

---

① 周光权:《非法采矿罪的关键问题》，载《中外法学》2022 年第 4 期。

元；追缴违法所得154.72万元。[①] 为有效应对矿产违法的新形势，检察机关应保持严肃查处无证违法采矿、违法开采国家战略性矿产资源的高压态势，同时高度关注以工程建设为掩护违法采矿牟利的犯罪行为。

（二）借工程建设名义非法采矿的新特点

与传统非法采矿相比，借工程建设名义非法采矿具有鲜明的特点，主要表现在更强的隐蔽性、更多人共同参与以及更高的违法获利。

1. 隐蔽性强，形成黑产业链。借工程建设名义非法采矿的隐蔽性表现在两个方面。从工程作业表面上来看，以承包工程建设为掩护雇挖掘机或铲车正大光明进行采挖，再以运送建筑垃圾为由将砂石运出销售获利。涉案人员明知未取得采矿许可证不能擅自采矿，却以工程建设为外衣，实施违法采矿，无形中增加了隐蔽性。从销售环节上来看，行为人为逃避查处，对矿产资源即采即卖，上下游人员之间在非接触状态下即可完成交易，且逐步形成非法开采、运输、销售一条龙的黑色产业利益链，全链条打击才能深挖查明事实，给案件侦破增加难度。

2. 团队作战，侵犯法益多元。从办案中发现，借工程建设名义非法采矿由早期的“散兵游勇”“单兵作战”逐渐发展为分工明确、团伙合作的模式，参与人之间分工清楚、相互配合。团伙成员之间多为同一家族或具有同乡、朋友等熟人关系，共同实施犯罪行为触犯一罪或数罪。从罪数上来分析，触犯关联罪名多个，且侵犯法益多元复杂，包括重大责任事故罪、非法占用农用地罪、贪污贿赂犯罪等，彻查非法采矿有时需要多部门联合调查。

3. 违法成本低，牟取利益高。从实践办案中发现，土石方工程、环境整治等工程为低价承包，在工程建设期间非法采矿一般不需要投入太多成本即可收获巨额利润。如非法开采砂石较为便利、技术含量低，而市场销售价格高，很容易“发家致富”。较低的犯罪成本，加之巨大利益的驱使，容易促使行为人置法律而不顾，以破坏矿产资源换取私人利益。因现行法律

① 许某非法采矿案，河南省鹤壁市淇滨区人民法院刑事判决书，（2021）豫0611刑初137号。

未对非法采矿罪规定资格刑，行政执法机关对非法采矿行为又以罚款为主，造成无法从源头遏制破坏矿产资源行为，行为人交纳罚款后再次继续偷采的情形屡见不鲜。

二、打击工程建设领域非法采矿所面临的困境

工程建设领域的非法采矿案件因以工程建设为掩护，彻查非法采矿等犯罪事实存在收集固定证据难、判断非法开采行为难、认定矿产资源价值难等疑难法律问题，给深入打击该领域非法采矿犯罪带来新挑战。

（一）非法开采查处不易

受利益驱使，违法行为人利用经批准的土地改良、生态修复等工程之名掩护躲避执法人员查处，在项目施工过程中对地上或地下已经探明的矿产资源进行“蚂蚁搬家”式偷采，或者夜深人静时偷挖矿产；有的甚至采取游击战术，派专人放哨，用手机等通讯工具通风报信等。执法部门受执法人员数量、执法精力限制，对非法开采行为难以查处或者查处不及时，导致部分涉案证据灭失的情况。实践中，违法行为人对探明的矿产资源即采即运，以置换成品物料、运输建筑垃圾等理由向外运输，流动性强难以被发现。即使发现，若矿产已经销售则数量不易查证，除非有客观的销售记录和相应证言来佐证。在证据未固定的情况下，无法从法律上认定外输的矿产资源数量，将直接影响定罪与量刑。

（二）开采行为界定不明

根据自然资源部2023年4月10日印发的自然资源部《关于规范和完善砂石开采管理的通知》（自然资发〔2023〕57号）第4条规定，因工程施工产生的砂石料可直接用于该工程建设，不办理采矿许可证。这意味着，在未办理采矿许可证的情况下，因合法工程建设过程中需要而开采的行为不应认定为非法采矿行为。但是，如果所开采的矿石不是用于工程建设，而是对外销售，此时又该如何评价？可以肯定的是，在合法工程建设过程中

开采矿石并对外销售的行为与传统意义上的非法采矿行为具有明显差异，因现行法律法规或司法解释对上述非法开采并销售的行为并未明确。所以，该行为是否构成非法采矿罪仍然存在法律争议。

（三）矿产销售监管不严

为遏制非法采矿行为，主管部门侧重在挖采阶段设置准入制度和重点管控，对矿产资源销售渠道的管控却存在疏漏。行为人在承包工程项目之初就打算以低价中标再出售矿产牟利，买卖双方私下接触很难被发现。收购者通常拒不承认事先知晓该矿产为非法所得，需要通过其他证据佐证才能形成完整的证据链。因销售环节无矿产资源的合法性证明要求，已出现诸多的矿产资源交易乱象。如部分盗采的海砂流入正规市场冒充河砂用于工程建设，降低了工程耐久性，给工程质量埋下安全隐患。

（四）采矿价值认定不清

在司法实践中，一般以销售数额来认定非法开采的矿产品价值或破坏矿产资源价值数额。根据“两高”印发的《关于办理非法采矿、破坏性采矿刑事案件适用法律若干问题的解释》（法释〔2016〕25号）第13条规定，无销赃数额，销赃数额难以查证，或者销赃数额认定明显不合理的，根据矿产品价格和数量认定。但“矿产品价格和数量”具体含义规定并不清晰，在司法实践中对矿产品价格和数量的认定仍存在争议。如“价格”是以销售价格还是鉴定价格，不同的认定会对案件处置产生较大差异。再如，“数量”应当以开采数量、销售数量还是鉴定数量为标准，也给司法办案带来困扰。

三、工程建设中非法采矿问题的解决之道

为破解工程建设中非法采矿的监管难题，笔者认为，应通过多部门协作构建立体多维监督体系，并提出规范认定非法采矿行为和矿产价值的有效方式，争取实现矿产资源的恢复性整治和矿产行业的源头治理。

（一）加强多部门协作推动打击深入

检察机关在刑事司法过程中，应自觉以现代法治意识为指导，善于使用现代科技手段，最大化消除监管盲区。可通过多部门协作配合，依托大数据分析、卫星遥感等新方式提升监督效果。一是优化检察机关内部分工和案件线索移送机制。刑事检察部门牵头负责环境资源类的案件管辖和办理，应分类分别处理。经审查认为涉及犯罪的，建议移送公安机关立案办理，并视情况开展立案监督。审查认为行政违法行为具有可诉性，移送公益诉讼检察部门办理。对内部发现的非法采矿的涉案线索及时移送处置，加大非法采矿犯罪、职务犯罪和公益利益保护的审查力度。如刑事检察部门与公益诉讼检察部门发现非法采矿犯罪、职务犯罪或者危害公共利益的案件线索，应及时全面收集非法开采、运输、交易矿产资源等客观性证据，及时互相移送有管辖权的部门办理。二是推进刑事司法与行政执法的“两法衔接”和行政违法行为监督。坚持“双赢多赢共赢”理念，加强行政执法机关向司法机关移送涉嫌犯罪案件的正向衔接和司法机关向行政执法机关移送行政处罚案件的反向衔接。完善执法司法信息共享、案情通报等制度，实现行政处罚和刑事处罚依法对接；对不刑不罚、应移未移、应罚未罚等反向衔接的短板问题要进一步引导行政机关规范执法并加强跟踪监督，不断提升对行政机关违法行使职权或不行使职权的法律监督质效。通过与行政执法开展衔接配合并强化检察机关法律监督工作，推动形成更大的执法司法合力。三是以“大综合一体化”为契机推动“检执联动”出成效。2022 年 1 月，中央改革办批复同意，浙江成为全国唯一的“大综合一体化”行政执法改革国家试点。检察机关要在与行政机关沟通协商的基础上探索“提前介入”监督，即在不干预行政执法的前提下同步掌握执法活动情况，密切关注执法全过程，及时发现非法采矿的情况。同时，依托“检执联动”平台和双向互派交流机制，选派检察人员深入行政执法一线了解实际执法流程，发现非法采矿深层次监管问题并提出解决方案，双方协同共促社会法治的良性运转。

（二）精准认定开采行为的性质

对工程项目中非法采矿的行为，应适用宽严相济的刑事政策。审查涉案人员违法行为要结合主观故意分层分类处理，实现打击非法采矿行为的政治效果、法律效果和社会效果相统一。一方面，由于矿产资源具有耗竭性、稀缺性和不可再生性等特点，擅自开采、勘探会造成国家矿产资源破坏。对行为人在承包工程项目就有非法采矿的意图，或者在项目施工过程中临时起意超出项目用地范围采挖矿石或超量开采并对外销售牟利，属于以工程项目为掩护行非法采矿之实。行为人侵占矿产资源的行为意图明确，侵害国家矿产资源换取巨大的经济利益，该非法采矿的行为明显违反矿产资源法的规定且未取得采矿许可证的情形，应当以非法采矿罪从严予以刑事处罚。另一方面，在工程项目范围内采挖矿产且仅用于该工程项目自身建设和公益性建设并未将其投入流通领域。司法办案中，应将该非法采矿行为的动机与一般刑法意义上的非法采矿罪直接牟利为目的区别看待。考虑到行为人不具有纯粹的非法采矿的行为意图，且在合法的工程范围按照项目施工设计本就需要对矿产造成破坏等情节，可依据刑法第 67 条第 1 款的规定认定为犯罪较轻，可以不作为犯罪处理。同时，检察机关可以充分利用行政执法矿业优势或行政机关已聘请的探矿、选矿、采矿、评估等方面的专家，对认定非法采矿有争议问题进行专业性论证。上述情形的行为人虽未取得采矿许可证，但地方政府要求或者同意行为人采矿并缴纳相关费用的，不宜认定为非法采矿罪。[①]

（三）提升销售矿产的监管力度

从表面上来看，“采运销”一体运作无共同合意，但实际上行为人明知非法开采而相互配合、协作，形成非法利益链条，从中反射出矿产交易市场亟须规范。一是提升非法销售矿产资源的打击深度。检察机关在办案中应从严查处矿产销售末端，着重审查多次收购、低价购买、夜间运输交易、收购数量等犯罪情形。若收购方明知非法矿产仍然帮助销赃，则以掩饰、隐瞒犯

① 张明楷:《刑法学》(下)(第 6 版)，法律出版社 2021 年版，第 1497 页。

罪所得罪追究刑事责任。对交易市场上矿产买卖监管不足的情形，检察机关应适时制发检察建议书，推动行政主管部门对矿产流入市场的销售环节设置必要的限制条件，如销售矿产资源时应提供来源信息和合法性单据，收购方则应注意审查义务并如实登记留档以备检查，将非法销售矿产阻挡在市场之外。二是加大采矿统一堆放的管理，预防减少矿产开采销售乱象的发生。检察机关可协同助推水务、自然资源等行政部门联合开展破坏环境资源犯罪的监督行动，加大对采矿统一堆放的管理，重点治理非法开采和销售矿产的乱象。同时，督促行政部门加大对环境整治、河道清淤等工程项目准入门槛的管控，联合公安机关重点筛查主要负责人的案底，对有非法采矿的行政处罚记录或者有犯罪前科的从业人员重点关注和跟踪，及时堵塞矿产行业开采和销售牟利的监管漏洞，实现提前预防和源头监管。

（四）厘清矿产资源价值的认定关系

非法开采矿产资源的价值计算公式是非法开采的矿产资源数量乘以矿产单价的总和。通过科学严谨的司法鉴定最能体现法益受侵害程度，但实践中矿产品的鉴定难度很大，缺乏操作性。笔者认为，矿产品价格以销赃数额来认定，既有合理性，又便于实务案件的办理。首先，对矿产品价值认定应当遵循递进关系。优先以销赃价格或市场价格认定，当无法查清销赃数额或者销赃价格不合理时才对涉案矿产适用鉴定价格。若仅部分矿产具有销赃数额，则该部分依然以销售数额计算，对其他部分则应采用鉴定价格。非法采矿行为造成国家矿产资源损失，应以直接损失为依据。当然，实践中还要结合案件中的采矿运作模式，合理确定价格认定节点。其次，矿产品数量不能单凭销赃数额和有关机构出具的报告来认定，应综合证人证言相互印证。矿产品数量一般由自然资源、水务等行政主管部门委托具有专业技术和能力的机构对非法开采区域勘查与测量，通过科学的计算方式得出非法开采的矿石总体积。但实践办案中还应综合考虑其他证据，尽可能体现出矿产品真实数量，进一步突显办案的公平公正。最后，厘清矿产品价值与违法所得的关系。刑法规定追缴违法所得，目的是防止行为人从犯罪中获取利益。不论是依据销售金额还是以鉴定意见来认定，均系非法采矿造成的客观损害结果。违法所得是非法采矿获得矿产经济利益，可能会小于或等于非法开采的矿产品价值，但不应扣除运费等犯罪所支出的成本。如果行为人销售金额相对于矿产品价值过高或过低，应遵循“就高不就低”原则来认定违法所得。

（五）采取恢复性措施保护矿产资源

中国式法治现代化以追求良法善治为目标，而传统刑治模式体现的是以泛刑化和重刑化为特征的犯罪之制。[①] 对非法采矿刑事打击时，应尽量采取恢复性司法措施，督促行为人主动承担环境资源修复责任，达到惩罚环境资源犯罪和恢复生态环境的效果。一是推动刑事案件与公益诉讼案件同步办理。办理非法采矿刑事案件时一并提起刑事附带民事公益诉讼，既节约司法资源，又提高办案质效，促使行为人对受损公共利益尽快着手补救和修复。非法采矿行为人一般是将非法开采矿产资源销售谋取经济利益，检察机关在提起刑事附带民事公益诉讼时，可要求其对生态环境造成的损害进行修复治理；同时，综合考虑生态环境损坏情形、生态修复成本、认罪态度及销售获利情况确定惩罚性赔偿金比例，体现严格保护环境资源的立法精神。二是发挥“特邀检察官助理”机制作用，促进生态环境有效恢复。在具体案件办理中，检察机关可邀请环保、自然资源部门的行业专家对非法采矿造成的矿产资源和生态环境进行综合评估。要求行为人在一定期限内对矿产资源破坏区域采取回填、平整、复绿等措施。对涉案河流生态、河床地形、堤防安全、通航安全等方面进行恢复性治理，积极保护生态环境。协同环保、自然资源部门参与环境资源恢复性治理效果的验收并跟踪后续恢复的情况，积极扭转非法采矿行为对环境资源造成的负面影响，促进我国环境资源的依法、合理、有序开发利用，实现生态环境资源的和谐可持续发展。

---

① 刘艳红:《民刑共治：中国式现代犯罪治理新模式》，载《中国法学》2022年第6期。

环境资源犯罪相关机制研究

生态环境行政执法与刑事司法反向衔接制度探析
——以不起诉案件反向移送为视角

张　辉　史　坤*

2021年党中央印发的《中共中央关于加强新时代检察机关法律监督工作的意见》顺应新时代人民群众对生态环境等方面的新需求，提出加大生态环境和资源保护，依法从严惩治污染环境等犯罪，对检察机关健全行政执法与刑事司法反向衔接（以下简称行刑反向衔接）制度等提出了新要求。2021年9月，最高人民检察院印发《关于推进行政执法与刑事司法衔接工作的规定》，对检察机关开展行刑反向衔接工作在互涉主体、工作流程、办案期限等方面进行了细化规定，以适应新时期检察工作的新要求。

一、生态环境行刑反向衔接的界定

行刑衔接机制不仅包括负有法定职责的行政执法机关向有管辖权的刑事司法机关移送涉嫌犯罪案件的正向衔接，也包括刑事司法机关向行政执法机关移送行政处罚案件的反向衔接，二者有机结合，系一体两面的关系。本文所述生态环境行刑反向衔接，以不起诉案件反向移送为视角，主要指有管辖权的检察机关对涉嫌犯罪案件决定不起诉后，反向移送负有生态环

*张辉，安徽大学法学院副教授；史坤，安徽省生态环境保护综合行政执法局执法一室副主任。

境保护职责的行政执法机关继续追究被不起诉人的生态环境行政违法责任，并依法实施检察监督的活动或过程。其主要特征如下：

其一，互涉主体的相对特定性。生态环境行刑反向衔接，主要是负有生态环境保护职责的行政执法机关与检察机关之间的互涉关系，主体相对特定。其二，业务衔接的单向性。主要是检察机关主动启动反向衔接程序，将决定不起诉的生态环境案件反向移送行政执法机关的活动或过程，具有明显的单向特征。其三，检察机关的主导性。主要呈现围绕检察机关系统开展、由检察机关全流程推进等特点。检察机关决定不起诉的案件，经必要性审查确需继续追究行政违法责任的，应书面送达不起诉决定书、检察意见等反向衔接材料，并就相关案件办理情况实施检察监督等。其四，监督方式的多样性。检察机关作为保障国家法律统一正确实施的司法机关，其履行法律监督职责的方式包括但不限于向依法不履行衔接职责的行政执法机关提出检察意见；发现存在需要完善工作机制等问题的，可以征求被建议单位的意见，依法提出检察建议；将行政执法人员涉嫌职务违法、犯罪的案件或线索移送监察机关处理等。

二、生态环境行刑反向衔接的基本原则

（一）刑法谦抑性原则

刑法谦抑性原则是生态环境行刑反向衔接的首要原则，是构建生态环境行刑反向衔接制度的理论基础。有观点认为，刑法与刑罚本身带有“危险”属性，不应亦不宜直接介入每一起法益侵害之事，应当保持“克制而非肆意”的性格、“有为而非无为”的秉性，并强调“有所为而有所不为”。[①] 只有当民事、行政等法律规范不能或不足以对侵害法益之行为有效实施惩戒并给予负面评价之时，才能适用刑法并科以刑罚，进而以最小的社会成本获得最大的社会效益。不起诉权作为检察权的重要组成部分，检察机关在审查起诉阶段充分发挥诉前筛选和分流功能，对涉嫌生态环境犯

① 武晓雯：《刑法谦抑性的再探讨》，载《人民检察》2022 年第 15 期。

罪案件决定不起诉并反向移送行政执法机关继续追究被不起诉人的行政违法责任，即刑法谦抑性原则的集中体现。

（二）同步协调原则

行刑衔接是行政执法权与刑事司法权共同参与社会治理的一项制度，这一概念本身即天然蕴含了“无缝对接、互通转化”之意。[①] 将同步协调原则作为生态环境行刑反向衔接的指导原则，源于学术界与实务界对刑事优先原则的反思。有观点认为，行刑衔接的目的是追究刑事责任，但不是为了优先追究刑事责任，因为并非所有行刑交叉案件都存在行政违法责任与刑事违法责任的竞合问题。[②] 同步协调原则强调行刑衔接并非单纯案件办理权限的交割，行政执法机关和刑事司法机关在案件办理过程中应当相互协调配合，这在构建和完善生态环境行刑反向衔接机制中尤为重要。检察机关对决定不起诉的案件，在与生态环境行政执法机关反向衔接过程中，就继续追究被不起诉人生态环境行政违法责任提出检察意见，移送案件卷宗，追踪行政执法机关案件办理情况，并通过联席会议、信息共享等联动协作机制，实现对生态环境违法犯罪行为的精准打击，这些都是同步协调原则的体现。

（三）维护公益原则

“绿水青山就是金山银山”，生态环境本身具有天然的公益属性。党的十八大以来，为深入贯彻落实关于“大力推进生态文明建设”的战略决策，依法从严打击污染环境等犯罪，司法机关与行政机关在建立健全行刑衔接机制方面取得了重大成就，但主要集中在行政执法机关向公安机关等刑事司法机关移送涉嫌犯罪线索或案件的正向衔接方面。《中共中央关于加强新时代检察机关法律监督工作的意见》对检察机关健全反向衔接制度提出了新的要求。维护社会公共利益是行刑衔接制度的价值追求，在构建生态环

---

① 鲁建武：《行刑双向衔接机制的推进与完善》，载《人民检察》2022 年第 9 期。

② 练育强：《完善行政执法与刑事司法衔接机制之反思》，法律出版社 2017 年版，第 145—152 页。

境行刑反向衔接制度中，仍应以维护公益原则作为贯穿全程且具有普遍指导意义的基本原则。

三、生态环境行刑反向衔接制度运行中存在的问题

（一）法律制度供给不足

现行法律规范体系中，虽然有涉及生态环境行刑反向衔接的专门规定，但较为原则。其中，行政处罚法第 27 条第 1 款、国务院《行政执法机关移送涉嫌犯罪案件的规定》第 13 条就行刑反向衔接作出原则性规定；环境保护部（现生态环境部）、公安部、最高检《环境保护行政执法与刑事司法衔接工作办法》在第 16 条就生态环境行刑反向衔接的期限衔接问题作出原则性规定；公安部《公安机关办理行政案件程序规定》第 33 条就刑事证据转化为行政证据作出原则性规定；生态环境部《生态环境行政处罚办法》在第 26 条第 3 款就行政非法证据排除规则作出原则性规定；《关于推进行政执法与刑事司法衔接工作的规定》第 8 条至第 11 条就不起诉案件反向衔接行政处罚的检察业务办理流程作出了较为详实的规定。但总的来看，现行法律、行政法规、部门规章对于生态环境行刑反向衔接制度规定仍然付之阙如，仅在司法解释层面进行了有益尝试，整体上依然缺乏实际操作性。

（二）证据转化规则不全

生态环境行刑反向衔接制度的证据转化规则问题，即刑事证据向行政证据的转化适用问题。我国尚未在法律层面明确规定刑事证据向行政证据的转化规则，仅在行政处罚法第 27 条第 2 款规定了建立健全案件移送制度，加强证据材料移交、接收衔接、完善案件处理信息通报机制。《公安机关办理行政案件程序规定》第 33 条明确，“刑事案件转为行政案件办理的，刑事案件办理过程中收集的证据材料，可以作为行政案件的证据使用”，但具体的转化规则，则再无明确具体的规范指引。根据刑事诉讼法第 50 条第 2 款、行政处罚法第 46 条等规定，刑事证据与行政证据在法定种类上并非完全重合，哪些种类的刑事证据可以转化为行政证据、如何转化等问题仍有待明

确。同时，通说观点认为刑事证据以“排除合理怀疑”为证明标准，行政证据的证明标准介于“排除合理怀疑”与“高度盖然性”之间，是否意味着刑事证据可以直接转化为行政证据？由以上问题可见，立法上虽然已经认可刑事证据具备向行政证据转化的资格，但因二者在证明标准等方面存在明显差异，导致实践中出现诸多问题，尚需构建一套相对完整合理的证据转化规则。

（三）期限衔接规则不清

检察机关不起诉案件反向移送生态环境行政处罚，由检察机关以不起诉决定形式终结刑事追诉程序和负有生态环境保护职责的行政执法机关启动行政处罚程序有机衔接而成。根据行政处罚法第 60 条、《生态环境行政处罚办法》第 57 条第 1 款规定，通常情形下生态环境行政处罚应自立案之日起 90 日内作出是否给予行政处罚的处理决定，并视案情复杂程度等情形延长办案期限。《生态环境行政处罚办法》第 57 条第 2 款还对通常情形下生态环境行政处罚办案期限的免计情形进行了规定，即因检测、监测、鉴定、评估等技术性事项和听证、送达、公告等程序性事项产生的时间不计入办案期限。但在检察机关将决定不起诉案件反向移送负有生态环境保护职责的行政执法机关，继续追究被不起诉人行政违法责任这类特殊情形下，这类行政处罚案件办案期限如何起算，是否存在特殊的免计情形，与检察机关审查起诉阶段办案期限如何衔接等问题，仍未明确。实践中，部分负有生态环境保护职责的行政执法机关对于反向移送的行政处罚案件存在超过规定期限作出处罚决定（以下简称超期处罚）问题。检察机关作为国家法律监督机关，对于此类超期处罚应当如何有效开展行政检察监督工作，行政执法机关超期处罚将导致何种法律后果等，现行法律规范均未明确，亟待厘清相关期限衔接规则。

（四）处罚折抵规则不明

根据行政处罚法第 9 条、《生态环境行政处罚办法》第 8 条规定，生态环境行政处罚由申诫罚、财产罚、行为罚和人身自由罚构成。其中，申诫罚包括警告、通报批评等；财产罚包括罚款、没收违法所得、没收非法财产等；行为罚包括暂扣、吊销许可证件，降低资质等级等；人身自由罚仅指行政拘留。对于行刑正向衔接中行政处罚与刑事处罚之间的处罚折抵问题，学术界和实务界已基本达成共识，即部分刑事处罚与行政处罚具有相同或近似的功能，如管制、拘役、有期徒刑等与行政拘留之间可以依法折抵。笔者认为，刑法第 41 条、第 44 条、第 47 条，分别就管制、拘役、有期徒刑等与先行羁押之间的期限折抵问题进行了专门规定。若管制、拘役、有期徒刑等与先行羁押期限可以折抵，那么行政处罚折抵先行羁押期限便具备了法理上的可能性与可行性。

四、完善生态环境行刑反向衔接制度的建议

（一）加强法律制度供给

根据立法法第 11 条，涉及国家机关职权、犯罪和刑罚、限制人身自由的强制措施和处罚、诉讼制度等重大事项只能制定法律。如前文所述，生态环境行刑反向衔接制度构建涉及行政执法机关与刑事司法机关的职责衔接、行政处罚与刑事处罚的适用衔接、刑事诉讼与行政非诉的程序衔接等诸多方面，原则上只能通过法律予以规定。但我国现行法律制度框架并未在法律层面为生态环境行刑反向衔接制度提供充分且必要的立法供给。鉴于生态环境行刑反向衔接制度既包括实体衔接，也包括程序衔接，建议在刑法、刑事诉讼法等刑事法律规范与行政处罚法等行政法律规范中增设相应专门条款，待立法条件成熟时，再就行刑衔接制定专门法律。至于生态环境行刑反向衔接制度的案件移送、证据转化、期限衔接、处罚衔接、联动机制、法律监督等具体事项，建议由检察机关会同负有生态环境保护职责的行政执法机关等制定具体的实施细则或办法。加强生态环境行刑反向衔接的法律制度供给，逐步形成以法律层面的原则性规定为主干，部门规章、司法解释等层面的具体性规定为重要组成部分，涵盖行政法、刑法、诉讼法等多个法律部门的法律规范体系，实现形式法治与实质法治的有机统一。

（二）健全证据转化规则

刑事诉讼法第 50 条第 2 款规定了物证，书证，证人证言，被害人陈述，犯罪嫌疑人供述和辩解，鉴定意见，勘验、检查、辨认、侦查实验等笔录，视听资料、电子证据等 8 种刑事证据。行政处罚法第 46 条第 1 款、《生态环境行政处罚办法》第 26 条第 1 款亦将生态环境行政处罚活动中的行政证据限定为八种，即书证，物证，视听资料，电子数据，证人证言，当事人的陈述，鉴定意见，勘验笔录、现场笔录。虽然刑事证据与行政证据在排序、种类上略有差异，但二者无论在内在的证据属性抑或外在的证据形式方面都具有极高的一致性。[①] 基于证据衔接是畅通行刑双向衔接的核心环节基本共识，盖经司法机关依法收集并查证属实的刑事证据，均可转化为行政证据使用，但应根据不同的证据类型设定不同的转化规则。具体到生态环境行刑反向衔接中，主要应遵循以下规则：其一，实物证据直接转化规则。对于物证、视听资料、电子数据等实物证据，原则上可以直接转化为行政证据，这是由实物证据存在方式的相对稳定性、还原事实的相对客观性等特性决定的。其二，言词证据重新收集规则。对于犯罪嫌疑人供述和辩解、证人证言、被害人陈述等言词证据，原则上应当重新收集，这是因为言词证据具有易变性、主观性，容易受到提供者的认知表达能力和表达意愿的影响，若存在被取证人死亡、丧失认知表达能力或表达意愿及其他不能重新收集情形的，生态环境行政执法机关需进一步审查并综合全案证据进行判断。其三，特殊证据核实转化规则。针对鉴定意见、评估报告、检验报告等特殊证据，原则上应进行核实并结合其他证据作出认定。这类特殊证据通常是针对专门性问题作出的结论性意见，但受到专门人员的知识或技能、专门设备的工作原理及精密程度等因素影响，应对相关情况予以核实。

（三）厘清期限衔接规则

根据行政处罚法第 60 条，《生态环境行政处罚办法》第 54 条第 2 款、第 57 条等规定，不起诉案件反向衔接生态环境行政处罚的办案期限为 90

---

① 董坤：《行、刑衔接中的证据问题研究》，载《北方法学》2013 年第 4 期。

日，自立案之日起计算，且涉嫌犯罪案件正向衔接后、不起诉案件反向衔接前的移送办理期间，不计入前述办案期限。对此处的“立案”应作体系解释，仅指生态环境行政处罚案件的立案活动，具体时间以实际立案为准。需要延伸讨论的是，检察机关启动反向衔接程序并送达不起诉决定书、检察意见等反向衔接材料，是否必然启动行政处罚程序？笔者对此持否定态度。根据行政处罚法、《生态环境行政处罚办法》的授权性规定及“法无授权不得为”的精神，应当由生态环境行政执法机关视立案审查结果最终决定是否启动行政处罚程序。至于实践中争议较大的超期处罚的法律后果问题，应当区分程序违法的严重性和对相对人利益的影响情况具体分析。因严重超期且无正当理由构成程序严重违法的，依法可能被撤销并责令重新作出处罚决定；因严重超期但撤销会给国家利益、社会公共利益造成重大损害，或轻微超期构成程序轻微违法的，依法可能被确认违法，但仍保留其法律效力。易言之，对于违法事实清楚、证据充分、适用法律正确、裁量得当的行政处罚案件，即便存在超期处罚问题，不影响相对人最终承担行政违法责任。

（四）明晰处罚折抵规则

处罚折抵的理论基础，在于不同种类的处罚措施之间具有相同或近似的惩戒功能。不起诉案件反向衔接生态环境行政处罚中，至少在行政拘留方面存在处罚折抵问题。若检察机关对行政执法机关正向衔接的涉嫌犯罪案件决定不起诉并反向衔接行政处罚之前，被不起诉人已经依法被采取刑事拘留、逮捕、监视居住等刑事强制措施的，先行羁押应与行政拘留进行期限折抵，具体折抵规则参照刑法、刑事诉讼法之相关规定。具体建议如下：被不起诉人反向衔接行政处罚前被依法监视居住的，因仅系限制人身自由，故监视居住 2 日折抵行政拘留 1 日；若被依法刑事拘留或逮捕的，因系剥夺人身自由，故刑事拘留或逮捕 1 日折抵行政拘留 1 日。

矿产资源领域行政执法与刑事司法衔接机制研究*

王天栋　何国安**

一、矿产资源领域行政执法与刑事司法衔接的现实价值

（一）抑制矿产资源领域违法犯罪，保护自然资源和生态环境

在矿产资源保护权力体系中，行政权保护是最主要力量，司法权仅是最后的保护手段，这是由两种权力的性质决定的。矿产资源行政执法与刑事司法是矿产资源领域犯罪问题治理中的“两条腿”，二者既不能相互取代，也不能越俎代庖，只有相辅相成才能共同为维护国家的秩序稳定发挥重要作用。① 矿产资源行政执法与刑事司法形成“两法衔接”合力，可以更好地打击矿产资源领域违法犯罪，实现矿产资源违法犯罪共治，进而更好地促进我国生态文明建设和绿色发展。

---

* 本文系宁夏回族自治区法学会2022年度法学研究课题阶段性成果，课题编号Z2022NFH17。

** 王天栋，宁夏回族自治区石嘴山市人民检察院第七检察部副主任；何国安，宁夏回族自治区石嘴山市自然资源局综合法规科负责人。

① 刘福谦:《行政执法与刑事司法衔接工作的几个问题》，载《国家检察官学院学报》2012年第1期。

（二）推动我国“两法衔接”工作向好发展

矿产资源领域“两法衔接”与我国“两法”的衔接是部分和整体、特殊和一般的关系。“两法”在矿产资源领域的衔接，是根据矿产资源的特殊性，综合考虑该领域中存在的特殊问题，进行了拓展延伸，建立了矿产资源领域“两法衔接”机制。对“两法”在矿产资源领域衔接问题的深入研究和发展，将促进我国“两法衔接”制度的全面协调和贯彻落实，既可以解决矿产资源领域“两法衔接”的问题，又可以为推进“两法衔接”整体工作的开展和实施提供一些有益的实践经验。

（三）衡平矿产资源行政执法与刑事司法权

矿产资源行政执法案件与刑事司法承接的衔接机制可以实现权力的双向制约，司法权可以制约、衡平行政权，行政权也可以在一定程度上约束司法权。对于自然资源行政执法机关该移交不移交的案件来说，应当通过检察机关、监察机关的监督来纠正或处理。对于司法机关将自然资源行政执法机关移送的矿产资源犯罪案件，因玩忽职守、徇私舞弊不作犯罪处理，或者枉法裁判的，自然资源行政机关可请求检察机关抗诉。对司法机关工作人员构成违纪、犯罪的，可向检察机关或监察机关控告。

二、矿产资源领域行政执法与刑事司法衔接机制的实证分析

（一）规定现状

从法律规范的角度来看，1996 年行政处罚法最先对“两法衔接”作出了明确规定，有第 7 条、第 22 条、第 28 条、第 38 条、第 61 条共 5 个条文，但该法是对行政处罚与刑罚的衔接规定，而不是行政执法与刑事司法的衔接。刑法第 402 条对不移交案件构成的徇私舞弊不移交刑事案件罪作出了规定。从这些条文来看，着重指出了违法行为构成犯罪，应当对其追究刑事责任，预防以罚代刑，是一种结果衔接，但没有涉及具体衔接机制运行方面。从政策层面来看，2001 年《关于整顿和规范市场经济秩序的决定》率先提出“两法”的协作衔接机制，为具体落实有关衔接协助机制，先后制

定了一部行政法规，[①] 目的是解决社会秩序尤其是市场秩序的稳定问题；三部规范性文件，[②] 目的是加强和完善“两法衔接”工作。近年来，在“两法衔接”机制中存在的问题及其完善路径引起了高层的高度重视，不断出台规范性文件，健全完善行政执法与刑事司法衔接机制。

（二）实践现状

1. 实证数据分析。

一是全国性数据方面。笔者通过“中国裁判文书网”，以“非法采矿罪”“破坏性采矿罪”“刑事判决书”“一审”作为限定条件，共搜集到 861 起案件，其中非法采矿罪案件 842 件，破坏性采矿罪 19 件。从时间上来看，2018 年共有 92 件，2019 年共有 175 件，2020 年案件数量达到 252 件，2021 年共有 98 件。由此可见，2018 年至 2020 年间，我国破坏矿产资源犯罪案件数量整体呈上升趋势，犯罪形势较为严峻，在 2021 年案件数量大幅下降。从地域来看，主要集中于福建、安徽、山西、河北等省份。

从全国性数据来看，破坏矿产资源犯罪案件数量从 2018 年整体上升至 2021 年出现下降趋势，既有法律因素原因，也有社会因素原因。一方面，认定犯罪取决于刑法的评价和司法的确认，公检法机关打击犯罪力度的差异，也会直接影响整体犯罪发生率。2016 年最高人民法院、最高人民检察院修订颁布了《关于办理非法采矿、破坏性采矿刑事案件适用法律若干问题的解释》（以下简称 2016 年“两高”《解释》），进一步放宽了破坏矿产资源犯罪的入罪门槛，使执法部门惩治相关犯罪行为有了明确的法律依据，增强了刑事审判的可操作性，打击破坏矿产资源犯罪的工作效率显著提升。另一方面，国家政策的变化也会促使执法办案机关重视此类犯罪，从 2018 年起开展了为期 3 年的扫黑除恶专项斗争，通过扎实推进扫黑除恶行业治

① 即 2001 年《行政执法机关移送涉嫌犯罪案件的规定》。

② 即 2004 年最高人民检察院、全国整顿和规范市场经济秩序领导小组办公室、公安部《关于加强行政执法机关与公安机关、人民检察院工作联系的意见》；2006 年最高人民检察院、全国整顿和规范市场经济秩序领导小组办公室、公安部、监察部《关于在行政执法中及时移送涉嫌犯罪案件的意见》；2011 年中央办公厅、国务院办公厅共同转发了国务院法制办等八部门共同制定的《关于加强行政执法与刑事司法衔接工作的意见》。

理，切实守护好宝贵矿产资源，从 2021 年起扫黑除恶斗争趋于常态化、制度化。

二是地方性数据方面。笔者对宁夏回族自治区石嘴山市矿产资源违法犯罪案件数据进行统计分析。从时间上来看，2019 年至 2021 年矿产资源违法案件立案共有 78 件，其中 2019 年有 43 件，2020 年有 21 件，2021 年有 14 件；涉嫌犯罪构成非法采矿罪 2 件。从违法主体上来看，有个人、民营企业、企事业单位等，个人居多。从违法类型来看，有无证开采、不按批准的方式开采、非法侵占矿产资源、越界开采等，其中无证开采居多。从涉及矿种来看，主要是砂石和煤。从发现违法渠道来看，主要有动态巡查、卫片检查、交办转办及群众举报，以动态巡查为主。从行政处罚种类来看，主要是罚款。

从地方性数据来看，矿产资源违法案件涉嫌犯罪移送司法机关追究刑事责任的较少，一定程度上反映出矿产资源领域行政执法与刑事司法衔接机制不完善。

2. 典型案例分析。

案例一：宋某友非法采砂案。① 该案明确对同一事实所缴纳的行政罚款可以折抵罚金，将刑事、民事及行政责任进行了统筹协调。据了解，此案是由河南省濮阳市纪检监察机关移交给司法机关办理的一批非法采矿案件之一，移交司法机关 12 人，受到党政纪处分 3 人，彰显了人民法院、纪检监察机关、检察机关、公安机关协同联动、多元共治的工作成效。

案例二：奇台县某服务部、林某斌非法开采金矿案。② 该案反映出，尽管行政机关对违法开采行为进行了多次罚款，但没有采取进一步治理的监管措施，不仅没有督促其按照规定程序办理采矿许可证，也没有对其进行整顿、关停和治理，而是单纯地“一罚了之”，存在着“以罚代管”的问题。

---

① 《人民法院依法惩处盗采矿产资源犯罪典型案例》，载搜狐网，https：//www.sohu.com/a/565112923_117927，2022 年 7 月 8 日访问。

② 《人民法院依法惩处盗采矿产资源犯罪典型案例》，载搜狐网，https：//www.sohu.com/a/565112923_117927，2022 年 7 月 8 日访问。

案例三、案例四：靖边县林家湾村村民谢某无证开采案[①]、江西省峡江县某矿越界采矿案[②]。案例三和案例四均系由自然资源行政执法机关作出行政处罚，又因涉嫌非法采矿犯罪而移交公安机关追究刑事责任的典型案例。

3."两法衔接"机制运行现状。通过实证数据分析和典型案例梳理分析：总结出如下运行现状情况。一是行政执法机关对涉嫌犯罪案件进行移送。自然资源部门对涉嫌犯罪案件的移交，是矿产资源领域"两法衔接"工作的第一步。实践中，一些案件是否进入刑事司法程序，通常都是由自然资源部门来决定的，因此，公安机关、检察机关要想提前介入或者提前了解案件具体情况，往往存在一定困难。二是公安机关受理涉嫌犯罪案件。公安机关接到自然资源部门移交的有关案件后，是否受理，应以书面方式作出处理。对涉嫌犯罪的案件，由公安机关受理并在回执上签字，至此涉嫌破坏矿产资源犯罪案件正式进入刑事诉讼程序。三是涉嫌犯罪案件移送的监督程序。针对自然资源部门不移送案件及公安机关不予立案的矿产资源类案件，自然资源部门可以在自收到不予立案决定通知后的3日内，向上级机关申请行政复议。若对复议结论有异议，则可以向检察机关提出监督意见。此外，针对矿产资源类案件，自然资源部门应当移送但是未移送的，检察机关可以通过制发检察建议等方式进行监督。四是证据规则与信息共享平台。行政证据转化为刑事证据是一大难题，存在证据认定困难、证据衔接困难问题，通过信息共享平台实现"两法"在证据转换过程的衔接，实现行政案件向刑事案件的移送、受理等整个办案流程。五是行政处罚缺乏强制权。当前法律尚未赋予自然资源部门执法强制权，上述案例中，自然资源部门发现了矿产资源违法行为，仅通过采取制止、查处、罚款等行为来履职，在案例二中，尽管行政机关对非法开采行为进行了多次罚款，但没有采取进一步的监管措施，该违法行为没有得到有效的制止，对国家

---

① 《自然资源部公布4起违法用地采矿案调查处理意见》，载中华人民共和国自然资源部网，https：//m.mnr.gov.cn/dt/td/202112/t20211206_2709753.html，2022年8月25日访问。

② 《自然资源部公开通报长江黄河流域土地矿产违法案件》，载中国新闻网，http：//www.chinanews.com.cn/gn/2022/07-15/9804285.shtml，2022年8月25日访问。

矿产资源利益造成了损害。六是案件移送的双向性。矿产资源领域“两法衔接”目的在于突出行政权与司法权的双向衔接，但实践中司法机关向行政机关移送明显不足。

三、矿产资源领域行政执法与刑事司法衔接的实践困境

（一）规范的立法位阶较低

缺乏统一的法律、既存的规范效力层级较低、缺乏强制性规范等问题是现存立法问题。法律层级较低依然是现阶段矿产资源领域“两法衔接”机制运行的主要阻却因素之一，在执行中规范力和约束力不强。目前相对层级较高的规范和司法解释主要是2001年《行政执法机关移送涉嫌犯罪案件的规定》和2001年《人民检察院办理行政执法机关移送涉嫌犯罪案件的规定》，前者缺乏针对刑事司法领域的覆盖能力，并没有解决矿产资源领域处理“两法衔接”事务的一体化问题，只是对“两法衔接”制度的总体思路进行了阐述；后者对于检察机关行使检察权有较强约束力，但仍然缺乏针对“两法衔接”机制运行过程中其他参与主体的规范效应。2017年最高检与环保部等印发《环境保护行政执法与刑事司法衔接工作办法》，对“两法衔接”制度的有关流程和内容作了具体规定，但对送案、受案及衔接程序缺乏详细的规定。

（二）对衔接的思想认识不充分

矿产资源领域“两法衔接”机制注重合作和程序，当相关规则并不完善时，就需要参与主体的主观能动性进行弥补。自然资源行政执法部门实施方面存在问题，[①] 具体表现：一是自然资源行政执法机关与刑事司法机关对“两法衔接”工作重视程度不高，对适合进入“两法衔接”机制的案件的敏感度不够。二是衔接机制内部监督意识薄弱。检察机关因缺乏对行

① 孙春雨:《行刑衔接机制：三大类问题待破解》，载《检察日报》2010年10月15日。

政执法机关明确具体的一般法律监督职能而未能积极实施，导致监督质量不高。

（三）网络信息共享平台尚未完全建立

网络信息共享平台的建立在矿产资源领域“两法衔接”机制中发挥着举足轻重的作用，因受经济等条件的限制，该平台与检察机关和有关行政执法部门的案件管理系统还没有衔接起来，各地方存在着信息共享平台建设参差不齐、案件录入范围、录入标准不统一等问题。按照矿产资源法和其他有关法律法规的规定，各级地矿主管部门对本辖区内的矿产资源进行监管。国土、林业、环保等部门根据自身行政职责，协同做好矿产资源管理工作。对于违法采矿的，由地矿主管部门依法查处，构成犯罪的，移交司法机关处理。但是，在司法实践中，由于“两法衔接”的案件移送协调机制不完善，加之有的行政机关及其工作人员主动移送意识不强，使得行政执法案件录入的及时性、全面性、准确性和覆盖性无法得到保证，检察机关亦无法及时、准确地获取涉嫌犯罪的行政执法案件信息，现有的信息共享平台未起到应有的作用。

（四）双向衔接机制探索适用不足

当前，行政机关向刑事司法机关移交涉嫌犯罪案件的标准和程序已较为完善，但对于刑事司法机关向行政执法机关移送案件问题，[①] 在理论界和实务界得到的关注较少，相关文件规定了反向衔接的启动情形，但在具体操作和刚性效力上还有进一步细化的空间。[②]

（五）检察监督方式刚性不足

一是检察监督权依据欠缺。现行具体法律条文中，没有明确赋予人民

---

① 即刑事司法机关在侦查阶段、审查起诉阶段和审判阶段，对依法不需要追究刑事责任或免予刑事处罚，但应当给予行政处罚的违法行为人，及时将案件移送行政机关处理。

② 张红:《行政处罚与刑罚处罚的双向衔接》，载《中国法律评论》2020 年第 5 期。

检察院对行政执法机关及其工作人员的一般法律监督权。二是检察监督方式刚性不足。对不移交涉嫌犯罪案件的行政执法机关，目前可采取的措施主要是以柔性手段制发检察建议或者提出检察意见。虽然刑法第402条规定了以徇私舞弊不移交刑事案件罪，但该罪的认定条件是比较严格的。三是社会监督作用有限。矿产资源违法犯罪案件具有特殊性，一般具有牵涉复杂、偏僻、办案周期长、事态进展缓慢等特点，此类案件的处理过程和结果常常处在社会监督的盲区。此外，因宣传力度不够，信息公开不及时，很难吸引公众的舆论监督。

四、矿产资源领域行政执法与刑事司法衔接机制的完善建议

（一）完善相关立法

可以通过立法的形式来提高衔接立法的层次，并采用独立性、散在性相结合的立法方式，在行政法的刑事法律规范中直接规定罪名、法定刑，以解决衔接不畅的问题，并逐步建立独立型的立法模式来规范行政犯罪，确保“两法衔接”机制有法可依，确保有罪入刑，实现罪当其罚。要明确行政执法机关的证据材料在刑事诉讼中的法律地位，对具有客观性、真实性和关联性的证据，可以用作刑事证据使用。此外，要从法律层面完善检察机关对行政执法机关移送涉嫌犯罪案件的一般监督权。如对行政处罚依据的质询权，对行政处罚是否合法的调查权。[①]

（二）建构多元的衔接意识机制

一是增强法治理念教育。要围绕“两法衔接”机制全面学习，广泛组织讨论，甚至征求改进意见，提高行政执法人员、检察和审判人员等对该机制的认识，了解衔接机制的目的和意义，通过执法人员、司法人员不断提高认识性、判断力、创造力，为“两法衔接”工作的顺利进行以及提高

① 郭华:《行政执法与刑事司法衔接机制的立法问题研究——以公安机关的经济犯罪侦查为中心》，载《犯罪研究》2009年第1期。

工作效率增添重要的砝码。二是提高职业化程度。行政机关、司法机关在培养行政执法人员、司法人员过程中，必须强化职业态度和价值观的培养，树立国家法治工作者的职业化精神，树立先进典型进行价值观、荣辱观教育，逐步改善有关部门执法人员和司法人员的职业化。

（三）建立健全案件衔接移送标准机制

一是制定全国统一的“两法衔接”案件移送标准。案件的移送标准应当是：构成行政违法，应受行政处罚，并且符合刑事立案标准。二是强化移送监督。在矿产资源领域“两法衔接”信息系统中，对符合刑事立案条件的违法采矿案件，将会自动发布预警，对其进行重点追踪、监督。要明确受移送机关与移送的具体条件，规范移送的期限及细化相关程序。三是倡导建立完善的检察机关提前介入机制。对依法查处的可能涉嫌犯罪的破坏矿产资源案件，可以由检察机关先行派员提前介入，指导行政执法机关收集、固定和保全证据，并加强对行政执法机关移送涉嫌犯罪案件的监督。四是探索建立“两法衔接”中公安机关先行介入制度。建议从国家层面建立公安机关先行介入机制，明确公安机关介入后的具体工作流程，以及行政执法机关协助配合公安机关的工作程序，并推动检察机关对行政执法机关、公安机关的监督，积极构建联动机制，实行“以公安机关主动介入为主，行政执法机关辅助”的“双轨制”追查机制。①

（四）完善衔接证据转化程序机制

1. 完善证据衔接机制。一是应当明确矿产资源领域“两法衔接”证据种类的转化范围。证据必须具有真实性、合法性和关联性，并在将自然资源执法过程中获得的证据转化为刑事证据时，应当先行对其进行核实。二是加强自然资源、公安、检察等部门之间的协同联动，协同处理证据转化与适用难题。三是加强对行政执法人员的培训。自然资源行政执法人

---

① 肖颖、郑云丹、邓勇、印剑、朱英才：《行刑衔接机制中建立公安机关先行介入制度的探讨》，载《中国动物检疫》2020 年第 12 期。

员在处理违法犯罪的案件时，要提高法律意识和程序性意识的认识。对涉嫌犯罪的矿产资源行政案件，要及时移交给司法机关，不能及时移送的，或在案件办理中发现涉嫌违法犯罪的，要及时地固定、保存言词证据，并对所有言词证据进行录音录像，禁止使用暴力、胁迫或欺骗等手段取得口供。

2. 健全案件线索双向移送机制。一是理顺法律责任的衔接。鉴于我国行政处罚法、治安管理处罚法、刑法、2016 年“两高”《解释》等对相关的治安管理责任、刑事责任等进行了规定，故在双向衔接中要做好各种法律责任的有机衔接，依法追究法律责任。二是构建双向移送制度。要进一步依据国家权力分工制约理论，完善双向移送机制。自然资源部门将案件向司法机关的移送过程称为正向移送，自然资源部门无须考虑行为人的主观过错，对行为人客观行为的评判应当依据收集的证据。自然资源部门移送的案件不是全部都要追究刑事责任，很有必要将司法机关不予追究刑事责任的案件，反向移送给自然资源部门，视情形依法给予行政处罚，明确规定移送的证据内容、程序、时间等内容，确保此类案件的双向衔接。

（五）建立完善衔接保障机制

1. 建立有效的考核与责任追究机制。由检察机关与同级政府法制部门，建立完整的矿产资源“两法衔接”单位成员名单，明晰相关部门的执法权限，并对有关责任进行划分，建立健全“两法衔接”工作考评体系、奖励机制和问责机制。积极争取当地政法委的支持，将“两法衔接”工作情况纳入平安建设考核的范围。

2. 加强部门协作，完善信息共享。一是制定明确统一的信息录入标准。在统一信息录入标准的基础上，运用大数据、云计算等现代化的信息技术对案件进行分类、评估，系统平台将依据评估结果，自动将涉嫌犯罪案件移交给公安机关，从而提高案件移送率。二是建立案件信息共享机制。逐步建立自然资源行政执法与行政检察衔接机制，可以在省（区、市）级或市级行政执法综合管理监督平台上，建立矿产资源领域“两法衔接”系统，实现数据平台共享、案件备案共享、技术共享，使自然资源、公安、检察机关就“两法衔接”中的专业性问题达成一致意见，从而确保案件数据的完整性和权威性。

（六）完善监督机制

1. 建立长效运行的内部督察机制。建立一套长期有效的矿产资源督察机制，对实现自然资源行政执法机关的内部监督具有重要意义，能够促进依法行政，也有助于促进自然资源部门与公安、检察机关的协作和衔接，建立矿产资源督察长效工作机制是促进矿产资源“两法衔接”的重要路径。

2. 探索建立检察机关全过程监督机制。一是构建“刑事 + 公益诉讼”监督机制，对破坏矿产资源犯罪行为造成公共利益损害的，依法提起刑事附带民事公益诉讼，在追究相关人员刑事责任的同时判令其承担民事赔偿责任，对被破坏的生态环境予以恢复，切实维护环境公益。二是优化现有检察监督方式，如规范检察建议的制作、强化立案监督等，整合现有的监督资源，形成便捷高效的监督合力。[①] 三是健全检察监督的保障措施，比如可以考虑增加处罚建议权，即检察机关在办案中发现有未按时移送、不及时立案等问题，可以责令其限期改正，情节严重的，可以向办案机关的上级或者监察委员会，提出对相关责任人员的处分建议。[②]

3. 完善社会监督机制。一是加强法治宣传，提高公众认知。可以通过报纸、电视、“两微一端”等新闻媒体渠道，进行法治宣传，选取典型的破坏矿产资源犯罪案例，开展以案说法或宣讲活动，鼓励群众对违法采矿行为进行积极举报，并协助执法机关参与到矿产资源治理活动中来。二是畅通举报渠道，鼓励群众参与。社会公众的参与是一种行之有效的防范犯罪的措施，要把发动群众参与打击整治矿产资源领域违法犯罪作为重要手段，

---

① 康慧强：《我国环境行政执法与刑事司法衔接的困境与出路》，载《郑州大学学报（哲学社会科学版）》2017 年第 1 期。

② 周兆进：《环境行政执法与刑事司法衔接的法律省思》，载《法学论坛》2020 年第 1 期。

充分利用传统媒体、新媒体、标语横幅等各种宣传方式和媒介，全面开展社会面宣传，畅通举报通道，积极发动群众检举揭发相关违法犯罪线索，经查证属实的，按照相关标准予以物质奖励。对打击处理的案件及违法犯罪人员，加大曝光力度，发挥警示和震慑作用，同时激发群众举报的积极性。三是通过听证制度建立完备的社会监督机制。将听证制度作为社会监督的重要方式，是生态法治对于共建共享共治社会治理理念的法治保障，是推动我国社会治理能力和治理体系现代化的重要途径。在案件办理过程中，要在保密基础上，对矿产资源领域“两法衔接”中的案件移送等问题，向社会尽可能全面公开，主动接受监督。

环境恢复性司法的本土化与现代化：生态检察机制建构

张欣瑞　董新春　张　卓*

一、问题的提出

近十年来，生态环境的重要性日益得到重视。“保护生态环境，必须依靠制度、依靠法治。”① 生态文明法治建设的关键就在于运用法治思维和法治方式解决问题。② 为了落实“用最严格制度最严密法治保护生态环境”，③ 对于破坏环境资源犯罪的刑事责任追究日趋严格。然而，在传统的报应性司法和预防性司法理念指引下，随着对破坏环境资源犯罪的打击范围扩大、打击强度加重，部分环境案件中出现了法律效果与社会效果难以统一的情况。为了应对这些问题，部分实务部门在生态环境案件的处理中采纳了一些具有恢复性司法特点的举措，最高人民检察院和最高人民法院也“自顶

* 张欣瑞，东南大学法学院博士研究生；董新春，江苏省徐州市铜山区人民检察院党组副书记、副检察长；张卓，江苏省徐州市铜山区人民检察院一级检察官。

① 习近平：《在十八届中央政治局第六次集体学习时的讲话》（2013 年 5 月 24 日），载中共中央文献研究室编：《习近平关于社会主义生态文明建设论述摘编》，中央文献出版社 2017 年版，第 99 页。

② 吕忠梅：《习近平法治思想的生态文明法治理论》，载《中国法学》2021 年第 1 期。

③ 习近平：《加强生态文明建设必须坚持的原则》（2018 年 5 月 18 日），载《习近平谈治国理政》（第 3 卷），外文出版社 2020 年版，第 363 页。

向下”的在生态环境案件中推广恢复性司法理念的适用。[①]

根据始于2015年的统计，法院系统中环境资源刑事案件的收案率逐年升高，每年审理的案件数量持续增长，直到2021年环境刑事案件的收案数量才出现下降的拐点，同比下降4.3%，同年环境民事、环境行政、环境公益诉讼、生态环境损害赔偿等案件一审收案量分别同比增长10.18%、23.42%、25.97%、131.50%。[②] 这组数据显示，越是严厉打击，环境犯罪数量越是增加，单纯适用预防性司法理念（通过惩罚犯罪人以期实现特殊预防与一般预防功效）在环境犯罪治理中具有局限性。破坏环境资源罪犯罪率下降的重要原因之一，在于恢复性司法理念指引下对可能的环境犯罪行为协同治理，摆脱对单一刑事手段的依赖。按照2022年最高法的统计，“全国环境刑事案件发生数量持续下滑，呈现出断崖式下降的趋势”。[③] 与之形成对照的是来自最高检的数据，2018年至2022年破坏环境资源保护犯罪案件的受理审查起诉数总体呈上升趋势，受理案件数量和涉案人数都有所增加，受理审查起诉人数2022年较2018年上升34.93%。[④] 环境案件的受理审查起诉数上升，法院的环境刑事案件收案量却下降了，这充分凸显出了检察部门在环境恢复性司法机制中的重要作用，将原本的刑事案件在审查起诉阶段分流化解为民事案件、行政案件。

恢复性司法理论受到多重思想渊源的影响，传统儒家“无讼”的社会治理追求和西方后现代主义的法治经验，都有着各具特色的恢复性司法制度安排。对于这些舶来或传统的理论与当今中国法律体制的不兼容之处，实践中出现了许多创造性转化的成果。在宽严相济的刑事政策指引下，司法实务部门依托刑事企业合规、认罪认罚从宽、环境公益诉讼等制度，充分实现了环境领域的恢复性司法实践，合规整改协议、附条件不起诉、环

---

① 程岩、齐同富:《充分履行检察职能 服务保障生态文明建设——“生态环境检察理论与实践”研讨会观点述要》，载《人民检察》2015年第23期。最高人民法院:《中国环境资源审判（2017—2018）》《中国环境资源审判（2019）》《中国环境资源审判（2020）》《中国环境资源审判（2021）》《中国环境资源审判（2022）》，2018年“恢复性司法”在《中国环境资源审判》白皮书中被首次提及，此后每年都有相应表述。

② 最高人民法院环境资源司法研究中心:《中国环境司法发展报告（2021）》。

③ 最高人民法院环境资源司法研究中心:《中国环境司法发展报告（2022）》。

④ 最高人民检察院:《生态环境和资源保护检察白皮书（2018—2022）》。

境修复协议等实质上发挥了刑事和解的功能。值得注意的是，前述制度的运转都离不开检察部门的深度参与，检察工作人员在环境恢复性司法中承担着多元角色。这正是当今中国环境恢复性司法实践的特有表现，与西方恢复性司法制度中的法院斡旋模式、公益组织主导模式、行政部门推动模式等有显著的不同。如何总结人民检察院在生态环境检察领域的实践智慧，完成环境恢复性司法理论的本土化与现代化建构，亟待深入研究。

二、环境恢复性司法的法理基础

（一）恢复性司法理念溯源

恢复性司法的定义、范围和应用存在争议，原因在于可以从不同的哲学和法学角度来看待恢复性司法。倡导恢复性司法是为了实现不同的社会目标，包括“为受害者、犯罪者和社区建立一个更有效和更有治疗作用的司法系统；更多地使用非正式的、基于社区的冲突应对措施；或对社会进行整体改造”。[①] 从广义上来讲，恢复性司法是一种通过平衡社区、受害者和犯罪者的需求来应对犯罪行为的方式，“是对不法行为的系统性回应，强调治愈犯罪行为造成或暴露的受害者、犯罪者和社区的创伤”。[②] 从狭义上来讲，恢复性司法方案只是一个“使用恢复性程序并寻求实现恢复性结果的方案”[③]。恢复性程序是指，受害者和行为人在调解人的帮助下，共同积极参与应对危害后果的程序。恢复性结果是指，作为恢复性程序的结果而达成的协议，通常包含行为人进行赔偿或补偿。

立足国内视角，恢复性司法除了被视作舶来自西方的一种司法机制外，还被认为是一种根植于传统法律文化中的固有司法理念。儒家思想对于司

① King, M., Freiberg, A., Batagol, B., & Hyams, R.（2014）. Non-adversarial justice. Federation Press. p.48.

② Fisher, R. M., & Verry, J. F.（2005）. Use of restorative justice as an alternative approach in prosecution and diversion policy for environmental offences. Local Government Law Journal, 11（1）, 48-59.

③ PRESTON, B. J.（2011）. The use of restorative justice for environmental crime. CRIMINAL LAW JOURNAL, 35（3）, 136-153.

法制度的哲理思考和价值追求，被认为有助于发展恢复性司法。[①] 在古代中国，地方官员既有司法职责又有行政职责，不仅负责解决纠纷，还负责教化民众。“父母官”通过劝说和调解宣扬礼义廉耻，希望达到“刑不用而民治”的理想状态。[②]

（二）环境恢复性司法的特征

环境恢复性司法致力于对环境犯罪更全面的解决方案，寻求理解和解决破坏环境资源行为的动机、原因和后果。

首先，环境恢复性司法是一种以修复和弥补为导向的司法理念和实践方法。应当强调的是，对破坏环境资源行为所造成的伤害和冲突进行处理，而不仅仅是简单地惩罚犯罪分子。在环境恢复性司法中，重点放在强调受害人的需求、重建社区关系、培养责任感和促进加害人的改变上。通过对话、调解和合作，相关各方被鼓励积极参与，共同寻找解决问题的办法，旨在促进生态环境恢复，帮助受到环境损害影响的群众获得公正和满意的回应。

其次，环境恢复性司法是一种应用于刑事案件的非刑罚处罚。传统上，刑法遵循的是报应哲学，因为其目标是惩罚犯罪者，从而阻止社会和个人的不当行为。作为一种替代理念，恢复性司法试图将各方恢复到犯罪发生前的状态。[③] 环境恢复性司法通过多种多样的生态恢复性措施来实现这一目标。这种恢复性方法不仅可以减轻受害者的损失、减轻行为人的负担，而且还可以创造防止未来犯罪行为的途径。

再次，环境恢复性司法致力于让犯罪行为人产生内生性的转变。环境资源犯罪大多具有显著的法定犯属性，相较于自然犯，生态法治理念不强的行为人对破坏环境的行为并没有多少道德上的负疚感，亦不能意识到自

---

① 单纯：《论恢复性司法的启蒙价值：犯罪处遇的哲思》，载《中国政法大学学报》2016 年第 4 期。朱德宏：《恢复性司法及其本土制度化危机》，载《法律科学》2008 年第 2 期。

② 夏锦文：《中华法系的深厚底蕴及其创造性转化》，载《江海学刊》2023 年第 1 期。

③ See Matt Semansky, What is Restorative Justice？, DAL NEWS, http：//www.dal.ca/news/2014/12/18/what-is-restorative-justice-.html.

己行为后果的危害性。传统刑事治理主要靠国家强制力实现对犯罪人的强制措施，恢复性司法强调让加害人直面自己的行为后果和受害人，并由内心产生改变行为的内生性动力。为此需要确保：其一，对行为人的处置应尽可能地修复生态环境和受害者遭受的伤害；其二，应让行为人明白破坏环境资源的行为是不可接受的，并且对受害者和社区产生了一些实质性的后果，重申社区价值观；其三，受害者应该有机会表达其需求，并参与确定犯罪者作出赔偿的最佳方式；其四，社区有责任为这一进程作出贡献。

最后，环境恢复性司法的目标是实现法律效果与社会效果的统一。环境恢复性司法支持受害者，给予他们发言权，鼓励他们表达自己的需求，使他们能够参与解决过程，并向他们提供援助。生态环境需要恢复，被环境犯罪破坏的社会关系同样需要修复，以此来确定恢复性的、前瞻性的结果。通过鼓励罪犯个人的改变和促进他们融入社区来减少累犯。确定导致犯罪的因素并告知肩负环境保护责任的行政部门，就如何更好地应对环境犯罪达成共识。

（三）环境恢复性司法模式的类型化

根据恢复性司法与传统刑事司法系统的关系，环境恢复性司法的模式可以被分成三种类型：综合型、替代型和补充型恢复性司法模式。[①]

综合型恢复性司法模式将恢复性司法程序作为传统刑事司法系统的一部分。在刑事诉讼的某个阶段，案件会被移交给一个特定的恢复性程序，通过恢复性程序取得的任何恢复性结果都可能对案件审理结果产生影响，如撤回起诉或影响法庭判决。例如，在审查起诉或法庭审理阶段，对造成环境污染的单位可以启动环境刑事合规程序，对破坏生态环境的自然人可以适用认罪认罚从宽制度。

替代型恢复性司法模式使用恢复性程序取代刑事司法系统的案件处理

① Groenhuijsen, M.（2000）. Victim–offender mediation：legal and procedural safeguards. Experiments and legislation in some European jurisdictions. In The European Forum for Victim–Offender Mediation and Restorative Justice（Ed.）, Victim–offender mediation in Europe. Making restorative justice work（pp. 69–81）.

功能。案件在进入刑事司法系统之前或进入的初期就被转移到平行的恢复性司法方案中。恢复性程序和恢复性结果替代了法院对破坏环境资源犯罪行为的刑罚处罚。例如，对行为人适用附条件不起诉，让其接受并执行环境修复、社区劳动等非刑罚处罚措施。

补充型恢复性司法模式是对刑事司法系统判决结果的补充。补充型恢复性司法干预发生在法院对环境犯罪人进行定罪和判刑之后，影响他们在监狱中的刑罚执行。例如，对于包含生态修复内容的法院判决，在刑罚执行期间刑事执行检察部门要对案件执行情况开展监督，确保生态环境修复的判决内容落到实处，并作为对被告人减刑、假释的重要依据。①

三、环境恢复性司法的落实：阶梯式检察办案方式

目前的检察工作被分为“四大检察”，即刑事检察、行政检察、民事检察和公益诉讼检察。“四大检察改革实质是检察业务模块化和一体化的检察权重组。”② 按照恢复性司法的理念，环境案件几乎必然触及刑事、民事、行政的多重法律关系。生态检察工作的有序开展，需要不同检察业务模块之间的分工协调。当一起环境案件进入检察系统后，以何种方式确定案件性质？由哪一个业务模块发挥职能？如何做好环境案件的行刑衔接、刑民衔接？阶梯式的办案方式值得提倡：根据环境法益的损害程度和责任主体，甄别案件性质并划分层级（刑责级、行责级、民责级），确定层级后如果出现环境持续恶化的后果或紧迫风险，则可以变更到法律责任更重的层级办理案件，否则只能在同层级或者法律责任更轻的层级内选择办案方式。

（一）审慎使用公诉犯罪职能

在环境刑事案件中，刑事检察部门能够决定对于破坏环境资源的行为是

① 张光林、罗关洪：《贯彻恢复性司法理念 强化生态修复全程监督》，载《检察日报》2018年12月31日，第3版。

② 陈军：《“四大检察”改革背景下的检察权能配置探析》，载《政法论丛》2020年第5期。

否提起公诉、如何进行公诉，并通过量刑建议对法院的判决结果产生影响。良好运转的环境恢复性司法机制，需要准确的实体认定、正当的程序履行。

首先，对是否构成环境犯罪进行实质审查。在检察机关办理的环境刑事案件中，很多是由环境执法部门在行政执法过程中发现犯罪线索移送到检察院的。环境执法日趋专业化，符合移送标准的案件，通常具备形式上的刑事违法性，符合刑法规定的构成要件，此时需要检察机关对刑事违法性的实质判断。例如，在破坏野生动物资源保护类案件中，并非涉案野生动物的数量、数额达到一定标准就必然构成刑事犯罪。尤其应注意通过实质违法性判断可能出罪的案情，例如，法益阙如，涉案保护动物系人工养殖则没有造成野生动物资源的损失；又如法益冲突，当事人杀伤野生动物出于保卫人身或自家田地等目的，可能构成正当防卫或紧急避险。前述判断规则在“两高”2022年修订的《关于办理破坏野生动物资源刑事案件适用法律若干问题的解释》都有所体现。需要强调的是，即便没有司法解释，检察机关也能够根据案情的特殊性在罪刑法定原则的约束下充分发挥检察智慧。例如，徐州检察机关对贩卖鹦鹉案的处理，就发生在司法解释出台之前，并事实上促进了司法解释中相应条款的形成。

其次，为环境恢复性司法提供程序保障。要想实现恢复性司法的目标，必须有可识别且自愿参与的受害者，以及接受其破坏环境资源责任且非强制参与的加害人。根据我国刑事法律的规定，参考联合国《关于在刑事事项中采用恢复性司法方案的基本原则》[①] 的建议，检察机关公诉犯罪的职能应当包含对环境恢复性程序参与者权利的基本保障。这些权利包括：其一，受害人和犯罪人咨询法律顾问的权利；其二，未成年人获得父母或监护人协助的权利；其三，受害人和犯罪人在同意参与恢复性程序之前获得充分信息的权利；其四，受害人或犯罪人不参与的权利。实现权利的保障措施应当包含：（1）行为人对恢复性司法程序的参与，不应作为在随后的法律诉讼中认定环境犯罪的证据；（2）恢复性程序产生的协议应是自愿的，只包含

① 联合国预防犯罪和刑事司法委员会：《恢复性司法专家组会议报告》，https://www.unodc.org/documents/commissions/CCPCJ/CCPCJ_Sessions/CCPCJ_11/E-CN15-2002-05-Add1/E-CN15-2002-05-Add1_C.pdf。

合理和相称的义务；（3）不公开进行的讨论应是保密的；（4）恢复性司法方案产生的协议的结果应酌情受到司法监督或纳入司法决定或判决；（5）未能达成环境恢复性协议不应作为在随后的刑事诉讼中不利于罪犯的理由；（6）未能执行恢复性司法程序中达成的协议，除司法决定或判决外，不应作为在随后的刑事诉讼中作出更严厉判决的理由。

最后，选择恰当的环境恢复性司法方案。损害后果严重、影响重大的环境刑事案件，宜采取综合型的环境恢复性司法方案，检察机关应当将恢复性司法理念与报应性、预防性司法理念并重。既然综合型恢复性司法方案是刑事司法系统的一部分，那就应当避免被告人将其用作摆脱刑事司法系统的途径。恢复性司法程序的任何结果将为法院的判决提供信息，但不会取代法院的判决。检察机关通过公诉审查，可以检查结果是否与犯罪的客观严重性相称，既不过分宽松，也不过分惩罚。确保恢复性司法程序的结果不仅实现了恢复和赔偿，而且还实现了其他相关的司法目的，包括确保罪犯得到适当的惩罚，追究罪犯的责任，通过确保罪犯得到应有的惩罚来实现报应，谴责犯罪，实现具体和一般的威慑，以及实现罪犯的康复。只涉及个别自然人的一般环境刑事案件，宜采用替代型的恢复性司法方案，检察机关对恢复性司法程序的使用和结果仍须检查。如果恢复性司法程序的结果被告知并纳入不起诉的条件中，检察机关可以监督行为人对结果的遵守情况，可以命令行为人向检察机关自我报告。监管机构也可以监督犯罪人的遵守情况，并向检察院报告。

（二）完善生态和谐恢复职能

自然人提起的环境侵权损害赔偿诉讼，致力于个人权利的救济，核心诉求是弥补个人因环境恶化受到的损失；公益组织或检察机关提起的环境民事公益诉讼，侧重于对环境本身这一集体法益的维护，以生态损失作为环境惩罚性赔偿的计算基数。恢复性司法理念下，刑事附带民事公益诉讼的价值追求，应当与环境侵权私益诉讼、普通环境公益诉讼有所区别，以避免职能冗余、形成治理合力。

刑事恢复性司法的核心要素之一是强化受害者的诉求、参与和愈合。在环境刑事案件中，生态环境被破坏的同时，环境中人与人的社会关系也被破坏了。当前的司法实践中，强调对生态的修补恢复多，并未特别关注对社会关系的修复。应当意识到，在“人与自然是生命共同体”的理念下，人类活动也是生态系统中的重要部分，生态和谐恢复包含环境损害修复和社会关系弥合两方面。因此，需要检察机关充分倾听环境案件受害者的心声，尤其重视他们在金钱给付之外的诉求，切实做到人民检察为人民。按照环境恢复性司法理念的指引，能够妥善应对“现行规定不要求环境公益诉讼的发起者与案件有直接的利害关系，因此往往在胜诉后失去了督促执行的动力”[①]的问题。根据环境犯罪的性质和影响，受害者可以是人身或财产受到直接影响的特定人员，也可以是受到更多间接影响的社区成员或未来的子孙后代。此外，环境破坏也可能导致特定人文化需求利益的减损，这是当前司法实践中容易被忽视，因而特别需要生态检察工作关注的地方。在乡土社会中，很多山川河流对于当地居民来说都有着特殊的文化含义，特别是一些少数民族将特定自然资源视作重要的文化图腾。要“让群众望得见山、看得见水、记得住乡愁”[②]，就应当充分考虑到文化需求被影响的生态环境受害者对案件解决方式的要求。

（三）积极实现法律监督职能

检察机关在行政领域同样具有提起公益诉讼的权限，但与民事公益诉讼不同，此时需要检察机关实现的是法律监督职能，该职能充分体现于将诉前检察建议设置为环境行政公益诉讼的法定前置程序。检察机关环境公益起诉权在行政诉讼领域的应用与开拓，是其法定监督属性由传统法律监督手段向现代公益维权监察手段的转向。[③]

在环境恢复性司法理念下，检察机关法律监督职能的履行为提前介入环境损害提供了契机。环境污染的危害性会随着时间不断累积，如果不及时加

---

① 周珂、蒋昊君：《整体性视阈下黄河流域生态保护体制机制创新的法治保障》，载《法学论坛》2023年第3期。

② 习近平：《推动我国生态文明建设迈上新台阶》，载《求是》2019年第3期。

③ 宋才发：《〈民法典〉视域下生态环境损害赔偿及诉讼研究》，载《河北法学》2023年第7期。

以干预，起初可能只需承担民事责任的后果，会慢慢恶化为行政责任、刑事责任。与其病入膏肓时“刮骨疗毒”，不如症状轻微时“治未病”，这正是通过检察权贯彻环境恢复性司法理念的中国智慧。例如，2021 年 4 月至 6 月，江苏省徐州市铜山区某农牧科技有限公司通过私设暗管将超标养殖废水排放至厂界西侧外的坑塘，该坑塘未采取防渗漏措施。案发后，经铜山生态环境局委托采样检测及评估显示，坑塘所在区域内地下水和土壤均受到不同程度的污染，生态修复费用为 234.63 万元。铜山区检察院厘清了铜山生态环境局对此负有法定监督管理职责，但该局迟迟不能依法采取有效措施，放任生态环境处于持续受损且必将进一步扩大的状态。2022 年 8 月 17 日，铜山区检察院向铜山生态环境局制发检察建议。为了全面了解检察建议发出后污染现场治理情况，铜山区检察院启动公益诉讼应急处置机制，前往污染现场实地查看整改情况。并组织召开圆桌会议，邀请铜山生态环境局、属地政府工作人员，某农牧科技有限公司相关负责人员参加。根据生态环境损害赔偿制度的要求，生态环境损害发生后，赔偿权利人应当主动与赔偿义务人进行磋商，铜山区检察院依法履行公益诉讼职责，发出诉前检察建议，以督促磋商的方式，建议铜山生态环境局启动磋商程序。检察建议发出后，铜山区检察院持续跟进检察建议落实情况，积极指导开展磋商程序，最终推动铜山生态环境局与某农牧科技有限公司于 2022 年 10 月 12 日组织磋商会议，并于 11 月 11 日达成生态环境损害赔偿协议。另外，铜山区检察院积极协调地方政府，促进该公司易地选址生产，既促进企业合法守规经营，又保障企业合法权益，实现公益保护与促进企业发展相统一。

四、结语

恢复性司法理念在环境案件中的运用，是近年来生态文明建设的重要创举。赋予检察机关多元职能契合环境恢复性司法的理念，有助于实现环境问题的综合治理和协同治理。构建恢复性的生态检察工作机制，是实现恢复性司法本土化和现代化的重要路径。落实阶梯式办案方式，方能最终实现修复生态环境与恢复社会和谐并重，案件处理的法律效果和社会效果相统一。

生态环境检察公益诉讼与生态环境损害赔偿诉讼衔接研究

——以检察履职助推生态环境保护效益最大化为视角

浙江省绍兴市新昌县人民检察院课题组*

一、问题的提出

党的二十大强调："全方位、全地域、全过程加强生态环境保护。"作为生态文明制度体系重要组成部分的生态环境损害赔偿制度，在生态环境保护过程中发挥重要作用。2017年6月27日，全国人大常委会通过修改民事诉讼法和行政诉讼法的决定，在基本法中创设性确立检察机关公益诉讼制度，对检察机关在生态环境领域的行政公益诉讼及民事公益诉讼职权（以下简称环境检察公益诉讼）予以明确。2017年12月，《生态环境损害赔偿制度改革方案》（以下简称《改革方案》）颁布实施，基本完成了生态环境损害赔偿诉讼（以下简称环境赔偿诉讼）的制度设计，鉴于"政府主导、行政优先的生态环境损害赔偿制度特点"[①]，我国仍在大力提倡"公权力主导型"生态环境公益诉讼司法模式，而社会组织生态环境公益诉讼模式并

*课题组成员：张斌，浙江省绍兴市新昌县人民检察院党组书记、检察长；陈林林，中南财经政法大学特聘教授、博士生导师；银秋华，浙江省绍兴市新昌县人民检察院第五检察部主任；俞慈音，浙江省绍兴市新昌县人民检察院办公室副主任。

① 王旭光、魏文超等：《〈关于审理生态环境损害赔偿案件的若干规定（试行）〉的理解与适用》，载《人民司法》2019年第34期。

不发达。[①] 在此背景下，同是公权力主体的检察机关，如何准确把握法律监督机关的职能定位，正确认识环境检察公益诉讼和环境赔偿诉讼（以下简称两诉）的功能差异、各自优势以及如何对接协调，实现生态环境保护效益最大化，是我们亟须关注的重点。对此，本文试析之。

二、两诉衔接之规范透视

环境检察公益诉讼与环境赔偿诉讼形成于同一时期，都是对我国当前生态环境问题多发、群众保护生态环境强烈诉求的回应，制度目的高度重合，救济对象均指向生态环境本身。检察机关与政府及其部门的职能配置不同，两诉的功能定位并不相同。因此，厘清两诉的功能性质是统合两诉规范衔接的前提和基础。

（一）环境检察公益诉讼：法律监督职能之拓展

环境检察公益诉讼包括生态环境检察行政公益诉讼和生态环境检察民事公益诉讼。相较于刑事、民事、行政检察手段对生态环境保护的滞后性和局限性，环境检察公益诉讼形成了对具体行政违法行为的直接监督权和对非刑事犯罪的一般生态环境违法行为的直接追诉权，[②] 由此改变了检察机关法律监督的被动性，使检察机关的监督职能得到拓展，监督效能得到增强，监督权威得到提升。[③] 从行权方式观之：生态环境检察行政公益诉讼首次实现对生态环境领域行政权的直接监督，与检察机关已有的立案监督权、抗诉权、执行监督权需以诉讼为依托不同，行政公益诉讼是检察机

① 颜运秋:《中国特色生态环境公益诉讼理论和制度研究》，中国政法大学出版社2019年版，第90页、第92页。

② 鉴于检察机关不同于一般原告，立法机关在赋予其行使追诉权时，设置了“没有前款规定的机关和组织或者前款规定的机关和组织不提起诉讼”为前置条件，但该条件仅是在起诉主体顺位上的选择，而对于生态环境违法行为人而言，检察机关仍可行使直接追诉权。

③ 最高人民检察院民事行政检察厅:《检察机关提起公益诉讼实践与探索》，中国检察出版社2017年版，第12页。

关诉讼活动的发动者，打破了诉讼中监督的传统格局，实现了对行政权的直接监督。生态环境检察民事公益诉讼则实现了对生态环境本身的保护，与一直以来检察机关对生态环境保护主要以刑事诉讼方式展开不同的是，生态环境检察民事公益诉讼关注的是通过法律上的程序手段（包括直接起诉和支持行政机关起诉）实现受损生态环境本身的修复或者损害的填补，不仅拓宽了检察职能，也更能以法治方式保护生态环境，维护环境法治秩序。

（二）环境赔偿诉讼：行政监管职权之补强

环境赔偿诉讼是基于实现环境保护法确立了损害担责原则，弥补森林、山岭等国有自然资源损害索赔主体缺失及政府履行环境保护职责需要，破解“企业污染、群众受害、政府买单”困局而设立的，其在补强现有生态环境行政监管力量不足方面的作用至关重要。一方面，从环境赔偿诉讼必要性分析，在“权责相称”原则基础上，立法机关已赋予各级政府及其有关行政机关在生态环境领域的行政监管权力，一般情况下，行政机关通过行政监管权即可实现对违法行为的规制和惩戒。但是对于违法行为所导致的生态环境本身之损害，基于生态环境损害的行政救济依据不足、环境代履行制度落实困难、行政监管手段无法完全填补、救济受损生态环境损失等缺陷，传统的行政管制手段很难对其进行有效填补与充分救济，[①] 而这些问题通过生态环境损害赔偿诉讼均能得到有效弥补。另一方面，从生态环境损害救济过程中行政机关行政监管权与法院司法权关系分析，理论上讲行政效率远高于司法效率，更重要的是，行政监管权是行政机关的核心职能和生存之根本，环境赔偿诉讼只是行政机关保护受损生态环境的备用和补充，“恢复原状”“清除污染”等行政决定仍应是行政履职的第一要义。因此，行政机关仅应在穷尽其行政监管手段或者无监管依据时，方能提起环境赔偿诉讼。

---

① 竺效主编：《环境公益诉讼实案释法》，中国人民大学出版社2018年版，第183页。

（三）两诉衔接基本方式：监督与补充

环境检察公益诉讼具有督促性、谦抑性等基本属性，不得直接启动生态环境损害索赔机制。在与环境赔偿诉讼的衔接上，应基于生态环境检察行政公益诉讼、民事公益诉讼不同的功能定位分别构建。一方面，应以生态环境检察行政公益诉讼实现对环境赔偿诉讼的监督制约，环境赔偿诉讼是行政机关履行其生态环境保护职责义务的新方式，并以其穷尽传统行政执法手段为前提，不得恣意放弃。检察机关理应在行政机关未依法履行生态环境监管职责造成公共利益持续受损或损失进一步扩大、未与行政相对人进行诉前磋商或者磋商不成后未及时提起环境赔偿诉讼时，才可启动行政公益诉讼程序，以积极履行法定督促职责，推动行政机关规范、依法开展环境赔偿诉讼。另一方面，应以生态环境检察民事公益诉讼为环境赔偿诉讼的补充，现有规定确立了环境赔偿诉讼优先、生态环境检察民事公益诉讼补充的基本规则，检察机关应在“行政机关未启动诉前磋商程序或不提起环境赔偿诉讼、能证明存在审理环境赔偿诉讼时未发现的损害的”，“对超出环境赔偿诉讼三类特定情形[①]的案件，可提起环境检察民事公益诉讼”，“在行政机关提起环境赔偿诉讼时，依职权启动支持起诉程序”等情况下才可提起生态环境检察民事公益诉讼。

由此可见，对于破坏生态环境法治秩序的行为，两诉可按如下四级递进程序进行衔接（见图1）：第一级，以行政公益诉讼诉前检察建议方式监督行政机关依法履行生态环境保护职责（包括履行行政执法职责与提起环境赔偿诉讼职责）；第二级，监督后行政机关仍怠于履职的，检察机关向法院提起生态环境检察行政公益诉讼，通过司法判决督促行政机关履职；第三级，行政机关提起环境赔偿诉讼的，检察机关可通过协助调查取证、提供法律咨询、提交书面意见等方式支持行政机关起诉；第四级，对不符合环境赔偿诉讼范围的，检察机关在履行诉前监督程序后，以公益诉讼起诉

---

① 《改革方案》中环境赔偿诉讼范围包括：（1）发生较大及以上突发环境事件的；（2）在国家和省级主体功能区规划中划定的重点生态功能区、禁止开发区发生环境污染、生态破坏事件的；（3）发生其他严重影响生态环境后果的。各地区应根据实际情况，综合考虑造成的环境污染、生态破坏程度以及社会影响等因素，明确具体情形。

人身份自行提起生态环境检察民事公益诉讼。

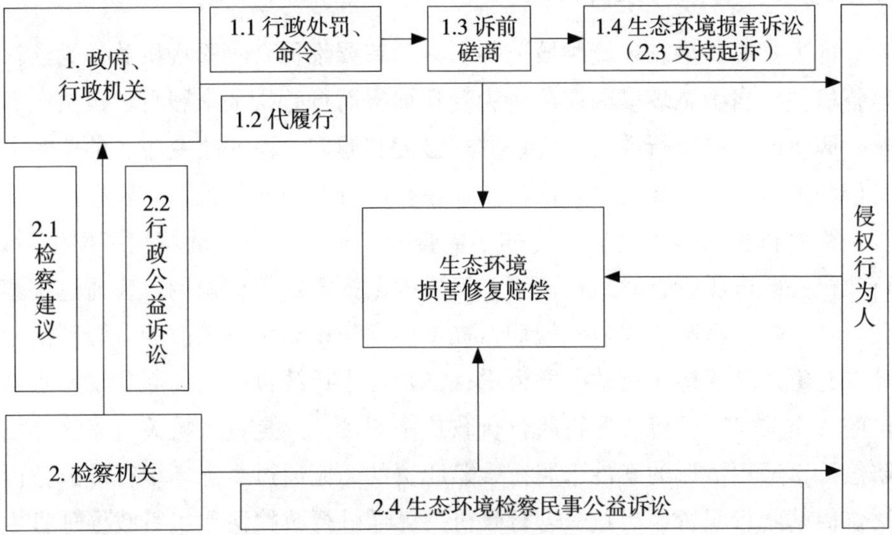

图 1　两诉衔接路线

三、两诉衔接之路径选择

虽然生态环境损害救济机制多样，但整体呈现无规则化样式。应基于两诉中行政机关、检察机关的法定职责，还原各自在生态环境保护中的功能定位和角色定位，坚持“依法实施、行政优先、司法垫后、分类衔接”的原则，在法律规范框架内构建两诉科学稳妥的衔接方式。

（一）环境赔偿诉讼：构建以行政执法为前置的司法救济模式

生态环境修复责任既可能通过环境赔偿诉讼承担，也可能以行政决定的形式由违法行为人承担，在违法行为人不履行行政决定时，由行政机关代履行。实践中有必要对行政机关提起环境赔偿诉讼的适用范围进行限缩，并通过立法或司法解释明确规定将行政执法作为行政机关行使环境赔偿诉讼诉权的前置条件。通过设置行政救济前置程序，可充分发挥环境行政执法手段的优势，理清行政权与司法权关系，促进依法行政，实现生态环境保护效益最大化。

（二）生态环境检察行政公益诉讼：构建以行政机关全面依法履职为第一顺位的监督模式

行政机关是生态环境领域公共利益的首要维护者。检察机关作为法律监督机关，当生态环境因违法行为受到损害而行政机关未履行“执法＋索赔”职责时，应以行政公益诉讼方式督促其履职，而非改变应有的监督者身份和地位，以民事公益诉讼的方式在行政机关失职时代替其履行法定职责。检察机关具体而言应进行如下监督：一是对于生态环境损害发生后，行政机关既未履行行政执法职责，又未提起损害赔偿诉讼的，应通过检察建议及时督促行政机关依法履职，提出检察建议后仍不整改的，则应向法院提起生态环境检察行政公益诉讼；二是对于行政机关仅提起环境赔偿诉讼的，应监督行政机关先行履行行政执法职责；三是行政机关对属于环境赔偿诉讼适用情形的案件未履行索赔职责的，应通过生态环境行政公益诉讼督促其履行职责，当然，若行政机关已通过行政执法作出行政处理且生态环境得到修复的，则不得再就生态修复提出诉讼请求，以避免重复评价。

（三）生态环境检察民事公益诉讼：构建督促与支持相结合的补充监督机制

整体观之，生态环境检察民事公益诉讼相较于生态环境检察行政公益诉讼、环境赔偿诉讼，其具有补充性、兜底性，扮演生态环境损害司法救济“最后一道防线”角色，并主要通过诉前公告督促行政机关起诉、支持行政机关起诉和自行起诉的方式，实现与环境赔偿诉讼衔接与平衡。具体而言即为：一是设置特别的诉前督促程序。检察机关应在发布公告前增设向行政机关发送督促起诉意见书或建议书程序，督促其启动环境赔偿诉讼的磋商或诉讼程序，并明确在收到督促起诉意见或建议书后，应在一定期限内答复，不启动环境赔偿诉讼理由不充分的，检察机关可视情启动民事公益诉讼程序或者行政公益诉讼程序。二是体系化完善支持起诉职能。首先，应确定支持起诉应由提起环境赔偿诉讼行政机关对应的同级检察机关负责，范围上应由“支持起诉”扩大到诉讼全过程，将支持磋商及磋商协议的司法确认、调解、上诉、二审、再审作为支持起诉的必然延伸。其次，启动应以行政机关申请为原则，并根据案件的复杂性、影响程序等情况，对是否符合支持申请条件进行实质性审查，作出是否支持起诉的书面决定。同时，在方式上，法律咨询应围绕行政机关提出的事实和问题做出解答，提交书面意见也应分为提供给行政机关的书面意见和提供给法院的《支持起诉意见书》。另外，协助调查取证内容应为行政机关因客观原因无法获取的证据，出庭支持起诉也应围绕行政机关诉讼请求适当发表补充意见，并对协助取得的证据予以说明。

（四）生态环境刑事附带民事公益诉讼：构建检察机关相对主导的一体化办案机制

对于刑民交集的生态环境损害赔偿案件，从经济效率和公平正义的角度出发，原则上应由检察机关采取刑事附带民事公益诉讼，采用刑事和民事一体化的办案模式，实现对破坏生态环境违法行为的刑事惩戒和所致损害的民事救济。当然，检察机关也应建立一体化甄别机制，就因附带民事公益诉讼取证时间长等原因而对刑事案件办理期限或者犯罪嫌疑人羁押期限造成影响的，则不运用附带民事公益诉讼这一方式，避免造成牺牲刑事诉讼程序公正的问题。

（五）优化协作配合：构建检察机关与行政机关形成合力的良性互动机制

检察机关和行政机关应强化协作配合以达到生态环境保护效益最大化。一是行政机关应加强对检察机关办案过程中生态修复的技术协助，以解决检察官需要长期关注复杂技术的问题，节点包括但不限于评估、制定修复方案、实施修复方案、验收等环节；二是共同维护诉讼活动的合法性，行政机关在环境赔偿诉讼过程中，认为裁判、执行活动不符合法律规定的，可申请检察机关监督纠正；三是开展常态化分析研判，通过大数据平台建设实现两诉案源信息及时互通，也可定期互相通报两诉案件办理情况，动态协调解决两诉衔接问题，在减少案源盲区基础上提升线索研判效率。

“三位一体”生态检察工作机制的生成逻辑与深化路径 *

谢辉鸣　兰　希　张宇凯 **

党的二十大报告强调“加强检察机关法律监督工作”“完善公益诉讼制度”，并将“人与自然和谐共生的现代化”纳入中国式现代化的主要特征。2021 年 4 月，最高人民检察院下发《“十四五”时期检察工作发展规划》，明确提出“促进绿色发展，深化‘专业化监督 + 恢复性司法 + 社会化治理’生态检察工作机制”。这一“三位一体”生态检察工作机制主要有以下特征：第一，专业化法律监督，将生态检察以组合拳方式拓展延伸到刑事、民事、行政以及检察公益诉讼各环节；第二，恢复性司法实践，坚持打击与修复并重，推进补植复绿、认购碳汇等生态修复方式，实现政治、法律、社会效果以及生态效果“四效合一”的特殊办案质量要求；第三，社会化综合治理，通过提出社会治理类检察建议，建立跨区域跨部门协作机制，全覆盖派驻河长办等方式参与社会治理。

---

* 本文系 2022 年福建省人民检察院检察理论研究课题“检察机关参与生态环境损害赔偿的路径探析”（FJ2022045）的阶段性成果之一。

** 谢辉鸣，福建省人民检察院第八检察部主任，三级高级检察官；兰希，福建省龙岩市人民检察院第五检察部二级检察官；张宇凯，福建省龙岩市中级人民法院民四庭四级法官助理。

一、“专业化监督 + 恢复性司法 + 社会化治理”生态检察工作机制的生成逻辑

“专业化监督 + 恢复性司法 + 社会化治理”生态检察工作机制的提出，来源于检察机关的政治机关属性、法律监督机关属性，以及对环境司法专门化实践探索的总结提炼三个方面。

（一）政治逻辑：对习近平法治思想的贯彻落实

中国共产党历来重视依法治国，特别是党的十八大以来，习近平总书记创造性提出了一系列全面依法治国新思想新战略，形成习近平法治思想。法治是推动绿色发展，促进人与自然和谐共生的基石。面对环境污染严重、资源约束趋紧、生态系统退化等日益严峻的环境问题，习近平总书记多次强调“用最严格制度最严密法治保护生态环境”。2021 年 6 月，党中央印发《中共中央关于加强新时代检察机关法律监督工作的意见》（以下简称 2021 年《意见》），明确要求“以高度的政治自觉依法履行刑事、民事、行政和公益诉讼等检察职能”“加强生态文明司法保护”“加大生态环境和资源保护……等重点领域公益诉讼案件办理力度”。为全面贯彻落实这些重要论述和中央决策部署，检察机关从树立恢复性司法理念、推进检察公益诉讼专门机构建设、发挥“四大检察”融合履职职能作用、创新案件管辖机制、促进诉源治理等方面着手，推动形成生态环境保护治理新格局。

可以说，深化“专业化监督 + 恢复性司法 + 社会化治理”生态检察工作机制，有助于实现惩治犯罪与修复生态、纠正违法与源头治理、维护公益与促进发展相统一，既是将习近平法治思想贯彻落实到生态环境检察履职各环节的必然要求，也是对党中央提出的构建现代环境治理体系的政策落实，具有鲜明的政治逻辑。

（二）制度逻辑：对中国特色社会主义检察制度的延续传承

基于我国法律制度和权力制衡原则而应运而生的检察权，是独立于行政权与审判权之外另设的专门法律监督权。事实上，我国宪法将检察机关

定位为法律监督机关，就是要求检察机关同时作为公共利益的代表以及国家的法律监督机关，将维护国家利益与社会公共利益作为首要职责。[①] 随着社会发展，检察权的职能范围不断拓展，从过去集中于“犯罪治理”的起诉权、批准决定逮捕权、延长侦查羁押期限权、职务犯罪侦查权、抗诉权、违法行为纠正权等，延伸到更加注重“社会治理”的检察建议权、公益诉讼权、诉讼监督权等职权。与此同时，检察机关的履职理念也经历了从“依法检察”到“依法能动检察”的观念变迁。

近年来，正是基于检察机关履职范围与履职理念的多层次拓展，检察机关不断强化生态文明司法保护，综合运用“四大检察”职能促进诉源治理，维护国家利益和环境公共利益，保障生态环境法律统一正确实施。由此可见，“专业化监督 + 恢复性司法 + 社会化治理”生态检察工作机制的提出，是新时期中国特色社会主义检察制度在生态环境保护领域的深化和发展，也是法治社会从立法为主转向法律实施为主的必然选择。

（三）实践逻辑：对环境司法专门化探索的总结提炼

有研究者指出，导致生态环境法律实施效果不佳的原因，既有生态环境立法理念滞后、相关制度碎片化，[②] 部分法律制度措施执行不够到位的问题，[③] 但更为重要的原因在于环境司法专门化程度不高、现代环境司法理念尚未形成等环境司法方面的问题，[④] 亟须进行环境司法改革解决环境问题。近十年来，上述环境司法方面的问题得到较大改善，全国环境司法审判专门机构基本建立，环境资源案件“三合一”或“四审合一”审判机制初步确立。各地检察机关探索建立专门的生态环境办案检察院、单设办案机构或成立办案团队，从推进环境刑事案件集中管辖逐步拓展到“多检合一”

---

① 樊崇义主编:《检察制度原理》，中国人民公安大学出版社 2020 年版，第 259 页。

② 吕忠梅:《环境法治建设十年回顾与环境法典编纂前瞻》，载《北京航空航天大学学报（社会科学版）》2023 年第 1 期。

③《国务院关于 2022 年度环境状况和环境保护目标完成情况的报告》，载中国人大网，http://www.npc.gov.cn/npc/c30834/202304/918973cf8f964da7a84a751215960305.shtml，2023 年 5 月 31 日访问。

④ 王树义:《论生态文明建设与环境司法改革》，载《中国法学》2014 年第 3 期。

案件集中管辖的办案模式。生态检察专门化建设的有序推进，为检察机关将恢复性司法理念应用于环境刑事司法实践和参与生态环境犯罪综合治理工作提供了坚实的组织保障。而将“恢复性司法”“社会化治理”进一步提升为生态检察工作机制的另一大动因，则来自检察机关在认罪认罚从宽制度、企业合规制度、公益诉讼制度、行政争议实质性化解改革推进中承担的主导责任。

在总结实践经验的基础上，各地检察机关着手构建了“专业化法律监督+恢复性司法实践+社会化综合治理”生态检察福建模式[①]、“职能整合+专项行动”生态检察贵州模式[②]、“公共权力监督+生态权利维护+生态福利保障”生态检察江西模式[③]等各具特色的生态检察工作机制，其中福建省检察机关构建的“专业化法律监督+恢复性司法实践+社会化综合治理”三位一体生态检察工作机制值得重点关注。通过梳理可以发现，福建省是全国首个生态文明先行示范区和生态文明试验区，福建省检察机关是全国仅有的两个在省市县三级均设置“公益诉讼+生态检察”专业化办案部门的检察机关之一，在环境犯罪领域较早以补植复绿、认购碳汇等方式及时修复受损生态环境且取得良好效果。[④]可以说，正是各地检察机关的先行探索与机制提炼为“专业化监督+恢复性司法+社会化治理”生态检察工作机制的确立提供了坚实的实践逻辑。

---

① 王莹、林陆君：《生态检察守护八闽大地绿水青山》，载《法治日报》2021年7月8日，第4版。

② 江华、杜宴林：《生态环境保护中检察机关法律监督职能探究》，载《社会科学家》2020年第5期。

③ 刘炽：《建构“三位一体”生态检察监督体系》，载《人民检察》2017年第2期。

④ 王树义、赵小姣：《环境刑事案件中适用恢复性司法的探索与反思——基于184份刑事判决文书样本的分析》，载《安徽大学学报（哲学社会科学版）》2018年第3期；赵晨熙：《福建践行生态恢复性司法理念——办理一起案件恢复一片青山绿水》，载《法治日报》2022年5月24日，第5版；刘超：《“双碳”目标下“认购碳汇”司法适用的规范路径》，载《中国地质大学学报（社会科学版）》2022年第5期。

二、“专业化监督 + 恢复性司法 + 社会化治理”生态检察工作机制的现实困境

当前，我国生态检察集中办案模式基本形成，[①] “专业化监督 + 恢复性司法 + 社会化治理”生态检察工作机制基本建立。但与建设中国式现代化关于“人与自然和谐共生”的本质要求，全国人大会议关于“依法能动推进刑事、民事、行政、公益诉讼检察工作全面协调充分发展”的决议要求相比，“三位一体”生态检察工作机制在运行过程中还面临生态检察机构设置专门化程度不高且形态各异、恢复性司法措施缺乏规范指引、社会化治理机制协同性不足等方面问题，值得深入思考并提出解决对策。

（一）生态检察机构设置专门化程度不高且形态各异

环境司法专门化的核心内容是环境司法主体的专门化、司法程序的专门化以及司法对象的专门化。[②] 三者相辅相成、互为一体，其中生态检察机构专门化是实现专业化法律监督的前提和基础。人民检察院组织法第 12 条、第 17 条、第 18 条规定，为我国设立专门的生态检察院、生态检察室或生态检察部提供了法律依据，但具体设立应以“检察工作需要”为前提，然而何为检察工作需要，符合哪些条件就可以设立生态检察院或生态检察室（部）均未有明确的、可操作性的规范性文件，造成各地生态检察机构设置组织方式不同、专门化程度不高、职责设置各异。

从层级上来看，目前最高人民检察院未设立专门的生态检察厅，多数省级检察机关在省院未设立生态检察部，有的省由铁路运输检察院或在此基础上成立的专门检察院集中管辖全省或某一流域范围内的破坏环境资源保护犯罪刑事案件，有的地方按辖区主要流域、大型湖泊分别设立多个专

---

① 吕忠梅、田时雨、王玲玲:《〈环境保护法〉实施现状及其法典化“升级”》，载《中国人口·资源与环境》2023 年第 1 期。

② 峥嵘:《环境司法专门化的困境与出路》，载《甘肃政法学院学报》2014 年第 4 期。

门的生态检察办案机构和办案组织。仅福建、贵州、陕西、海南、江西等个别省级检察机关在省、市、县三级检察院分别设立生态检察部，但均不是专门履行生态检察职责的机构。从职能范围上来看，除了传统承担生态刑事检察职责的单一模式外，还有依托检察公益诉讼专门机构建设，探索“生态刑事检察＋公益诉讼检察”、生态检察“四检合一”＋“公益诉讼”等“多检合一”模式以及“公益诉讼＋自然保护区”的巡回检察室模式等多种模式。

上述多样化、非专职化的生态检察机构形态，不利于融合发挥四大检察监督职能、统一环境检察监督标准以及实现环境公共利益的有效保护。实践中，生态检察机构设置缺乏标准指引，尤其是在环境司法审判组织建设迈入常态化轨道的背景下，难以协同法院提升环境司法专门化、法治化水平。

（二）恢复性司法措施缺乏规范指引

我国生态环境和资源保护检察工作近年来有了长足的发展，特别是加强生态检察专业化队伍建设以后，各地检察机关积极践行恢复性司法理念，探索出了多元化的环境责任追究和环境治理路径，其中生态环境修复责任的追究是最突出的创新点，成为环境公益诉讼特别是环境刑事附带民事公益诉讼的落脚点和突破口。但是，随着恢复性司法实践的增加，关于生态环境修复责任的一些法律问题也显现出来，如适用程序和标准不统一、替代性修复规范性不足等，这在一定程度上制约了生态环境修复司法实践的发展。

梳理“两高”发布的典型案例及指导性案例发现，各地检察机关在探索恢复性司法措施时，根据案件实际情况，从促使被告人认罪认罚、妥善解决纠纷与便于执行角度寻求合适的处理方式，形成了包括在环境刑事案件中直接适用恢复性措施的传统路径、提起刑事附带民事公益诉讼、提起行政公益诉讼三种恢复性司法模式。[①] 诚然，恢复性司法措施并不存在一个绝对最佳模式，对每个案件而言，“最优的”恢复性措施必须考虑各方面的因素，包括此案受损环境的状况、实际损害程度、环境修复标准、整体生态利益、犯罪人的选择意愿、犯罪人的支付能力、完全修复所需的工程量、执行成本等。[②] 但是，实践中开展生态修复的案件适用的恢复性司法模式不同，生态修复标准也不同，且并非每一起破坏环境资源保护犯罪案件都有开展生态修复，这种“选择性”的最大弊端在于无法充分发挥恢复性司法措施的最大效能。[③] 可见，恢复性司法方式方法的规范性不足给司法实践带来诸多问题，在很大程度上也限制了恢复性司法的推广适用。

（三）社会化治理机制协同性不足

检察机关办理生态环境和资源保护领域检察监督案件是“治标”，将办案职能向社会治理领域延伸，探究案件背后的社会问题才能“治本”。随着司法改革的深入推进，从最初源于环境刑事检察建立的“生态检察联络室 +”“河长 + 检察长”“跨部门跨区域协作”等生态环境综合治理工作机制，逐步拓展到制发公益诉讼诉前检察建议、行政类案检察建议、社会治理类检察建议等多种类型检察建议，在推动国家治理、生态环境诉源治理方面取得了良好效果。检察建议的内涵和实践不断丰富的同时，也面临检察建议适用范围不清、监督实效不够理想的问题。

---

① 例如，最高人民检察院公布的《检察机关服务保障长江经济带发展典型案例（第三批）》中，“案例 1 江苏省张家港市夏某某等 5 人非法捕捞水产品刑事公诉案”通过提起刑事附带民事公益诉讼诉请法院责令被告人承担生态环境修复费用，后获法院判决支持；而“案例 4 四川省南部县沈某某非法捕捞水产品刑事公诉案”中，在审查起诉阶段，被告人自愿依据县农业农村局制定的生态修复方案，履行增殖放流生态修复义务，后检察机关未提起公益诉讼。另，最高人民法院发布的指导性案例“铜仁市万山区人民检察院诉铜仁市万山区林业局不履行林业行政管理职责行政公益诉讼案”（指导性案例 211 号）中，针对违法行为人在刑事判决中未承担生态环境修复责任的情形，林业等行政主管部门应当及时责令其依法履行修复义务，故检察机关提起行政公益诉讼，请求确认林业局未依法履行监管职责的行为违法并判令其依法履行环境保护监管职责。

② 李挚萍、田雯娟：《恢复性措施在环境刑事司法实践中的应用分析》，载《法学杂志》2018 年第 12 期。

③ 巩固：《环境民事公益诉讼性质定位省思》，载《法学研究》2019 年第 3 期。

与此同时，破坏生态环境类犯罪的行政犯属性，决定了在该领域健全行刑衔接机制意义重大。当前，生态环境保护领域行刑衔接工作取得了一定效果，但因生态环境领域专业性强，环境行政执法主体多元，且生态检察机构专门化不高，实践中仍面临检察监督能力不足、双向衔接常态化机制尚未健全等困境。

三、“专业化监督＋恢复性司法＋社会化治理”生态检察工作机制的路径展望

近年来，检察机关法律监督格局的变革、环境犯罪的多元化治理需求以及公益诉讼制度的创新发展都对深化“专业化监督＋恢复性司法＋社会化治理”生态检察工作机制提出了新的时代命题。结合该项机制产生的三重逻辑以及实践面临的现实困境，可以从持续推进生态检察专门化体系建设、规范推进恢复性司法措施、融合推进社会化治理机制等不同层面作出路径展望。

（一）持续推进生态检察专门化体系建设

生态检察兼具专业性和复合性，是与知识产权检察、未成年人检察相类似的专门法律监督类型。早在2013年，最高人民检察院印发的《关于加强和改进新形势下检察队伍建设的意见》中提出：“加强检察队伍专业化建设，构建符合执法办案专业要求的组织机构体系和办案组织模式，促进检察人员专业化、检察官专业化和检察执法办案组织专业化。”实践证明，知识产权检察、未成年人检察等独立机构建制的一体化办案模式对于深化“四大检察”工作机制，落实“在办案中监督、在监督中办案”工作理念，全面提升法律监督质效具有积极作用。与此相呼应的是在党内法规和政策层面，2021年《意见》明确提出：“加强生态文明司法保护”“加强知识产权司法保护”“强化未成年人司法保护”。应该说，持续推动生态检察专门化体系建构，全面加强生态检察专门机构、职能建设正当其时，势在必行。

具体而言，一是在最高检、省级院和市级院设立专门的生态环境检察部门，以方便开展对下指导工作和对法院审理的环境案件进行检察监督。

考虑到基层院人员数量有限，区域间环境资源分布存有差异，加之法院在部分地区的基层法院对环境案件管辖体制进行调整，故建议各地结合国土空间整体规划、污染企业分布、环境案件数量等具体情况，对基层检察院管辖的生态检察案件采取集中管辖标准，或实行四级检察院生态检察机构全覆盖。二是在黄河、长江、珠江、松花江等重点流域设立与省级检察院同级别的生态环境检察院，[①] 以破解跨行政区划的流域治理难题。当前，全国各地检察机关不断加强跨区域执法司法协作，出台跨区域案件日常联络、管辖移送、调查取证协作等协作机制，但因缺乏专门的机构设置，“签订”的协作机制没有真正转化为实际的治理效能。三是为解决自然保护区等特定区域生态环境问题，各地可以视情况在相关区域增设生态检察巡回检察室，积极回应生态环境保护的现实需求。

（二）规范推进恢复性司法措施

为依法规范督促侵权行为人履行生态环境修复责任，针对确有必要开展生态修复的环境刑事案件，统一通过支持行政机关开展生态环境损害赔偿、提起公益诉讼的方式，追究违法行为人的生态环境修复责任。

不可否认，针对案件中同一环境公益受损事实，基于公益诉讼制度的设置初衷，检察机关应将行政公益诉讼置于首要地位，[②] 刑事附带民事公益诉讼、民事公益诉讼等程序作为补充。与此同时，刑事附带民事公益诉讼制度充分利用刑事公诉调取的相关证据，结合认罪认罚从宽制度、企业合规制度，在制裁刑事犯罪的同时，既实现了民事公益诉讼生态修复、惩罚性和预防性功能的最优效益，又弥补了传统恢复性司法措施法律依据不足的困境，契合了当前司法实践的客观现实，但也面临赔偿不到位或修复效果不佳的问题。鉴于此，针对行为人的同一环境违法行为，以行政机关是否存在未依法履行职责的情形为标准，决定在案件审查起诉阶段需启动的

---

① 孙佑海：《黄河流域生态环境违法行为司法应对之道》，载《环境保护》2020 年第 1 期。

② 胡卫列：《当前公益诉讼检察工作需要把握的若干重点问题》，载《人民检察》2021 年第 2 期。

公益诉讼类型。

首先，考虑到行政公益诉讼以行政行为违法性为前提，建议对需要开展生态修复的环境刑事案件，先行审查相关行政监管部门是否存在未依法履行职责致使环境公共利益受到损害或损害扩大的情形，若存在未依法全面、正确履职行为，则优先通过提起行政公益诉讼追究违法行为人的生态环境修复责任。①

其次，针对生态环境损害事件，行政机关不存在违法行使职权或不作为的情形，同时又启动生态环境损害赔偿诉讼的，检察机关可以支持起诉方式参与生态环境损害赔偿诉讼。值得注意的是，检察机关在通过提供法律咨询、提交书面意见等方式支持赔偿权利人指定的部门或机构开展生态环境损害赔偿磋商和诉讼工作的同时，也应依法履行法律监督职责。重点对磋商程序是否依法启动，生态环境损害调查、鉴定评估以及污染防范、转运处置工作是否有序推进，磋商协议是否有损社会公共利益、是否及时申请司法确认等开展监督，对符合行政公益诉讼立案条件的，及时启动行政公益诉讼程序，督促磋商程序依法有序开展。

最后，针对行政机关既不存在违法行使职权或不作为的情形，又未启动生态环境损害赔偿诉讼或不符合启动条件的，有必要充分发挥民事公益诉讼对行政执法的补位作用。

（三）融合推进社会化治理机制

为推进生态环境领域“四大检察”全面协调充分发展，亟须厘清社会治理类检察建议和行政公益诉讼诉前检察建议、行政类案检察建议间的关系，促进三者有效融合。

---

① 比如，最高法指导性案例 211 号中被告人非法占用林地的行为既违反森林法应受行政处罚，又触犯刑法应受刑罚处罚的情形下，林业局在将案件移送公安机关立案后撤销已作出的行政处罚，林业局这一撤销行为违反了行政处罚法、《行政执法机关移送涉嫌犯罪案件的规定》，后检察机关提起行政公益诉讼督促林业局履行法定生态修复监督管理职责。

1. 厘清三类检察建议间的区别。

其一，适用范围不同。行政公益诉讼诉前检察建议和行政类案检察建议均属于对行政权行使的监督，但监督阶段不同，且前者以国家利益或社会公共利益受到侵害为前提，后者并未局限于此。社会治理类检察建议主要针对在办案中发现的违法犯罪隐患、管理监督漏洞、风险预警和防控问题，以及就相关部门作出的行政处罚、政务处分、行业惩戒等问题提出的改进工作、完善治理的建议。[①]

其二，监督规则不同。依据《人民检察院公益诉讼办案规则》第 69 条规定，同一行政机关对多个同一性质的违法行为可能存在不依法履职情形的，检察机关只能制发一份诉前检察建议。而最高人民检察院并未制定相关监督规则规定社会治理类检察建议、行政类案检察建议的具体制发标准，虽然 2019 年《人民检察院检察建议工作规定》要求制发社会治理类检察建议，均应由法律政策研究部门对检察建议的必要性、合法性、说理性进行审核，但实践中基本是办案部门制发检察建议书后以备案形式移送法律政策研究部门。

其三，保障措施不同。针对社会治理类检察建议的回复整改情况，检察机关可以采取报告上级检察院、同级党委或人大，通报纪检监察机关等措施，另关于行政案检察建议的跟进监督措施未有明确规定。相较而言，行政公益诉讼诉前检察建议属于以诉的形式履行法律监督职责。

2. 把握好三类检察建议间的联系。一方面，从公益诉讼检察的发展历程来看，公益诉讼检察始终处于行政检察的中心位置，[②] 二者的划分标准是按行政活动所处的阶段进行划分，但大量行政行为的完成同时涉及行政程序和司法程序。而社会治理类检察建议的监督对象以行政机关为主，且“四大检察”都可制发社会治理类检察建议。可见，三类检察建议的适用对象和范围存在阶段性重叠，实践中需特别关注检察建议之间如何分工合作、

---

① 高景峰：《〈人民检察院检察建议工作规定〉理解与适用》，载《人民检察》2019 年第 8 期。

② 刘艺：《公益诉讼检察与其他检察业务的融合发展》，载《人民检察》2019 年第 19—20 期。

分进合击，以精准监督破解合力不足的问题。

另一方面，虽社会治理类检察建议、行政类案检察建议在保障措施上面临刚性不足的质疑，但随着检察改革的深入推进，许多高质量的社会治理类检察建议、行政类案检察建议在促进行刑衔接机制方面取得了有目共睹的成绩。环境犯罪以违反行政管理法规为前提，社会治理类检察建议的监督线索又主要来源于刑事检察，故在生态环境领域对内推进刑事检察与行政检察有效衔接，对外强化行刑双向衔接机制意义重大。建议在明确违法行为属于刑事制裁与行政处罚“二选一”“双罚”“补罚”或“关联罚”衔接类型的基础上，积极针对类案制发高质量的社会治理类检察建议、行政类案检察建议。

四、结语

在持续推进生态检察专门化体系建设，实现检察监督从治罪向修复、治理延伸的背景下，需进一步通过理论反思，系统整合各类检察建议资源，基于哪一种检察建议类型能够利用最少的司法资源，高效实现环境公共利益保护和环境治理效果最优化的考虑，采取不同的监督方式，最大限度释放法律监督潜能，以法治方式推动建设“人与自然和谐共生的现代化”。

环境资源犯罪生态修复研究

环资犯罪案件惩罚性赔偿与罚金衔接适用的现状、困境及其疏解

——基于 8898 份裁判文书的实证分析

周孟雨*

一、案例引入：环资犯罪案件惩罚性赔偿与罚金的衔接困境

（一）典型案例与问题思考

在某刑事判决中，被告人李某某犯污染环境罪，被判处有期徒刑 4 年 6 个月，并处罚金人民币 120000 元，同时另行承担惩罚性赔偿 1107844.34 元。在先审理的刑事诉讼已然对其判处罚金 120000 元，又在民事判决中令其承担罚金数额 9 倍的高额惩罚性赔偿，对被告人来说两种责任并存是否是过度惩罚？是否违反了刑法作为最后一道防线的谦抑性原则？惩罚性赔偿与罚金差距如此之大是否合理？

（二）实证分析与困境归纳

该案可以初见在环境犯罪案件中对同一主体的同一行为适用惩罚性赔偿与罚金存在衔接不顺畅之端倪，笔者以此为线索对司法实践中的相关案例进行了系统检索与整理归纳以窥司法实践之全貌，最终得到同时适用两

* 周孟雨，华中师范大学法学院法学硕士研究生。

种责任的43份案例样本（见表1）。①

表1　承担惩罚性赔偿的环资犯罪案例

案件编号	案号或者案件名称	案由	惩罚性赔偿（元）	罚金（元）	先刑	先民	刑附民
1	（2020）赣0423刑初380号	非法捕捞水产品罪	3000				√
2	江苏省建湖县人民检察院诉张某某等人长江非法采砂刑事附带民事公益诉讼案	非法采矿罪	135445.02	200000			√
3	（2021）皖1721执982号之一	非法采矿罪	1399100	√			√
4	浙江省青田县人民检察院诉马某等11人环境污染刑事附带民事公益诉讼案	污染环境罪	31余万	√			√
5	陈某荣、杨某莲非法捕捞水产品刑事附带民事惩罚性赔偿公益诉讼案	非法捕捞水产品罪	3000				√
6	吉林省吉林市人民检察院诉王某甲、王某乙生态破坏民事公益诉讼案	非法采矿罪	√	√	√		
7	龚某强等六人危害珍贵、濒危野生动物罪暨附带民事公益诉讼惩罚性赔偿案	危害珍贵、濒危野生动物罪	√	5000			√
8	李某某、陈某某等污染环境刑事附带民事公益诉讼案	污染环境罪	√	√		√	
9	（2021）鄂0115刑初187号	非法捕捞水产品罪	放流				√
10	（2022）吉02民初88号	非法采矿罪	72626	100000	√		
11	（2022）赣1022刑初41号	非法狩猎罪	1320				√
12	（2021）桂1322刑初329号	污染环境罪	3718498	80000		√	

① 笔者于2023年8月4日在“Alpha法律智能操作系统”数据库中以全文包含关键词“案由：破坏环境资源保护罪类”“惩罚性赔偿”为条件进行检索，后分别以“环境”“公益诉讼”“惩罚性赔偿”为条件，“第一千二百三十二条”或“第1232条”为关键词进行第二、三次补充检索，另在各法院、检察院官网等补充检索，经逐一阅读、分析、人为选择同时承担惩罚性赔偿责任与环境犯罪刑事责任的案例样本共43份。

续表

案件编号	案号或者案件名称	案由	惩罚性赔偿（元）	罚金（元）	先刑	先民	刑附民
13	（2021）川3424刑初173号	危害国家重点保护植物罪	1698	3000			√
14	（2021）陕0824刑初321号	非法占用农用地罪	证据不足不支持	20000			√
15	（2021）川3424刑初55号	滥伐林木罪	161496	20000			√
16	（2021）陕0429刑初22号	滥伐林木罪	补植	15000			√
17	（2020）冀0824刑初88号	非法狩猎罪	19200	5000			√
18	（2021）粤02刑终199号	非法狩猎罪	89732				√
19	（2022）陕1023刑初19号	滥伐林木罪	补植	2000			√
20	（2022）陕1023刑初13号	滥伐林木罪	补植	2000			√
21	（2021）豫1503刑初670号	非法捕捞水产品罪	放流				√
22	（2021）豫1503刑初562号	滥伐林木罪	补植	3000			√
23	（2022）陕1023刑初30号	滥伐林木罪	补植	3000			√
24	（2022）陕1023刑初25号	滥伐林木罪	补植	2000			√
25	（2021）川0422刑初100号	非法狩猎罪	62400				√
26	（2021）吉0621刑初147号	非法狩猎罪	15000				√
27	（2021）川0823民初2349号	非法狩猎罪	2640	不起诉			√
28	（2021）粤0281刑初115号	污染环境罪	1107844.34	120000			√
29	（2020）苏0682刑初933号	污染环境罪	71424	20000		√	
30	江苏污染环境刑事附带民事公益诉讼案	污染环境罪	52000				√

续表

案件编号	案号或者案件名称	案由	惩罚性赔偿（元）	罚金（元）	先刑	先民	刑附民
31	浙江省首例适用污染环境惩罚性赔偿条款案	污染环境罪	315600	100000		√	
32	安徽省首例适用污染环境惩罚性赔偿条款案	污染环境罪	90000	100000			√
33	刘某危害珍贵、濒危野生动物罪及附带民事公益诉讼案	危害珍贵、濒危野生动物罪	3000	3000			√
34	陕西省人民检察院发布秦岭生态环境保护检察监督典型案例之一：镇安县人民检察院诉孔某某滥伐林木刑事附带民事公益诉讼案	滥伐林木罪	9384	1000			√
35	最高人民检察院发布检察机关依法惩治非法捕捞水产品犯罪典型案例之五：江苏省常州市陈某龙等16人非法捕捞水产品，掩饰、隐瞒犯罪所得案	非法捕捞水产品罪	√				√
36	陕西省人民检察院发布秦岭生态环境保护检察监督典型案例之七：旬阳市人民检察院诉王某某非法采矿刑事附带民事公益诉讼案	非法采矿罪	118233	20000		√	
37	最高人民检察院发布督促整治非法采矿检察公益诉讼典型案例（第二批）之九：安徽省芜湖经济技术开发区人民检察院诉彭某某等55人非法采矿刑事附带民事公益诉讼案	非法采矿罪	524068	√			√
38	（2020）冀0822刑初36号	非法狩猎罪	33500			√	
39	（2020）冀0822刑初72号	非法狩猎罪	9200	2000		√	
40	安徽省人民检察院发布“守护绿色江淮美好家园”典型案例之九：在提起公益诉讼时申请财产保全	污染环境罪	95806.56	√			√

续表

案件编号	案号或者案件名称	案由	惩罚性赔偿（元）	罚金（元）	先刑	先民	刑附民
41	（2022）沪 7101 刑初 196 号	非法捕捞水产品罪	1056			√	
42	（2023）兵 0103 刑初 36 号	盗伐林木罪	15886.14	5000			√
43	广东省人民检察院发布生物多样性保护公益诉讼典型案例之七：广州市增城区人民检察院适用惩罚性赔偿制度对曾某某等人长期非法捕猎白鹇等珍贵、濒危野生动物行为严厉追责	危害珍贵、濒危野生动物罪	30000	√			√

据此，笔者总结在司法实践中惩罚性赔偿与罚金的衔接存在着三大困境：

第一，惩罚性赔偿与罚金是并用还是择一？如同是非法狩猎罪，[①] 案例 17 的被告人承担了惩罚性赔偿和罚金，案例 26 的被告人只承担了惩罚性赔偿，另有 8855 份案例是被告人只承担了罚金而不承担惩罚性赔偿。[②] 并用方式是否是重复责任？择一适用是否是法益保护不周？

第二，刑事诉讼与民事诉讼孰先孰后？同时适用两种责任的 43 份案例诉讼顺位模式[③] 可以总结归纳为两种：先民后刑与先刑后民。[④] 在两种

① 刑法第 341 条第 2 款：违反狩猎法规，在禁猎区、禁猎期或者使用禁用的工具、方法进行狩猎，破坏野生动物资源，情节严重的，处三年以下有期徒刑、拘役、管制或者罚金。

② 截至 2023 年 6 月 27 日，2021 年（民法典施行）以后的判决判处罚金的破坏环境资源保护类犯罪一审判决书共计 8898 份，而对环境公益侵权行为判处惩罚性赔偿的只有 43 份。据此可知另有大量的案例只选择判处罚金，而没有选择判决惩罚性赔偿。

③ 有 33 份是在刑事附带民事公益诉讼中统筹考虑两种责任，有 8 份案例是先在民事程序中处理行为人的惩罚性赔偿责任，有 2 份案例是先在刑事诉讼中处理行为人的罚金责任，再解决其惩罚性赔偿责任。

④ 虽然在司法实践中同一主体的同一环境公益侵权行为引发的民事公益诉讼与刑事诉讼的处理模式包括三种：先民事公益诉讼后刑事诉讼（先民后刑），先刑事诉讼后民事公益诉讼（先刑后民）与刑事附带民事公益诉讼。然而，即使刑事责任与民事责任在一个诉讼程序中予以解决的刑事附带民事公益诉讼也必然涉及刑事部分与民事部分的审理先后顺序。

责任统筹适用的诉讼顺位方面，司法实践没有统一的处理模式，哪一种程序路径是最佳方案？先刑后民是否违反一事不再理原则与刑法的谦抑性原则？先民后刑是否会架空部分环境资源犯罪罚金刑的适用而违反罪刑法定原则？

第三，不同案件两种责任数额差距较大。在上述43份案例样本中，可以看到同时判处罚金与惩罚性赔偿责任的案例中，不同案件的两种责任数额差距较大。[①] 惩罚性赔偿与罚金均是对不法行为人的惩罚，不同案件两种责任数额有无量化标准？

二、原因探究：环资犯罪案件惩罚性赔偿与罚金的竞合分析

（一）二者发生竞合的可能性大

环境犯罪（环资犯罪）在我国的外延主要指的是我国刑法分则第六章“妨害社会管理秩序罪”下专设一节规定的“破坏环境资源保护罪”。[②] 除非法捕捞水产品罪，非法狩猎罪，非法猎捕、收购、运输、出售陆生野生动物罪是可选择适用罚金刑之外，其余均是并处罚金。故当行为符合环境犯罪的构成要件时，其主要的责任承担方式是缴纳罚金。

然而，环境侵权是环资犯罪行为的逻辑起点，换言之，环资犯罪行为也是环境侵权行为。环境侵权具有二元性，包括经由环境对人的损害行为（私益环境侵权行为）与对生态环境的损害行为（环境公益侵权行为）。当

---

① 只有案例32、33、13两种责任数额相同或大致相同，案例2、10的罚金数额大于惩罚性赔偿，案例12、15、17、28、29、31的罚金数额小于甚至远小于惩罚性赔偿。

② 此外，还有第二章危害公共安全犯罪（如第114条投放危险物质罪，非法制造、买卖、运输、储存危险物质罪，重大责任事故罪，危险物品肇事罪等）、第三章破坏社会主义市场经济秩序罪（如第229条提供虚假证明文件罪，走私罪中的走私珍贵动物、珍贵动物制品罪，走私国家禁止进出口的货物、物品罪，走私废物罪）、第六章妨害社会管理秩序罪第六节之外的其他“节”，以及第九章渎职罪（如违法发放林木采伐许可证罪，环境监管失职罪，非法批准征用、占用土地罪，动植物检疫徇私舞弊罪，动植物检疫失职罪等）中也规定了一些与环境资源保护有关的犯罪。另有学者指出分散设置于其他各章、节的有24个相关的罪名。在当前生态学的人类中心主义法益观的影响下，环境犯罪包括只对生态环境本身造成损害的犯罪与经由生态环境对被害人造成损害的犯罪。

环境侵权行为符合惩罚性赔偿的构成要件时，就会产生惩罚性赔偿责任，[①]主要的履行方式是支付惩罚性赔偿金。

从两种责任的构成要件来看，环境侵权惩罚性赔偿构成要件是行为要件上违反法律规定，主观要件上的故意与结果要件上的严重后果。环境犯罪包括破坏自然资源类犯罪和污染环境类犯罪。首先，前者的罪过一般为故意，[②]笔者认为，污染环境罪的罪过形式不能是过失，[③]故环境资源犯罪的罪过均为故意而非过失。其次，环境犯罪的各构成要件均包括“违反”“非法”等要素，因而也包括违反法律规定这一要件。最后，环境犯罪行为的社会危害性不会比民事侵权的轻，因此其要求的后果会比惩罚性赔偿更严重。总而言之，两种责任构成要件无本质的区别，仅仅是量上的门槛高低之分，环境犯罪门槛高于惩罚性赔偿。因此，构成环境犯罪的行为必然符合惩罚性赔偿的构成要件。

由此观之，构成环境犯罪的行为也符合惩罚性赔偿的构成要件，此时极有可能产生惩罚性赔偿与罚金责任的竞合。鉴于环境犯罪的本质是对生态法益的侵害，环境犯罪刑事责任承担的本质是对生态环境损害的救济，此外，实践中鲜见私益环境侵权惩罚性赔偿责任产生的案件，为避免分类讨论带来的篇幅冗长，本文主要探讨对生态环境损害进行救济的罚金与惩罚性赔偿责任的协调适用（排除对私益环境侵权惩罚性赔偿责任的讨论）。

（二）竞合时的法律依据不足

我国法律对法律责任竞合的处理规则只有零散的规定。第一，责任认定方面，公法责任与私法（民事）责任聚合时二者并存、同时适用。第

---

① 依据民法典第1232条以及最高人民法院《关于审理生态环境侵权纠纷案件适用惩罚性赔偿的解释》第12条。

② 侯艳芳:《论环境资源犯罪治理中刑事和解的适用》，载《政法论丛》2017年第3期。

③ 后者的罪过多数学者如张明楷、田宏杰、侯艳芳、史蔚与晋海等人认为是故意，笔者认为污染环境罪的主观罪过形式限定为故意而非过失，我国刑法第15条第2款规定“过失犯罪，法律有规定的才负刑事责任”。反观污染环境罪的罪状表述，并未像过失决水罪、过失投放危险物质罪以及过失致人死亡罪等罪一样规定“过失”这一构成要件要素。过失严重污染环境的可由其他法律追究相应责任。

二，责任履行方面，私法责任优先于公法责任执行。[①] 第三，部分行政处罚与刑事处罚可以折抵。[②] 第四，同一违法行为不得两次以上行政罚款。[③] 第五，最高人民法院《关于审理生态环境侵权纠纷案件适用惩罚性赔偿的解释》(以下简称《惩罚性赔偿解释》)中对私益环境侵权的惩罚性赔偿责任与刑事责任的衔接适用作出指引，而对环境公益侵权则规定参照私益环境侵权适用。即便如此，这种规定也不能直接指导环境公益侵权惩罚性赔偿责任与罚金责任竞合时的处理。[④] 综上，我国现行法律不能为二者竞合时的处理提供合法与明确的指引，下文深入分析惩罚性赔偿责任及其与罚金责任之间的联系后，向上寻求理论根源与约束准则是破解困境之途。

三、理论供给：环资犯罪案件惩罚性赔偿与罚金的适用基础

(一) 生态环境损害惩罚性赔偿责任的公法性

学界长期以法律责任的功能来划分公、私法责任。公法责任为了惩罚，

① 民法典第 187 条规定：民事主体因同一行为应当承担民事责任、行政责任和刑事责任的，承担行政责任或者刑事责任不影响承担民事责任；民事主体的财产不足以支付的，优先用于承担民事责任。行政处罚法第 8 条规定：公民、法人或者其他组织因违法行为受到行政处罚，其违法行为对他人造成损害的，应当依法承担民事责任。违法行为构成犯罪，应当依法追究刑事责任的，不得以行政处罚代替刑事处罚。刑法第 36 条规定：由于犯罪行为而使被害人遭受经济损失的，对犯罪分子除依法给予刑事处罚外，并应根据情况判处赔偿经济损失。承担民事赔偿责任的犯罪分子，同时被判处罚金，其财产不足以全部支付的，或者被判处没收财产的，应当先承担对被害人的民事赔偿责任。

② 行政处罚法第 35 条规定：违法行为构成犯罪，人民法院判处拘役或者有期徒刑时，行政机关已经给予当事人行政拘留的，应当依法折抵相应刑期。违法行为构成犯罪，人民法院判处罚金时，行政机关已经给予当事人罚款的，应当折抵相应罚金；行政机关尚未给予当事人罚款的，不再给予罚款。该规则确立了行政处罚中的行政拘留与刑期的折抵、行政罚款与刑事罚金的折抵。

③ 行政处罚法第 29 条规定：对当事人的同一个违法行为，不得给予两次以上罚款的行政处罚。同一个违法行为违反多个法律规范应当给予罚款处罚的，按照罚款数额高的规定处罚。

④ 根据现行法律规定，两种责任可以并存，但面对诉讼顺位如何安排以及两种责任数额如何具体裁量，司法者仍无所适从。

私法责任指向损害填补。[①] 但这种划分无法解释作为行政责任兼具惩罚和补偿两方面的作用却被定性为公法责任。[②] 所以，笔者认为从法的本质层面探究进而划分公法与私法责任才较为科学。本体层面而言，法是由一定社会物质条件决定的统治阶级的意志的体现，[③] 公法是人民共同意志的体现，私法是人民个别意志的体现。公法更多强调的是国家权力的行使，强调的是公共权力的"管"，私法则着重社会生活主体的意思自治，公共权力对其采取"放"的态度。换言之，国家对公法责任管得多，对于私法责任则放开由当事人双方决定。

生态环境损害惩罚性赔偿是公法责任还是私法责任，学界存在民事责任说、公法责任说与二元属性说三大分歧。将其定性为民事责任主要是基于三点理由：第一，民法典第179条的规定在实体法的层面上将惩罚性赔偿责任确定为民事责任的一种。第二，责任是由被告承担，是普通的民事主体。第三，环境民事公益诉讼的程序是参照民事诉讼构建、运行。笔者认为，上述三种理由未深入到责任划分的本质，尤其重要的是民事责任产生的原因是民事主体违反民事义务，民事义务的违反最能体现民事责任的本质特征。环境民事公益诉讼中的责任是被告实施了损害生态环境的行为，违法的是环境保护法等公法义务，而非民事法律规定的义务。

笔者认为，我国对生态环境损害惩罚性赔偿责任采取"管"的态度，故是公法责任，是公法对权利的限制规定。[④] 旨在救济生态环境损害的环境民事公益诉讼过程中原告主张被告承担惩罚性赔偿责任等诉讼请求不能随意放弃，原被告双方不能私自协商。且司法机关在公益诉讼中采取职权主义，扮演着司法能动的角色，履行变更诉讼请求和诉的合并的释明义务等内容，甚至是判决后也要"回头看"，继续发挥行政司法作用。环境公益

① 孙笑侠：《公、私法责任分析——论功利性补偿与道义性惩罚》，载《法学研究》1994年第6期。

② 黎宏：《民事责任、行政责任与刑事责任适用之司法困惑与解决》，载《人民检察》2016年第2期。

③ 张文显、于宁：《当代中国法哲学研究范式的转换——从阶级斗争范式到权利本位范式》，载《中国法学》2001年第1期。

④ 沈百鑫：《环境损害的修复责任制度初探：以水体损害修复责任中的中德比较为视角》，载《清华法治论衡》2014年第3期。

诉讼中的惩罚性赔偿一般上缴国库或者公益基金会[①]而非归为私人也是国家“管”的体现。

（二）生态环境损害惩罚性赔偿与罚金的异同

对生态环境损害惩罚性赔偿与罚金进行区分，是消除二者衔接适用争议的理论基础。

首先，惩罚性赔偿金与罚金具有相同的历史渊源，起源于倍备制度。[②]其次，惩罚性赔偿金与罚金的内容指向相同，均要求不法行为人支付一定数目的金钱，具有财产性，不涉及行为人的人身自由限制与相关资格的剥夺。再次，生态环境损害惩罚性赔偿金与罚金性质相同，均为公法责任，性质决定目的，目的通过功能实现，二者的法律目的相同，功能重合。生态环境损害惩罚性赔偿直接目的是惩罚被侵权人，最终目的是为维护公共利益而对社会形成教育效果，预防类似侵权行为再次发生，即为威慑[③]环境公益侵权行为而进行经济上的惩罚。[④]罚金是人民法院判处犯罪人向国

---

① 如德昌县人民法院（2021）川3424刑初173号刑事判决书，惩罚性赔偿金上缴至国库生态环境损害赔偿资金账户。滦平县人民法院（2020）冀0824刑初88号刑事判决书，惩罚性赔偿金上缴至滦平县财政局公益账户。

② 我国古代刑民不分，唐、宋两朝中倍备制度与近现代的惩罚性赔偿制度十分相似，即加倍备偿（赔偿）于被害人。近现代社会法律现代化的公法和私法分立，刑法与民法的分离使得惩罚性赔偿适用于私法领域，罚金则由刑法规定。

③ 法律责任的功能是作为一种威慑手段保障权利实现和督促义务履行，惩罚性赔偿主要被当作能提高侵权法威慑功能的工具，进而实现预防环境危害行为与生态正义目的，故威慑是惩罚性赔偿制度的基本原理。且在当代美国法中，惩罚性损害赔偿的主要功能在于制裁和威慑，即惩罚极度恶劣的不当行为并遏制其他人实施类似行为。陈年冰:《我国惩罚性赔偿制度研究》，山东大学2013年博士学位论文。冯珏:《我国民事责任体系定位与功能之理论反思》，载《政法论坛》2022年第4期。

④ 学界认为惩罚性赔偿具有惩罚、精神安抚、补偿和奖励被侵权人等功能，但私益环境侵权惩罚性赔偿所具有的后三种功能在此没有发挥的空间。环境民事公益诉讼的提起主体不是具体的被侵权人，私益诉讼惩罚性赔偿责任所具有的损失补偿与精神安抚功能无从发挥，又因公益诉讼相关解释已经支持被告承担检验、鉴定费用，合理的律师费以及为诉讼支出的其他合理费用的请求，且其起诉本身均具有公益属性或职责属性，诉讼激励功能也无适用空间。

家缴纳一定数额金钱的刑罚方法，[①] 通过对当事人科处惩罚（制裁）来预防遏制违法犯罪行为的发生，以此达到维护公共利益及维持公共秩序的目的。因此，公益惩罚性赔偿与罚金都是为威慑不法行为而采取经济惩罚的手段，维持公共秩序以间接保护公共利益。[②] 最后，惩罚性赔偿与罚金的构成要件与适用诉讼程序不同。

（三）威慑理论对惩罚性赔偿与罚金适用的指导

目的是法律的创造者，既然生态环境损害惩罚性赔偿与罚金最终都是为了威慑而惩罚，循此目的逻辑，二者应受威慑理论的统一支配。

威慑理论源于美国国际战略学及军事学领域，最早由近代刑法之父贝卡利亚引入刑法领域，然而，“一个救济体系的基本目标是威慑人们不敢违反法律”[③]；刑法之外的部门法为完善法律责任设计对威慑理论也逐渐给予高度关注。法律威慑是指：“通过法律责任为违法行为设置后果，从而为行为人创造在事前放弃违法行为的激励。”法律威慑通过法律责任实现，[④] 从

---

① 高铭暄、马克昌主编：《刑法学》，中国法制出版社1999年版，第442页。王云海：《日本的刑事责任、民事责任、行政责任的相互关系》，载《中国刑事法杂志》2014年第4期。

② 尽管如此，可能会有环境公益惩罚性赔偿没有设立必要的学界质疑，但笔者认为其仍然有独立适用的空间，其补充刑法制止环境公益侵权行为。第一，刑事立法具有谦抑性，当环境公益侵权行为没有为刑法所规制，而该侵权行为出于主观故意，且给环境公益造成严重损害后果，民事法律的恢复以及赔偿（补偿）已经不能对该类行为产生威慑力之时，以威慑环境公益侵权行为为法律目的和功能的公益惩罚性赔偿的介入就有现实必要性与理论正当性。公益惩罚性赔偿通过对不法行为人的财产方面实施制裁，加大其行为成本，从而预防此类行为的再次发生。第二，对环境资源犯罪不需追究刑事责任或判处刑罚时，惩罚性赔偿责任可能适用。一方面，环境公益侵权行为构成犯罪不一定会被追究刑事责任。刑事责任是犯罪的法律后果，但犯罪并不直接导致刑事责任的承担，可能因为实体法与程序法的规定而出现犯罪与刑事责任的断裂。另一方面，刑罚是实现刑事责任的主要形式，但实现刑事责任的其他方式包括非刑罚处罚与单纯宣告有罪。故追究环境犯罪的刑事责任没采用罚金刑时，鉴于环境犯罪的贪利性，对其施加惩罚性赔偿责任尤为必要。第三，甚至在对环境犯罪适用罚金时，惩罚性赔偿仍然可以与其并用，补充罚金刑的威慑力。笔者将在下文对两种责任并用的情况详细阐述。

③ ［美］理查德·A. 波斯纳：《反托拉斯法》（第2版），孙秋宁译，中国政法大学出版社2003年版，第313页、第314页。

④ 戴昕：《威慑补充与“赔偿减刑”》，载《中国社会科学》2010年第3期。

三大部门法的财产责任、行为责任与信誉责任三个方面进行威慑，[①] 改变行为人的成本—收益结构和预期收益。对此，可以用数学模型予以具象表达，假设违法行为人通过违法行为获得的收益为 G（gain），被追责的概率为 P（probability），财产责任为 F（fine），承担行为责任与信誉责任的成本分别为 S（sentence）与 R（reputation），当 G>P（F+S+R）时，行为人将有违法的可能性。

惩罚性赔偿与罚金是完全威慑。威慑理论包括完全威慑与最优威慑，贝卡利亚的刑罚目的观体现了刑罚威慑的功能，边沁最早将经济学的方法引入威慑理论，贝卡利亚与边沁的古典威慑理论是完全威慑，剥夺犯罪利得，以消除犯罪，完全遏制犯罪为目的。而威慑理论较现代的意义则是最适威慑或最优威慑，[②] 强调诱导行为人在生产或提供服务过程中采纳社会最优的注意水平，同时生产或提供社会最优数量的商品或服务，[③] 刑事责任的威慑是全面威慑，侵权法的威慑是最优威慑。[④] 至于惩罚性赔偿追求的究竟是全面威慑还是最优威慑，就有不同的学者发表相左的观点，[⑤] 笔者认为以全面威慑为追求的刑事责任遵循的是科菲教授所言的禁止逻辑，追求最优威慑的民事责任遵循的是定价逻辑，[⑥] 环境侵权惩罚性赔偿的构成要件是造成严重后果，鉴于生态环境是人类生存和发展的基本前提以及生态环境

---

① 焦海涛：《经济法责任制度再释：一个常识主义立场》，载《甘肃政法学院学报》2016 年第 3 期。

② 美国法经济学的代表波斯纳 1973 年出版的《法律的经济分析》和 1985 年出版的《刑法经济学理论》奠定了最优威慑的经济理论基础。

③ 葛江虬：《"知假买假"：基于功能主义的评价标准构建与实践应用》，载《法学家》2020 年第 1 期。

④ See Keith N. Hylton，*Punitive Damages and the Economic Theory of Penalties*，87 Georgetown L.J. 421，421（1998）.

⑤ 如王承堂认为惩罚性赔偿追求的是最优威慑而非全面威慑，认为知识产权惩罚性赔偿是最优威慑，葛江虬认为消费者权益保护法第 55 条第 1 款是完全威慑。王承堂：《论惩罚性赔偿与罚金的司法适用关系》，载《法学》2021 年第 9 期。王然、王崇敏：《威慑理论视角下知识产权惩罚性赔偿的规则完善》，载《海南大学学报（人文社会科学版）》2022 年第 1 期。葛江虬：《"知假买假"：基于功能主义的评价标准构建与实践应用》，载《法学家》2020 年第 1 期。

⑥ See John C. Coffee，Jr.，Paradigms：*The Blurring of the Criminal and Civil Law Models and What Can Be Done About It*, 101 Yale L.J. 1875，1884（1992）.

损害具有潜伏性、累积性、不可逆甚至是不可修复性，故无论不法行为对行为人或者社会带来的利益是否大于损害，该行为都应当被完全遏制，其威慑目的应是全面威慑，确保责任数额等于或大于行为人的潜在收益，通过使行为人得不偿失的方式来阻止风险行为。

威慑理论也是对“违反一事不再罚”与“违反禁止重复评价原则”等质疑的回应。我国行政处罚法上的“一事不再罚”原则为行政处罚法第29条所规定，[①] 实际上限缩了行政法上的“一事不再罚”原则，指的是“一事不二罚款”。作为刑法原则的禁止重复评价，当前我国法律规范、司法解释或办案指导意见中均未明文规定这一原则，刑法学界和实务领域却普遍认为定罪和量刑阶段必须坚持它。[②] 不论是一事不再罚原则还是禁止重复评价原则都有在原先各自领域向整个公法领域扩张的趋势，以实现公法责任之间的统筹适用。事实上，无论是刑事处罚的禁止重复评价还是行政处罚的一事不再罚，都是为了防止对同一违法行为进行重复制裁，[③] 防止过罚失衡。然而，目的才是法律的创造者，只要制裁手段的威慑目的未实现，对同一主体同一违法行为再次适用的责任就不是重复制裁。

（四）比例原则对惩罚性赔偿与罚金适用的约束

威慑理论主要站在公共利益这一法益保护的天平一端，然而作为天平的另一端的被告权利也应当得到法律的保障，法治主义四个基本内容[④]中的比例原则是被告权利保障的理论源泉。

比例原则是公法的第一原则，[⑤] 表达的是适度、均衡的理念和思想，[⑥]

---

① 行政处罚法第29条：对当事人的同一个违法行为，不得给予两次以上罚款的行政处罚。

② 王兆忠：《禁止重复评价原则的适用》，载《人民司法（应用）》2018年第4期。

③ 龚学德：《论公法制裁后环境民事公益诉讼中的重复责任》，载《行政法学研究》2019年第5期。

④ 王云海：《日本的刑事责任、民事责任、行政责任的相互关系》，载《中国刑事法杂志》2014年第4期。

⑤ 陈新民：《德国公法学基础理论》，山东人民出版社2001年版，第389页。

⑥ 郑晓剑：《比例原则在现代民法体系中的地位》，载《法律科学》2017年第6期。

目的是通过对公权力的限制达成对公民权利的保障，[①] 主要适用于要求国家不得侵犯公民的权利，发挥权利对抗权力的功能。我国法律没有明文使用“比例原则”这一概念，我国宪法中“国家尊重和保障人权”可以成为其宪法依据。从该条款中能够解释出国家负有两项义务：一是消极义务，即禁止基于非正当目的与通过不合理手段限制公民基本权利，二是积极义务，即应当创设各种条件来满足公民基本权利的发展需要。[②] 比例原则主要为行政法所用，禁止公权力对公民基本权利的不正当、不合理限制，该原则首先约束的就是行政处罚这一公权力，具体体现为罚过相当原则。其也为刑法所用，刑法的谦抑性原则与罪责刑相适应原则即为具体体现。事实上，无论是刑法上的罪刑均衡原则还是行政处罚法上的罚过相当原则，都是公法比例原则在刑事处罚以及行政处罚方面的展开。凡对公民权利具有公法性质的惩罚手段都要受到比例原则的约束。

比例原则遵循适当性审查、必要性审查和均衡性审查的三阶审查步骤。[③] 对惩罚性赔偿责任性质的分析及其与罚金责任的辨析，以及前述的威慑理论可以通过比例原则的第一步审查，而第二步的必要性审查，即惩罚性赔偿与罚金的适用是否必要的追问。笔者认为其可以具体体现为刑法的谦抑性，[④] 即刑法必须是所有法律体系中最后介入的制裁手段。[⑤] 最后，审查手段产生的损害与目的追求的利益之间是否平衡，亦即被告遭受的惩罚应当与其罪过相称。[⑥]

---

① Rudolt Wendt, *Der Garantiegehalt der Grundrechte und der Uberma β verbot*，104. AoR., 1979, S. 422.

② 刘权：《比例原则的中国宪法依据新释》，载《政治与法律》2021 年第 4 期。

③ 蒋红珍：《比例原则适用的范式转型》，载《中国社会科学》2021 年第 4 期。

④ 熊永明、胡祥福：《刑法谦抑性研究》，群众出版社 2007 年版，第 66 页。

⑤ 一方面要求其他部门法律先于刑法介入，另一方面要求刑法介入调整实现特定目的后，其他欲实现相同目的的法律不得再次调整。

⑥ 在均衡性审查中，首先，在各个威慑手段分别追求的目的平衡时要注重一般正义与个案正义的有机统一。其次，整体的威慑手段与追求的目的也要追求平衡，威慑目的达到之后再动用的威慑手段没有存在的正当理由，比例原则的第三步审查则要求冗余的威慑手段之间要么择一，要么折抵。

四、困境疏解：两种责任衔接适用的实体遵循与程序路径设想

（一）责任认定或并存或择一

两种责任可能发生竞合，具体的责任适用情形分类讨论如下：

首先，对环境犯罪不需追究刑事责任或判处刑罚时，惩罚性赔偿责任可能单独适用。[①] 其次，即使需要对环境犯罪行为适用罚金刑，惩罚性赔偿仍然可以与其并用，补充罚金刑的经济制裁威慑力，且二者并用并不是重复责任。即使需要动用罚金刑惩罚环境犯罪行为，但我国执法者偏差可能会造成罚金刑目的不能实现，[②] 如此目的为惩罚性赔偿适用于可能承担罚金责任的环境犯罪行为留下了正当性根据。二者虽功能相同，但同时适用不是重复制裁，实为威慑所需。最后，如果罚金刑能实现其威慑目的，作为私人实施机制[③]的惩罚性赔偿责任则不必适用。[④]

总之，当行为人构成环境犯罪时，其可能只承担惩罚性赔偿责任，也可能只承担罚金责任，还可能同时承担惩罚性赔偿与罚金责任，具体是哪种情形则取决于两种法律责任适用时的为威慑而惩罚的法律目的是否实现。

（二）先民后刑诉讼顺位优先

两种诉讼如何安排才能回应学界质疑，也需要从理论上分类讨论而观之。

1. 当责任之一未实现威慑需要时。如果先在环境民事公益诉讼中判处

---

① 第一，环境犯罪不一定会被追究刑事责任。可能因为实体法与程序法的规定而出现犯罪与刑事责任的断裂。第二，刑罚是实现刑事责任的主要形式，但实现刑事责任的其他方式包括非刑罚处罚与单纯宣告有罪。第三，非法捕捞水产品罪，非法狩猎罪，非法猎捕、收购、运输、出售陆生野生动物罪只是选择适用罚金。

② 徐鹏：《污染环境罪罚金刑司法适用研究——基于江苏省600余份判决书的实证分析》，载《文化学刊》2022年第8期。

③ 惩罚性赔偿责任是通过私人或公众追究违法者责任的形式，达到制裁和遏制经济违法活动的目的，实际上是一种私人执法的机制。虽然是司法程序，其内核却是行政执法程序，即以私人执法弥补公共执法。惩罚性赔偿责任的兴起旨在弥补行政规制的局部失灵，调动私法力量协同控制公共风险。

④ 赵鹏：《惩罚性赔偿的行政法反思》，载《法学研究》2019年第1期。

惩罚性赔偿，后在刑事诉讼中判处罚金，罚金仍然是最后一道防线，不违反刑法的谦抑性原理，也符合比例原则的第二步审查。此外，罚金也在部分要求必须适用罚金的环境犯罪如污染环境罪中得到实际适用，也没有违反罪刑法定原则。因此先民后刑可行。

如果先判处罚金，后判处惩罚性赔偿时，没有违反一事不再罚或者禁止重复评价原则。此外罚金也在污染环境罪等环境犯罪中得到实际适用，没有违反罪刑法定原则。但此时罚金以及其他严厉的监禁刑等刑罚得到了适用，却不是惩罚的最后一道防线，否定了刑法的保障法地位，违反刑法的谦抑性，[①] 损害刑罚体系的权威，也不能通过比例原则的第二步“必要性”的审查，因此先刑后民不可行。

2. 当责任之一已实现威慑需要时。如果环境民事公益诉讼的惩罚性赔偿先行判决，惩罚性赔偿已充分实现经济制裁的威慑效能，罚金无须适用，此时虽然不违反刑法的谦抑性原理，但当需要对污染环境罪判处有期徒刑或拘役等刑罚时则必须判处罚金，就会出现罪刑法定原则要求适用罚金，而罚金目的已经实际实现无须适用，法官还是要面对如何判决罚金数额的困境。笔者认为，一方面，从司法上来说，污染环境罪等环境犯罪的司法实践中罚金的“空判”现象确实存在，[②] 再如罚金的预先缴纳，[③] 先独立判处罚金数额，后在裁判文书中写明已缴纳的惩罚性赔偿完全折抵罚金，或者惩罚性赔偿的履行视作罚金的预先缴纳。另一方面，从刑事立法方面考量，刑法可以迎合刑罚轻缓化的趋势对环境犯罪的罚金刑的适用方式作出适当调整，将第 340 条规定的非法狩猎罪的罚金的选择适用作为环境犯罪的罚金统一适用方式。如此而言，先民后刑也不存在法理障碍。

如果刑事诉讼先行适用，罚金完全实现经济制裁的威慑目的，是刑事

---

① 虽然学界多认为刑法的谦抑性仅指立法上的谦抑性，但笔者认为刑法谦抑性的理念是保障人权，保障人权不仅需要在刑事立法中遵守，还要在刑事司法中贯彻落实，已经动用刑法保护具体的法益后，实现相同法益保护目的的其他法律手段就不应当再次适用，即刑法的谦抑性包括立法上的罪刑规定的补充性与司法上的罪刑适用的最后性。

② 如行政罚款的完全折抵——某刑事判决书被告人刘某某犯污染环境罪，判处有期徒刑 8 个月，缓刑 1 年，并处罚金 5000 元，已缴纳罚款 5000 元抵顶罚金 5000 元。

③ 如重庆市涪陵区人民法院（2020）渝 0102 刑初 407 号刑事判决书。

立法目的完全实现的理想情况，先刑不民（先判处罚金不判处惩罚性赔偿）可行，只是囿于执法者偏差，先行的罚金完全实现惩罚目的有一定的难度。

3. 先民后刑之正当性的加持理由。综合以上讨论可以看出，基于现实情况，不论哪种情形，先民后刑都是合理的选择。从以惩罚性赔偿责任与罚金责任关系的视角来看待刑民诉讼顺位问题跳脱出来，从生态环境损害修复责任、生态环境损害赔偿与刑事责任关系的角度来看待，先民后刑也具有优越性。先民后刑可以避免先刑后民模式下刑事诉讼期限较长拖延民事案件的审理所造成的生态环境修复不及时、赔偿不到位以及执行难等问题。此外，以刑事责任的从宽处理[①]可以倒逼上述民事责任的积极履行，[②]还可以依据民事程序中生态环境损害的事实和程度所进行具体的鉴定对刑事诉讼入罪所需的生态环境损害范围进行证据供给。

综上，生态环境损害惩罚性赔偿与罚金的适用顺位是先民后刑应当优先适用，先刑不民模式[③]次之。

（三）数额认定先量化后抵扣

因惩罚性赔偿与罚金具有同质性，两者应根据统一的标准独立裁量后进而采取折抵规则。如此一来既是对法益保护的双重检验，也是对被告人权的一层保障。

1. 威慑理论对数额量化的指导。我国生态环境损害惩罚性赔偿金认定的法律依据是《惩罚性赔偿解释》第 12 条。[④]但上述规则均未遵循目的逻

① 参照前述最高人民法院、最高人民检察院《关于办理环境污染刑事案件适用法律若干问题的解释》第 5 条的规定。

② 可能会有学者质疑此举是花钱买刑，实则不然，符合罪责刑相适应原则。罪责刑相适应原则要求综合考虑被告人犯罪行为的法益侵害性、主观恶性以及人身危险性判处刑罚，而对被侵害利益的救济恰恰是被告人人身危险性大小的体现，相较于犯罪后对被害利益漠视的态度，被告人的积极挽救显然不同于前者，在刑罚上也应当有所区别。

③ 在该模式中人民法院已经判处罚金，民事公益诉讼与生态环境损害赔偿诉讼中请求被告承担惩罚性赔偿责任的，人民法院不予支持。

④ 《惩罚性赔偿解释》第 12 条：国家规定的机关或者法律规定的组织作为被侵权人代表，请求判令侵权人承担惩罚性赔偿责任的，人民法院可以参照前述规定予以处理。但惩罚性赔偿金数额的确定，应当以生态环境受到损害至修复完成期间服务功能丧失导致的损失、生态环境功能永久性损害造成的损失数额作为计算基数。

辑而设定金额，其合理性值得探讨。环境犯罪罚金的认定没有具体的法律标准，法律依据只是我国刑法第 52 条[①] 以及最高人民法院《关于适用财产刑若干问题的规定》第 2 条[②] 的规定，细化程度尚且不够。因此，探讨两种责任数额认定时的考量因素尤为必要。

根据前述的威慑理论，惩罚性赔偿与罚金作为一般损害赔偿的威慑补充，追求的是全面威慑，故应当确保责任数额等于或大于行为人的潜在收益，完全遏制造成严重后果的环境危害行为，即 $G \leqslant P(F+S+R)$。惩罚性赔偿与罚金是 F 的组成部分，将其分别假设为 f1 与 f2，其他财产责任为 fn，f1 或 f2 分别裁量时，裁量公式可以表示为：

$$f1\,(f2) \geqslant \frac{G}{P}-S-R-fn$$

由上述公式可知，惩罚性赔偿或罚金数额的裁量要考虑行为所造成的实际损害（P 的影响因素），被告行为所获得的利益（即 G 值，包括积极利益与消极利益）[③] fn 中的行政法上的罚款、没收的违法所得、刑法上追缴的违法所得乃至民法中救济同一利益（公共利益）的一般损害赔偿责任（考虑一般损害赔偿责任也消除了有学者认为的如虚拟成本法运用导致生态环境损害赔偿数额具有惩罚性再处以惩罚性赔偿是威慑过度的疑虑）等，S 中的监禁刑等以及 R 中的资格罚等。如此看来，在理想的情况下，f1 应当等于 f2，由于执法者偏差的存在，f1 与 f2 可能略有差距，但是司法实践个案中惩罚性赔偿与罚金数额差距不应过大。

2. 比例原则对数额量化的限制。如果只以威慑理论指导惩罚性赔偿与罚金的数额可能会导致惩罚数额的一路走高，造成公权力对私权利的碾压，责任体系的法律效果适得其反。因此，要以比例原则为约束对惩罚性赔偿或罚金的数额进行限制。具而言之，惩罚性赔偿或罚金数额裁量还应考量被告个人的主观恶性大小，不法行为前后的表现能反映其再犯危险性大小

① 判处罚金，应当根据犯罪情节决定罚金数额。

② 人民法院应当根据犯罪情节，如违法所得数额、造成损失的大小等，并综合考虑犯罪分子缴纳罚金的能力……

③ 谭冰霖：《行政罚款设定的威慑逻辑及其体系化》，载《环球法律评论》2021 年第 2 期。

的情节，以及经济能力等因素，以此实现公共利益的保护与被告权利的保障之间的平衡。

3. 两种责任之间的具体抵扣情形。惩罚性赔偿与罚金具有同质性，裁量出二者数额后应当直接折抵。[①] 在先民后刑中，惩罚性赔偿数额是 f1，罚金数额是 f2，[②] 当 f1>f2，经济威慑的目的已然实现，履行的惩罚性赔偿金数额应当抵扣罚金数额，参照并结合其他情节对被告人从宽 [③] 处罚。此种情形说明污染环境罪等犯罪罚金刑规定具有重要意义，可以检验惩罚性赔偿金是否过高而侵犯人权，从而在自由刑与财产刑间量化通约保障被告人权，也是对“惩罚性赔偿可以取代罚金”观点的否定。[④] 当 f1=f2，经济威慑的目的已然实现，履行的惩罚性赔偿金数额抵扣罚金数额。当 f1<f2，履行的惩罚性赔偿金数额应当抵扣罚金数额，f2–f1 即为应判处的罚金的实际数额，在此种情形下，在先判决的惩罚性赔偿责任与罚金合力实现经济威慑的目的。[⑤]

---

① 如此做法不仅没有法理上的障碍，而且既是对威慑目的的双重司法保障，也体现了对被告权利的基本考量。

② f1、f2 的数值均未考虑在先已经适用或在后可能适用的惩罚性赔偿与罚金。

③ 参照前述最高人民法院、最高人民检察院《关于办理环境污染刑事案件适用法律若干问题的解释》第 5 条的规定。

④ R. Barry Ruback et al., *Perception and Payment of Economic Sanctions: A Survey of Offenders*, Federal Probation, vol. 70, No.3 (2006) , p.26.

⑤ 另外，在先刑后民中，罚金数额是 f2，惩罚性赔偿数额是 f1，当 f2 ≥ f1 时，经济威慑的目的已然实现，无须判处惩罚性赔偿责任。即使当 f2<f1 时，此时也应当囿于刑法的谦抑性以及比例原则不再判决被告承担惩罚性赔偿责任，故仍然是先行的刑事诉讼判处罚金，则在后的民事公益诉讼不得判处惩罚性赔偿。

检察机关参与生态环境修复治理的路径探析

——以指导性案例为样本*

福建省龙岩市人民检察院、福建师范大学课题组**

党的二十大报告明确提出了“加强检察机关法律监督工作”“完善公益诉讼制度”的新要求，既充分肯定检察公益诉讼制度及其实践探索取得的成就，也对进一步推进检察公益诉讼工作，更好地保护人民利益、修复受损生态环境提出了新的更高要求。

一、检察机关参与生态环境修复治理的情况

2017 年 7 月至 2022 年 10 月间，针对检察机关参与生态环境损害赔偿工作，最高检先后发布了 11 个指导性案例和 67 个典型案例。从 78 个样本案例来看，多数案件同时存在破坏生态环境或资源保护的违法行为与行政机关怠于履行职责的情形，对于这类案件是优先提起民事公益诉讼、刑事

---

* 本文为 2022 年福建省人民检察院检察理论研究课题“检察机关参与生态环境损害赔偿的路径探析”（FJ2022045）的阶段性成果之一。

** 课题组负责人：钟凌艳，福州铁路运输检察院党组书记、检察长（福建省龙岩市人民检察院原党组成员、副检察长），三级高级检察官；施志源，福建师范大学法学院副院长、教授、博士生导师。课题组成员：陈凌，福建省龙岩市人民检察院检委会委员，第五检察部主任，四级高级检察官；兰希，福建省龙岩市人民检察院第五检察部二级检察官；谢嫣婷，福建省龙岩市人民检察院第五检察部五级检察官助理；傅金颖，福建师范大学法律（法学）专业硕士研究生。

附带民事公益诉讼或行政公益诉讼，抑或是可以同时提起，我国现行立法并未规定，给司法实践带来难题。

一是检察机关对环境公益诉讼类型的选择问题。众所周知，生态环境损害赔偿是破解公地悲剧、实现损害担责的制度表达，是未来推进生态文明建设的重要任务。广义上的生态环境损害赔偿制度是让环境侵害者修复受损环境或承担生态环境修复费用的制度统合。[①] 根据我国现有法律政策，广义上的生态环境损害赔偿制度除了以政策驱动方式推行的“生态环境损害赔偿制度”外，还包括环境民事公益诉讼的承担“修复生态环境”“赔偿损失”等民事责任，以及“责令恢复原状、限期采取治理措施或责令改正”等责令型生态环境修复行政责任。鉴于同一环境损害有多种赔偿可能，检察机关既可以提起环境民事公益诉讼或刑事附带民事公益诉讼督促侵权行为人修复受损生态环境，也可以通过行政公益诉讼督促行政监管部门落实行政恢复性责任。在具体案件中，检察机关如何确定公益诉讼类型以推动公益诉讼检察监督现代化，进而实现检察环境公益诉讼制度与生态环境损害赔偿制度的有效衔接，切实维护公共利益，是检察机关面临的重要挑战。两种公益诉讼模式交叉情形在固体废物污染、土壤污染、水污染等环境污染案例中尤为明显。

二是在行政公益诉讼案件中，部分检察机关未建议启动生态环境损害赔偿程序。在启动行政公益诉讼的案例中，针对行政主管部门怠于履职的违法行为，部分检察机关建议生态环境部门等行政主管部门依法履行监管职责，责令违法行为人承担生态环境修复行政责任，并未明确建议启动生态环境损害赔偿诉讼。仅在行政机关作出行政处罚、行政命令等行政行为后，启动了生态环境损害赔偿程序。例如，在安徽省滁州市检察机关督促整治跨区域固体危险废物污染行政公益诉讼案中，检察机关以生态环境局为被告请求确认违法，并判令其依法履行监督管理职责，将涉案危险废物依法处置，在法院审理过程中，生态环境局在督促规范处置涉案硫膏的同时，启动生态环境损害评估，全面落实企业的生态修复责任。

---

① 南景毓:《生态环境损害：从科学概念到法律概念》，载《河北法学》2018 年第 11 期。

三是生态环境损害赔偿程度与范围有差异。从三种赔偿类型的适用范围来看，责令型生态环境修复行政责任作为传统环境监管制度手段之一，具有指令性、应急性、专业性、执行高效性等特点，是行政机关组织实施的主要生态环境修复手段，侧重对单个违法行为的直接、短期矫正，属于表层修复，无法实现对生态系统服务功能和价值的修复。[①] 就现行法律规定而言，生态环境损害赔偿诉讼可视为环境民事公益诉讼的"子类型"[②]，生态环境损害赔偿诉讼对受损生态环境的救济范围不如环境民事公益诉讼，且案件数量有限，制度推进相对缓慢。从责任具体适用来看，在行政公益诉讼和民事公益诉讼两种诉讼模式交叉并行的关系之下，针对同一环境损害事实，容易导致检察机关适用不同的环境公益诉讼类型。

四是生态环境损害赔偿判决执行到位率有待提高。检察机关启动行政公益诉讼案例中除两起2018年发布的典型案例未体现生态修复效果外，其余案例的生态环境均得到修复，涉及的生态环境修复费用基本缴纳到位。而民事公益诉讼和刑事附带民事公益诉讼案例中生态环境修复费用未完全执行到位，有的仅部分履行，有的未体现费用缴纳情况，且大多数案例未涉及赔偿金使用情况。事实上，各地检察机关提起的生态环境损害赔偿公益诉讼案件判决执行到位率和资金使用率仍有待提高，进一步提高生态环境损害赔偿判决执行到位率，将资金转化为生态治理效能任重道远。

五是诉源治理效果存在差异。多数行政公益诉讼案例在实现个案生态修复的同时，主动加强与行业主管部门的联系，督促开展专项整治、查找治理漏洞，推动建立健全生态环境或资源保护长效机制，以个案办理推动行业诉源治理。例如，湖北省天门市人民检察院诉拖市镇政府不依法履行职责行政公益诉讼案（检例第63号），检察机关在个案办理的基础上，摸排发现全市乡镇垃圾填埋场普遍存在环境污染风险问题，向市委、市政府报送建议加强整治的报告，促成相关职能部门对全市乡镇27个非正规垃圾填埋场、堆放点进行专项重点督查，整治恢复土地近8.5万平方米。在民事

① 李挚萍：《行政命令型生态环境修复机制研究》，载《法学评论》2020年第3期。

② 林莉红、邓嘉咏：《论生态环境损害赔偿诉讼与环境民事公益诉讼之关系定位》，载《南京工业大学学报（社会科学版）》2020年第1期。

公益诉讼或刑事附带民事公益诉讼案件中，检察机关可以针对行政主管部门监管不到位的问题，同步提出社会治理类检察建议或诉前检察建议，这将有利于推动源头整治。

二、生态环境检察公益诉讼适用顺位之理论争鸣

（一）优先提起行政公益诉讼

环境民事公益诉讼指向的生态修复或环境损害赔偿责任，是一项周期长、专业性强、具有公共性的综合系统治理工程，实际上属于具有执法责任特点的公法责任。这种制度在弥补行政执法动力不足、强化环境公益保护、创新修复方式等方面，具有一定的积极意义。[①] 但仅能在有限的范围内发挥作用，无法为司法权监督行政权以及行政过程中的公众参与提供有效的制度资源。[②] 实践中，生态环境修复判决亦面临缺乏执行、监督机制，操作性不强的问题。相比之下，政府作为维护环境公共利益的首位责任主体，核心职责即环境监管职责，且行政行为具有主动性和预防性，故检察机关应优先适用环境行政公益诉讼制度。在德国、意大利等欧洲国家，亦将职能部门提起环境损害赔偿请求作为第一顺位，只有在职能部门不提起诉讼，且同时符合被诉行为构成犯罪等特殊情况时，环保组织等适格主体才能取得起诉资格，诉请的损害赔偿部分仍归属相关职能部门。[③]

（二）优先提起行政附带民事公益诉讼

为加强环境公益的司法保护，进一步推进民事诉讼制度、行政诉讼制

---

① 吕忠梅:《环境司法理性不能止于“天价”赔偿：泰州环境公益诉讼案评析》，载《中国法学》2016 年第 3 期。

② 王明远:《论我国环境公益诉讼的发展方向：基于行政权与司法权关系理论的分析》，载《中国法学》2016 年第 1 期；李挚萍:《生态环境修复司法的实践创新及其反思》，载《华南师范大学学报（社会科学版）》2018 年第 2 期。

③ 罗智敏:《意大利对普遍利益的司法保护及对我国的借鉴意义——以原告资格为中心》，载《比较法研究》2006 年第 1 期；谢伟:《德国环境团体诉讼制度的发展及其启示》，载《法学评论》2013 年第 2 期。

度的衔接融合，有学者提出检察机关需优先选择提起行政公益诉讼附带民事公益诉讼，并由环境资源专门审判机构对案件进行合并审理，一并厘清行政机关、侵权人应承担的具体责任，并通过出台司法解释统一环境民事公益诉讼和行政公益诉讼的审级问题。[①] 最高检发布“吉林省长白山市检察院诉长白山市江源区卫生和计划生育局及江源县中医院行政附带民事公益诉讼案”（检例第29号），该案以附带诉讼的形式，由同一审判组织通过同一种程序，审理查明两种诉讼中的共同事实和认定相关证据，彰显了检察公益诉讼的独特制度优势和环境司法专门化的独特价值。故有学者建议，通过修改行政诉讼法、民事诉讼法或出台司法解释，明确检察机关提起行政附带民事公益诉讼制度，一体实现环境公益保护、节约司法成本的目的。[②]

（三）优先提起刑事附带民事公益诉讼

从法源上来看，刑事附带民事公益诉讼是刑事附带民事诉讼从救济国家利益向救济社会公共利益延伸。其制度价值在于充分利用刑事公诉调取的相关证据，结合认罪认罚从宽制度，在制裁刑事犯罪的同时，实现民事公益诉讼生态修复、惩罚性和预防性功能的最优效益，契合当前司法实践的客观现实。最高检发布的《服务保障长江经济带发展检察白皮书（2020）》显示，2020年1月至11月，长江经济带11省市检察机关共提起环境民事公益诉讼案件2733件，其中刑事附带民事公益诉讼占比86.39%，2019年同期占比87.98%。综上，在生态环境领域适用刑事附带民事公益诉讼，有助于克服刑事制裁惩罚性不足、预防性不佳的问题，实现法益和公益保护效益最大化的双重目的。[③]

---

① 张忠民：《检察机关试点环境公益诉讼的回溯与反思》，载《甘肃政法学院学报》2018年第6期。

② 乌兰：《行政附带民事公益诉讼若干问题研究——基于最高人民检察院检例第29号指导性案例的分析》，载《法律适用》2019年第22期。

③ 卞建林、谢澍：《刑事附带民事公益诉讼的实践探索——东乌珠穆沁旗人民检察院诉王某某等三人非法狩猎案评析》，载《中国法律评论》2020年第5期。

（四）对上述观点的分析评议

行政是以公共利益的实现为任务，司法是以私的利益的保护为目的。[①]环境行政公益诉讼与环境民事公益诉讼在制度设计上，均以救济环境公共利益为目的，但二者功能定位不同。提起行政公益诉讼是检察公益诉讼制度建立的初衷，特别是环境行政公益诉讼诉前程序凸显了行政执法优先原则，体现了行政权在环境公共事务中的首要作用，目的在于通过规范行政权的行使，督促或倒逼环境行政机关纠正不当行政行为，间接达到救济目的。实践中，特别是涉及多部门监管的环境公益损害救济，检察机关牵头组织相关行政机关沟通协商，通过诉前磋商、公开听证、圆桌会议等形式，推动公益问题及时解决。正如学者所说“要考虑纠纷解决的效率、行政和司法在解决相关问题时的职责和能力、司法对行政尊重的范围和限度以及各种相关机制的协调等”。[②]

相较而言，环境民事公益诉讼制度产生于行政执法不足的背景下，借助检察机关或环保组织的启动司法程序，环境行政机关发挥辅助作用，配合司法机关调查取证，法院行使审判权最终纠正环境侵权行为，从而达到救济环境的公益目的。虽然从字面上来看，环境民事公益诉讼避免了检察权与行政权的正面交锋，但诉讼周期长，且面临生态损害赔偿金判决执行难、资金使用率不高、生态修复技术支持不足等困难。虽然，各地法院采取环境公益劳动抵扣生态修复费用或企业升级技术设备以抵扣部分修复费用等创新性生态修复方式，以解决执行难的问题，却面临司法理性不足的困境。因此，优先选择行政公益诉讼制度，可以更好地解决民事公益诉讼面临的生态环境损害鉴定难、生态修复监督保障困难等诸多问题。

虽然，检例第29号行政附带民事公益诉讼案起到了很好的示范效应，但行政附带民事公益诉讼程序复杂、制度间协调难问题依然突出，尚需完善立法支持和推动理论研究。此外，刑事附带民事公益诉讼制度比单独提

---

① ［日］南博方：《行政法》，杨建顺译，中国人民大学出版社2009年版，第5页。

② 沈岿：《行政行为公定力与妨害公务——兼论公定力理论研究之发展进路》，载《中国法学》2006年第5期。

起民事公益诉讼具有效率更高的优势，因属于两种制度的体系化融合，且二者兼具惩罚性功能，为避免一事多方处罚问题，还需进一步明确所涉罪名、办理顺序、管辖等细则，探索将个案办理成效扩展到行业治理现代化范畴。

综上，针对案件中同一环境公益受损事实，基于哪一种诉讼类型能够利用最少的司法资源，高效实现环境公共利益保护和修复效果最优化的考虑，检察机关应立足公益诉讼制度的设置初衷，将行政公益诉讼置于首要地位，作为检察公益诉讼的主要履职手段。

三、健全检察公益诉讼与生态环境损害赔偿诉讼内外衔接的有效路径

（一）内部：完善检察公益“两诉”诉权的衔接配合机制

1. 以优先适用行政公益诉讼为原则。检察机关在履职中发现因污染环境、严重破坏资源等违法行为造成生态环境受损、行政机关违法行使职权或者不行使职权的，可以通过诉前磋商、行政诉前检察建议，督促行政监管部门实施行政执法，告知其依法及时提起生态环境损害赔偿诉讼，同时加强民事公益诉讼与生态环境损害赔偿诉讼的衔接。

2. 坚持民事公益诉讼替补性的定位。虽然行政执法对于修复受损生态环境发挥着主导作用，行政公益诉讼具有优先性，但其也存在局限性。例如，对于域外或跨行政区域的环境污染行为，行政机关难以直接行使行政权力；专门法律对行政机关督促侵权人履行生态环境修复职责无具体规定，提起行政公益诉讼无法修复受损环境等。此外，案涉情形不属于生态环境损害赔偿诉讼的可赔范围，或不需要诉请损害赔偿情形的，检察机关应提起民事公益诉讼。因此，针对行政机关不提起诉讼或无法行使行政权，提起行政公益诉讼无法满足环境修复需要时，而侵权人又涉嫌犯罪的，可以通过提起刑事附带民事公益诉讼，在追究侵权人刑事责任的同时，一并诉请人民法院责令侵权人承担修复生态环境、赔偿损失、停止侵害、排除妨碍、消除危险、赔礼道歉等民事责任。

3. 必要时单独提起民事公益诉讼。实践中，单独提起民事公益诉讼更有利于有效实现“捕、运、销”等上下游违法行为的全链条整治和生态功能修复的，或者已承担刑事责任仍需承担生态环境损害赔偿责任，检察机关履行诉前公告程序过程中，相关刑事案件已依法审理的，可以另行提起民事公益诉讼。

（二）外部：建立“多维度”检察公益诉讼与生态环境损害赔偿诉讼的衔接模式

1. 行政机关谨慎提起生态环境损害赔偿诉讼。只有在行政机关无法启用责令恢复原状、限期采取治理措施或责令改正等责令型生态环境修复行政责任或行政代履行等行政强制执行方式，才能提起生态环境损害赔偿诉讼。否则，可能会将环境监管职责转移给司法机关，法院将代替本应履行监管职责的行政机关，促生“行政职权民事化”和“司法角色行政化”怪象。[①]

2. 明确检察公益诉讼与生态环境损害赔偿诉讼的衔接方式。检察机关在办理涉嫌污染环境或破坏生态案件中，对符合生态环境损害赔偿范围的案件，及时移送赔偿权利人指定的部门或机构索赔追偿。对生态环境损害事件，基于救济受损害的生态环境的目的，检察机关既可以通过提供法律咨询、提交书面意见等方式支持赔偿权利人指定的部门或机构开展生态环境损害赔偿磋商和诉讼工作，同时也依法履行法律监督职责。检察机关着重对磋商阶段开展监督，如磋商程序是否依法启动，生态环境损害调查、鉴定评估以及污染防范、转运处置工作是否有序推进，磋商协议是否有损社会公共利益、是否及时申请司法确认等。对行政机关确有怠于履职、违法履职行为致使国家利益或社会公益受损的，检察机关应及时启动行政公益诉讼程序，督促磋商程序依法有序开展。赔偿权利人指定的部门或机构因确有困难无法开展索赔，符合人民检察院起诉条件的，可移送检察机关开展民事公益诉讼，并向检察机关提供证据材料、专家意见和技术等方面的支持，充分发挥检察民事公益诉讼对行政执法的补位作用。

---

① 程玉：《生态损害法律责任规则私法路径的完善》，载《环境法评论》2020 年第 1 期。

3. 完善生态环境损害赔偿资金管理使用机制。实践中生态环境损害赔偿资金账户种类繁多，有上缴财政、法院账户、检察院账户或其他账户等，缺乏集中统一管理，不利于资金申请使用。建议推动设立生态环境损害赔偿资金管理专用账户的同时，积极践行“施害方付费出力、专业方治理恢复、第三方监督评价”生态修复模式，通过补植复绿、增殖放流、异地修复、认购碳汇等方式开展多样化生态修复，依法依规使用生态环境损害赔偿资金，积极稳妥将生态环境损害赔偿资金转化为生态治理效能。例如，福建省龙岩市检察院联合市公安局、市林业局建立“碳汇池”司法固碳中心，依托政府或有关行政机关现有生态损害赔偿资金账户，设立“司法固碳资金”专项科目，在办理无法直接修复的破坏生态环境公益诉讼案件中，引导侵权行为人向“司法固碳资金”专用账户缴纳生态损害赔偿金，专门用于林业碳汇试点项目的培育和发展，在司法办案环节助力实现“双碳”目标。

刑事司法视域下生态修复制度的困境与调试

李　群　陈凯强*

进入中国特色社会主义新时代以来，生态文明建设被摆在了党和国家工作全局中的重要位置，以习近平同志为核心的党中央以前所未有的力度狠抓生态文明建设，势要将生态环境保护打造成党百年辉煌历史的重要篇章。我国宪法在第5次修正案中纳入“生态文明”和“生态文明建设”，习近平总书记也在多次考察中强调“绿水青山就是金山银山”，党的二十大报告亦提出要实施“重要生态系统保护和修复重大工程”。党和国家的这些举措和表述的背后显现的是我国对于改革开放以来重于经济发展而轻于环境保护导致的人与自然紧张关系的高度认识。在当前高质量经济发展和生态建设文明之间日益紧张的关系下，传统司法中以人类中心主义为指导，单纯以刑罚和罚金的方式打击犯罪，既无法杜绝环境类犯罪的发生，对于已遭受破坏的环境亦一筹莫展。此时，为了实现犯罪的打击和环境的修复，为了契合党和国家提出的生态文明理念、维护公众的环境权益和生态利益，环境类犯罪司法实务中也出现了一系列贯彻生态修复理念的有益尝试，有力地打击了生态环境类犯罪高发频发的态势。在生态修复制度下，相关司法实践形成一判三赢的形势，即维护了公众的环境权益、轻缓了被告人刑事责任和补偿了受害方的利益。然而生态修复制度作为刑事司法视域下恢

* 李群，江苏省镇江市丹徒区人民检察院第四检察部主任；陈凯强，江苏省镇江市丹徒区人民检察院第四检察部检察官助理。

复性司法呈现的具体形式，在实践中却因为制度本身的不完善带来了刑事体系中的合法性不足等问题，使得“阻滞感”存在于实际运行之中。下文将尝试从厘定生态修复概念处着手，分析当前生态修复制度存在的适用困境，并基于自身办理案件过程中的所思所想，提出应对之策。

一、生态修复概念的误区与厘定

（一）对于生态修复概念的误区

为了实现打击犯罪和保护环境的双重目的，实现生态环境保护的长远利益，当前的立法和司法实践已就生态修复进行了诸多初步性的尝试，但作为西方现代化恢复生态学研究成果中国化的产物，[①] 生态修复制度本土化的时间较短，作为“新生儿”，无论是在其概念本身的明确定义抑或是制度内容的体系化上都付诸阙如。作为构建法律大厦的基础与工具，法律概念的明确尤为重要，不仅有助于使得构筑于种种法律概念之上的法律规范与法律制度逻辑化、体系化，对于法律人明晰且理性地看待与解决法律问题亦大有裨益。我国生态修复制度研究的起步较晚，目前，生态修复的概念尚不明晰，而学界对此多采取“替代化”或回避的态度。例如，有学者将生态修复等同为生态恢复，[②] 有的学者提出最高法于2015年颁布并实施了《关于审理环境民事公益诉讼案件适用法律若干问题的解释》（2020年修正）是从民法上“恢复原状”的视角去构建生态修复责任实现方式，将二者等同；[③] 还有的学者持生态修复就是生态建设的观点。[④] 在笔者看来，这些观点虽然有助于我国对于生态修复制度的研究，但在生态修复的明确定义上

---

① 吴鹏：《最高法院司法解释对生态修复制度的误解与矫正》，载《中国地质大学学报（社会科学版）》2015年第4期。

② 徐本鑫：《论生态恢复法律责任的实践创新与制度跟进》，载《大连理工大学学报（社会科学版）》2017年第2期。

③ 黄俊、郭冬梅：《生态修复法律制度探析》，载《江西理工大学学报》2016年第6期。

④ 王建平：《灾区生态修复的法律支持——以5·12汶川大地震灾区生态修复条例制定为视角》，载《生态文明与环境资源法——2009年全国环境资源法学研讨会（2009.8.3—6·昆明）论文集》，第626—633页。

采取“替代化”的方法，即“生态修复等同于××”的形式，模糊了概念本身应有的定义，直接就法律规范内容进行论述，这种“替代化”方法就带来了以下问题：一方面替代生态修复的规范内容本身的严谨性值得商榷，另一方面这种方法与法律研究中“法律概念—法律规范”的理性逻辑相抵牾，构筑制度最基础概念的准确性达到与否尚需斟酌，遑论之后制度建设的科学性。

生态修复不同于生态恢复。修复与恢复二者虽为近义词，但仍有差别。根据字义，修复意指修整使恢复原样，强调的是过程中的人为性，呈现出动态；而恢复意指使变成原来的样子，重新得到，伤病或疲劳之后身体的复原，强调的是结果上的自然性，呈现出静态。生态恢复所追求的生态系统复原成原始状态，会因为生态系统动态演化带来原始状态的不可知而缺乏现实性，在一些生态环境功能极度退化的场景下，这样的追求也有违经济性原则；而生态修复并不执着于生态环境初始状态的还原，只需要通过一系列人工干预将使得被破坏的生态环境重新发挥正常作用和功能即可。

生态修复与民法中的恢复原状也有所区别。民法中的恢复原状指的是当事人之间的利益关系恢复到价值或物理层面的原状，重在对于已受损财产权的救济；生态修复的内涵则复杂且丰富得多，包含了社会与自然两个维度，对于受损财产权的救济仅仅是生态修复的一部分内容，二者无论是目的、保护对象抑或是修复（恢复）标准等方面都不尽相同，不可等同观之。

生态修复与生态建设亦有差异，生态建设的核心是限制、制约或取消那些引起生态系统退化的各种干扰行为或者因素，充分利用、维护和扩展生态系统的自我修复功能，从而达到恢复、改善生态环境，继而使生态系统正常有效运行的目的。[①] 主要依赖于生态系统的自我修复，而生态修复则十分强调人为因素的干预，使得环资类犯罪侵犯的法益在自然和社会层面上得以修复。

---

① 转引自王建平：《灾区生态修复的法律支持——以5·12汶川大地震灾区生态修复条例制定为视角》，载《生态文明与环境资源法——2009年全国环境资源法学研讨会（2009.8.3—6·昆明）论文集》，第631页。

（二）生态修复概念的厘定

笔者始终认为，为了保证生态修复制度的行稳致远，应从最基础的概念入手，明确了其概念，才能更好地构筑制度，成为我国生态文明建设强有力的“保护伞”与“引擎”。当前，诸多学者从不同角度对于生态修复提出了自己的定义，焦居仁认为生态修复是为了对于已被破坏的生态系统恢复速度的加快，辅以人工措施为其健康运转服务的一种手段；[①] 王治国认为生态修复是利用自然的自我修复能力，在适当地人工措施干预下，恢复并完善生态系统原有的生态功能和经济功能；[②] 吴鹏教授提出生态修复的范畴包含了自然与社会两个层次的修复，并从此角度出发，认为生态修复是为适应生态文明建设需要，以生态系统整体平衡维护为出发点，由国家统一部署并实施的治理环境污染和修复受到干扰的生态平衡的系统工程，及在此基础上进行的促进当地社会经济转型发展，逐步缩小地区发展差距，实现国家、社会、经济均衡发展的一系列政治、经济和文化等社会综合治理措施。[③]

生态环境犯罪的模式一般为两种，一是犯罪人—受损环境—受害人；二是仅存有犯罪人及受损环境。无论是人类中心主义还是生态中心主义，其最终的目的都是人，只是在偏重上有所差别。在“绿水青山就是金山银山”的发展理念指导下，生态修复的目的不再仅仅是传统模式下局限于对于自然环境的修复，更要修复的是生态环境犯罪对公私财产及生命安全法益的侵害所带来的损害及后代生存发展的自然基础，以此弥补因各类环境要素遭受侵害情况下社会经济可持续发展能力的损伤，因而生态修复应同时具备自然意义和社会意义。综上所述，笔者认同吴鹏教授的观点，生态修复的概念应从自然和社会两个角度的修复加以定义。

---

① 焦居仁：《生态修复的要点与思考》，载《中国水土保持》2003 年第 2 期。

② 王治国：《关于生态修复若干概念与问题的讨论》，载《中国水土保持》2003 年第 10 期。

③ 吴鹏：《生态修复法律概念之辩及其制度完善对策》，载《中国地质大学学报（社会科学版）》2018 年第 1 期。

二、生态修复制度的适用困境

（一）刑事诉讼中判决生态修复的法源不明

刑事诉讼中判决生态环境犯罪案件中的被告人对涉案环境要素进行生态修复不仅贯彻了“谁污染，谁治理”的原则，也能够起到十分良好的司法、社会效果，将惩罚、预防环境犯罪与修复环境相结合，形成一诉三赢的态势。但根据罪刑法定原则，生态环境犯罪应承担的刑事责任中并无“生态修复”，在刑事诉讼中是否可以直接判决被告人生态修复有争议。有学者就认为虽然可以根据刑法第36条、第37条，将判决被告人生态修复看成制裁犯罪的非刑罚方式。[①] 但终究只是在当前法律体系中生态修复法律依据缺位前提之下的间接依据。这种争议的背后其实也反映了我国生态文明法律保障体系尚不系统完整，生态修复法源的不明，进而阻碍着我国恢复性司法理念的贯彻落实，制约着司法作用的发挥。

需要说明的是，虽然刑法中并未规定“生态修复”这一刑罚承担方式，但不意味着在司法阶段对被告人无计可施，当前适用生态修复最为适宜的路径是刑事附带民事公益诉讼。《关于审理环境民事公益诉讼案件适用法律若干问题的解释》开拓了生态修复制度司法化的路径，[②] 虽然其中将恢复原状与生态修复混杂的内容值得商榷，但不失为当前情况下的解决之道。不过，这也反映出目前我国开启生态修复环节的路径单一，如果诉讼主体不提起公益诉讼，生态修复将难以开展，而且出于普罗大众对刑法的敬畏，公益诉讼的效果大抵无法与刑法判决的效果相比，所能达到的成效也难以与当下我国人与自然间矛盾锐化亟待司法救济的现状相匹配。

（二）生态修复在量刑中地位与价值的不适配

生态修复制度尚不系统完整在实践中的另一映射是司法机关在量刑中

① 李晓郛：《恢复性司法在生态刑事案件中的法律困境和完善措施》，载《2015年全国环境资源法学研讨会（2015.7.17—20·上海）论文集》，第112页。

② 吴鹏：《最高法院司法解释对生态修复制度的误解与矫正》，载《中国地质大学学报（社会科学版）》2015年第4期。

如何对被告人生态修复情节恰当评价。生态修复作为生态损害赔偿的优先选项，应该在量刑情节中有明确的地位，但其在量刑因素中并不具有独立性。[①] 生态修复在量刑情节领域规范性与独立性的阙如不利于恢复性司法理念在当前实践中的正确运用，也难以对激发被告人积极修复的积极性起到正向引导作用。假使在环资类案件中同时出现从重处罚情节和被告人积极进行生态修复的情节，由于此时生态修复只能依附于被告人具有悔罪表现的量刑考量之下，发挥的从轻作用程度有限，在相关司法解释缺位的情况下，检察机关在量刑时的考量很难做到恰如其分。

（三）生态修复中各环节主体责任不明

即使对被告人判决了生态修复，后续修复内容的具体落实仍然存在着一系列问题。生态修复目的的最终实现必然牵涉到包括生态修复的执行主体、生态修复监督主体及生态修复验收主体在内的三大主体。摆在司法实践前的问题就是，哪些单位或人是最适格主体？

首先是生态修复的执行主体，根据“污染者修复”的原则，由犯罪人担任生态修复的执行主体固不待言，但如果在审判阶段被告人被判处实刑等情况，此时生态修复能否由被告人亲属或雇工等他人代为执行？有学者就提出由他人代为执行生态修复，在法理方面存在质疑，违背了罪责自负原则。[②] 其次是生态修复的监督主体，生态修复是一个周期长、见效慢的过程，在此期间，监督一旦缺位，势必会衍生道德的风险。质言之，如果监督主体不明，被告人的生态修复的实际成效，恢复性司法理念追求的环境正义的落实等问题都将很难达到预期效果。虽然检察机关被宪法赋予了法律监督职能，但是一来检察机关任务繁重，难以独自顾及案件审判后的生态修复情况。二来生态修复涉及的内容专业性极强，绝非检察机关一家介入就能充分发挥监督作用，需要相关部门的介入，但实践中由于生态修

---

① 靳匡宇：《生态修复量刑情节运用的困境与调试》，载《南京工业大学学报（社会科学版）》2020 年第 2 期。

② 李晓郛：《恢复性司法在生态刑事案件中的法律困境和完善措施》，载《2015 年全国环境资源法学研讨会（2015.7.17—20・上海）论文集》，第 113 页。

复需要耗费时间精力，相关部门协助监督的积极性并不高，再加上法律判决生态修复的标准不明晰，依靠检察机关一家难以实现。最后就是生态修复的验收主体，生态修复的完成应经过验收，这其中涉及了应达到的生态标准、验收的程序及验收的主体，同监督主体类似，验收主体的确定也较为模糊，进而导致司法工作的成效几何存在疑问。除了生态修复的执行主体，后两项主体的不明其实都涉及了“两法衔接”老大难的问题，[①] 社会公众会忽视了本应作为中心角色的行政机构在生态修复中理应发挥的关键作用，不利于我国生态文明建设的长远发展。

三、生态修复制度的拓展与完善

（一）通过立法消解法源不明的争议

针对学界提出的对于被告人判处生态修复是对于罪刑法定原则的背离的批评，笔者持有不同观点。对于生态环境类犯罪中的被告人判处生态修复是恢复性司法理念在刑事司法领域中的拓展与尝试，但这不意味着生态修复具备刑罚特质，相比之下，笔者认为其恢复被犯罪侵犯的生态法益的价值在性质上更加类似于赔偿损失这一类弥补权益侵害的非刑罚处罚措施，原因在于：首先，刑法第36条、第37条中的“判决赔偿经济损失”和“赔偿经济损失”蕴含了生态修复的内容，两者在性质上同属于非刑罚处罚方式中的民事性制裁措施范围；其次，之所以判决被告人生态修复，是为了弥补刑罚的不足，正是因为有了生态修复，才使得检察机关量刑、法院判决时有了轻缓的依据，在综合考虑社会危害性、法律权威性和法益修复性的情况下作出符合罪责刑相适应基本原则的量刑，故生态修复具有刑罚的补充措施的属性；最后，判决被告人支付生态修复费用和判决被告人自己履行生态修复义务从本质上来说并无不同，二者只是在表现方式上有所区别，但实质上都是修复已被侵害法益的方法。综上所述，判决被告人生态修复的性质应属于非刑罚处罚方式，其目的是对已被侵害环境法益的恢复，

① 刘艳红:《环境犯罪刑事治理早期化之反对》，载《政治与法律》2015年第7期。

谈不上是对于罪刑法定原则的背离。

刑事案件中判决被告人生态修复虽然可以通过解释刑法第36条和第37条的方式将其作为判决的法源依据，但是终究是应对当前局面的权宜之计，不利于后续生态修复制度的整体发展与健全，故笔者建议在之后的刑法修正案中增添生态修复作为非刑罚处罚措施，并确立生态修复适用优先于经济赔偿的原则，在环资类案件将经济赔偿作为生态不可修复或修复违背经济性情形下的补充，如此一来能消除学界争议，尘埃落定，切实做到有法可依。

（二）制定司法解释赋予生态修复情节在量刑中的独立地位

生态修复在生态环境污染犯罪愈演愈烈的现实中，有着深远的应用前景。环资类刑事犯罪领域的舞台之上，生态修复不应一直充当“龙套”角色，被简单置于“酌情从轻”大类下、浅薄地涵盖于“悔罪表现”，其自身蕴含的广阔价值亟待发掘。故笔者建议就生态修复在刑事领域的适用制定司法解释，赋予生态修复在量刑程序中的独立性与规范性，将其强力化、实效化，充分发挥其独特价值。

适用生态修复情节的量刑司法解释的构建，笔者有以下建议：

1. 环境污染后果的二元化区分。对环境污染后果加以二元化区分，将其分为可修复和不可修复。这一方面可参考奥地利刑法第18条第2款的规定：“水或土壤的污染和侵害若永远或长期存在，属于环境不可修复；若花费一定费用能排除污染或侵害，属于环境可修复。”[①] 此方面的认定，应以具有专业性的行政机关认定意见为主，检察机关在审查起诉时的实质审查为辅，此时解决的是案件中是否存在适用生态修复情节可能性的问题。

2. 生态修复情节的分层化。在具备修复可能的案件中，分层级分阶段予以从轻。犯罪人在侦查至审判阶段，根据其采取生态修复措施的不同阶段节点和修复程度，予以相应的量刑优惠，阶段越早、修复程度越高，其所能获得的量刑优惠幅度也就越大，这种修复在经行政机关认定、检察机关

---

① 张继钢：《生态修复的刑事责任方式研究》，载《环境污染与防治》2017年第8期。

审查后，可以在量刑时考量对法益的恢复程度，作出从宽处理，如此既能符合罪责刑相适应原则、达到量刑的均衡，又能更为明确地引导犯罪人积极作为。需要说明的是，修复程度的优先级应大于阶段，举例而言即审查起诉阶段的部分履行或承诺履行从轻幅度应小于审判阶段的完全履行，如此更符合我国对于环境正义价值的追求。

3. 量刑优惠后道德风险的消解。如果犯罪人在侦查至审判阶段承诺履行生态修复，并因此获得量刑优惠，而在审判生效之后违背承诺，检察院和法院能否因为其背信行为而取消之前量刑的优惠？显然，即使能够取消量刑优惠，也是一场三输：司法机关的严肃性权威性受损，犯罪人失去从轻量刑，生态修复价值无法体现。正因如此，为避免此种道德风险，笔者认为应由行政机关介入，在犯罪人表达生态修复意愿时，与其签署生态修复协议，倘若在审判之后出现上文所述现象，行政机关可依据生态修复协议提起诉讼，追究其违反协议的民事责任，并将所得违约金继续用于生态修复，以实现生态修复应有的价值。

（三）建立多元主体共同参与的生态修复模式

1. 生态修复的执行主体。环资类刑事案件的污染后果多样，涉及山水林田大气等各方环境要素，一些如盗伐林木、非法捕捞水产品的案件专业性不强，生态修复可由犯罪人自己履行或由其亲友代为履行，针对他人代为履行是否违背了罪责自负原则的争议，笔者认为此类案件的生态修复即使由他人代为履行，最终的成本依然是归结于犯罪人身上，法律的教化功能并不会因此削减，而且生态修复并不具备人格利益性质，在犯罪人被羁押或者判处实刑的状态下，客观条件也无法允许其自行生态修复，如果禁止他人的代为履行行为，那么生态修复的实际落实大抵只是一纸空文。

而一些如涉及大气污染、水体污染的环资类案件，其生态修复所需的专业性极强，由犯罪人自行修复无异天方夜谭，亦无法保证生态修复的实效性。因此笔者认为可在此类案件中引入第三方市场主体，为保证生态修复的可操作性和经济性，可由行政部门进行招投标活动，通过市场化的方式激活生态修复活力，也能保证专业性与经济性的并存。

2. 生态修复的监督主体。生态修复的过程不是一蹴而就的，其中伴随着各类专业性的问题，十分复杂，为保证生态修复得到有效执行，检察机关不能一诉了之，而是要在侦查至审判后全周期发挥监督作用，但检察院作为司法机关，本身并不具备生态监测能力，如果在审判后犯罪人生态修复进度的监督全部仰仗于检察院，监督成效难以达到预期。可参考侦查监督工作室，建立专门行政机构与司法机关的联动协调办公室，检察机关在其中发挥主导作用，联合行政机关和法院，定期开展生态修复阶段性和程序性监督，善用行政机关的专业性和司法机关的权威性，定期召开联席会议，实施共同监督。①

3. 生态修复的验收主体。生态修复的最后一环是验收，也只有经过验收，才能最终确定犯罪人生态修复责任的履行是否落实。无论生态修复的执行主体是犯罪人抑或是第三方市场主体，都要在初始提供的生态修复方案中商定的截止日期予以验收。由于生态修复的专业性，验收主体应以具备相应技术能力及职权的行政主管部门担任最为适宜，检察机关在验收环节发挥好监督作用，打通生态修复的“最后一公里”。同时，笔者还建议在验收环节增设公众参与和专家评估机制，由于生态修复影响面广泛，因此允许社会公众参与到与自身利益相关的验收之中是应有之义，一来可确保公众对于切身利益的知情权，二来能让验收的评估结果更为权威民主。

生态修复性司法机制以修复为本，意味着修复性司法文本化的必然性。② 生态问题的复杂性、专业性、修复的长周期性、损害的传播性及致害的迭代性都显现出生态修复参与主体的重要性。想要生态修复性司法制度之路走得更远，需要生态修复主体的共同推动，“将各方力量汇聚到生态修复性司法实践中”。③ 故生态修复环节中各主体的厘定确有必要，这亦是生态修复系统性保护机制建立的关键前提。

---

① 赵春：《生态修复机制在环境司法中的实现路径探究》，载《辽宁师范大学学报（社会科学版）》2017 年第 2 期。

② 刘德法、高亚瑞：《论环境刑法视域下的生态修复性司法》，载《河南师范大学学报（哲学社会科学版）》2020 年第 3 期。

③ 任洪涛、严永灵：《论我国生态修复性司法模式的实践与完善》，载《西南政法大学学报》2017 年第 4 期。

生态恢复性司法在环境资源犯罪中的适用研究

王　猛　乔玉萍*

近年来，环境资源犯罪在全球范围内愈发严峻，引发了严重的生态破坏问题，传统的司法手段难以有效解决。生态恢复性司法作为一种新型的司法手段和策略，逐渐成为一个备受关注的问题。本文通过对中国裁判文书网上近5年破坏环境资源类犯罪生效判决的分析研究，结合工作实践，探索生态恢复性司法在环境资源犯罪领域广泛应用的途径，以促进环境资源的保护和可持续发展。

一、内涵释义：生态恢复性司法的基本内涵、功能价值及实践方式

（一）生态恢复性司法的基本内涵

生态恢复性司法是指通过法律手段促进和推动生态环境资源的修复和保护的司法原则和实践。它强调在环境资源受到破坏或损害的情况下，通过司法机关的介入，依法追究破坏者的责任，并采取相应的修复措施，以恢复和保护自然生态系统的功能和平衡。在实践中，生态恢复性司法可以划分为：行为性措施、货币性措施和协议性措施，土地复垦、补植复绿、

* 王猛，河南省唐河县人民检察院党组书记、检察长；乔玉萍，河南省唐河县人民检察院第一检察部三级检察官。

增殖放流、土壤修复等属于行为措施，赔偿生态修复费用、缴纳生态修复保证金等涉及货币方式属于货币性措施，签订修复生态环境协议或者修复承诺书等属于协议性措施。[①]

（二）生态恢复性司法的功能价值

生态恢复性司法作为一种以修复和保护生态环境为导向的刑事司法手段，不仅在惩罚犯罪、预防犯罪方面发挥了重要作用，又救济了犯罪行为损害的法益，具有刑法正当性和多重功能价值。在打击犯罪方面，生态恢复性司法通过修复生态系统的损害来回应对犯罪行为的救济。犯罪者参与生态修复项目，使其在切身体验中认识到自己对环境的损害，引导其产生悔过之心，从而降低再犯率。在预防犯罪方面，通过提高公民对环境资源的认识、倡导可持续发展理念，使社会大众更加关注环境资源问题，形成良好的生态保护氛围，可以减少对环境的侵犯和破坏，从而降低犯罪发生率。在恢复社会关系方面，责令参与生态修复项目，与受害人、社区居民等有关方面建立起持续的联系，生态恢复性司法能够帮助重建犯罪者与社会的信任和睦的社会关系，恢复被犯罪行为所破坏的社会和谐。

（三）生态恢复性司法的实践方式

生态恢复性司法的目的在于生态恢复功能，不仅仅适用于环境资源类犯罪，其他犯罪中涉及生态修复的亦可适用。在近些年的司法探索中，生态恢复性司法主要有以下三种实践方式：

第一，作为量刑情节。作为量刑情节的修复生态环境是指犯罪人在犯罪行为完成后主动修复被其损害的生态环境的行为。[②] 生态恢复性司法作为量刑情节的考虑因素，如果犯罪行为对环境资源造成了破坏，量刑时，检察官、法官全面评估犯罪行为对生态环境资源造成的损害程度和犯罪嫌疑

① 杨红梅、涂永前：《环境恢复性司法：模式借鉴与本土改造》，载《国外社会科学》2021 年第 3 期。

② 靳匡宇：《生态修复量刑情节运用的困境与调适——以污染环境罪量刑中的行政司法衔接为中心》，载《南京工业大学学报（社会科学版）》2020 年第 2 期。

人、被告人对生态环境的修复状况，并据此决定增加或者减少刑罚。如谭某某犯滥伐林木案，龙门县人民法院认为其积极缴纳生态修复补偿金，委托第三方进行异地补植复绿，可依法从轻处罚。[①] 杨某某、刘某等 13 人盗掘古人类化石、古脊椎动物化石案，华池县人民法院认为 13 个被告人均主动赔偿检察机关提出的生态修复费，可酌情从轻处罚。[②]

第二，作为刑事附带民事诉讼、刑事附带民事公益诉讼的赔偿措施。一旦生态损害成为刑事案件的一部分，受到侵害的环境资源相关方可以通过刑事附带民事诉讼或刑事附带民事公益诉讼途径，向破坏环境的个人或组织提出民事赔偿或公益赔偿的要求。司法机关与环境保护组织等协同合作，通过司法判决或和解协议，确保被告人对受害环境的损害进行修复赔偿。如廖某某非法捕捞水产品案，广州市从化区法院依法判处廖某某犯非法捕捞水产品罪，判处拘役 3 个月，缓刑 6 个月；廖某某赔偿水生生物资源损害修复费用 1763.52 元，并于 30 日内在市级以上媒体刊登赔礼道歉书面声明。[③] 如周某某、罗某某非法狩猎案，湘阴县人民法院分别判处罗某某、周某某有期徒刑 1 年、10 个月；由附带民事公益诉讼被告罗某某、周某某共同赔偿国家野生动物资源损失费 131.7 元，并相互承担连带责任；责令罗某某、周某某补种树苗 100 株，并制作张贴野生动物保护宣传标语 60 份。[④]

第三，作为社会治理类的检察建议内容之一。检察机关在办理破坏生态环境资源类案件过程中，可以提出社会治理类检察建议的方式，发挥司法、行政和社会各方的协同作用，要求相关单位采取有效的措施修复受损环境，加强对生态环境保护的监督管理，甚至提出完善相关法律法规、地方条例的建议。

---

① （2022）粤 1324 刑初 253 号刑事判决书。
② （2022）甘 1023 刑初 107 号刑事判决书。
③ （2022）粤 0117 刑初 615 号刑事附带民事判决书。
④ （2022）湘 0624 刑初 379 号刑事附带民事公益判决书。

二、问题提出：环境资源类犯罪案件生态恢复性司法的适用情况及存在的主要问题

（一）生态恢复性司法在环境资源类犯罪案件中的适用情况

根据中国裁判文书网上公布的生态恢复性司法类环境资源犯罪案件的判决情况，生态恢复性司法主要适用于破坏环境资源类案件。以中国裁判文书网上的数据为基础，对生态恢复性司法在环境资源犯罪案件中的适用情况进行梳理分析，该类案件中生态恢复性司法适用呈现以下几个特点：

1. 罪名分布相对集中。根据中国裁判文书网上的数据显示，破坏环境资源保护犯罪的涉案罪名主要集中在污染环境罪、非法捕捞水产品罪、非法采矿罪、非法占用农用地罪、非法狩猎罪、滥伐林木罪 6 个罪名。2018 年至 2022 年，全国受理审查起诉这 6 个罪名案件共 171013 件 291981 人，分别占受理破坏环境资源保护犯罪案件总件数和总人数的 81.66% 和 82.88%，涉及水生态环境、野生动植物、林木、农业资源等领域，分布地区主要在黑龙江省、江西省、江苏省、浙江省、福建省等地区（见图 1）。

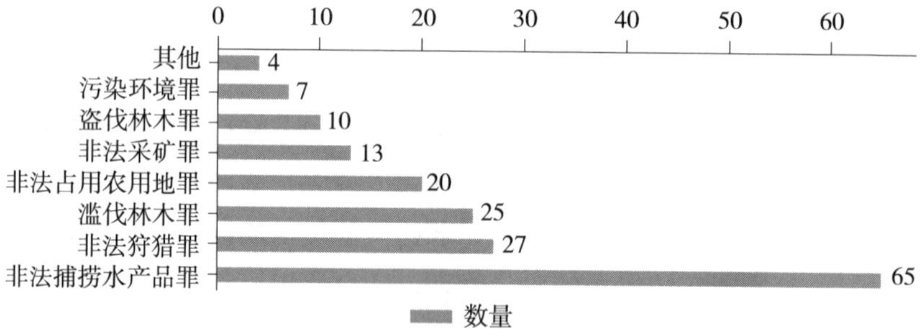

图 1　破坏环境资源保护犯罪案件罪名分布情况（单位：件）

2. 轻缓刑适用率高。2022 年，破坏环境资源保护犯罪的案件中，适用缓刑的有 130 件，占比 77%；单独判处罚金刑的共计 23 件，占比 14%；免予刑事处罚的有 4 件，占比 2%；实刑率仅为 7%（见图 2）。判处轻缓刑的案件，其生态修复相对容易，技术性要求不高，修复周期短，修复成本相对较低。比如，河南省破坏生物资源保护案件中，被侵害物种多为常见的

日常生活物品，大部分为鲫鱼、河虾、麻雀、杨树等普通动植物，涉案地点多为生活居住区的附近河流、山丘等，具有偶发性、非经营性。

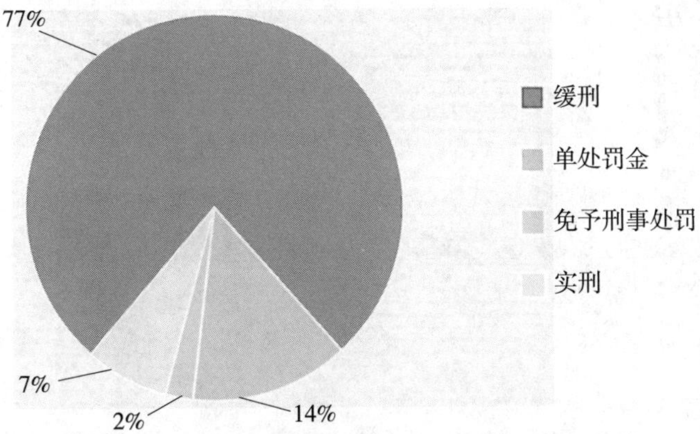

图 2　破坏环境资源保护犯罪刑种占比

3. 修复类别多样。破坏环境资源保护犯罪的案件中，生态修复司法的修复方式大部分为补偿经济损失，如“生态修复费用”“补偿金”“损害赔偿费”“赔偿协议”等，这些款项的收存单位不一致，有检察机关、法院机关、行政机关等。如杨某某非法捕捞水产品一案中预缴的生态修复费用暂存于江苏省如皋市人民法院；[①] 许某某等 4 人非法采矿一案中的生态修复工程所需费用交由寿县人民检察院暂为保管；[②] 曾某某滥伐林木案缴纳生态修复费由商南县林业局代为修复。[③] 另外一部分的修复方式有：增殖放流、补植复绿、复垦复绿、放飞活体、覆土、育苗、公开赔礼道歉、设立野生动物宣传保护牌、印刷野生动物的宣传册等，以恢复生态系统的功能和平衡。如崔某非法占用农用地案，经过覆土、栽植、育苗，恢复该处地貌。[④] 如图 3 所示。

① （2021）苏 0682 刑初 1050 号刑事判决书。
② （2022）皖 0422 刑初 254 号刑事判决书。
③ （2022）陕 1023 刑初 27 号刑事判决书。
④ （2022）陕 1021 刑初 8 号刑事判决书。

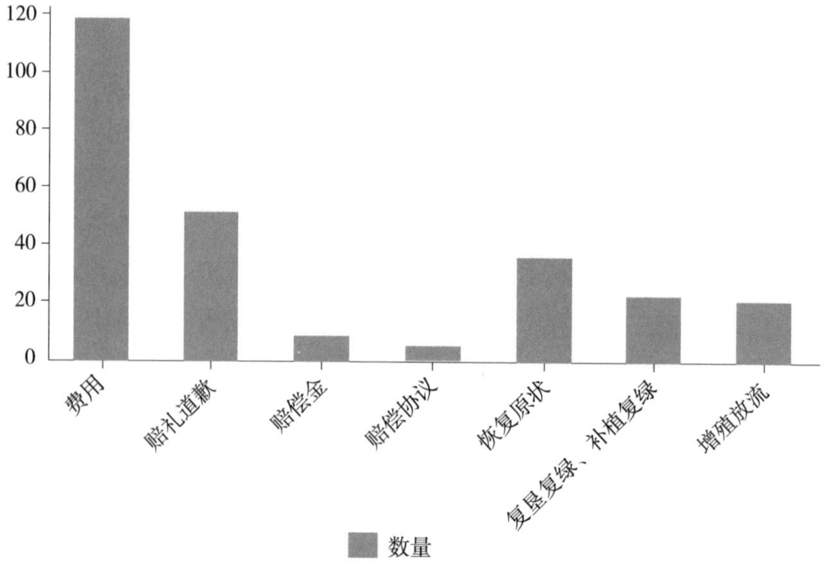

图 3　破坏环境资源保护犯罪案件修复类别

4. 刑事诉讼中生态修复的履行率高。根据中国裁判文书网上全国的数据显示，适用生态修复性司法的破坏环境资源保护犯罪案件生态修复率逐年上升，2022 年达 100%。2022 年适用生态修复的刑事附带民事或刑事附带民事公益诉讼案件 84 件，提起公诉前当事人尚未进行生态修复的，检察机关提起刑事附带民事公益诉讼，依法追究当事人生态修复的民事责任，且当事人积极履行。2022 年适用生态修复的刑事案件共计 85 件，均在审判前已经采用向相关机关缴纳生态修复费用、增殖放流、补植复绿、赔礼道歉等方式进行生态修复，司法机关依法予以从轻处理。如图 4 所示。

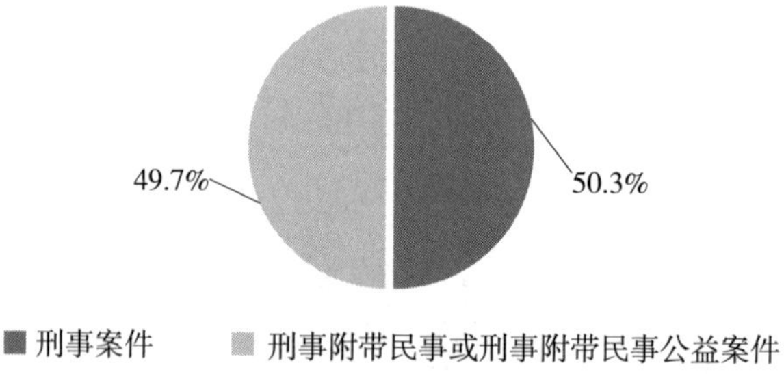

图 4　破坏环境资源保护犯罪案件诉讼类别

（二）生态恢复性司法在适用中存在的主要问题

根据环境资源类犯罪案件生态恢复性司法适用情况的研究分析显示，生态恢复性司法在实践中具有良好的应用基础和迫切的现实需要。但当前实践中，生态恢复性司法存在的最主要的问题是适用率较低，影响了该项司法原则适用效能的充分发挥。

通过在中国裁判文书网上以“刑事一审”“破坏环境资源保护罪”“生态修复”“判决书”为关键词检索全国各地的生效判决情况，并进行数据统计。2022 年破坏环境资源保护罪类一审刑事判决书共 1709 份，适用生态恢复性司法的一审判决书共计 169 份，占比 9.89%；2021 年破坏环境资源保护罪类一审刑事判决书共 9092 份，适用生态恢复性司法的一审判决书共计 1013 份，占比 11.14%；2020 年破坏环境资源保护罪类一审刑事判决书共 24718 份，适用生态恢复性司法的一审判决书共计 2696 份，占比 10.91%；2019 年破坏环境资源保护罪类一审刑事判决书共 25001 份，适用生态恢复性司法的一审判决书共计 1515 份，占比 6.06%；2018 年破坏环境资源保护罪类一审刑事判决书共 21626 份，适用生态恢复性司法的一审判决书共计 872 份，占比 4.03%。如图 5 所示。

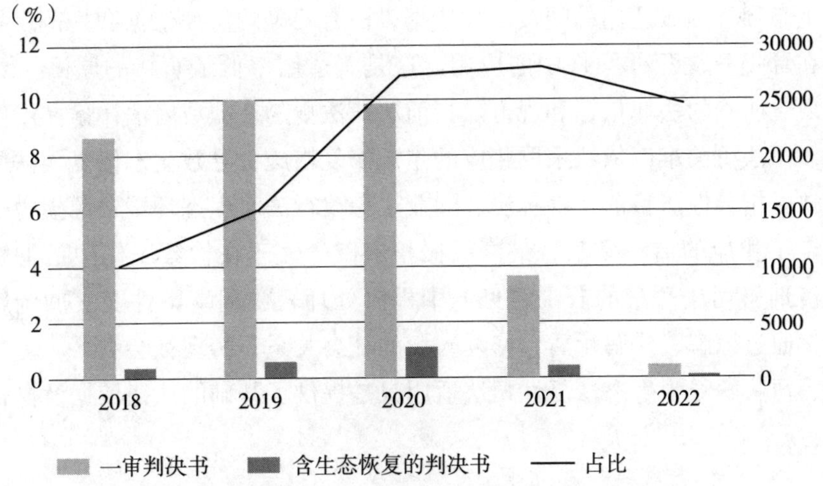

图 5　一审判决书中生态恢复性司法的适用情况

上述数据说明，2018年至2021年，适用生态恢复性司法的一审判决书数量占比在近五年虽有所波动，但整体呈现上升的趋势，显示出对生态修复的问题在社会、政府和司法领域的重视不断增加的态势。由于新冠疫情等因素的影响，2021年、2022年案件数量出现了下降，存在一些变化和不稳定性，但生态修复问题在司法领域的适用仍然高于2020年之前。尽管适用生态恢复性司法的一审判决书比值总体上有所增加，但在总体样本中的占比较低，最低为4%、最高不足12%。这反映了在刑事司法活动中，对于破坏环境资源保护罪的生态恢复性适用率低，生态修复在司法适用中仍存在较大的局限。

三、原因分析：生态恢复性司法适用率较低问题的多角度阐述

（一）法律和政策不完善

虽然我国刑法第六章规定了16种破坏环境资源保护罪的具体罪名，但没有立法和司法解释、没有直接的法律依据是目前生态恢复性司法适用的最大法律困境。[①] 刑法、民法典乃至诉讼法条文都只能算作恢复性司法在生态环境领域适用的间接法律依据，没有明确的法律依据和规范来指导其在环境资源犯罪案件中的应用，这是其适用率低最直接的原因。[②] 一是缺乏明确的法律依据和规范。当前法律法规的空缺或者法律条文不够明确，司法机关难以依法采取相应的生态修复措施，导致生态修复司法的应用缺乏指导性。目前，森林法、渔业法等单行法对生态环境资源损害赔偿规定了相应的追责条款，最高人民检察院《关于在检察工作中贯彻宽严相济刑事司法政策的若干意见》中提出处理轻微刑事案件要贯彻调解原则，通过谅解、化解矛盾，修复破坏的社会关系，实现社会和谐。上述法律、司法解释为生态恢复性司法适用只是提供了基础的法律依据及操作指

① 吴迪、杨妍：《恢复性司法在刑事诉讼中的应用——以南昌市生态环境刑事司法实践为视角》，载《江西警察学院学报》2018年第3期。

② 张霞：《生态犯罪案件中恢复性司法应用研究》，载《政法论丛》2016年第2期。

南。[①] 二是法律和政策的不连贯性。我国对生态修复的要求大多散见于渔业法、森林法等单行法中，刑法对此没有明确的规定。[②] 然而，在实际操作中，法律和政策之间存在不一致、不连贯的情况，导致生态恢复性司法难以协调各方面的合作。三是缺乏全面的法律和政策指引。生态修复涉及多个环节和方面，如水源修复、土壤修复、植被恢复等。然而，现有的法律和政策常常只针对特定方面或特定类型的生态修复问题，导致生态恢复性司法在基层环境资源犯罪案件中的应用范围受限。四是执行难度高。生态修复涉及多个层级的法律和政策执行，从立法到行政执法、司法审判等各个环节，因责任分工不明确等问题，使得生态恢复性司法难以顺利地得到落实。

（二）缺乏专业知识和技术支持

生态恢复性司法要求对环境问题有深入的了解和专业的知识，包括环境科学、生态学和生物多样性等方面的知识。然而，部分执法人员在教育和培训方面缺乏相关环境资源法律和科学知识的支持。在办案过程中难以识别环境犯罪行为及其对生态环境的破坏程度，减弱了生态恢复性司法的实施效果。生态恢复性司法需要借助先进的技术手段和工具进行环境影响评估、生态修复方案设计和效果监测等工作，但在基层环境执法部门往往缺乏这些技术支持。修复需要使用一些先进的技术设备和工具，如无人机、遥感技术等，这些设备可能在一些基层地区难以配置。实践中，生态修复技术和方法的缺失和不到位，限制了生态恢复性司法的实际应用。

（三）司法机关和行政机关刑行衔接不畅

第一，行政机关和司法机关之间协调不畅。行政机关和司法机关在环境资源犯罪案件处理中，行政机关负责行政处罚和环境管理，而司法机关负责刑事制裁和审判。由于信息共享不畅、工作职责分割等原因，导致行

---

① 贾志鸿:《生态环境检察理论与实践》，中国检察出版社 2016 年版，第 136—136 页。

② 刘东根:《恢复性司法及其借鉴意义》，载《环球法律评论》2006 年第 2 期。

政机关和司法机关之间的衔接不畅，缺乏有效的合作来推动环境资源犯罪案件的刑行衔接和生态修复。第二，环境修复得不到充分关注。司法机关主要关注对环境资源犯罪行为的追究和惩处，而在实际操作中，行政机关对环境修复的重视不足。这导致环境资源犯罪案件在判决执行后，环境损害的修复工作缺乏有力的推动和监督，从而使生态恢复性司法应用缺失。第三，缺乏统一的指导和标准。在处理环境资源犯罪案件时，缺乏统一的指导意见和标准，使得司法机关和行政机关在判决执行和环境修复方面缺乏一致性。

（四）社会认知和意识问题

在一些基层地区，部分群众对环境问题的认识较低，不了解环境犯罪的严重性以及其对生态系统的影响，缺乏对环境保护和资源管理的教育，无法真正理解环境犯罪的危害，无法认识到使用生态恢复性司法来解决问题的重要性。一些基层地区的人们面临着经济压力和生存需求，为追求短期经济利益导致他们忽视环境资源保护，加上基础设施和环境保护资源有限，限制了生态修复工作的开展。对于生态环境保护和资源修复的重要性和紧迫性的社会认知不足，导致对生态恢复性司法的应用没有足够的舆论支持和社会助力。

四、对策建议：立足司法实际提出优化路径

（一）完善法律法规及司法解释

一是完善相关法律和政策。制定关于生态恢复性司法在环境资源犯罪案件中的具体规定，包括生态修复的标准、程序、责任分工等方面的规定，为生态修复提供明确的法律依据。二是加强法律与政策衔接。加强不同法律和政策之间的协调与衔接，确保其之间的一致性和连贯性，提供统一和明确的指导。三是推动区域性立法和行业性立法。根据实践需求，弥补法律漏洞，完善区域性和行业性法律法规，以适应不同地区和行业的生态修复需求。四是建立协作机制。建立跨部门、跨地区的协作机制，加强各级

法律和政策执行机构之间的合作和协调，形成工作合力，推动生态恢复性司法的实际应用。五是统一量刑尺度。比照刑事和解，对于积极赔偿生态修复费用等方式修复生态的，综合考虑犯罪性质、赔偿数额、赔偿能力以及认罪、悔罪程度等情况，确定统一的从宽幅度和档次。

（二）加强复合型人才培养

加大对相关法律和政策的宣传力度，提高司法人员和环境执法人员对生态恢复性司法相关法律和政策的理解和认识，提高其应用的主动性和有效性。加强执法人员的专业培训，提高他们的环境法律和科学知识水平，使其能够更好地认识和应用生态恢复性司法。加强技术支持体系的建设，提供必要的环境监测设备和专业人员支持，使得环境犯罪案件的监测和生态修复工作能够得到有效的支持和保障。此外，还可以加强执法机构与科研机构、行业协会等的合作，推动科技创新和经验分享，提供可行有效的生态修复技术和方法，提高生态恢复性司法的适用水平。

（三）促进各司法部门与行政部门协同发力

第一，建立高效的协调机制和信息共享平台。完善司法机关、行政机关以及环保部门之间的协调机制，加强信息共享与沟通，确保行政处罚和刑事制裁之间的衔接顺畅。第二，明确生态恢复性司法适用的标准和程序。制定并完善相应的法律和政策，明确环境资源犯罪案件处理中的刑行衔接要求和环境修复的规划程序，确保行政机关和司法机关有明确的指导意见和工作标准可遵循。第三，加强司法机关与行政机关的合作与协调。通过定期联席会议、信息共享和工作协作等方式，促进双方的有效合作。设立生态环境资源领域司法鉴定机构，由环保、资源等部门和司法机关共同参与运行，为司法机关提供生态环境资源方面的鉴定意见和专业支持。

（四）注重指导案例、典型案例的引导

加强对生态修复的重视，倡导生态恢复性司法的理念，在具体实践中，应注重发挥指导案例、典型案例的引导作用，推动环境修复和刑事制裁的

有机结合。一个案例胜过一打文件，指导案例和典型案例可以提供具体的指导性和示范效应。通过详细分析案情、法律适用和审判结果，以及生态恢复性司法的理念和实践，帮助法官、检察官更好地理解和应用生态恢复性司法。定期发布典型案例汇编，扩大生态恢复性司法的影响力。通过举办研讨会、培训班等方式加强对案例的宣传和讲解，向法官、检察官和相关从业人员介绍典型案例的优秀实践经验，促进生态恢复性司法的推广和应用。

（五）探索数字化建设

第一，利用信息技术和数字化手段，基于云计算和大数据技术，建立环境资源类犯罪案件中生态恢复性司法适用系统，实现对环境资源犯罪案件中生态恢复性司法适用情况的全程管理、追溯和监控。通过该系统，可以实现案件信息和生态修复性信息的电子化归档、生态恢复流程的在线化管理、信息共享和交流等，提高生态恢复性司法适用的质量和效率。第二，配备先进的信息技术设备和软件工具，引入电子取证技术，包括数字摄像、数据恢复、电子痕迹分析等，提高数据处理和分析的能力，使司法机关能够更好地收集、整合和分析生态恢复的相关数据，为环境资源类犯罪案件的调查、审判和执法提供科学依据。第三，建立生态恢复性司法适用监督模型。依据数据共享和协同分析，利用数据挖掘、人工智能等技术，深入分析案件数据，即时掌握生态恢复的进度和效果，为司法决策和执法行动提供科学的依据。第四，建立生态恢复性司法公开制度。通过数字化手段向社会公开环境资源犯罪案件的案件情况和生态恢复性状况等，增加司法透明度，并形成社会监督。

五、结语

加强生态恢复性司法在环境资源类犯罪中的适用研究，是认真贯彻习近平法治思想和习近平生态文明思想的题中之义，是深入践行“地球生命共同体”理念的生动实践。近年来，生态恢复性司法的探索和实践，拓展了运用刑事司法手段保护和修复受损环境资源的方法和路径。随着国家对生态文明和环境保护的日益重视，公众环境资源意识和法律意识的不断提高，维护环境资源权益，注重预防、修复为主、公众参与的司法理念，将倒逼司法机关及时调整司法角色和功能，积极回应人民群众对环境资源司法的新期待、新要求，为我国经济社会全面发展、绿色转型提供坚实的司法保障。